의식의 유희

표지 사진: 가우리 후버트(스와미 묵따난다), 호세 불론 드 디에고(해 뜨는 바다)
디자인: 셰럴 크로포드
한국어 번역: 김병채
원어: 힌디어

영어판: Play of Consciousness: A Spiritual Autobiography
Copyright © 1978, 1994, 2000 SYDA Foundation
All rights reserved
이 책의 영어판 저작권은 시다 파운데이션에 있습니다.

한국어판: 의식의 유희
Copyright © 2010 SYDA Foundation
이 책의 한국어판 저작권은 시다 파운데이션에 있습니다.

이 책의 어떤 부분도 SYDA Foundation, Permission Department, 371 Brickman Road P.O.Box 600, South Fallsburg, New York, 12779-0600, U.S.A에 서면으로 허락을 득하지 않고는 복사, 녹음, 저장, 검색을 포함한 어떤 전자나 기계적 방법으로 재생하거나 전송하는 것을 금합니다.

(스와미) 묵따난다, (스와미) 찌드빌라사난다, 구루마이, 싯다 요가, 싯다 명상과 시다 재단은 SYDA Foundation의 등록상표입니다.

이 책은 『Chitshakti Vilas』라는 제목으로 1970년에 힌디어로 처음 출간되었고, 1971년에 영어로 처음 번역되었다. 그 후 힌디어 원문을 영어로 재번역하여 1978년에 『의식의 유희(Play of Consciousness)』라는 제목으로 출간되었다. 이 책은 이 두 번째 영어 번역본의 첫 번째 한국어판이다.

의식의 유희

영적 자서전

SWAMI MUKTANANDA

스와미 묵따난다 지음 | 김병채 옮김

머리말
구루마이 찌드빌라사난다

슈리 크리슈나 다스 아쉬람

목차

사진 목록	9
머리말	13
헌정	16
기원	21
슈리 구루데바에 대한 기도	25
서문	29

1권
싯다의 길

제1부 신에 대한 깨달음의 중요성
41

1.	행복을 위한 명상의 필요성	47
2.	세속적 생활과 영성	60
3.	구루의 위대함	65
4.	찌띠 꾼달리니: 신성한 어머니	82
5.	사다나	87
6.	싯다 거처의 중요성	102
7.	구루에 대한 명상	112
8.	마음	117
9.	나의 명상 방법	125

제2부 나의 명상 체험 　147

10. 입문 　149
11. 혼란스러운 마음 상태 　163
12. 붉은 빛 　185
13. 딴드라로까 　190
14. 욕망의 해체 　197
15. 자연스러운 요가 동작들 　218
16. 흰 빛 　245
17. 크리슈네쉬바리: 검은 빛 　248
18. 뱀에게 물림 　250
19. 지옥과 죽음의 신에 대한 비전 　254
20. 눈 짜끄라의 관통 　258
21. 인드라로까 방문 　268
22. 나 자신의 형상에 대한 비전 　273
23. 푸른 진주 　278
24. 전지의 세계 　280
25. 싯다들의 세계 방문 　300
26. 황금빛 연꽃이 나의 머리 위에 떨어지다 　304
27. 조상들의 세계 　309
28. 소리의 세계 　321
29. 푸른 사람에 대한 비전 　332
30. 죽음에 대한 두려움 　344
31. 의식의 영원한 푸른빛 　347
32. 지식이 나타나기 시작함 　351
33. 마지막 깨달음 　354
34. 의식의 유희 　360

2권
싯다들의 가르침

35.	싯다들의 명령	377
36.	세상에서 싯다 수행자의 자각	386
37.	과시적인 명상	396
38.	포기의 비밀	414
39.	사랑의 길	447
40.	구루를 기쁘게 해 드리기	473
41.	자연스러운 사마디	494
	축언	503
	후기: 폴 물러-오르테가 교수의 공부 방법 안내	506
	주석	520
	산스끄리뜨 발음 안내	522
	용어 해설	524
	색인	549
	싯다 요가 맥에 대하여	567
	더 읽을거리	570

사진 목록

인도 중서부에 있는 가네쉬뿌리 마을에서 구루인 바가반 니띠아난다의 발치에 앉아 있는 스와미 묵따난다. 1958년.   22

젊은 구도자 시절의 스와미 묵따난다, 1932년경, 예올라에서.   95

수끼의 오두막 밖에서 바부 라오와 함께 앉아 있는 스와미 묵따난다. 그가 들고 있는 악기는 엑따르이다. 1951년.   178

수끼의 망고 나무 아래에 있는 스와미 묵따난다, 1955년.   193

수끼의 오두막 앞에 있는 스와미 묵따난다, 1955년.   194

짤리스가온에서 하리 기리 바바와 함께 있는 스와미 묵따난다, 1953년.   210

스와미 묵따난다, 1953년, 까사라에서.   214

나시라바드에서 지쁘루안나.   225

구루 바가반 니띠아난다의 사진 앞에 앉아 있는 스와미 묵따난다. 가네쉬뿌리에 있는 방 세 칸짜리로 된 원래의 슈리 구루데바 아쉬람 바깥. 1956년.   275

슈리 구루데바 아쉬람의 원래 마당에 있는 스와미 묵따난다, 1957년.   407

슈리 구루데바 아쉬람의 스와미 묵따난다, 1966년.   465

스와미 묵따난다, 1982년, 수라쁘에서.   489

구루마이 찌드빌라사난다.   569

시다 파운데이션에 대하여

시다 파운데이션은 구루마이 찌드빌라사난다, 스와미 묵따난다, 그리고 바가반 니띠아난다의 싯다 요가 가르침을 보호하고 보존하고 전파하는 비영리단체이다. 시다 파운데이션은 또한 싯다 요가의 길이 자선 활동으로 표현되도록 안내한다. 여기에는 빈곤한 아동과 가정, 지역 사회들에 건강과 교육, 지속가능한 발전 프로그램들을 제공하는 쁘라사드(PRASAD) 프로젝트와, 인도의 경전들을 보존하도록 지원하는 묵따보다 인도학 연구소(Muktabodha Indological Research Institute) 운영이 포함된다.

번역에 대한 주

어떤 번역도 원서의 향기를 완전히 재생산해 낼 수는 없다. 스와미 묵따난다는 힌디어의 시적인 구어체와 인도 경전의 기술적 용어를 결합시키는 독특하면서도 고도로 개성적인 문체로 『찌뜨샥띠 빌라스(Chitshakti Vilas)』를 썼다. 본 역서는 바바의 글을 가능한 한 문자 그대로 영어 특유의 관용어로 번역하려고 시도했다. 우리는 힌디어를 사용하지 않는 독자에게 이상하게 들릴지 모르는 구문은 피하면서도 원서의 향기를 간직하려고 최선을 다했다. 이 책에 줄기차게 흐르는 정신은 언어로 표현할 수 없고, 그래서 그것을 읽는 경험은 그 문체의 감상과는 거의 관계가 없다. 그럼에도 불구하고 우리는 이 역서가 정확할 뿐만 아니라, 바바가 사용한 힌디어 원어가 가지는 힘과 미묘성을 어느 정도 전달해 주기를 바란다.

머리말
구무나이 씨드빌라사난다

'의식의 유희'란 얼마나 아름다운 책 이름인가! 이 책은 바바 묵따난다가 성취하여 그의 여생 전부를 보냈던 그 지고의 상태를 묘사하고 있다.

현자들은 수십 권의 책을 채우고도 남을 무수한 말로 지고의 진리를 설명하려고 시도했다. 그럼에도 불구하고 그들은 항상 그 진리의 직접적인 경험에 대한 열쇠를 구루와 제자 간의 비의로 남겨 두었다. 이러한 이유 때문에, 비록 경전들을 반복해서 읽더라도 그런 경전들을 통해 진리를 직접 경험할 수는 없다. 경전들은 "그것을 위해서는 구루가 필요하다."라고 계속 말한다. 수많은 사람들이 이미 발견했듯이, 『의식의 유희』의 독특한 모습은 이 책을 읽는 사람뿐만 아니라, 단지 이것을 본 사람 혹은 이 책과 접촉한 사람에게도 흔히 직접적인 경험을 실제로 줄 수 있다는 점이다.

인류를 향한 그의 애정과 자비의 위대함을 통하여, 바바 묵따난다는 이 책에서 그 자신의 영적 사다나의 가장 중요한 점들을 보여 주었다. 이러한 이유 때문에, 당신은 이 책의 체제가 고대 경전들의 체제와는 다르다는 것을 발견하게 될 것이다. 영적 경험이 어떤 특별한 형식 내에 한정될 수 있을까? 자연은 항상 그 자체의 길을 따라간다. 바람은 불고, 불은 타고, 물은 흐른다. 이 모두가 그들 나름의 장엄한 방식으로 말이다. 마찬가지로, 바바가 이 책에서 우리에게 보여 준 모든 것들은 우주적 의식이 끊임없이 변화하면서 춤추고 있음을 표현한 것이다. 신이 외부의 세계에서 헤아릴 수 없이 다양한 모습을 취하고 있는 바와 마찬가지로, 신이 우리에게 준 내적 경험들도 역시 다양하다. 『쉬바 수뜨라』의 한 구절에 보면, '비스마요 요가부미까', 즉 "요가의 여러 단계들은 경이로움으로 가득 차 있다."[1]라는 말이 나온다.

구도자의 사다나의 매 단계는 지고의 진리의 한 모습이다. 그렇다고 모든 명상자가 이 책에서 그렇게 아름답게 묘사된 모든 경험들을 반드시 겪어 봐야만 한다는 것은 아니다. 몇몇 명상가들은 그것들 중의 어떤 것도 경험하지 못할지 모른다. 영적 경험은 구도자의 이익과 성장을 위해서만 일어나며, 그 경험은 각 개인의 욕구에 따라 차이가 난다. 일깨워진 꾼달리니가 구도자를 정화시키기 때문에, 그것은 구도자의 낡은 인상, 막힘 그리고 불순물을 제거한다. 사람마다 서로 다르기 때문에, 그 과정은 사람마다 독특하다. 모든 사람이 드라마틱한 신체적 끄리야들을 경험할 필요는 없다. 샥띠는 지고로 지성적이어서 각 개인에게 전적으로 적절한 방식으로 나타난다. 같은 음식이라도 그것을 먹는 개개의 사람들에게 다른 맛이 나듯이, 마찬가지로 바바 묵따난다가 우리에게 제공해 준 이 쁘라사드도 그것을 받는 사람마다 다르게 경험된다.

『의식의 유희』는 달리 설명을 요하지 않기 때문에, 나는 이 책의 내용에 대한 자세한 설명으로 당신의 마음을 가득 채울 필요가 없으며, 또한 바바가 성취한 바를 하나씩 분석하려고도 하지 않을 것이다. 과연 그러한 것을 해 낼 수 있는 어떤 종류의 계량기라도 우리가 가지고 있을까? 뚜까람 마하라지의 말을 빌면, 뚜까는 "신의 진정한 친구가 된 사람에게는, 자신의 안뜰에 있는 덩굴 식물들조차도 소원 성취의 나무와 같다. 그가 길을 산책하면서 마주치는 돌들은 소원 성취의 보석들이 된다. 그의 지식이 광대하다는 것은 부정할 수 없다. 그와 같은 사람을 친견하는 것은 정말로 소중하다. 그가 무심코 던진 말은 베단따의 가르침들보다 더욱 의미심장하다."라고 말한다.

바바 묵따난다는 지고의 빛의 화신이었다. 그의 현존으로부터 명상의 힘의 빛이 계속 흘러나왔다. 그의 삶은 차례로 많은 사람들에게 생명을 주었다. 그것은 영광스럽고도 장엄한 의식의 유희를 우리가 이해하도록 밝혀 주는 횃불 역할을 해 왔다.

헌정

나의 어머니는 나를 대단히 사랑하셨다. 왜냐하면 내가 외동아들이었기 때문이다. 어머니는 쉬바 신의 헌신자였으며, 신이 은총을 베푸시어 나를 어머니에게 주신 것은 어머니가 빠라쉬바 샥띠를 숭배했기 때문이었다. 그러나 나는 어머니에게 어떤 행복도 줄 수 없었으며, 또한 어머니를 만족시켜 드릴 수도 없었다. 그 대신 나는 어려서 집을 떠났고, 그래서 어머니에게 많은 고통을 주었다. 어머니는 잃어버린 아들에 대한 슬픔으로 여위어 갔으며, 결국 돌아가셨지만, 나를 잊은 적은 한 번도 없었을 것이다.

  자식들은 어머니에게 큰 빚을 지고 있다. 어머니들은 자식들에게 자신의 생명의 젖을 먹여 키운다. 그들은 자신의 행복을 포기하고 그 행복을 자식들의 행복에서 찾는다. 나의 어머니는 사랑하는 아들을 위해 어떤 일이라도 했을 것이다. 어머니는 나를 위해 어떤 구상과 계획을 가졌을 것이다. 어머니는 나의 행복을 위하여 수많은 신들과 여신들의 마음을 달래 주었을 것이다. 어머니는 모든 점성가들을 찾아가, "나의 아들은 어떤 아내를 맞이할까요? 자식들은 얼마나 두고요? 유명한 인물이 될까요? 다른 나라에도 갈까요? 공장은 몇 개나 가질까요? 나는 아들에게 기뽐의 원천이 될까요?"라고 물었을 것이다. 이런 질문을 던지는 것은 어머니가 자식들을 사랑하기 때문이다. 만약 점성가가 어떤 불길한 내용이라도 말하는 날이면, 어머니는 당장 모든 신들의 마음을 풀어 드리려고 할 것이다. 매주 목요일, 금요일, 일요일뿐만 아니라, 가능하다면 매일 단식을 계속할 것이다. 자식이 학교에 갈 때는, "언제 집에 돌아오지? 왜 아직 안 왔지?"라고 계속 생각한다. 계속 반복적으로 집 안팎을 살피며, 벽시계를 쳐다보고, 차 소리에 귀 기울이며 기다린다. "내 아들이 왜 아직 안 오지?" 자식은 어머니의 무한한 보살핌에 은혜를 입고 있다. 그럼에도 불구하고 매정한 자식은 어머니 곁을 떠나, 얼마나 많은 방식으로 타격을 줄지는 모르지만, 어머니의 모정에 심한 타격을 준다.

　나의 처지도 이와 유사했다. 내 나이 열다섯이 약간 넘었던 어느 날, 나는 어머니와 아버지의 사랑을 뒤로하고 그분들 곁을 떠났다. 내가 그런 짓을 저질러서는 안 되었다. 그러나 그렇게 하지 않고서는 달리 무엇을 할 수 있었겠는가? 나는 그토록 무정하게 행동하게끔 운명 지어져 있었다. 그것은 일어나기로 되어 있었고, 정말로 그 일이 일어났던 것이다. 제정신이 들었을 때 나는 어머니를 기억했다. 이때가 나의 사다나 기간 중이었는데, 그때 나는 명상 요가를 수행하는 빠끼르로 여러 곳을 떠돌아다니며 영적인 길에 대한 공부를 하고 있었다. 예올라에서부터 짤리스가온, 까사라, 꼬까마딴, 바즈레쉬바리 및 여타 장소에 이르기까지, 얼마나 많은 어머니들이 나에게 음식과 마실 것, 의복, 날마다 하는 목욕에 필요한 것, 그리고 기타 필수품을 주면서 나를 돌보아 주었던가! 그분들은 나의 기분에 꼭 맞는 식으로 나에게 모든 것을 다 해 주었으며, 그 때문에 많은 고난을 겪었다. 내 성질이 약간 불과 같았고 인내심이 없었기 때문이다. 만약 그분들이 11시에 음식을 가져와야 할 것을 11시 15분에 가져오면, 나는 "왜 늦었어요?"라고 고함을 지르며 갑자기 화를 내곤 했다. 음식이 5분 일찍 도착해도, "왜 이렇게 일찍 가져왔어요?"라고 소리 지르며 화를 내곤 했다. 사다나 기간 중에 나의 기질은 극도로 특이하고 오만했다. 그럼에도 불구하고 이 어머니들은 나에게 얼마나 많은 사랑을 주었던가! 나를 위해 그토록 많은 일을 했던 그분들은 정말로 내가 존경하는 어머니들이시다. 순수하고 이기심 없는, 헌신으로 가득 찬 애정을 가지고 그분들은 나에게 먹을 것을 주며, 나의 성질을 참아 냈던 것이다. 만약 음식의 간이 조금이라도 너무 많이 되어 있거나 너무 적게 되어 있었다면, 나는 그 음식을 먹지 않았을 것이다. 만약 그 음식이 너무 뜨겁거나 너무 차가우면, 나는 그 이유를 알고 싶어 했을 것이다. 이 얼마나 부끄러운 일인가! 심지어 나는 그때 사소한 실수조차 왜 견딜 수 없었는지 모른다. 나는 그들에게 무자비했다. 결코 그들을 용서하지 않았다. 그리고 그것에 대한 죄책감도 전혀 느끼지 못했다. 그 어머니들은 자신의 비용과 노역을 나에게 제공하면서 봉사하느라 심지어 나 때문에 자식들의 뒷바라지조차 소홀히 했다. 그럼에도 나는 여전히 그분들을 측은히 여기거나 용서하지 못했다. 오, 신이시여! 왜 당신이 나에게 그렇게 오만한 성격을 주셨는지 나는 모릅니다.

델리와 봄베이 출신의 상냥하고 애정이 넘치는 사랑스런 어머니들을 포함해서, 이 모든 어머니들은 여전히 나를 성미가 까다로운 아이로 여기고, 신앙과 헌신과 사랑을 다해 나에게 어머니다운 애정을 쏟고 있다. 내가 여행을 갈 때면, 그분들은 나와 함께 간다. 그 이유는 바바의 음식을 요리하기 위해서이다. 내가 델리에 갈 때 그분들은 왜 나와 함께 갈까? 바바의 음식을 요리하기 위해서이다. 비록 내가 인도 전역을 여행 중이라 하더라도, 나는 항상 11시 30분에 식사한다. 그래서 어머니들은 새벽 3시에 일어나서 나의 음식을 준비하고, 차 안에 실어 놓는다. 나는 계획된 출발 시간을 엄수하는 것을 엄격한 규칙으로 삼고 있다. 그래서 그분들은 모든 것을 아주 빨리 준비해야만 한다. 그 다음 우리가 길을 나선 동안에는 음식을 따뜻하게 보관해야만 한다. 그래서 그분들은 보온병을 사용한다. 오후 3시에는 차를 준비해야 하기 때문에, 우리가 이동 중에도 정시에 차를 끓일 수 있도록 그분들은 스토브와 우유를 차에 싣고 간다.

그분들은 그러한 고초를 겪음으로써 나의 효심을 살아 있게 했다. 그분들은 마음의 동요가 전혀 없었기 때문에 나의 특이한 기질을 참아 냈고, 나의 까다로운 버릇을 견디어 냈다. 나의 실제 어머니의 일부분이 그들 속에 없었다면, 이것은 가능하지 않았을 것이다. 많은 어머니들과 그분들의 남편들은 많은 다른 방식으로 나에게 친절하게 대해 주었다. 그분들을 회상할 때, 나는 그분들에게 나를 관대하게 용서해 줄 것을 간청한다. 어머니들이시여! 여러분 한 사람 한 사람을 나 자신의 어머니, 즉 나를 낳아 주신 어머니로 보고 있기 때문에 나는 나의 모든 마음을 바쳐 여러분께 절을 올린다. 나는 내가 항상 당신 속에서 그 똑같은 어머니를, 즉 내가 그토록 사랑한 여신 찌띠 꾼달리니를 볼 수 있도록 바가반 니띠아난다에게 기도 드린다.

나의 여정에서 자기 아들처럼 나를 돌보면서 많은 고난을 견디어 낸 어머니가 여기 한 분 계신다. 그녀는 튼튼하지 않았으나 나에게 큰 도움을 주었다. 건강도 좋지 않았으나 그녀는 나태하거나 태만한 적이 없었다. 그녀는 자신의 가정을 생각해 본 적이 없었다. 아들과 딸들이 대학에서 공부하고 있었지만 그들에게 애착을 갖지 않았다. 누가 그녀의 가정을 돌볼 것인지 혹은 그녀의 삶에 어떤 일이 일어날지를 한 번도 걱정하지 않았다. 불타는 더위와 매서운 추위, 그리고 폭풍우 치는 우기 중에도 한 번에 한 달, 두 달 혹은 세 달 동안 바바의 음식과 복지를 보살펴 주었다. 나는 나 자신의 거룩하신 어머니 꾸수메쉬바리를 잊지 않기 위해, 어머니만큼 나에게 소중한 슈리마띠 샤르다 암마라는 이름을 가진 그녀에게 이 책을 헌정한다.

기원

모든 축복 중의 축복이시고, 눈길 한 번으로 모든 불행을 멸하시어 지고의 행운을 선사해 주시는, 지고의 구루이신 니띠아난다의 연꽃 발아래 엎드려 빕니다.

지고의 절대자 즉 빠라브람만이시고, 오점이 전혀 없고 완전히 순수하시며, 현존으로 쉽게 빠라브람만의 상태를 선사해 주시는 구루에게 빕니다.

싯다들의 명상의 목표이며, 베단따의 토대이시며, 초연의 지혜를 통해 실현된 지고의 증인이신 슈리 니띠아난다여, 저희에게 축복을 내려 주소서.

은총으로 새로운 인식을 얻게 해 주시고, 샤띠빠뜨를 통해 제자에게 자신의 내면의 샤띠를 전수하여 자신처럼 그를 완전한 경지에 자리 잡게 해 주시는 지고의 구루이신 니띠아난다여! 제가 이 글을 성공적으로 쓸 수 있도록 해 주소서.

저는 제 마음의 주님이신 슈리 구루 니띠아난다에게 고개 숙여 절합니다. 싯다들의 세계에 거주하시지만 어디에서나 충만해 계시고, 의식하는 순수한 참나이시며, 제자들에게는 신성한 은총의 힘이시며, 그의 은총이 바로 개인의 영혼과 절대자가 동일

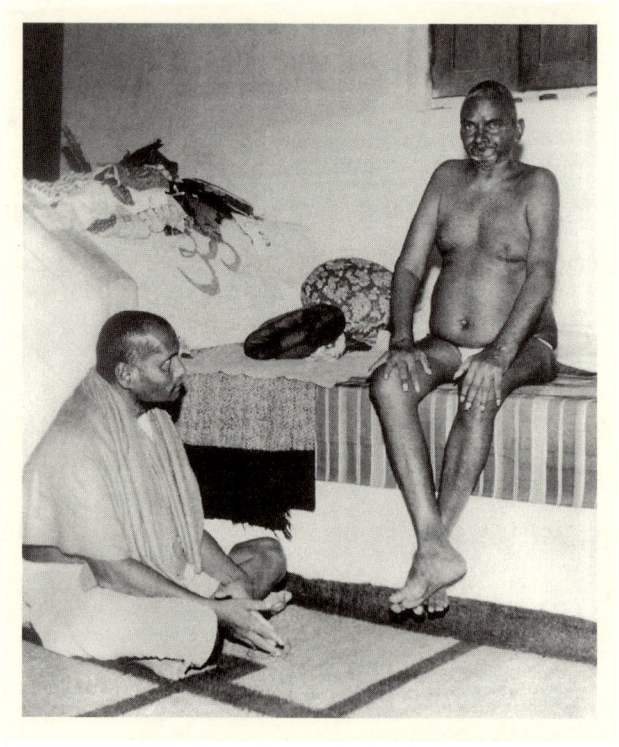

인도의 중서부에 있는 가네쉬뿌리 마을에서
구루인 바가반 니띠아난다의 발치에 앉아 있는 스와미 묵따난다. 1958년.

하다는 앎이신 니띠아난다여! 저에게 축복을 내려 주소서.

저는 슈리 구루 니띠아난다에게 기도합니다. 싯다 제자들의 미음속에 거하시며, 그들로부터 지고의 사랑을 받는 분이시며, 그들의 마음속에 들어와 헤아릴 수 없이 무수한 과정과 움직임을 통하여 그들 내부에서 일하시는 니띠아난다여! 이 작품을 완성하게 해 주소서.

저의 명상이 완전하게 이루어지도록, 다원성과 일원성을 모두 초월하시고, 행동으로 모든 것의 참나가 동등하다는 인식을 드러내 주시는 분이시며, 완전한 경지의 상태를 쉽게 부여해 주시며, 싯다 길의 안내자이신 지고의 아버지이신 슈리 구루데바에게 저는 고개 숙여 절합니다.

오, 은총을 베풀어 주시는 삿구루시여! 당신은 바로 제가 당신으로부터 받은 완벽한 경지에 대한 지식입니다. 당신은 도처에 충만해 계시며, 싯다 제자들은 푸른 진주 속에서 거듭 당신을 봅니다. 오, 푸른 진주이신 바가반 슈리 니띠아난다여! 저는 당신의 연꽃 발 앞에 엎드려 절합니다.

당신은 '나와 나의 것'이란 무지한 생각이 없어지는 순간, 푸른 진주 속에서 당신 자신을 드러내십니다. 참나는 당신에 대한 경배이며, 만뜨라 소함을 반복하는 것은 당신에 대한 기원이며, 완전한 복종은 당신에게 바치는 봉헌물입니다. 명상의 뒤를 이어 맥박 치는 지고의 희열은 당신의 순수한 본질입니다. 당신은 사하스라라에 있는 의식의 찬란한 다발 속의 푸른 집에서 영원히 거주하시는, 싯다 제자들로부터 숭상받는 신입니다.

가네쉬뿌리에 거하시며, 묵따난다의 마음속에서 노시는, 모든 것의 참나이시며, "당신은 그것이다."의 목표이신 슈리 니띠아난다여! 싯다 제자들에게 지고의 희열이란 감로주를 흠뻑 내려 주시고, 그들에게 영원한 기쁨과 항구적인 평화를 주소서.

슈리 구루데바에 대한 기도

다음은 슈리 구루데바에 대한 저의 기도입니다!

모든 사람의 삶이 낙원 같게 해 주소서.
'나와 나의 것'이란 하찮은 느낌이 사라지게 해 주소서.
그리고 찌띠에 대한 지식이 우리의 마음속에 일어나게 해 주소서.
존재하는 모든 것이 사랑과 평온한 마음으로
항상 당신을 숭배하게 해 주소서.
그리고 우리가 호흡할 때마다 만뜨라 소함을 늘 반복하게 해 주소서.

모든 것의 참나에 대한 인식과 함께
제가 당신을 숭배할 수 있도록 축복을 내려 주소서.
인종과 종교와 언어에 대한 차별을 없애고, 제 마음을 순수하게 해 주소서.
크고 작은 사람들 속에서, 고통 받고 가난한 사람들 속에서,
고귀하고 어리석은 사람들 속에서
당신 구루나뜨를 바라보게 해 주소서.
저에게 소박한 마음과 겸손한 정신과 관대한 마음을 주소서.
참 지식의 수여자가 되게 해 주소서.

구루데바시여, 저에게 다음과 같은 은혜를 베푸소서.
제 마음의 사원에서 항상 당신을 명상하게 해 주소서.
오, 만물의 참나시여! 만물에 충만해 있는 빛을 항상 사랑하게 해 주소서.
오, 구루시여! 당신에게 헌신하게 해 주소서.
지식과 요가와 명상에서 저의 의식이 변하지 않게 해 주소서.

항상 싯다 비디야의 숭배자가 되게 해 주소서.
저의 마음이 찌뜨샥띠와 하나가 되게 해 주소서.
당신 속에서 항상 라마와 크리슈나, 쉬바, 그리고 샥띠를 바라보게 해 주소서.
당신의 싯다 요가가 숨 쉬고 있는 가네쉬뿌리에서 살게 해 주소서.
나라, 언어, 종파 그리고 인종의 차별로부터 벗어나게 해 주시고,
저에게 동등한 비전을 주소서.
니띠아난다의 맥박으로 제 심장을 채워 주소서.
저의 마음이 니띠아난다의 마음이 되게 해 주소서.

모든 사람이 단순함과 진리, 용기, 용감함, 분별과 광휘를 얻게 해 주소서.
세계가 모든 사람에게 소망의 나무와 소망의 젖소가 갖추어진
기쁨의 동산이 되게 해 주소서.
싯다의 제자들이 감각의 지배자가 되게 해 주시고,
끄리야 요가에서 기쁨을 누리게 해 주소서.
오, 구루나뜨시여! 인간 마음의 사원 안에서 항상 당신을 보게 해 주시고,
또한 성취감을 느끼도록 해 주소서.

이 몸에 생명이 있는 한 저의 임무를 완수케 해 주시고,
변함없이 당신을 기억하게 해 주소서.
구루나뜨시여! 저의 삶이 저 자신의 노동으로 가득 차게 해 주소서.
항상 당신을 명상하게 해 주소서.
오, 구루데바시여! 적어도 다음 것을 저에게 주소서.
당신과 항상 하나가 되게 해 주소서.
동에서 서로 가든, 북에서 남으로 가든, 언제 어디서나
당신을 바라보게 해 주소서.

당신은 눈에 보이지 않는 순수한 빠라쉬바입니다.
당신은 사찌다난다의 형체 그 자체입니다.
우주가 당신 안에 있고, 당신이 우주 안에 있습니다.
당신 안에서는 어떤 구별도 없습니다.
당신을 능가할 자 아무도 없으며, 당신은 유일합니다.
묵따난다는 이렇게 말합니다.
슈리 구루나뜨시여!
싯다의 과학이 완전히 개화하도록 해 주소서.
우리의 명상이 역동적이 되게 해 주소서.
우리가 푸른 진주 속에서 안식을 찾게 해 주소서.

제가 항상 이 세상에서 즐겁게 돌아다니게 해 주소서.

그리고 당신이 영원히 제 마음속에 거해 주소서.

묵따난다는 말합니다. 오, 구루나뜨시여.

우리의 삶이 보편적인 의식의 유희가 되게 해 주소서.

서문

나는 싯다의 길을 따라가는 사람이다. 그리고 나는 싯다의 은총으로 살아 있다. 나의 삶, 식사, 목욕, 명상, 만뜨라, 호흡, 성취, 구원 그리고 안식은 싯다의 축복이다. 더 이상 내가 무엇을 말할 수 있겠는가?

싯다들의 세계에 거주하시고, 싯다 요가의 완벽한 주님이시며, 지고의 구루이신 니띠아난다 묵따난다의 사랑하는 신이며, 그의 가장 깊은 내면의 존재이시다. 나는 그의 은총의 축복을 통해 살아가고 있다. 신성한 은총의 힘인 그의 자비로운 샥띠는 내 몸 전체에 퍼져 나가, 나의 심장 속에 그 거처를 만들었다.

이 세상에서 살아가는 어느 누구도 이 세상의 재미없고 기쁨 없는 경험은 자기의 몫이고, 요가와 명상은 모든 것으로부터 벗어난 고행자의 몫이라고 느끼지는 않는다. 평범한 사람들도 그들의 직업을 영위해 가면서 싯다 요가를 수행하는 것이 정말로 가능하다. 오늘날에는 이 세상에서 살아가면서 싯다 과학을 추종하는 사람들이 많이 있다. 이전 시대에도 헤아릴 수 없이 많은 세대주들이 이 길을 따라갔다. 그들은 영적인 일과 세속적인 일을 모두 완전히 이행한 이상적인 남성과 여성이 되었다.

이 길은 모든 이에게 열려 있다. 모든 남녀의 내면에는 내면의 신성한 힘이 있는데, 『쉬바 상히따』는 그것을 다음과 같이 묘사했다.

물라다라스따 바흐니야뜨마떼죠 맛드예 비야바스띠따
지바샥띠 꾼달라끄햐 쁘라나까라따 떼자시
마하꾼달리니 쁘록따 빠라브람마스바루삐니
샵다브람마마이 데비 에까네까끄샤라끄리띠
샥띠 꾼달리니 나마 비사딴뚜니바 슈브하

이는 위대한 여신인 샥띠가 절대자 브람만의 본성이라는 것을 의미한다. 사람들은 그 여신을 꾼달리니라는 이름으로 부른다. 그녀는 연꽃 줄기를 닮았으며, 물라다라라는 연꽃의 자궁 안에 있다. 그녀는 똬리를 튼 형태로 있으며, 황금빛 광휘와 빛으로 채워져 있다. 그녀는 빠라쉬바의 지고로 두려움이 없는 샥띠이다. 남녀에게 개인의 영혼으로서 살아 있는 것은 바로 그녀이다. 그녀는 쁘라나의 모습으로 되어 있다. 아(a)에서부터 끄샤(ksha)에 이르는 모든 문자들이 그녀로부터 일어난다. 내가 그녀를 묘사하는 것은 인간이 이 내면의 힘을 알고 이 세상에서 살아가는 동안 그녀를 이용할 수 있도록 하기 위함이다. 꾼달리니는 옴(Om)의 본질이다. 그녀가 일깨워지면, 이전까지 평범하고 무미건조하며, 아무 기쁨도 없이 욕망에 가득 찬 것처럼 보였던 삶이 달콤함과 만족과 기쁨으로 채워져 명랑하고 활기차게 된다.

꾼달리니는 이 우주를 펼쳐 내는 신성한 기쁨의 에너지인 여신 찌띠이다. 그녀는 물라다라에서 똬리를 틀고 살아가며, 우리 신체의 모든 기관들이 올바르게 작용하도록 한다. 구루의 은총으로 그녀가 일깨워질 때, 그녀는 신체를 변형시키며, 우리의 운명에 따라 우리의 일상적인 삶을 개선시킨다. 그녀는 사람들 사이에 깊은 우정의 감정을 일으키고, 그들로 하여금 서로에게 내재해 있는 신성을 서로 볼 수 있게 해 주며, 그 결과 이 세계를 낙원으로 바꾸어 준다. 그녀는 우리의 삶 속에서 완벽하지 못한 것을 완벽하게 만들어 준다.

이 신성한 힘이 은총의 형태로 사람에게 들어갈 때, 그는 완전히 변형된다. 그가 자기 내면의 샤띠가 충만해 있음을 완전히 인식하게 될 때, 그는 아내에 대한 깊은 사랑과 아내와의 비이기적인 관계를 발전시킨다. 아내가 여성이 아니라 신성한 꾼달리니라는 지식이 그의 내면에서 일어난다. 아내의 내면에서 찌띠가 모습을 드러낼 때, 남편에 대한 완전한 믿음과 남편에 대한 무한한 사랑이 봉사하고 싶은 바람과 더불어 그녀의 마음속에서 일어난다. 이러한 힘의 영향을 통하여 그녀의 내면에서도 남편이 단순한 남성이 아니라 신의 화신이라는 완벽한 이해심이 떠오르기 시작한다. 구루의 은총의 힘이 어머니에게 스며들면, 그녀의 삶 전체가 기쁨으로 충만해진다. 샤띠가 그녀에게 속속들이 스며들면, 그녀는 자식들의 참된 본성을 알게 된다. 그녀는 그들에게 지혜와 예절과 재능의 충분한 표현을 완전히 습득시킬 수 있는 능력을 얻게 된다. 지고의 꾼달리니 은총이 샤띠빠뜨의 형태로 그녀에게 주어지자마자, 그녀는 최고의 길을 따라 자식들을 인도해 갈 능력을 받는다. 이러한 앎은 가상적인 것도 아니요, 오직 묵따난다에 의해서만 말해진 것도 아니다. 『루드라흐리다야 우빠니샤드』의 한 시구는 다음과 같이 이 말의 진실을 입증하고 있다. '루드로 나라 우마 따스마이 따스야이 나모 나마하', "루드라는 남자이며, 우마는 여자이다. 그에게 찬미를, 그녀에게 찬미를!"

　최초의 영원한 진리(만물의 증인이고, 우주의 근본적인 원인이며, 속성도, 형태도 없으며, 태어남도 없고 시작도 없는 가장 고귀한 숭배의 대상인 신)가 남자 즉 남편으로서 나타나고, 반면에 꾼달리니(이 세상에 생기를 불어넣고, 또한 찌티, 우마, 두르가, 쁘라띠바, 말띠라고 불리는 신의 지고의 샥띠)는 여자 즉 아내로서 나타난다는 이해가 일어난다. 나는 그들 둘 다에게 나의 찬사를 보낸다. 꾼달리니는 빠라쉬바의 사랑하는 왕비이며, 그의 신체의 절반이다. 그녀는 라다, 시따, 미라가 되고, 딸과 가정주부, 어머니, 요기니, 창조의 모체와 같은 역할을 담당한다. 따라서 사람들은 하나의 새로운 자각을 얻게 된다. 그대가 구루의 은총의 샥띠를 받게 되면, 이 세상은 천국이 된다. 이 책은 이를 증명하기 위하여 쓰였다.

　이 지고의 샥띠가 모든 인류에게 남김없이 전파되게 해 주소서! 모든 사람들이 찌띠의 유희가 확장되는 가운데 건재하게 해 주소서! 남녀가 이 샥띠를 흡수하여, 자기 본위의 사랑이 아닌 완벽한 지식으로 서로를 완전히 사랑하게 해 주소서! 그들이 내면에서 전개되는 찌띠의 작용을 얻어, 빛의 화신이 되게 해 주소서! 아내와 남편은 육체적 쾌락의 장으로서가 아닌, 서로의 존경과 경애를 받을 가치가 있는 사람으로서 서로를 보도록 해 주소서! 이 세상의 모든 여성들이 내면에서 성장하는 샥띠를 보고, 샥띠의 위대한 영광을 알아차리고, 그들의 남편들도 똑 같은 지고의 샥띠의 완벽한 빛임을 이해하게 해 주소서! 진정한 종교는 경애와 우정과 헌신적인 봉사의 정신이라는 것을 그들이 깨닫고, 그럼으로써 그들이 경건해지도록 해 주소서! 이것이 묵따난다의 바람이다.

이 세상에서 살아가는 모든 남녀는 다음의 것을 또 기억해야 한다. 즉, 현상계의 우주 전체는 여신 찌띠로 충만해 있다. 찌띠는 이 세상의 창시자요, 부양자이다. 그래서 이 세계는 그녀의 존재 안에서 존재하고 있다.

찌띠는 빠람마쉬바 빠람아뜨만이다. 그것은 이 우주를 초월하고, 속성도 없는 완벽한 존재이며, 만물의 토대이며, 베단따에서 언급되는 네띠 네띠("이것이 아닌, 이것이 아닌")의 목표이며, '아함 브람마스미' 즉 "나는 절대자이다."라는 지식의 기초이며, 의식적인 참나이다. 지고의 샥띠는 그녀 속에 통합되어 있는 빠람마쉬바와는 불가분의 관계이다. 그녀는 또한 쉬바 샥띠라고도 불린다. 살아 움직이고 살아 움직이지 않는 이 현상계의 우주 속에서 모습을 드러내는 것은 그녀의 아름다움이다. 그녀는 지고의 존재가 가지고 있는 의식의 힘이며, 그와는 완전히 동일하다. 우리가 지각할 수 있는 우주는 그녀 자신의 내면의 고동이 밖으로 확장된 것이다.

그녀는 인생의 가시적인 모든 활동 속에서 스스로 모습을 드러낸다. 그녀는 호의적이든 비호의적이든, 유익하든 방해가 되든, 다양한 형태로 나타난다. 『쁘라띠야비냐흐리다얌』에는 '딴나나 아누루빠 그라뱌 그라하까 베다뜨', "그녀는 다양하게 상호 관련된 객체와 주체 속에서 다수가 된다."[2]라고 쓰여 있다. 이런 식으로 모습을 드러내기 때문에 지고로 자유로운 찌띠는 그녀 자신의 의지를 통해 창조의 36가지 원칙이 된다. 그녀는 남성과 여성으로 혹은 뿌루샤와 쁘라끄르띠로 나타난다. 이 세상의 많은 구별 가운데서도 이들이 주요한 두 개의 구별이다. 즉, 뿌루샤와 쁘라끄르띠, 남성과 여성의 구별 말이다. 이러한 구별은 만물에 다 미치고 있다. 새와 동물과 나무도 또한 이들 두 개의 범주로 나뉜다. 다른 활동 속에서도, 또한 무한한 형태에 골고루 영향을 미치고 있는 이분법의 구별이 있다. 즉, 고저, 선악, 속박과 자유, 환희와 불안 등이다. 그럼에도 불구하고 인지자와 인지 대상이 되는 것은 똑같은 찌띠이다. 내가 전하고 싶은 것은 이 세상이 찌띠로 가득 차 있고, 찌띠의 것이며, 찌띠 그 자체로 존재하고 있다는 것이다. 만약 그대가 참된 지식의 눈으로 본다면, 그대는 이 세상에서 찌띠 이외에는 아무것도 발견하지 못할 것이다.

사람은 이것을 이해할 수도 있고 이해하지 못할 수도 있다. 그러나 비록 그의 내면의 샥띠가 일깨워지지 않았더라도, 그는 신이 인간의 형태로 이 세상에 거주하고 있다는 한 가지 사실을 기억해야 한다. 『쁘라띠야비냐흐리다얌』에 따르면, '마누슈야데하마스따야 짠나스떼 빠람마메쉬바라하', "신은 인간의 몸을 취하고, 그 몸 속에 자기 자신을 숨기고 있다."³ 몸 속에 거주하는 자가 신이기 때문에, 싯다 요가의 수행자는 자신의 내면의 샥띠를 쉽게 발전시킬 수 있다는 것이다.

사정이 이러할진대, 찌띠에 대한 지식이 없거나, 그녀를 인지하지 못하거나, 그들 자신의 내부에 있는 그녀를 숭배하지 못하는 이 세상 사람들은 얼마나 잘못되었는가! 비록 쉬바 샥띠의 충만이 보통 사람에게는 이원성인 것처럼 보일지 몰라도, 구루의 은총에 의존해 있는 사람에게는 그것이 사랑과 비이원성의 완벽한 구현으로만 보인다. 오, 이 세상을 헤쳐 가는 항해자여! 만약 그대가 아무 장애가 없는 여행을 하기를 원한다면, 그대의 존귀한 여신인 찌띠 꾼달리니를 의식하라. 명상으로 그녀를 일깨우고, 어디를 가나 그녀를 바라보고, 행복하게 살아가라. 여러 형태의 구루들은 그녀의 더없이 즐거운 광채이다. 나는 빠라브람만의 화신인 이 위대한 샥띠 꾼달리니를 찌뜨샥띠라고 규정한다. 구루의 축복을 통해 일깨워진 찌띠 꾼달리니는 그대의 여정이 원만하게 끝날 수 있도록 해 줄 것이다. 명상의 위대한 요가는 영적인 길을 따라 그대를 안내할 것이다. 찌띠의 축복과 함께 그대는 위대해질 것이다. 그대의 삶은 요가로 가득 채워질 것이고, 기쁨과 힘으로 가득 채워질 것이며, 즐거운 것은 물론이고 유익한 것으로 가득 채워질 것이다. 그대의 집은 순례의 장소인 까쉬가 될 것이고, 그대의 근로는 일상적인 의식(儀式)이 될 것이며, 그대의 친구들은 신과 여신이 될 것이며, 그대의 식사는 신성한 봉헌물이 될 것이다. 그대가 하는 모든 일은 지고의 참나를 숭배하는 것이 될 것이다. 머지않아 그대는 궁극의 결실을 얻을 것이다. 즉, 그대는 찌띠 속에서 하나로 통합될 것이다.

오, 여신 찌뜨샥띠여! 오, 어머니여! 오, 아버지여! 당신은 샥띠입니다. 당신은 쉬바입니다. 당신은 가슴속에서 진동하는 영혼입니다. 이 세상과 참나로서 나타나는 당신의 모습들은 모두가 축복과 아름다움으로 가득 차 있습니다. 무지한 사람들이 당신에 대한 충분한 지식이 결여되어 있는 한, 그들은 쉬바-샥띠, 세계-환영, 속박-자유, 쾌락-포기, 영적-세속적과 같은 다양한 이원론적 사상을 당신에게 투영합니다. 오, 지고로 숭배하는 마하샥띠여! 당신이 제자에게 축복을 주기 위하여 구루의 형태를 취하고서 그의 마음속으로 들어갈 때, 그는 내면의 지식을 통하여 외부의 세계가 또한 그대의 유희라는 것을 깨닫습니다. 싯다 요가, 꾼달리니, 고결한 숭배, 그리고 명상 요가가 모두 당신에 의해 창조되었고, 그래서 당신은 그들 모두에게 완전히 충만해 있습니다. 그들은 당신이 명상의 사다나를 완성시키고, 당신 자신의 본성의 상태를 주는 수단입니다.

마치 실들이 천 조각 전체에 나타나 있듯이, 마치 점토가 항아리로 만들어질 때 여전히 점토이듯이, 살아 움직이고 살아 움직이지 않는 이 우주 전체도 당신 자신입니다. 사람이 이것을 깨달았을 때, 그는 수많은 차이 속에서도 일원성을 볼 수 있고, 일상생활 속에서도 신을 볼 수 있습니다. 오, 빠라쉬바의 빠라샥띠여! 수행자들이 나마 쉬바야, 소함, 혹은 옴을 암송하는 동안 당신을 기억하고 또한 그들 자신을 완전히 잊어버리면, 당신은 그들의 마음속에 당신의 모습을 드러냅니다. 오, 자유로운 지고의 창조자여! 모든 만뜨라가 당신의 이름이며, 모든 의식이 당신의 행동입니다. 이 세계는 가시적인 당신의 모습입니다. 오, 보편적인 의식이여! 다른 형상, 다른 색깔, 다른 모양으로 가득 차 있으며, 다른 대상들의 무한한 결합체인 이 우주는 밖으로 드러난 당신의 고동입니다. 저는 거듭 당신에게 고개 숙여 절합니다.

한줄기 빛은 태양과 다르지 않고, 파도는 바다와 다르지 않고, 한줌의 흙은 지구와 다르지 않으며, 당신 즉 여신 찌띠는 수많은 형상으로 나타나고 있습니다. 당신과 전혀 다르지 않은, 당신의 광선의 다발에서 나온 한줄기의 빛은 당신의 묵따난다입니다. 묵따난다는 당신으로부터 생겨났으며, 당신 안에서 살고, 결국에는 당신 속에 통합될 것입니다. 그는 당신에 의해 해방되었으며, 당신 안에서 자유로운, 당신의 자유입니다. 헤아릴 수 없이 많은 절과 함께 바쳐진 이 책은 당신에게 바치는 저의 봉헌물입니다.

나의 사랑하는 싯다 요가 제자들이 나의 사다나 기간 중에 일어난 경험에 대해 써 달라고 애정 어린 요청을 해 왔다. 그 후에 나의 사랑하는 암마의 끈질긴 고집 때문에, 나는 마하브레쉬바르의 슈리 아난다바바나에서 1969년 5월 12일 월요일에 이 책을 쓰기 시작했다.

이 작은 책의 주제와 성격은 고대의 위대한 인물들이 쓴 작품과 같지 않다. 그러한 책들은 그들 나름대로의 대단한 중요성을 지니고 있다. 이 책에 나타나 있는 모든 것은 찌띠의 작품이다.

그것은 찌띠의 선물이고, 찌띠의 창조물이다. 싯다 요가는 여신 찌띠의 것이다. 이 책의 목적은 찌띠를 얻는 것이고, 찌뜨샤띠 빌라스(의식의 유희)란 이름은 자동적으로 마음에 떠오른 것이지, 고심하여 생각해 낸 것이 아니었다.

제 1 권

싯다의 길

제 1 부

신에 대한 깨달음의 중요성

신은 모든 곳에 충만해 있으며, 완전하고, 영원하다. 신은 안과 밖의 모든 곳에 존재한다. 그는 모든 존재에 내재하고 있으며, 가슴이라는 내적 신전에 참나의 모습으로 살아 있다. 그러나 그를 아는 자는 거의 없다. 현혹된 많은 사람들은 신이 가슴속에도, 지상의 어느 곳에도 존재하지 않는다고 믿는다. 왜냐하면 오늘날 신에 대한 믿음은 거짓으로 간주되고 있기 때문이다. 어떤 유물론 철학들은 창조의 기원이 자연에 있으며, 이 우주에는 창조자란 없으며, 이 우주는 단지 원자와 분자들의 집합체에 불과하다고 주장한다. 또 어떤 사람들은 신이란 멀리 떨어진 곳인 바이꾼따 혹은 까일라사에 거주하거나, 아니면 제5천국 혹은 제7천국(최고천)에 거주하지 가슴속에 거주하는 것은 아니라고 믿고 있다. 또한 현대의 사상가들은 그들이 세상에서 보는 갈등, 고통 그리고 불행 때문에 신의 존재에 의문을 던지고 있다. 어떤 곳에서는 홍수가 일어나고, 또 다른 곳에서는 가뭄이 있는가 하면, 어떤 지역에는 기근이 들고, 또 다른 지역에는 먹을 것이 남아돌고 있다. "이 많은 불평등이 어떻게 해서 일어나는가? 비는 제때에 내리지 않는다. 마실 물조차 없으며, 있는 것이라고는 두 눈에서 흘러내리는 눈물밖에 없다. 식량으로 쓸 곡식은 충분치 않고, 먹을 것이라고는 식물과 나뭇잎들을 제외하고는 아무것도 없다. 살 집이 없으며, 자신의 몸을 감쌀 옷조차 없다. 왜 이러한 불행이 있는가?"라고 그들은 의문을 던진다. 이렇게 끝없이 더해만 가는 의심을 품고 있기에, 사람들의 가슴은 메말라 신앙심을 잃게 된다.

그럼에도 불구하고 이 세상에는 풍부한 식량과 부와 번영을 누리고 있는 나라들이 많다. 그들이 그렇게 될 수 있었던 것은 그들에게 불굴의 노력과 끊임없는 근면성이 있었기 때문이다. 일본은 비옥한 땅이 그리 많지 않은 작은 나라이지만 식량을 자급자족하고 있다. 일본 국민들은 농업 기술의 개발에 완전한 믿음을 가지고 전념했기 때문이다. 인도의 한 속담에는 "비단뱀은 교미하지 않고, 새는 일하지 않는다."는 말이 있다. 그러나 일본인들과 같은 근면한 사람들은 그러한 나태함을 좋게 보지 않는다. 만약 사람들이 책임감이 전혀 없고 나태함으로 가득 찬 삶을 영위해 가다가, "만약 신이 있다면, 왜 우리는 배가 고픈가?"라고 말하면서 신에게 대항한다면, 그것은 단지 하나의 조롱거리밖에 되지 않을 것이다. 신에 대한 믿음이 그대 자신의 사리사욕을 위해 이용되어서는 안 된다. 다시 말해, 당신의 삶을 완전하게 하기 위하여 신을 상업적으로 이용해서는 안 된다. 신은 존재한다. 그러나 인간은 슬픈 상태에 있다. 왜냐하면 인간은 신을 멀리한 채, 신에 대한 믿음이 없이 살아가기 때문이다.

각기 다른 전문의 자격을 가진 의사를 일곱 명이나 배출한 한 가문의 가족을 만난 적이 있다. 그런데 이 가족의 한 소년이 상한 음식을 먹어서 복통을 앓게 되었다. 처방된 약을 먹기는 하였지만 음식을 바꾸지는 않았다. 그의 상태는 더욱 악화되었고, 그래서 다른 의사에게 진료를 받게 되었다. 그의 가족의 의사들이 처방한 약이 효과가 없다고 의심할 수 있겠는가? 진실을 말하자면, 인간은 신으로부터 자기가 행한 행위의 결과를 받는다. 그리고 그 결과는 자신이 행한 행위의 본질과 완전히 일치한다.

신을 알고자 한다면, 이론이나 사색은 아무런 소용이 없다. 신은 완벽하게 현존해 있다. 그러나 미묘한 모습으로 현존해 있다. 신은 우리의 안과 밖의 모든 행위의 확고한 기반이 되고 있다. 인도에는 경탄을 받을 만한 장소, 즉 싯다가 거주하고 있는 곳들이 많다. 우리가 그들 모두를 직접 보고 느낄 수 있는가? 우리는 그렇지가 못하다. 그렇다고 그러한 곳이 존재하지 않는다는 의미는 아니다. 마찬가지로, 위대하고 신성한 힘이 우리의 내부에 존재하고 있으며, 지금 이 시간에도 끊임없이 작용하고 있다. 그 힘이 존재하지 않는다고 말하는 것은 순진한 합리주의에 불과하다. 신이 자신의 이미지에 따라 외부 세계와 내부 세계를 만들고 그 다음 그 두 세계에 두루 충만해 있음으로 인하여, 이 세상을 살기 좋은 장소로 만든 것은 다름 아닌 창조자, 신이다. 만약 신이 이 세상에 존재하지 않는다면, 누가 그곳에 살 수 있을까? 누가 자신의 현세적인 삶을 살아가면서 남과의 관계를 정직하고도 순수하게 하려고 노력하겠는가? 만약 세상이 재미있고 기쁨으로 가득 차 있다면, 그것은 신 때문이다. 신의 영광은 끝이 없다. 그리고 우리가 신의 맛과 달콤함을 경험하는 것도 바로 무한한 자가 존재하기 때문이다. 지고로 행복에 넘치고 있는 신의 희열이 이 세상에 반영되고 있기 때문에 우리는 살아가면서 모든 감각적 쾌락과 모든 세속적 행동으로부터 약간의 만족을 얻을 수 있는 것이다. 우리는 음식의 맛에서, 달콤한 물에서, 라가와 라기니의 선율 속에서, 봉오리를 터뜨리는 꽃들의 부드러운 미소 속에서, 그리고 갓난아기들의 울음소리를 통해 신의 더없는 행복의 그림자를 발견한다. 만약 신의 영광이 수많은 색깔을 가진 꽃들 속에 존재하지 않는다면, 우리가 왜 그토록 꽃들에게 매혹되며, 왜 꽃들을 그리도 사랑하겠는가? 만약 망고와 파인애플, 귤 혹은 석류들에 신의 아름다움과 달콤함과 향기가 없다면, 왜 그들은 우리에게 그토록 달콤한 맛을 내는가? 그들이 달콤함과 넥타와 같은 향기를 내는 것은 그 신성한 원리가 작용하기 때문인 것이다. 담백하고 순수한 물 속에도 달콤한 맛이 얼마나 많이 들어 있는가! 수많은 색깔의 밝은 광선을 갖고 있는 태양을 우리는 얼마나 사랑하는가! 이들 우아한 광선의 손길로 연꽃은 피어나며, 식물들은 행복에 겨워 살랑이고, 새들의 왕국은 온통 행복에 겨워 노래하기 시작한다. 주의 깊게 바라보라. 정말로 자세하고 섬세하게 바라보라. 이들 태양 광선과 이들 덩굴 식물들은 상호 간의 사랑과 희생적인 경배의 마음속에서 서로에게 자신을 내맡기며 침묵의 언어로 서로를 만나고 있다. 부드럽게 흐르는 바람 속에는 얼마나 아름다운 신성한 음악이 감추어져 있는가! 얼마나 달콤하고 시원하고 행복한 촉감을 주는가! 이 모든 것 속에는 현존해 있는 신의 사랑이 흘러넘치고 있다. 그러나 인간이 신을 알아보지 못하기 때문에, 그는 순수 의식의 화신인 이 우주를 완전히 다른 어떤 것으로 보고 있다. 인간은 무지하기 때문에 단지 결점만을 지각하고 있다.

이 세상은 신을 완벽하게 반영하고 있다. '살밤 끄할비담 브람마', 즉 "이 모든 것이 정말로 절대자이다."라고 하는 베단따의 가르침은 궁극의 진리이다. 모든 것이 신이다. 모든 나라와 모든 성지와 모든 이름은 신의 것이다. 오직 사람의 눈으로 볼 때만 높고 낮음의 차이가 존재한다. 진실로, 이 지상의 모든 지역은 신의 성스러운 장소이다. 모든 물과 물이 모여 생긴 흐름은 신의 성스러운 강들이다. 이 세상의 모든 모양과 형상 속에는 바로 신의 이름의 소리가 들어 있다. 영광은 끝이 없으며, 이름도 끝이 없으며, 무한한 자의 유희도 끝이 없다. 신에게는 어떤 종말도 없다. 당신이 아무리 독서를 많이 한다 할지라도 공부할 것은 언제나 남아 있는 법이다. 당신이 아무리 많은 성지를 방문한다 하더라도 가 보아야 할 곳은 여전히 남아 있는 법이다. 아무리 멀리까지 본다 하더라도 그 앞에는 항상 더 많은 것들이 기다리고 있다. 이러한 것이 신성한 원리가 두루 충만해 있다는 신성의 광대함이다. 신성하다는 말로도 부족한 것이 신의 영광이다.

우리의 삶은 너무나 짧다. 우리의 몸은 너무나 덧없으며, 이 세상은 위험과 고통으로 너무나 가득 차 있어 신을 찾는 일이 절대적으로 필요하다. 그러나 신에게 이르는 길은 매우 어렵다. 인간에게 혈통이 있듯이, 신성의 원리에도 혈통이 있다. 이 세상은 시작도 없는 신의 후손이다. 이것을 의심하고 깊이 생각하는 것은 옳지 않다. 하나의 씨앗은 동일한 다른 씨앗을 낳는다. 앞으로 나타날 것에는 처음의 것과 마찬가지의 성질이 내포되어 있을 것이다. 이와 마찬가지로, 브람만은 서서히 브람만에서 태어난다. 모든 인간의 참나는 빠라브람만인 신을 구성하는 한 부분이다. 완전한 것으로부터 완전한 것이 나온다. 왜냐하면 완전한 것은 완전함의 형태로 나타나서 그 완전한 본질이 완전한 상태로 계속 남아 있기 때문이다. 이것이 진정한 법칙일진대, 왜 우리 인간은 불완전함을 경험하게 되는가? 왜 우리는 파멸과 분열을 느끼게 되는가? 왜 우리는 계속해서 소리 지르고 울어야 하는가? 그 이유는 우리가 우리 자신의 진정한 본성을 쉽게 망각하기 때문이다. 비록 착각이기는 하지만, 참나에 대한 이 망각은 매우 큰 영향력을 미친다. 우리는 그것을 무지, 지식의 결여, 마야 혹은 불순이라고 불러 왔다. 지고의 신을 한낱 인간으로, 보편적인 영혼을 개인적인 영혼으로, 자유를 구속으로 바꾼 것은 바로 이 무지이다. '나와 나의 것'이라는 개념을 만들어 냈기 때문에, 그대는 고통스러운 이원성의 세계로 들어가게 되고, 많은 고통이 생겨나게 된다. 그 세계로부터 탈출하는 유일한 길은 신을 깨닫는 것, 곧 참나의 비전을 가지는 것이다.

제 1 장

행복을 위한 명상의 필요성

인체 속에는 수없이 많은 것들이 있다. 만약 단 한 번만이라도 인간이 명상 속에서 자신의 몸을 발견할 수 있다면, 정말로 그는 많은 이득을 얻을 수 있을 것이다. 이 몸 속에 무엇이 있는지를 그 누가 알랴! 단지 머릿속만 해도 수없이 많은 짜끄라들이 있으며, 넥타와 함께 솟아오르는 수많은 샘들이 있으며, 수없이 많은 신경 섬유의 무리들이 있으며, 수없이 많은 종류의 음조들이 아름다운 조화를 이루고 있으며, 수없이 많은 종류의 향기가 있다. 수없이 많은 태양들로부터 비치는 무수한 광선이 있으며, 수없이 많은 여러 신들의 거처가 있다. 이 모든 것들이 그 자신 내에 있지만, 슬프게도 인간은 자신의 그릇된 생각에 사로잡혀 메마른 바깥 세상에 마음을 빼앗기고 있다. 메마른 뼈다귀를 물어뜯고 있지만 아무 살점도 먹지 못하는 개처럼 행동하는 것이 인간의 삶에서 흔히 볼 수 있는 습관이 되어 버렸다. 오히려 개는 살점을 뜯어 먹기는커녕, 자신의 턱에서 흘러내리는 피만을 마실 뿐이다. 이러한 개처럼 인간은 기쁨을 얻기 위하여 외부 세계를 파헤치지만, 결국 그가 얻는 것은 무엇이겠는가? 단지 수고와 목마름뿐이리라.

내면의 세계는 외부 세계보다 훨씬 더 위대하다. 귀 속에 투청력이 자리 잡고 있다는 것은 얼마나 놀랄 만한 일이고, 목 속에 수면의 중심이 있다는 것은 얼마나 의미심장한 일인가! 깨어 있는 동안의 피로가 사라지는 곳은 바로 여기다. 왜냐하면 인간이 깨어 있을 때 무엇을 얻을지라도 그날의 마지막에 가서 그가 얻는 것이라고는 오로지 피로감뿐이기 때문이다. 인간이 말이나 코끼리를 타고 가거나 혹은 가마나 다른 어떤 운송 수단에 의존하여 가든 간에, 그날의 마지막에 가서는 지치게 된다. 그가 부나 금이나 왕궁을 얻었다 할지라도, 그날의 마지막에 가서는 단지 피로감만을 발견하게 된다. 재미있는 연극이나 세상의 모든 아름다움, 루비와 진주가 가득 찬 창고들을 볼 수 있다 해도, 그날의 마지막에 가서는 녹초가 된다. 그 자신이 모든 지위와 명예를 얻었다 해도 그날의 마지막에 그를 환영하는 것은 피곤함의 군주인 슈라마라자이다. 비록 그가 이 우주를 다스리는 군주나 지배자가 된다 하더라도, 그는 여전히 피곤해질 것이다.

밤이나 낮에 피곤함을 떨쳐 버리기 위하여 잠자러 갈 때, 당신의 피곤이 떨쳐지는 곳은 목 중심이다. 오직 거기에서만 당신은 잠들 수 있다. 나의 사랑하는 사람들아! 잠자러 가기 전에, 당신은 모든 장신구를 벗는다. 왜냐하면 당신이 얻은 모든 것들이 잠자는 동안에는 아무런 소용이 없기 때문이다. 당신이 소중히 여기는 소유물이나 돈을 기억하는 것만으로도, 수면은 방해를 받게 된다. 당신의 부를 잊었을 때만 수면은 온다. 만약 그것들을 잊지 못한다면, 그때는 수면제에 의지해야 한다. 잠에서 깨어날 때, 당신은 행복감과 활력을 느끼게 된다. 잠을 잘 수 없게 되면, 불안해지고, 제정신을 잃게 되고, 고통도 뒤따르게 된다. 이것으로 미루어 볼 때 수면은 보물이다. 그것은 목 중심 내에 살고 있으며, 나는 그것을 슈베떼쉬바리, 즉 하얀 여신이라고 부른다. 비슷다 짜끄라가 그것을 관장하는 신과 함께 위치해 있는 곳이 바로 여기이다. 만약 그렇게도 달콤한 수면이 발견되는 이 목 중심을 볼 수가 없다면, 당신이 자신의 몸에 대하여 무엇을 이해할 수가 있겠는가?

가슴 중심에는 연꽃 한 송이가 있다. 이 연꽃의 매 꽃잎은 갈망, 분노, 맹목적인 정열, 탐욕, 사랑, 겸손, 지식, 초연, 기쁨, 전지 등과 같은 그 자체의 속성을 갖고 있다. 가슴 내에는 엄지손가락 크기의 공간이 있는데, 여기에는 신성한 불꽃이 아른아른 빛나고 있다. 현자들은 이 불꽃을 바라보면서 자신의 생을 보냈다. 가슴 중심은 얼마나 경이로운가! 가슴 공간 내에 있는 빛은 얼마나 장엄한가! 꾼달리니 여신은 얼마나 신성한가! 그녀가 열리게 될 때, 인간의 전 존재는 변하게 된다.

오, 의식이 부족한 인간이여! 당신 안에 이 무한한 속성들의 보고가 있는데, 당신은 외부 세상에서 어떤 종류의 행복을 찾고 있는가? 명상도 하지 않고, 선행도 쌓지 않고, 당신의 귀중한 몸도 돌보지 않고 있는데, 어떻게 당신이 행복을 발견할 수 있겠는가?
오, 잠자고 있는 인간이여! 깨어나라, 명상하라. 해방만을 얻기 위해서가 아니라, 종교적 의무에서만이 아니라, 요가의 월계수를 얻기 위해서만이 아니라, 훌륭한 사람이 되기 위해서가 아니라, 적어도 세속적인 대상에 대한 자신의 욕망을 충족시키기 위해서라도 명상하라.

아름다움을 얻기 위하여 사방을 찾아 나서고 있지만, 그것을 찾지는 못하여 결국에는 지쳐 버린다. 행복을 찾아 영화관이나 극장을 기웃거리고, 이 나라 저 나라를 다 돌아다녀 보지만, 여전히 행복을 발견하지 못한다. 결국에는 어떤 일이 일어나는가? 아름다움을 찾아다니느라, 결국 자신의 아름다움을 잃어버리고 추한 존재가 되어 버린다. 행복을 찾아다니느라, 결국 당신은 고생만 하며 지치게 된다. 자, 당신이 그것들을 찾아다닐 때 거기엔 얼마나 많은 진실성이 있는지 말해 보라.

또 말해 보라. 당신은 차나 커피, 코카콜라나 푸딩 같은 다양한 음식을 통해 맛을 찾으며 고급 식당과 나이트클럽에 간다. 실제로 당신이 얻는 것은 무엇인가? 기쁨을 찾아다니는 동안, 당신 자신이 기쁨을 잃게 된다. 당신의 얼굴엔 주름이 늘고, 돈은 탕진된다. 기쁨 대신에 질병을 얻게 된다. 자신의 생명은 죽어간다. 온갖 종류의 진수성찬을 요리하여 맛보곤 하지만, 결국 당신은 자신의 미각을 파괴시킨다. 예전에 이미 있었던 달콤한 맛조차 사라지게 된다. 당신은 자신의 가슴속에 있는, 기쁨을 가져다주는 순수하고 고귀한 진짜 감로수를 발견하지 못한다.

냄새를 찾아다닐 때도 똑같은 일이 일어난다. 당신은 최신 향수와 달콤한 향기의 꽃을 통해서 즐거움을 찾고, 파리에서 생산된 최상의 향수를 사용한다. 향기를 찾아다니는 동안에 당신은 늙게 되고, 결국에는 악취만을 발견하게 된다. 오, 인간이여! 조금이라도 명상을 하고 나서 보라. 코와 눈썹이 만나는 곳에 비교할 수 없는 향기가 있다는 것을 발견하게 될 것이다. 형제여! 이곳에서는 더러운 냄새들조차도 유쾌한 향기로 바뀌게 된다. 바로 거기에서, 개인의 영혼은 더할 나위 없는 가장 큰 행복으로 가득 차게 된다.

그 다음 당신은 소리나 말을 통해 즐거움을 얻으려고 집요하게 찾아다닌다. 모든 사람들이 자신에게 정중한 말로 대해 주기를 희망한다. 그러나 당신이 얼마나 많은 사람들을 기쁘게 해 주려고 노력했으며, 좋은 말을 듣기 위하여 얼마나 많은 사람들을 부추겼는지 누가 알겠는가! 당신은 자신에 관하여 어떤 내용이 기록되어 있는지, 또 자신이 얼마나 많은 칭찬을 받았는지를 알기 위해서 신문을 펼쳐 본다. 당신은 자비를 사용해 가며 몰래 자신에 관한 책을 써 달라고 의뢰한다. 그리고 아무도 그 책을 구입하지 않을 때, 당신은 공짜로 나누어 준다. 칭찬의 말을 듣기 위하여 당신은 얼마나 미쳐 있는가! "내 아내가 무슨 말을 했지? 그 모임에서 사람들은 나에 대하여 무슨 말을 했지?" 하지만 좋은 말이 당신을 기쁘게 할지라도, 그 말 속에서 진정한 행복을 발견하지는 못한다. 당신의 몸에는 활력이 넘치지 못한다. 당신의 얼굴에선 밝은 빛이 나지 않는다. 좋은 음악을 듣고, 라가와 라기니를 배우지만, 당신 내면에 있는 사랑의 꽃봉오리는 아직도 터지지 않는다. 당신은 성인들이 듣고 말했던 "나는 '소함'이라는 말 속에서 평온을 찾았다."라는 그 말을 듣지 못한다. 오, 인간의 영혼이여! 당신은 어디로 가고 있는가? 당신은 온갖 이야기를 다 듣고는 있지만, 구루의 입으로 전해지는 말은 듣지 못했다. 당신은 불멸의 영약을 먹고, 그 힘으로 새로운 자각의 빛이 당신의 세상 전체를 밝게 빛나게 해 주는 그런 말을 아직 들어 보지 못했다.

그리고 촉감을 충족시키기 위하여 당신이 무슨 일을 하고 있는지를 보라. 당신은 완전히 미쳐 버렸다. 당신은 부드러운 쿠션과 옷들과 꽃으로 뿌려진 침대를 찾으려고 해 보지만, 거기서 만족을 얻을 수는 없다. 보드라운 벨벳 옷을 통해 만족을 찾으려고 하지만, 그 만족을 발견하지 못한다. 심지어 만족이 존재하지도 않는 곳에서 당신은 그 만족을 찾고 있다. 이런 만족을 찾는 일에 몰두하다가, 당신은 자신의 것과 꼭 같은 또 하나의 인간의 형상을 발견한다. 그리고 거기서 접촉의 쾌락을 찾지만, 거기에서도 역시 만족을 발견하지 못한다. 심지어 그와 같은 접촉마저도 당신에게 위안을 주지 못한다. 평생을 바쳐 촉감을 찾아 쫓아다녀도 당신은 아무것도 발견하지 못하고, 결국 당신의 촉감은 무디어진다. 오, 불행한 이여! 만약 당신의 내면에 있는 샥띠가 일깨워지게 되면, 항상 행복을 주는 빠라샥띠의 손길이 당신의 몸 전체로 퍼져 나갈 것이다. 당신은 촉감의 기쁨이 넘쳐흐르는 바다가 될 것이다.

묵따난다는 다음과 같이 말한다. 오, 사람들이여! 명상하라. 여러분이 이 세상에서 구하고자 하는 감각의 귀중한 대상을 찾기 위해서라도 명상하라. 왜냐하면 이 모든 즐거움은 여러분의 내면에 있고, 여러분은 내면에서 그 즐거움을 찾을 수 있기 때문이다. 그렇게 되면 여러분의 세계도 기쁨으로 가득 채워질 것이다. 여러분의 삶도 천국과 같이 될 것이다. 신의 은총에 의하여 이 내면에 있는 샥띠가 일깨워지게 되면, 명상이 일어나기 시작한다. 샥띠를 사랑하고, 여러분의 참나를 공경하라. 내면을 향하여 명상하라. 여러분 자신을 '자신'이라고 생각할 수 있게 하는 바로 그 힘인 내면의 샥띠에 관하여 명상하라. 서로를 사랑하게 하고 남편 혹은 아내로서 서로에게 자신의 영혼을 복종할 수 있도록 해 주는 은총의 근원인 그녀에 관하여 명상하라. 고귀하고도 신성한 샥띠가 바로 당신 자신의 모습으로 여러분 두 사람 내에 살고 있다. 그녀는 묵따난다가 숭배하고 있는 샥띠와 꼭 같은 샥띠이다.

당신이 어느 종파에 속해 있는지는 아무런 문제가 되지 않는다. 왜냐하면 그 누구도 참나에 관하여 명상하는 것을 금하고 있지 않기 때문이다. 그러므로 명상하라. 오, 남성과 여성들이여! 당신이 어느 계급에 속해 있을지라도 내면에 있는 지고의 샥띠에 관하여 명상하라. 당신이 어느 나라에 속해 있을지라도 참나의 샥띠를 명상하라. 오, 순수한 가슴을 갖고 있는 사람들이여! 어떤 정당에 속해 있을지라도 명상 수행은 방해가 되지 않을 것이다. 종파나 정당, 국가, 종교 혹은 학위가 내면으로의 명상에 방해가 된다고 생각하지 말라. 지도자, 공무원, 스와미, 혹은 수도원의 우두머리라는 지위가 장애물이라고 생각하지 말라. 당신이 만달레쉬바라일지라도, 명상하라. 비록 당신이 '스와미 중의 스와미'라고 하더라도, 명상하라. 당신이 갖고 있는 지위가 명상에 방해가 된다고 생각하지 말라. 만약 그렇다면, 당신의 하잘것 없는 지위는 무슨 소용이 있겠는가? 당신이 소년이건 소녀이건, 남자이건 여자이건, 독신이건 가정을 가졌건, 은둔자이건 산야시이건 간에, 명상하라. 당신 자신의 참나를 찾아라. 당신은 그것을 발견할 수 있을 것이다. 만약 집에 거주하고 있다면 집에서, 숲 속에 살고 있다면 숲 속에서, 도시에 살고 있다면 도시에서, 시골에 살고 있다면 시골에서, 당신이 살고 있는 그 어느 곳에서도 당신 자신의 참나에 관하여 명상하라. 당신이 환자이건 의사이건, 피고이건 변호사이건, 거지이건 부유한 상인이건 간에, 명상하라. 마음씨가 착하건 나쁘건, 덕이 있건 사악하건 간에, 명상하라. 당신 참나의 평화를 발견할 것이다. 오감의 대상을 찾는 일의 정점은 명상에 있다. 당신이 추구하는 예술, 시, 춤 그리고 해방의 정점도 역시 명상에 있다.

당신이 계속해서 명상하면, 샥띠는 곧 자신의 숨겨 놓은 창고를 열 것이다. 그렇게 되면 당신은 곧 더 높은 명상에 이르게 될 것이다. 그런 일이 일어나게 되면, 당신의 진정한 아름다움이 나타날 것이고, 당신은 자신 내에 존재하는 그 신성한 빛들을 알게 될 것이다. 그 신성한 빛들이 존재하기 때문에 당신의 몸은 아름다움을 띠게 되고, 그 빛이 매혹적이기 때문에 여러분은 서로의 사랑을 느끼게 된다. 명상 동안에 나타나는 눈부신 신성한 빛과 더불어, 당신의 첫 번째 세속적인 갈망 즉 아름다움은 충족될 것이다. 당신은 자신의 소중한 아름다움을 얻게 될 것이다. 그 내면의 빛과 비교해 보면, 사랑의 신이 지닌 아름다움조차도 미미한 것이다. 부부가 서로에게서 보게 될 빛도 바로 이 내면의 빛이다. 이 아름다움이 당신에게 나타나면, 당신은 자신의 귀중한 대상을 발견할 것이며, 전 세계가 찬란한 빛으로 가득 차 있음을 보게 될 것이다.

이 아름다움이 나타나게 될 때, 그것의 짝인 소리가 일어난다. 이 소리가 흘러나올 때, 당신은 달콤하고도 신성한 음악을 듣게 될 것이다. 무한한 덕으로 가득 차 있는 나다의 보고가 당신의 머릿속에 나타날 것이다. 당신은 신들이 즐기는 것과 같은 깊고도 달콤한 수면을 취할 수 있을 것이다. 이 음악을 듣게 될 때, 당신은 춤을 추게 될 것이다. 그것은 당신의 무관심, 냉담, 마음의 걱정 그리고 변덕스러운 생각의 질병을 몰아낼 것이다. 오, 이 세상의 여행자들이여! 그것은 이 세상을 싱싱한 초록빛으로 보이도록 할 것이다. 라디오에서 흘러나오는 음악, 여러 다른 장소의 뉴스와 대담은 모두가 시시해 보일 것이다. 당신은 스스로 라디오와 텔레비전에 드는 비용을 아낄 것이다.

이뿐만이 아니라, 그 소리를 들으면 당신은 신성한 불로장생의 영약을 맛볼 것이다. 이 소리로 인하여 분비된 영약은 입천장에서 방울져 흘러내리며, 매우 아름답다. 그것은 세상에서 가장 달콤한 것보다도 더 달콤하다. 각각의 방울은 수백만 달러의 가치가 있다. 그것은 모든 사람들이 소중히 여길 가치가 있는 것이다. 그것을 마심으로써 당신의 모든 질병은 사라진다. 그것을 맛볼 때 당신은 기쁨으로 가득 찰 것이며, 그 후에 먹거나 마시는 모든 음식 속에서, 그 음식이 요리가 되었든 안 되었든 간에, 수수하든 무미건조하든 간에, 당신은 바로 그 맛을 발견할 것이다. 더 이상의 고통이나 결핍은 없을 것이다. '나와 나의 것'이라는 느낌도 더 이상 없을 것이다. 당신 자신이 바로 이 영약을 담고 있는 그릇이 될 것이고, 그 후에는 당신의 남편, 아내 그리고 자식들에게서 이 사랑의 영약을 발견할 것이다. '라소 바이 사하 라삼 히에봐얌 랍드바난디 바바띠', "정말로, 그는 영약이어서, 그 영약을 얻음으로써 사람은 더할 나위 없는 내면의 행복을 경험한다." 이것이 신들의 본질이고, 사랑의 본질이며, 요가의 본질이고, 또한 당신이 이 세상에서 추구해 왔던 본질이다. 그것이 없다면 당신의 삶은 가치 없는 쓰레기만큼이나 기쁨이 없고 메마르고 삭막한 것이다. 자, 보라. 아무 기쁨이 없던 세상이 이제 즐거움으로 가득 차게 될 것이고, 그것과 더불어 당신 자신의 삶도 행복으로 가득 차게 될 것이다.

오, 형제들이여! 향기 또한 있다. 아름다움이 있고, 소리가 있고, 미각이 있는 곳에는 항상 네 번째 형제인 향기가 있는 법이다. 인간의 내면에 있는 신성한 향기가 밖으로 나타날 때, 온 세상은 향기로 물들게 되고, 똑같은 향기가 당신의 집 전체로 퍼져 나간다. 당신이 타인으로부터 이 신성한 향기를 감지할 때, 당신의 마음은 평화로워질 것이다. 몸이 무겁거나 둔하다는 느낌이 사라지고, 사지에는 활력이 넘치게 된다. 그러면 설사 당신이 살아가면서 물건이 부족하다 하더라도, 당신은 모든 곳에서 충만함을 느낄 것이다. 당신의 자식들, 친척들 그리고 스승들에 대한 성스러운 사랑이 내면에서 고동치는 것을 느낄 것이다. 당신은 이 세상 자체가 사랑과 평온으로 가득 차 있다고 노래할 것이다.

오, 인간이여! 당신이 찾는 다섯 번째 대상인 촉감이 있다. 당신은 그것을 얻기 위하여 많은 것을 경험한다. 접촉을 통하여 쾌락과 평화와 행복을 얻고자 갈망한다. 아름답게 몸치장을 한 아내로부터 그것을 구하고자 하지만, 당신이 얻는 것은 열병 같은 격정뿐이다. 더할 나위 없는 행복을 얻기 위하여 아내와 접촉하지만, 당신이 얻는 것이라고는 오직 더할 나위 없는 마음의 동요뿐이리라. 그러나 당신의 내면에 있는 꾼달리니 샥띠가 눈을 뜨면, 여신의 사랑은 7,200만개의 모든 나디를 통하여 당신의 몸 전체로 흘러갈 것이다. 그녀의 환희는 혈액의 모든 입자를 통해 퍼져 나가며, 그 결과 당신은 모든 기공을 통하여 더할 나위 없는 행복을 경험할 것이다. 그때 당신이 갈망하였던 접촉의 쾌감은 충족될 것이며, 당신의 세계는 달콤함과 행복과 사랑으로 충만할 것이다. 결국, 잃어버렸던 빛이 다시 당신의 눈으로 돌아올 것이고, 당신의 두 입술은 붉게 변할 것이며, 당신의 메마른 얼굴도 사랑으로 불타오르며, 활짝 피게 될 것이다. 당신은 모든 것에서 행복을 경험하게 될 것이다. 아내들은 남편에게 여신이 될 것이며, 남편들은 아내에게 신이 될 것이다. 아들들은 신이 될 것이며, 딸들은 여신이 될 것이다. 장모가 여신이 될 것이며,

장인은 신이 될 것이다. 이웃사람들도 또한 신성한 존재가 될 것이다. 집들은 사원이 될 것이다. 신이 사원에 있을 뿐만 아니라, 당신 자신이 바로 신이 될 것이다. 당신은 더할 나위 없는 아름다움을 바라보게 될 것이다. 당신은 넥타를 맛보게 될 것이며, 향기로운 냄새를 맡게 될 것이며, 신성한 소리를 듣게 될 것이며, 그리고 접촉으로부터 기쁨을 발견하게 될 것이다. 모든 것이 이런 식으로 변할진대, 당신의 삶은 얼마나 행복해질 것인가! 당신은 다음과 같은 노래를 부르게 될 것이다.

> 아바가찌 삼사라 수까짜 까리나
> 아난데 바리나 딴히 로까
>
> 우리가 온 세상을 행복으로 가득 차게 만드네.
> 우리는 보여 주네. 모든 삼계가 희열로 가득 차 있으며,
> 희열 이외에는 아무것도 없다고.[4]

신은 숲 속에 존재하고, 신은 마음속에 존재하며, 신은 우리들 내에 존재하며, 그리고 우리 자신은 신 속에 존재한다. 우리는 오로지 신의 것이다. 이렇게 말하면서 당신은 신의 사랑에 흠뻑 취한 채 온종일 춤을 추게 될 것이다. 당신은 마치 만뜨라를 암송하듯, "신은 남편이며, 신은 아내이며, 신은 지성이며, 신은 목표이다."라고 거듭 노래하게 될 것이다. 신은 온 사방에 계시며, 온 세계가 신에 속해 있으며, 그리고 신이 온 세계를 지탱하고

있음을 당신은 이해하게 될 것이다. 사랑하는 세상 사람들이여! 그러므로 당신의 집은 성스러운 순례지가 될 것이며, 아내와 남편 모두는 신성한 존재가 될 것이다. 당신이 집 안에서 하는 온갖 허드렛일은 숭배의 행위가 될 것이며, 당신이 영위하는 세속적인 생활은 신에 대한 의무가 될 것이다.

묵따난다는 이렇게 말한다. 이러한 목적을 달성하기 위하여 명상하라. 매일 필요한 당신의 모든 것들이 명상 속에서 충족될 것이다. 그리고 명상은 또한 일상생활로부터 떠난 휴식의 장소이기도 하다. 명상은 당신의 친구요, 당신의 훌륭한 안내자이며, 당신의 소원을 들어주는 젖소이며, 또한 당신의 소원을 들어주는 나무이다. 그러므로 매일 조금씩 명상을 하라.

제 2 장

세속적인 생활과 영성

만약 인간이 세속적인 삶과 명상을 연결시켜, 자신에게 주어진 일상적인 의무로서 명상의 사다나를 동시에 한다면, 삼중의 고통, 다시 말해 자기 자신 때문에 생기거나, 타인 때문에 생기거나, 아니면 운명과 자연의 힘 때문에 생기는 신체적, 정신적 고통으로 가득 차 있던 세계가 천국과 같은 것이 될 것이다. 이 세상이 인간에게 고뇌와 고통으로 가득 차 있는 것은 단지 인간이 신에 대하여 무관심하기 때문이다. 만약 당신이 피스타치오, 아몬드 그리고 카다몬과 같은 맛있는 재료들로 가득 찬 달콤한 푸딩을 만든다고 하면서 설탕을 넣지 않는다면, 그 푸딩이 어떻게 맛이 날 수 있겠는가? 이와 마찬가지로, 이 세상살이도 당신이 신을 명상할 때만 즐거운 것이 될 수 있다. 명상을 통하여 인간은 이 세상을 자신의 가장 다정한 친구로 만들 수 있다. 신을 명상하지 않는다면, 세상은 고통과 고뇌로 가득 찰 것이다. 사실,

세상살이는 행복에 이르는 최고의 길이 될 수 있지만, 오직 그 속에 신이 완전히 존재하고 있을 때만 그런 것이다. 신에 대한 기억과 신에 대한 지식과 신에 대한 명상이 없다면, 세속적인 삶은 절름발이와 같은 것이 될 것이다. 거기에는 아무런 향기도, 아무런 기쁨도 없는 것이다.

이 세상과 당신의 가깝고도 소중한 사람들을 버리지 말라. 신을 찾기 위하여 온 사방을 뛰어다니면서 힘을 허비하지 말라. 행복과 안식을 찾는 동안 자기 자신을 잃어버리지 말라. 사랑하는 사람들이여! 남편과 아내와 자식들과 함께 가정에서 살아라. 자신이 갖고 있는 손재간과 기술과 재능을 사랑하라. 직장이나 공장에서 일하면서 지내라. 운명에 따라서, 당신은 부자나 노동자, 왕이나 거지가 될 수도 있지만, 신은 모든 사람의 것이다. 신은 부자에게 속하는 것만큼 가난한 사람에게도 속하며, 브라자의 고삐(gopi)들에게 속하는 것만큼 가정주부들에게도 속하며, 고대의 성자들, 현자들, 요기들 그리고 요기니들에게 속하는 것만큼 보통 사람들에게도 속한다. 사랑하는 마음으로 신을 구하고, 사랑하는 마음으로 신을 명상하라. 그리하면 신은 당신의 내면에서 모습을 드러낼 것이다. 당신은 신의 사랑으로 가득 찬 신성한 빛을 보게 될 것이다. 평화의 시원한 냇물과 사랑의 넥타가 사하스라라에서 당신의 몸 속으로 흘러내리기 시작할 것이다. 그렇게 되면 당신은 자기 자신이 환희의 화신이라는 것을 느끼게 될 것이다. 이뿐만 아니라 당신의 몸도 바뀔 것이다. 그때 당신은 "정말이지 내가 바로 그 쉬바이다. 내가 바로 그 라마이다. 내가 바로 그 쉬얌이다. 나는 영원히 존재하는 자이다."라고 느끼게 될 것이다. 당신은 사랑의 마음으로 이와 같은 노래를 부르기 시작할 것이다. 수많은 전생을 통하여 울고불고하였던 것들이 파괴될 것이다. "나는 불행하다. 나는 죄인이다. 나는 가난하다."와 같은 당신의 비탄도 종지부를 찍게 될 것이다.

자신의 몸이 일곱 가지 요소로 된 살덩이에 불과하다고 생각하지 말라. 몸이 감각의 만족이 일어나는 장소만이 아닐 때, 그것은 경이로운 굉장한 것이다. 비상한 힘을 가져다주는 모든 성지, 모든 신들, 모든 만뜨라 그리고 모든 장소들이 바로 그 몸 안에 있다. 나는 옛날의 이야기이기는 하지만 진실한 이야기 하나를 바가반 니띠아난다로부터 들었다. 어떤 부부가 모든 성스러운 강에서 목욕하고, 온 지구를 순례하고, 모든 신들을 경배할 것이라고 맹세를 하였지만, 그들은 어떤 이유로 이 맹세를 지킬 수 없었다. 그들은 이 문제로 여러 번 걱정을 하다가, 결국 대단한 학식과 경험을 갖춘 고귀한 성자 한 분을 찾아가, 그들의 맹세에 대한 이야기를 그에게 해 주었다. 현명한 성인은 이렇게 말했다. "걱정하지 말라. 여기에서 그리 멀지 않은 곳에 신과 완전히 하나가 되어 살아가는 한 부부가 있는데, 이 세상에서 그들의 삶은 신으로 가득 채워져 있다. 명상을 통하여, 그들은 자신의 내면에 있는 샥띠를 일깨워서, 여섯 개의 짜끄라 내에 있는 모든 만뜨라들과 신들의 중심들을 완전히 정화하였다. 그리고 위대한 요가인 꾼달리니 요가를 헌신적으로 수행함으로써, 그들은 신이 되었다. 그들은 성스러운 사람들이다. 마하샥띠 찌띠가 그들 내에서 활동하고 있다. 그들은 겉으로 보기에는 보통 사람으로 보이지만, 그러나 찌띠가 그들의 피와 신체의 모든 유동체에 퍼져 있다. 모든 성지와 모든 신들이 그들 내에 있다. 그들은 지고의 신에게 완전히 몰입되어 있다. 거기로 가서 그들 주위를 세 번 돌아라. 그들에게 선물을 바치고, 사랑이 가득한 마음으로 그들을 생각하라. 그리하면 당신들의 맹세는 이루어질 것이다."

이것은 하나도 틀리지 않은 진실이다. 오, 사랑하는 사람들이여! 모든 성지들, 모든 만뜨라들, 모든 종자 음절과 모든 신들이 당신 내에 있는 것처럼, 신은 당신 내에 살아 있다. 신은 까일라스 혹은 바이꾼따에 계시는 것만큼이나 당신 내에 존재한다. 당신은 왜 신을 당신 내에서 찾지를 않고 먼 나라에서 찾는다고 자신의 힘을 허비하는가? 정상적인 삶을 영위하고, 자신의 종교를 따라라. 그러나 항상 신을 첫 번째에 두어라. 그러나 당신은 보통 사람이고, 시시한 존재이고, 못났다거나 약한 존재라고 생각하게 만드는 어떤 종파나 신앙의 체계가 가르치는 가르침을 따르지 말라. 이 몸 안에는 신이 존재하지 않는다고 말함으로써 여러분 자신을 파멸로 몰고 가지 말고, 자신의 몰락을 초래하지 말라. 자신을 한낱 평범한 존재에 불과하다고 생각함으로써 자신의 영혼을 죽이는 자가 되지 말라. 당신 자신을 대수롭지 않고 무지한 사람이라고 입증해 버림으로써 스스로 자신을 죽이지 말라. '아뜨마이바 히야뜨마노 한두라뜨마나 리뿌라뜨마나하', 즉 "여러분 자신이 여러분의 친구이자 적이다."[5]라는 신의 말씀을 기억하라. 이것을 알고, 당신의 영적 안녕을 빨리 찾기 시작하

라. 이 세상에서 출세하기 위하여 여러 대학들을 찾아 영국이나 미국에서 공부를 하고, 그러한 공부의 결실로 당신은 지식을 얻고, 공학자, 법관, 의사나 교수가 되었다. 이와 마찬가지로 참나의 평화를 찾고, 당신의 집을 요가 사원으로 만들고, 또 법관이나 의사 혹은 기술자로서 일하면서도 쉬바 상태에 도달하기 위해서는 구루를 찾아 나서야 한다.

제 3 장

구루의 위대함

신의 실현은 단지 구루를 통해서만 가능하다. 지식으로 밝아진 구루는 **빠라브람**만의 화신이다. 우리는 그와 같은 구루로부터 최상의 은총을 받아야만 한다. 왜냐하면 꾼달리니 샥띠가 구루의 은총에 의해서 일깨워질 때까지, 우리의 내면에 있는 빛은 빛나지 않으며, 신성한 지식을 가져다주는 심안은 열리지 않고, 우리의 속박 상태는 풀릴 수 없기 때문이다. 이와 같은 제한된 상태 하에서는 성스러운 신성 체험을 즐기는 것이 불가능하다. 왜냐하면 마치 어떤 왕이 꿈 속에서 거지가 되고는 "나는 거지다."라고 믿어 버리는 것과 꼭 마찬가지로, 참나는 무지의 수면 속에서 제한적 존재가 되고, 그와 같은 허약한 상태 속에서 그 자신을 행위자와 경험자로 믿고, 자신을 보잘것없는 미미한 존재로 믿으며, 그럼으로써 계속해서 고통을 경험하기 때문이다. 그러므로 만약 우리가 내면을 발달시켜 신성을 얻고 **빠라쉬바**의 상태에 도달하려면, 진리를 완전하게 체험한 그리고 영적인 힘을 갖고 있는 삿구루와 같은 안내자가 절대적으로 필요하다. 쁘라나가 없다면 어떠한 생명도 있을 수 없는 것과 마찬가지로, 구루가 없이는 어떠한 지식도 있을 수 없으며, 샥띠가 일깨워져서 증대되는 일도 없을 것이며, 무지의 타파도 있을 수 없으며, 제3의 눈도 절대 열릴 수 없다. 구루는 친구나 아들, 남편 혹은 아내보다도 더 필요하며, 재산이나 기계, 공장, 예술 혹은 음악보다도 더 필요하다. 내가 이보다 더 무슨 말을 할 수 있겠는가? 구루는 건강과 쁘라나 그 자체보다도 더 필요하다. 구루의 은총에 의해서만 내면에 있는 샥띠가 일깨워진다. 구루의 영광은 신비로움으로 가득 차 있으며 지고로 신성하다. 구루는 인간에게 새로운 탄생을 가져다주며, 인간에게 지식을 경험케 하며, 인간에게 사다나를 보여 주며, 그리고 인간으로 하여금 신을 사랑하는 사람이 되게 한다.

세상에는 많은 구루들이 있다. 누구나 구루가 된다. 당신이 어디에 가더라도 구루 이외에 아무것도 없다. 다시 말해, 구루들이 너무 많아서, 사람들은 그들이 가르치는 서로 상이한 가르침에 이미 물려 버린 것이다. 한 구루가 나타날 때마다 그는 새로운 종파를 세운다. 그는 어느 누구의 제자도 되어 본 적이 없지만 자신이 모든 사람의 구루라고 외친다. 헤아릴 수 없이 많은 가르침들과 헤아릴 수 없이 많은 종파들이 있다. 그것은 생계 유지의 수단이 되었으며, 어떤 힘든 일도 수반하지 않는 사업이 되어 버렸다. 그러나 이는 올바른 길이 아니다.

진정한 구루란 제자의 내면에 있는 샥띠를 일깨워 그로 하여금 참나의 기쁨을 만끽하도록 만든다. 이것이 구루의 진정한 본분이다. 구루는 샥띠빠뜨를 통하여 내면에 있는 샥띠 꾼달리니를 일깨우는 자이며, 신성한 샥띠가 인간의 몸 안에서 활성화되도록 하는 자이며, 요가에 관한 가르침을 주는 자이며, 지식의 황홀함과 신성한 사랑의 기쁨을 주는 자이며, 초연한 행동을 가르쳐서 지금 살고 있는 바로 이 생애에서 해방을 주는 자이다. 그러한 지고의 구루는 쉬바와 동일한 자이다. 그와 같은 구루는 쉬바이며, 그와 같은 구루는 라마이며, 그와 같은 구루는 샥띠이며, 그와 같은 구루는 가나빠띠이며, 그와 같은 구루는 당신의 아버지요, 어머니이다. 그는 최초의 구루인 쉬바로부터 시작된 구루의 맥을 이어 내려온 분이다. 그는 모든 사람들로부터 숭배받을 가치가 있는 분이다. 그는 제자의 몸 안에서 빛이 빛나도록 하며, 그에게 축복과 은총을 주며, 그 다음 그 자신의 유희에 계속 몰입해 있는 분이다. 구루의 은총을 통하여 인간은 신의 모습을 갖게 되며, 황홀경에 취한 채 이 세상을 살아간다. 그와 같은 구루는 위대하며 고귀하다. 구루는 평범한 지성으로는 이해될 수 없다.

구루는 세상을 살아가는 방법도 매우 잘 이해한다. 그는 운명의 법칙들을 완전히 안다. 그는 신에 대한 완벽한 지식을 갖고 있다. 그는 영적인 문제에 능통하지만, 실생활의 문제에서도 마찬가지로 잘 알고 있다. 그러한 구루의 보호를 받으며 살아가고 있는 제자들은 가장 심한 어려움들도 쉽게 헤쳐 나간다. 그래서 싯다 아쉬람에서 살고 있는 구도자들은 가장 두려운 상황에서조차도 아무 두려움 없이 살아간다.

우리가 공경하는 구루 니띠아난다에 헌신하는 사람들은 바로 그가 있기 때문에 아무 두려움이 없었다. 바가반 니띠아난다는 지고로 성스러운 구루였다. 그의 삶은 고도의 신비에 가려져 있었으며, 그의 영광은 보통 종류의 것이 아니었다. 그는 자신에게 헌신하는 사람들에게 바로 그들의 집에서 천국을 경험할 수 있도록 해 주곤 했다. 어떤 힘든 수행도 없이 그의 은총만으로, 이 위대한 존재는 자신의 헌신자들을 요기로 변모시켰으며, 구도자들을 사랑의 사제로 만들었다. 그는 은총에 의해 헌신자들로 하여금 지식을 알게 했고, 그들에게 이 세상에 존재하고 있는 신을 보여 주었다. 남자들과 여자들에게 준 그의 가르침은 "서로를 신으로 간주하라."는 것이었다. 그는 싯다로까의 가장 위대한 싯다들 중의 한 분인 완전한 싯다였다. 지식과 요가, 헌신 그리고 사심 없는 행동과 같은 자질들이 그 자신 속에 완벽하게 녹아 있었다. 위대한 기술을 갖고 있는 요기였음에도 불구하고 그는 소박한 보통 사람의 삶을 살았다. 그는 마치 그의 마음 자체가 순수한 의식이 되어 버린 것처럼 항상 생각이 없는 상태로 살았다. 사람들은 니띠아난다를 매우 특이하고 황홀경에 빠져 있는 요기로 알고 있었다. 비록 그는 전지전능하였지만 무지한 사람처럼 살았다. 모든 사람들이 그를 '바바'라 불렀다.

니띠아난다는 기적을 행하는 힘인 싯디들을 조금도 중요시하지 않았다. 그는 신이 자신의 모습을 온 사방에 드러내는 기적과 다른 모든 기적을 비교했을 때, 다른 모든 기적들은 미미한 것이라고 믿었다. 이 세상은 신의 품 안에 있다. 이보다 더 큰 기적이 어디에 있겠는가? 그러나 고귀하고 경이롭고 신비로운 힘들이 그 자신 내에 살아 움직이고 있었다. 왜냐하면 싯디들이 싯다들 내에 살아 움직인다는 것은 매우 자연스러운 일이기 때문이다. 간청하지 않는데도 그와 같은 존재들 내에는 그 힘들이 활동하며, 요청하지 않았는데도 그 힘들은 그들 주변에서 계속 춤추고 있다. 심지어 땅조차도 완전한 경지에 도달한 그러한 성자들이 자신을 밟고 지나갈 때는 행운을 얻었다고 생각한다.

바가반 니띠아난다는 대단히 비범한 존재였으며 세계적으로 유명하였다. 사람들은 태양과 달이 빛나는 한, 그를 기억하며, 그의 미덕을 이야기하고, 비전을 통해 그를 볼 것이다. 그는 구루의 완전한 화신이었기 때문에 최고의 존경을 받을 만한 영광스러운 존재였다. 그를 찬미하는 노래를 부르고 그를 마음으로 기억하면, 감수성이 풍부한 사람들은 샥띠빠뜨를 받곤 하였다. 지금도 사람들은 그의 사마디 성소에서나 그의 사진들을 통하여 샥띠를 받는다. 정말이지, 그는 안팎의 세계에 두루 충만해 있다. 왜냐하면 그러한 성자들은 모든 존재들의 참나와 하나로 통합되었기에 어디에나 존재하기 때문이다.

일반적으로 구루들을 알고 이해하기란 매우 어렵다. 만약 어떤 사람이 조그마한 기적이라도 행하면, 우리는 그를 구루로 받아들인다. 만약 어떤 사람이 설교를 한다면, 우리는 그를 구루로 받아들인다. 만약 어떤 사람이 만뜨라를 주거나 딴뜨라의 기법을 보여 주면, 우리는 그를 구루로 받아들인다. 이런 식으로 우리는 너무나 많은 사람들을 구루로 받아들이고 있기 때문에 그들에게 속아 내면의 만족을 빼앗기고 말았다. 결국, 우리의 믿음이 무너지고, 우리는 구루의 신분 그 자체가 위선이라고 생각하기 시작한다. 그 결과, 우리는 진정한 구루로부터 멀어지게 된다. 우리는 가짜 구루에게 속고 나서, 진짜 구루들을 경멸하게 된다. 우리는 보잘것없는 무가치한 사람들을 구루로 정하고 나서, 다시는 아무것도 얻지 못한다. 따라서 우리는 마침내 진정한 스승에 대하여 적대심을 품고 그를 아주 부당하게 취급한다.

구루는 진실하며, 구루는 완전하며, 구루는 단순하고 솔직하며 인자하다. 그는 제자들이 잘 되기를 바라며, 그들의 금품을 훔치지 않는다. 그 대신 그는 제자들의 무지 즉 무식을 가져간다. 그는 그들의 부나 재산을 갈취하는 것이 아니라, 그들의 죄와 불안들을 가져간다. 구루의 위대성은 그가 자신의 제자들로 하여금 힘든 고행을 하지 않고도 신을 볼 수 있도록 안내할 수 있다는 데 있다. 그는 동굴에서 맛볼 수 있는 평화와 고독의 경험을 바로 사람들의 집 안으로 가져다준다. 그는 바로 이 세상 속에서 영적인 길을 보여 준다. 그는 당신으로 하여금 명상을 통하여 일상생활 속에서 히말라야 산과 까일라사 산을 볼 수 있게 해 준다. 그와 같은 구루들은 이 세상의 부와 재물을 포기하라는 그릇된 충고를 하지 않고, 오히려 우리로 하여금 우리의 제한된 개체성을 포기토록 한다. 그들은 우리의 제한된 자아를 적대시하며, 개체성을 미워하고, 차별에 화를 낸다. 그들은 신에 의해서 창조된 이 세상의 것들을 포기하라고 말함으로써 우리의 내면 세계를 메마르고도 공허하게 만들지 않는다.

구루는 어떤 사람에게 성스러운 은총이 가득한 축복을 내림으로써, 그 사람이 부모 친척들과 함께 지내는 보통의 삶을 신성한 삶으로 변모시킨다. 그렇게 되면 그는 사회 속에서 자신의 직장 생활을 영위하면서, 자신의 삶은 신이 내려 준 선물이라는 것을 알게 된다. 그는 신을 향한 헌신의 일념으로 모든 행동을 하며, 구루의 은총을 받았을 때 그는 명상을 통하여 자연스럽게 참나가 자신의 가슴속에서 빛나고 있음을 보게 된다. 구루는 사람이 이 세상에서 살아가는 동안에도 신의 모습을 보도록 해 준다. 그러나 구루를 가지지 못한 사람은 끝없는 입문을 받으며, 숲, 정글, 동굴 그리고 히말라야 산을 찾아다니느라 자신의 피를 말리고 자신을 고문함으로써 자신의 열정을 고갈시켜 버린다. 그는 자신의 운명과 까르마의 이름을 들먹이며 큰 소리로 외친다. 마침내, 신을 찾지 못하게 되면 그는 걱정으로 가슴이 불타오르며, "나는 언제 신을 찾을 수 있을까?" 혹은 "누가 나에게 신을 보여 줄 것인가?"라고 외치게 된다.

구루는 위대하고도 신비로운 신이다. 깨달음을 얻은 구루를 보통의 사람으로 생각하고는 그를 버리지 않도록 하라. 오직 구루의 완전한 은총이 당신에게 내려올 때만 당신은 그의 위대함을 깨닫게 될 것이다. 구루는 제자들을 높은 단계로 끌어올리며, 그들에게 자신들의 진정한 본성을 보여 주고, 그들을 쉬바와 하나로 통합시켜, 그들을 쉬바로 만들어 버린다. 구루에게는 사람을 완전히 바꿀 수 있는 특별한 힘이 있다. 구루는 늙음도 없고, 슬픔도 없는 새로운 생명을 준다. 그는 바로 이 세상에서 우리가 완벽한 경지에 도달하게 만든다. 마치 올빼미가 낮에 볼 수 없고 까마귀가 밤에 볼 수 없는 것과 마찬가지로, 구루의 은총이 없이는 인간도 이 세상을 천국으로 보지 못하고, 단지 슬픔과 고통으로만 볼 따름이다.

구루는 만뜨라를 완전하게 깨닫고 거기에 의식적인 힘을 채워 줄 수 있는 사람이어야 한다. 그는 위대한 영적 힘을 갖고 있는 샤띠빠뜨의 대가이어야 한다. 그는 가정을 가지고 있거나 혹은 포기한 사람일 수도 있지만, 샤띠를 전수할 수 있어야만 한다. 신의 신성한 은총의 힘이 그 사람에게 완전히 내재해 있어야 한다.

세상에는 많은 구루들이 있다. 구루의 세계에는 성의 차별이 전혀 없다. 빠라쉬바가 구루이고, 빠라샤띠 찌띠도 또한 구루이다. 구루는 심오하다. 지식의 관점에서 볼 때, 남자와 여자는 동일하다. 그들은 똑같은 샤띠, 똑같은 영혼, 똑같은 성취의 가능성을 갖고 있다. 절대 의식의 에너지를 전수받은 인간은 더 이상 단순한 남자나 여자가 아니다. 그와 같은 사람은 어떤 외적인 모습을 취하고 있을지라도, 내면으로는 찌띠가 완전히 충만해 있는 사람이다. 비록 일상생활 속에서 그러한 사람이 외관상 남자나 여자로 보일지 몰라도, 그의 내면의 존재는 오직 빠라쉬바 샤띠에 지나지 않는다. 요가의 어머니인 위대한 꾼달리니가 구루의 성스러운 은총으로 일깨워질 때, 육신의 모든 불순물들은 파괴되며, 남자나 여자라는 의식도 요가의 불을 통해 불타 없어진다. 그때에 찌띠 샥띠가 일곱 개의 신체 요소 속으로 들어가서, 그들을 찌띠의 화신으로 만든다. 설탕을 물과 혼합하면 시럽이 된다. 꾼달리니가 내면에서 활동하면 몸이 살로 된 것처럼 보이겠지만, 그것은 순수한 의식이 되어 그 상태로 머문다. 이것이 사실일진대, 남자와 여자가 어디 따로 있겠는가?

구루에게는 지고의 존재에게서 볼 수 있는 찌띠 샥띠가 끊임없이 활동하고 있다. 샥띠의 춤에 도취되어, 구루들은 사랑의 기쁨에 휩싸여 황홀한 상태로 살아간다. 신으로부터 시작하여 지금 이 순간까지 흘러내려 왔던, 시작도 없는 그 에너지는 아직도 기뻐서 어찌할 바를 모르고 있다. 이 에너지가 구루의 도움으로 제자의 내면에서 활동하기 시작하면, 그것은 요가의 불로 그의 모든 불순물을 태워 버린다. 그 에너지는 그의 모든 무지의 층들을 없애 주며, 그를 완전히 순수한 사람으로 만들어 버린다. 결국에는 완벽한 제자가 또한 스스로 구루가 된다.

찌띠의 모습으로 자신의 제자에게 들어가는 이 존경스럽고도 한없이 숭고한 구루를 우리는 어떻게 대해야 할까? 어떻게 우리가 그를 사랑해야 하는가? 어떤 방식으로 그의 은혜에 보답해야 하나?

오, 구루데바시여! 당신은 끊임없이 변화하는 불순한 우리의 육신 속에서 차별도 차별 없음도, 깨끗함도 깨끗하지 않음도, 병 있음도 병 없음도 보지 않습니다. 은총으로 충만해 있는 당신은 우리 속으로 들어와서, 우리의 죄와 불결함을 말끔히 씻어냅니다. 당신은 샥띠의 모습으로 우리 몸 안에 들어와서, 모든 혈구와 신경계를 활성화시킵니다. 얼마나 풍부한 자양분을 당신은 우리에게 주시는지요! 당신은 얼마나 고결하고 인자로우신지요!

내면의 요가 운동들을 통하여 마치 세탁부처럼 좋거나 역겨운 신체의 모든 수족과 기관들을 정화시켜 주고, 또한 불순물로 막혀 버린 신경계를 깨끗이 하여 점액, 담즙, 가스로 인해 생긴 신체의 모든 질병들을 없애 주는, 샥띠를 주는 그런 구루와 같은 친구가 또 어디에 있겠는가? 그는 하인이나 노동자처럼 일하면서, 몸이 순금으로 변할 때까지 요가의 불로 내면의 때를 태워 없애 재로 만들어 버린다. 도대체 어떤 친구가, 어떤 애인이, 어떤 어머니가, 어떤 신이 이러한 구루와 같을 수 있을까? 우리가 그에게 어떤 봉사를 할 수 있을까? 우리의 가문이나 태생, 우리의 가치나 가치 없음, 우리의 결점이나 미덕에 전혀 주목하지 않고, 그는 우리 속에 들어와서는 우리를 있는 그대로 받아들인다. 이러한 구루의 위대성을 우리는 어떻게 노래할 수 있을까? 니띠아난다는 묵따난다에게 모든 것이었다. 묵따난다에게 지고의 아버지요, 신이요, 황홀이요, 명상이며, 사마디는 오로지 니띠아난다 즉 사랑하는 니띠아난다이다.

"나는 삿구루이신 사랑하는 구루를 공경합니다."라고 노래함으로써, 내가 당신의 은혜에 조금이라도 보답할 수 있을까요? 그렇지 않습니다. 구루데바여! 당신은 전지전능하십니다. 슈리 구루데바 아쉬람[6]은 오로지 당신을 공경하기 위해서 존재합니다. 구루데바여! 당신은 내 몸 속으로 흘러들어오는 숨결이고, 나는 내 몸 밖으로 흘러나가는 숨결입니다. '함'은 니띠아난다요, '소'

는 묵따난다입니다. "소함 니띠아난다, 소함 니띠아난다." 이렇게 노래함으로써 나는 매일 당신을 공경합니다. '옴나마쉬바야'는 내가 입문할 때 당신이 나에게 준 만뜨라입니다. 구루데바여! 그 만뜨라가 바로 당신을 생각나게 해 줍니다. 당신은 쉬바입니다.

요 구루 사 쉬바 쁘록또 야 쉬바 사 구루 스미리따
옵하요란따람 나스띠 구로라삐 쉬바스야 짜

구루를 쉬바라 하며, 쉬바는 구루로 간주된다.
쉬바와 구루 이 둘 사이엔 아무런 차이가 없다.

소함은 당신이 준 명상 만뜨라이며, 그것은 집중의 흐름을 안정시킵니다. 당신이 나에게 소함을 주었을 때, 당신은 산 제물을 바치는 나의 사다나 의식에 나의 봉헌을 흠 잡을 데 없이 완전하게 해 주었습니다. 내가 소함의 마지막 봉헌을 했을 때, 나는 평화로워졌으며, 만족하게 되었고, 그리고 소함이 되었습니다. 그것은 단순한 당신의 은총의 선물이 아니라, 소함이 되어 나의 내면으로 들어온 당신 자신이었습니다. 당신은 나의 죄를 태워 잿더미로 바꾸었고 나의 불순물을 없애 주었습니다. 당신은 이 굴레에 묶인 영혼을 쉬바로 바꾸어 놓았으며, 나를 바로 당신 자신의 모습으로 만들어 놓았습니다. 오, 구루데바여! 내가 어떻게 당신을 존경하고 찬미해야 합니까? 나는 항상 "자야 구루데바, 자야 구루데바, 자야 구루데바."라는 말을 반복해야 한다는 것을 알고 있습니다.
당신 자신의 구루와 같은 그러한 구루를 모시고, 그러한 싯다에 의해 입문을 받는 것은 정말로 너무나 다행스러운 일이다. 그로부터 들은 말은 의도적인 만뜨라이다. 찌띠로 가득 찬 지고의 구루는 만뜨라를 통해서나 접촉을 통해서, 혹은 표정을 통하여 제자에게 들어간다. 그러므로 제자가 단지 그와 같은 구루와 함께 살거나, 그와의 관계를 확립하거나, 그의 아쉬람에 살거나, 그의 발을 만지고, 그 발로 신성하게 된 물을 마시거나, 그의 쁘라사드를 먹거나, 그를 위해 봉사하고 그를 칭찬하거나, 그의 사랑에 도취된 상태에서 흘러나오는 찌띠의 진동을 흡수하거나, 그의 옷에서 나오거나 아니면 소함의 음악과 함께 들이마시고 내쉬는 그의 호흡에서 나오는 찌띠의 입자들과 접촉함으로써 완전한 싯다가 될 수 있다는 것은 전혀 놀라운 일이 아니다.
내가 존경하는 구루데바는 바로 이와 같은 위대한 싯다였다. 신성한 의식의 빛이 끊임없이 그에게서 흘러나왔다. 그가 쳐다본 사람은 누구든지 각성을 얻어 생기를 띠곤 했다. 그의 영광은 위대하였다.
『하타 요가 쁘라디삐까』에는 다음과 같은 말이 있다.

    둘랍보 비샤야뜨야고 둘랍밤 따뜨바달샤남
    들립하 사하자바스따 삿구루 까루남 비나

    삿구루의 자비심이 없이는 감각적인 쾌락을 포기하기가 어렵고, 진리를 보기가 어려우며, 사하자(자연스러운 사마디)의 상태를 얻기도 어렵다.

인간의 삶에 평화를 가져다주는 수많은 방법들이 제시되어 왔다. 이들 중 일부는 외적인 것들이고, 또 일부는 내적인 것들이다. 많은 종류의 영적 수행의 길들도 베다 경전이나 철학의 여섯 학파, 그리고 『라마야나』와 『슈리마드 바가바땀』 같은 경전에서 묘사되었다. 이 방법들은 자기 노력과 믿음을 갖고서 오랫동안 부지런히 추구했을 때만 결실을 맺게 된다. 우리가 어떠한 길을 따르더라도, 아무리 많은 종류의 헌신을 실천하더라도, 사하자 상태를 얻기는 극히 어렵다. 사하자 상태의 징표인, 신과의 완전한 일치라는 지고의 상태는 싯다의 길을 통해서만 얻어질 수 있다. 정말이지, 그것은 다른 어떤 방법을 통해서는 얻어질 수 없다. 『요가쉬까 우빠니샤드』에는 다음과 같이 적혀 있다.

나나말가이스뚜 두쉬쁘라삐얌 까이발얌 빠라맘 빠담
싯디말게나 랍하떼 난야따 빠드마삼바바

오, 브람만이여! 여러 길을 통하여 희열의 상태를 얻기는 매우 어렵다. 그것은 싯다의 길을 통해서만 얻어질 수 있으며, 다른 어떤 길을 통해서는 얻어질 수 없다.

우리의 지고의 아버지이신 구루는 입문을 통해 우리에게 그

상태를 가져다준다. 그는 우리의 죄를 없애고, 우리를 신과 하나
가 되게 만든다.

디야떼 쉬바사유즈얌 끄쉬야떼 빠샤반다남
아또 딕쉐띠 까뜨히따 붓다이히 사짜스뜨라베디비히

참된 경전을 알고 있는 현자들은 "굴레의 올가미를 없애고
쉬바와의 결합을 가져다주는 그것이 입문이다."라고 말한다.

제자가 입문할 때, 구루의 샥띠가 그에게 들어간다. 나무가 씨
앗의 형태로 존재하듯이 샥띠도 구루의 모습으로 존재하고, 제
자 속으로 들어가서 수많은 요가 동작을 일으킨다. 구도자가 자
신이 사랑하는 구루를 기억하면서, 명상을 하기 위하여 앉아 구
루와 자신을 동일시하고 구루의 만뜨라를 반복할 때, 만뜨라의
모습을 한 구루가 그의 내면에서 활동하기 시작한다. 이때 일어
나는 움직임들 즉 끄리야들은 무의미하거나 무익한 것이 아니
다. 이들 끄리야의 모습으로 수많은 상이한 신체의 비틀림과 많
은 종류의 요가 자세와 쁘라나야마, 춤, 만뜨라 및 무드라를 일
으키면서 내면에서 작용하는 것은 바로 구루의 샥띠이다. 만약
누군가가 이들 동작들을 외부에서 보게 된다면 그 동작들이 매
우 낯설고 무섭게 보이겠지만, 구도자는 전혀 두려워하지 않는
다. 그는 이들 움직임으로부터 도취, 황홀, 수족의 가벼워짐 또
는 신체의 튼튼함을 경험한다. 어떤 끄리야들은 '라자 요가'의

일부분이며, 또 어떤 것들은 '하타 요가'의, 또 어떤 것들은 '만뜨라 요가'의, 또 어떤 것들은 '박띠 요가'의 일부분이다. 왜냐하면 구루의 힘이 제자 속으로 들어갈 때, 이 모든 요가들이 제자의 욕구에 따라 저절로 일어나기 때문이다.

네 가지 모든 요가들이 제자 내에서 함께 일어나게 되면, 이것을 싯다 요가 즉 '마하 요가'라 부른다. 그것은 또한 '싯다 마르가', 즉 싯다들의 길이라고도 하며, 또한 '싯다 끄리빠', 즉 싯다들의 은총이라고도 불린다. 시간이 지남에 따라, 구루에 대한 헌신이 증가함에 따라, 그가 구루의 내면으로 더욱 들어가서 그와 더욱 동일시함에 따라, 끄리야들이 더욱 강해지며, 투청력이나 투시력 및 자연히 발생하는 요가의 자세와 같은 초자연적인 경험들도 더욱 커진다. 그러나 때로는 자신의 진보가 느려지기도 하는데, 그 이유는 구도자가 불순한 마음으로 인해 구루에 대하여 집착과 혐오 및 다른 결점들을 보기 시작하기 때문이다. 그렇게 되면 그는 "바바지! 제가 전에 가졌던 끄리야들이 이제 일어나지 않습니다."라고 말한다.

나는 그에게 "너는 그것들을 갖게 될 것이다. 너는 틀림없이 그들을 갖게 될 것이다. 그러나 먼저 너부터 바꾸어라."라고 일러 준다.

때때로 나의 사랑하는 구루는 화를 내기도 하는데, 그럴 때면 나는 그것을 다음과 같은 식으로 나 자신에게 설명하곤 했다. "형제여! 잘 들어 봐. 신의 모든 행동과 업적은 신으로 가득 차 있다. 신이 어떤 행위를 할지라도 그것들은 신성한 것이다. 그의 모든 행동과 업적은 상서로운 것이어서 행복을 가져다준다." 당신은 그것을 의식할 수도 있고 의식하지 못할 수도 있다. 그러나 크리슈나 신이 고삐들의 한 점 지향의 사랑을 보고 너무 기뻐하면서 그들에게 준 그 상태와, 그가 자신의 가르침에 의해 우다바와 아르주나에게 준 그 상태와, 그리고 그가 깜사와 짜누르를 살해함으로써 그들에게 강요했던 그 상태에 조금이라도 차이가 있는가? 그가 어머니 데바끼에게 준 상태는 자기에게 독약을 준 뿌따나에게 준 상태와 꼭 같은 것이다. 그가 데바끼에게 그것을 주었을 때는 사랑하는 마음에서 주었고, 뿌따나에게는 분노의 마음에서 주었다. 그러나 본질적으로 둘 다는 정확히 동일한 것이다.

신의 유희가 가지고 있는 양상들 가운데 하나는 희열이다. 둘째가 없는 유일의 존재가 행하는 모든 일과 모든 행동과 모든 행위들은 동일한 본질을 띠고 있다. 마찬가지로, 구루의 모든 행동들은 찌띠의 드라마가 전개되는 것이다. 이 모든 행동들은 고결하다. 즉 모든 것이 진보를 가져다준다. 구도자가 그러한 구루의 행동에서 결점을 찾고자 한다면, 그는 자신의 사다나를 방해하는 것이다. 구도자는 절대로 구루나 성자 혹은 싯다들로부터 나쁜 자질을 찾아서는 안 된다.

싯다들의 행동은 매우 이상하므로, 보통 사람들은 그것을 이해할 수가 없다. 만약 당신이 성자들과 함께 살아간다면, 당신은 결코 그들을 비난해서는 안 된다. 나의 구루는 이따금 사람들에게 고함을 지르기도 하고, 심지어 그들을 때리기도 하였다. 거기에는 항상 이유가 있었다. 그와 같은 성자들은 신성한 광채를 갖고 있다. 그들의 방식은 대단하여 그들은 무지한 자들로부터 배우고, 학식 있는 자들에게 가르침을 준다. 그들은 용감한 자와는 싸우고, 남을 위해 일하는 약한 자들로부터는 도망친다. 만약 그들이 어떤 것을 얻지 못하면, 그들은 그것을 요구한다. 만약 그들이 어떤 중요한 것을 얻게 되면, 그들은 그것을 남에게 베풀어 준다. 모든 사람들은 황제와 같은 이들 성자들로부터 중요한 어떤 것을 얻고 싶어 한다. 왜냐하면 그 성자들은 가진 것은 아무것도 없으나, 요구하는 사람들에게는 모든 것을 다 주기 때문이다. 세상 사람들이 귀하다고 여기는 물건들은 그들에게는 아무런 가치가 없다. 싯다들은 일상생활과는 너무나 멀리 떨어져 있다.

제 4 장

찌띠 꾼달리니:
신성한 어머니

구루의 전통은 매우 유구하다. 태곳적부터 그들의 힘과 능력, 그리고 그들이 행하는 고행의 정신적 힘은 산처럼 우리를 보호해 왔다고 한다. 자신의 샤띠를 제자에게 전하고, 짜끄라를 꿰뚫고, 마침내 사하스라라에서 그를 안정시키는 사람이 바로 그와 같은 구루이다.

그는 숭고한 찌띠 샤띠가 제자 속으로 들어가게 한다. 이것이 『쁘라띠야비냐흐리다얌』에는 다음과 같이 묘사되어 있다. '찌띠 스봐딴뜨라비슈바 싯디 레뚜', 즉 "찌띠는 그 자신의 자유 의지로 이 우주를 창조한다."7 이 찌띠 샤띠는 빠람마쉬바 즉 지고의 신과 전혀 다르지 않다. 그녀는 이 우주의 창조, 유지 및 파괴라는 전 과정의 바탕이다.

찌띠 샤띠는 완전히 자유롭다. 그녀는 온갖 활동을 하며, 또한 모든 영적 수행의 결실을 준다. 그녀는 세상적인 성취뿐만 아니라 영적인 해방까지도 가져다준다. 그녀는 행복에 이르는 가장 손쉬운 방법을 준다. 스스로 빛나며, 시간, 공간 및 형상을 초월해 있는 그녀는 모든 에너지 형태의 근본 바탕인 빠라쉬바의 창조적 측면이다. 은총을 허락하기도 하고 그것을 통제하기도 하는 자가 바로 그녀이다. 그녀는 초월적 실재를 밝혀 주는 자이다. 그녀는 세상적인 삶인 동시에 영적인 삶이다. 이 지고의 샥띠가 누리는 영광은 믿기 어려울 정도이다. 그녀는 깨달음을 얻은 자의 지식이며, 활동적인 자의 행동의 열매이다. 그녀는 박따들의 황홀한 상태이며, 요기들의 역동적인 꾼달리니다. 사실, 그녀는 이 세상 전체의 아름다움이다. 전 세계는 찌띠에 의해 아름답게 꾸며져 있다. 그녀는 대단히 경이롭고, 또 엄청난 경이를 통해서만 인식될 수 있는, 빠라쉬바의 지고의 샥띠 즉 찌띠이다. 세상적인 것에서 영적인 것에 이르기까지 이 우주의 모든 기능은 찌띠에 의하여 수행된다.

"빠라쉬바의 사랑받는 아내이자 그의 역동적인 표현인, 오, 어머니 찌띠여! 당신은 빠라쉬바의 고동치는 진동입니다. 당신은 우주를 구성하고 있는 다섯 요소의 본질입니다. 당신은 태양이요, 달이요, 별이요, 행성입니다. 오, 여신 꾼달리니여! 당신은 천국이요, 바이꾼따요, 지하의 세계입니다. 당신은 삼계이며, 사방입니다. 당신의 성스러운 존재 안에서, 당신은 땀과 씨앗, 알, 그리고 자궁으로부터 태어난 8백 4십만 형태의 생명을 지니고 있습니다. 당신은 당신 자신의 존재 내부에서 이 끝없는 영감들을 보여 줍니다.

당신은 무한한 존재 방식을 지니고 있습니다. 사람들이 이 우주의 본질을 탐구하다가 지치게 되는 것은 하등 놀랄 바가 아닙니다. 왜냐하면 당신의 신성한 빛이 나타나는 것은 끝이 없기 때문입니다. 당신은 자신의 내부에서 통일성과 다양성으로 이루어진 세계를 창조했지만 완전히 초연한 상태를 유지하고 있습니다. 당신은 오직 지고의 황홀을 즐기고 있을 뿐입니다. 당신은 베다를 통하여, 베단따를 통하여, 혹은 다른 경전과 만뜨라를 통하여 얻어질 수 있습니다.

오, 어머니 꾼달리니여! 당신은 니띠아난다로부터 온 희열의 샤띠입니다. 당신은 요가이며, 또한 요가를 구성하고 있는 여덟 개의 수족입니다. 당신은 사마디의 진수이며 니르비깔빠 상태입니다. 당신은 인간의 몸을 지탱시키고 있는 전능한 존재입니다. 찌띠의 화신인, 오, 어머니 꾼달리니여! 당신은 모든 위대한 구루들 가운데에서 가장 순수한 영혼을 갖고 있는 구루입니다. 양미간 사이의 두 개의 연잎으로 된 구루의 자리에 머물면서, 당신은 당신의 제자들이 아직 갖고 있지 않는 것을 그들에게 주며, 그들이 이미 갖고 있는 것을 잃지 않게 지켜 줍니다. 오, 요기니 꾼달리니여! 당신은 영적 구도자들에겐 그들의 최고의 신입니다. 오, 구루여! 사랑과 역동적인 에너지의 거처여, 당신은 니띠아난다로부터 온 은총입니다. 당신은 니띠아난다가 나에게 선물로 준 두 음절로 된 만뜨라인 소함입니다. 당신 때문에 내가 존재합니다. 어머니여! 당신은 내 입문의 완성이었습니다. 푸른 진주를 당신의 매체로 삼아, 당신은 나의 모습으로 나의 헌신자들에게 나타나고, 그리고 이러한 비전을 통하여 그들에게 믿음을 줍니다.
　오, 내 사랑하는 요가 샥띠여! 나는 나의 구루를 위하여 나의 사랑을 당신에게 바칩니다. 당신은 그 누구와도 비교할 수 없는 풍성한 결실의 수여자입니다. 당신은 자신의 내면에 헤아릴 수 없는 힘을 갖고 있습니다. 무수한 모습을 취할 수 있기에, 당신은 라마에게는 시따로, 크리슈나에게는 라다로, 나라야나에게는 락슈미로, 쉬바에게는 바바니로, 요기에게는 요가의 힘으로, 구도자의 내면에서는 활성화된 에너지로, 그리고 샥띠빠뜨의 모습을 한 구루에게는 은총을 부여하는 힘으로 나타납니다. 당신은 구루입니다. 당신은 샥띠를 전달하는 자들의 샥띠입니다."
　이 어머니 샥띠는 지고로 공경을 받고 있기에, 구루가 되어 구루 안에서 산다. 그러므로 구루는 남자도 여자도 아니다. 그는 오직 희열을 가져다주는 사랑의 힘으로, 그 자신의 황홀경에 빠져 있다. 그는 깨달음을 허락하는 활짝 핀 꾼달리니의 힘이다. 찌띠 샥띠와 구루는 같은 것이다. 구루는 찌띠 내에 있으며, 찌띠는 또한 구루 내에 있다. 이 둘은 완전무결하게 동일하다.
　구루는 눈에 보이는 모습을 한 빠라브람만이다. 진실로, 그는 빠라브람만이다. 더구나, 자신의 제자에게 신성한 찌띠를 넣어주는 구루는 단지 구루일 뿐만 아니라, 제자 자신의 소중한 생명의 호흡이요, 그 자신의 내면의 참나이기도 하다. 그뿐만 아니라, 그 자신은 제자에게 사다나의 재산이며 또한 사다나의 목표이기도 하다. 사람이 사다나를 통하여 얻게 되는 것은 구루의 원리, 즉 구루의 본질이다. 구루란 이미 현상계를 초월해 있으며, 신성한 환희와 지고의 희열로 가득 차 있는 자이다. 『구루 기따』에 기록되어 있는 구루에 대한 언급이나, 혹은 『냐네쉬바리』에서 "구루의 발을 씻어 낸 물에 비하면, 불로장생의 영약은 보통의 음료수이다."라는 구루의 영광을 노래한 냐네쉬바리의 노래 속에는 조금의 과장도 없다. 『구루 기따』를 보면, 구루를 공경하는 것은 보편적인 공경이라고 다음과 같이 기록되어 있다.

> 구루레바 자갓살밤 브람마 비슈누 쉬바 뜨마깜
> 구로 빠라따랍 나스띠 따쓰맛 쌈뿌자옛 구룸

> 구루는 정말로 온 우주입니다. 그분은 자신 안에 브람마, 비슈누 및 쉬바를 지니고 계십니다. 구루보다 더 높은 것은 없습니다. 그러므로 구루를 공경하십시오.[8]

당신은 오직 찌띠로 충만되어 있는 구루를 직접 체험해 볼 때만 이 말의 의미를 이해하게 될 것이다. 그는 모든 성지요, 모든 신들이다. 내가 더 이상 무슨 말을 보탤 수 있겠는가? 구루는 우주의 형상을 취하고서 모든 곳에 퍼져 있는 브람만이다. 그리고 은총의 모습으로 제자 속으로 들어가는 자, 즉 그 자신의 신성한 은총의 힘이 제자 속으로 들어가도록 하는 자가 바로 이 분이다. 이렇게 들어가도록 하는 것이 샥띠빠뜨 입문, 진정한 끄리야 요가, 혹은 구루의 은총이라고 불리는 것이다. 구루의 은총이란 루드라 샥띠를 제자 속으로 불어넣는 것이다.

제 5 장

사다나

싯다로부터 은총을 받으면, 사다나가 시작된다. 어떤 사람의 경우는 사다나 경험이 빨리 오고, 어떤 사람의 경우에는 다소의 시간이 경과한 후에 온다. 사다나가 내면에서 미묘한 형태로 진행될 경우는 사다나 경험이 느껴지지 않는다. 그럼에도 불구하고 요가 수행자는 존중, 진지함, 믿음 그리고 사랑의 마음으로 자신의 수행을 꾸준히 해 나가야 한다. 구루의 은총은 반드시 효과가 있다. 자연의 질서가 뒤바뀌거나, 태양이 식어 버리고, 달은 그 서늘함을 잃어버리고, 물이 흐르지 않고, 밤이 낮이 되고 낮이 밤이 되는 경우가 발생할 수는 있지만, 그러나 싯다의 은총은 결코 헛되지 않다. 이 은총은 제자의 수많은 윤회를 따라다닌다. 당신이 어느 나라 혹은 어느 세계로 갈지라도, 자신이 지은 죄들이 언젠가는 밝혀지게 되듯이, 제자에게 주어진 은총은 그것이 활성화될 때까지 그 사람을 따라다닌다. 그러므로 인내와 열성 및 사랑을 갖고서 자신의 수행을 계속 해 나가야 한다.

은총이라는 신성한 힘이 처음 자신의 안으로 들어오게 되면, 졸음, 무거움 그리고 피로감이 느껴진다. 어떤 요가 수행자들은 깊은 수면에 떨어진다. 이 모든 것들은 사다나가 잘 진행되고 있다는 징조이다. 그러므로 이런 현상이 일어나더라도 불안해할 필요는 없다.

명상 장소를 정해 놓고 그곳에 늘 앉는 것은 좋은 생각이다. 가능하다면 명상만을 위한 옷을 따로 마련하는 것도 좋다. 당신이 명상하는 장소에는 수많은 찌띠의 빛들이 모여 자리 잡게 된다. 그래서 매일 같은 장소에서 명상한다면 명상이 더 잘 될 것이다. 나는 명상실을 갖고 있다. 한동안 나는 그곳에서 명상하였다. 나중에는 모든 사람들이 그곳에서 명상하기 시작하였다. 이제 그 방에 앉는 모든 사람들에게 명상이 저절로 일어난다. 입문 또한 그곳에서 일어난다. 그러므로 명심해야 할 일은 같은 장소에서 명상하는 것이다. 그것이 여의치 않다면, 아무 곳에서나 명상하라. 우리의 소중한 구루데바가 틀림없이 당신에게 축복을 내릴 것이다.

사람의 몸은 살덩어리로 보이지만, 실제로는 그렇지가 않다. 사실, 인간의 몸은 7,200만 나디 즉 통로를 갖고 있는 굉장한 창조물이다. 여섯 짜끄라와 아홉 개의 구멍과 더불어, 이 나디들은 일종의 집을 형성하고 있다. 이 몸은 또한 일곱 개의 요소로 구성되어 있는 도시라고도 불린다. 7,200만 나디들 가운데 100개가 중요하며, 이들 100개 중 10개가 더 중요하며, 이 10개 중 3개가 가장 중요하다. 이 세 개 중 수슘나라고 하는 중심 통로가 가장 중요하다. 모든 생명 활동은 수슘나에 의하여 수행된다. 이 수슘나는 빠라쉬바가 거주하고 있는 사하스라라로부터 꾼달리니의 자리인 물라다라에 이르기까지 끊어지지 않고 연결되어 있다.

쁘라나가 신체 내에서 가장 중요하다. 쁘라나가 사라지면, 모든 것이 사라진다. 그러면 몸은 불과 몇 푼어치의 가치밖에 되지 못한다. 사실, 전 우주는 쁘라나에서 생겨났다. 인간도 쁘라나에서 생겨났다. 행복, 에너지, 완성, 건강, 다른 세계로의 여행, 임신, 강함과 남자다움, 질병과 불안, 망상과 광기, 아름다움, 재생과 해방—이 모든 것들이 쁘라나로부터 일어나는 것들이다. 쁘라나가 브람만, 쉬바, 샥띠 그리고 꾼달리니이다. '쁘락삼비쁘뜨 쁘라네 빠리나따', "최초의, 보편적인 의식은 쁘라나에서 생겨났다."[9] 또한 '살밤 쁘라네 쁘리띠슈뜨히땀', "모든 것은 쁘라나 속에서 자리 잡는다."

지각 기관과 활동 기관은 모두가 쁘라나 때문에 작용할 수 있다. 수레바퀴의 모든 살들이 중심 축에 고정되어 있듯이, 몸과 감각, 마음과 지성도 모두가 쁘라나에 의존해 있다. 쁘라나는 신체가 질서정연하게 움직일 수 있도록 신체의 각기 다른 기능들을 수행하는 상이한 양상들로 나뉜다. 그 다양한 임무를 수행하기 위하여, 찌띠로 충만한 이 쁘라나는 쁘라나, 아빠나, 사마나, 비야나 그리고 우다나라는 다섯 가지의 형태로 개인의 몸에 두루 충만해 있다. 그러나 그 모든 것들은 여전히 하나의 쁘라나, 즉 하나의 샥띠이다. 쁘라나가 이와 같은 다섯 개의 상이한 형태로 개인의 몸과 우주의 몸에 두루 충만해 있는 것은 단지 상이한 임무를 수행하기 위해서이다.

1. 쁘라나는 가슴에서 활동한다.
2. 아빠나는 아래쪽 방향으로 작용하는 힘이다. 그것은 항문이나 요도를 통하여 배설물을 밖으로 내보낸다.
3. 사마나는 전신에 동등하게 작용하는 힘이다. 음식을 통하여 섭취된 영양분을 온 몸에 분배하는 일을 담당한다.
4. 비야나는 모든 곳에 퍼져 있다. 7,200만 개의 나디들로 구성된 전체 그물망의 수많은 지점에서 움직임이 일어나도록 하는 힘이다.
5. 우다나는 위쪽으로 작용하는 힘이다. 우다나는 사다까에게는 매우 고귀한 벗이다. 우다나의 힘을 통하여 요기는 금욕 생활을 유지하고, 그의 성적 유동체를 위쪽으로 끌어올리며, 우르드바레따가 된다. 성적 유동체는 쁘라나와 혼합하여 쁘라나가 된다. 그리고 그 힘으로부터 요기는 천상의 무희가 유혹해도 넘어가지 않고 완전한 승리를 얻을 수 있다. 샥띠빠뜨를 줄 수 있는 힘의 원천도 성적 유동체의 상승에서 오는 이 우르드바레따에 있다. 그것은 에너지, 힘, 광채 및 용기를 가져다준다. 우다나의 도움으로, 죄 많은 영혼은 죄인들의 세계인 빠빠로까로 가고, 덕이 많은 영혼은 인간 세계로 돌아오기 전에 덕 있는 사람들의 세계인 뿌니야로까로 간다. 그리고 우다나가 끄리야 요가를 통해 순화되었을 때, 사무다나디라는 희열의 경험을 가져다주는 것도 바로 이 우다나이다. 우다나 샥띠는 수슘나 내에 있다.

이들 다섯 개의 쁘라나들은 각자 자체의 특별한 활동을 통하여 생명을 유지시키는 작용을 한다. 쁘라나는 신이 갖고 있는 수많은 힘들 가운데 가장 중요한 것이다. 가슴의 근본 지주인 쁘라나는 심장이 쉬지 않고 계속 박동하도록 함으로써 신체를 유지하는 일을 책임지고 있다. 개인은 쁘라나 샥띠가 작용하기 때문에 살아간다.

위대한 샥띠 꾼달리니는 중심 나디인 수슘나 내에 있다. 구루의 은총으로 이것이 일깨워지면, 그것은 다섯 개의 쁘라나에 의해 전신으로 운반되며, 이때 7,200만 개의 나디들을 지나간다. 이 샥띠는 일곱 요소들, 피의 분자들 그리고 기타 여러 체액 속으로 흘러들어가서 신체를 순수하고 균형 잡히고 깨끗하고 아름답게 만들며, 그리고 신체에 빛과 윤기를 더해 준다. 앞에서 말한 바대로, 이 쁘라나 샥띠는 수많은 임무를 수행하고 있다. 마음에 흔들림이 없고 자신의 구루에 대한 헌신으로 가득 찬 구도자의 경우에는 그것이 가끔 기쁨과 황홀감을 주는 큰 진동과 함께 아주 특이한 방식으로 고동친다. 그때 그는 춤추고, 노래 부르고, 운다. 때로는 고함을 지르기도 하며, 그렇지 않으면 각종 신체 부위가 저절로 움직이기도 한다. 개구리처럼 깡충깡충 뛰기도 하고, 원을 그리며 돌거나 비틀거나 달리기도 하며, 땅 위로 구르기도 하고, 자신의 뺨을 때리기도 하고, 자기 머리를 빙빙 돌리기도 하며, 여러 가지의 상이한 요가 자세와 무드라를 취하기도 하고, 몸을 부들부들 떨거나 땀을 흘리거나, 잘란다라, 웃디야나 혹은 물라 반다를 하기도 한다. 께짜리 무드라가 일어나서는 혀가 입 안으로 말려 올라가기도 하고, 눈동자가 위쪽으로 향한 채 구르기도 한다. 아니면, 여러 가지 소리를 내기도 하며, 사자처럼 포효하거나, 다른 각종 동물 소리를 내기도 하거나, 혹은 옴 만뜨라와 다른 만뜨라를 큰 소리로 암송하기도 한다. 이 모든 끄리야들은 명상을 하는 동안에 자연적으로 일어난다. 바스뜨리까, 브람마리, 쉬딸리, 시뜨까리, 웃자이 같은 여러 종류의 쁘라나야마가 자동적으로 일어나게 된다. 호흡의 멈춤인 꿈바까가 자기도 모르게 일어난다. 명상이 더욱 깊어지면 꿈바까도 길어진다. 때때로 샥띠 때문에 어떤 흔한 질병이 나타나기도 한다. 그러나 그 병은 체내에 잠복해 있던 질병들이 표면화되었다가 사라질 때 곧 깨끗이 낫는다. 이 모든 동작들과 활동들은 구루의 은총으로 나타나는 전지전능하고도 지성적인 힘에 의하여 일어난다.

간혹 일종의 도취 상태가 수행자의 전신으로 밀려들어 와 소용돌이친다. 그의 머리는 무거워지고, 그는 수면과 같은 딴드라 상태에 머물게 된다. 이 상태에서 그는 흔히 비전을 보게 된다. 싯다들과 빛들이 보이기도 하고, 천국과 지옥, 삐뜨리로까(조상들의 세계)와 싯다로까(싯다들의 세계)와 같은 다른 세계들을 돌아다니기도 하며, 심지어 그 자신의 구루를 보기까지 한다. 성스럽고 견줄 데 없는 기쁨이 내부로부터 물결쳐 일어나며, 행복감이 모든 나디를 통하여 흐르고, 도취된 상태에서 구도자는 몸을 이리저리 흔들기 시작한다. 모든 창조물이, 심지어 가장 평범한 사물들조차도 그에게는 너무나 아름답고 사랑으로 충만되어 있는 것처럼 보여서, 자신이 마치 새로운 세상에 태어난 듯이 느끼거나, 천상의 아름다움과 기쁨 그리고 즐거움이 이 인간 세계에 구현된 것처럼 느낀다. 삶이 더없이 즐겁고 달콤하다는 것을 깨닫고, 수행자는 황홀감에 압도되고 만다. 사랑이 가슴에서 샘처럼 솟아오르며, 모든 존재들에 대한 자비심이 파도처럼 솟구친다.

샥띠의 충격이 강할 때가 있는가 하면, 약할 때도 있다. 그녀는 나흘 동안 명상을 깊게 하다가, 그 다음 그 강도를 줄이기도 한다. 오, 수행자들이여! 두려워하지 말라. 두려움을 모르는 용기를 가지고 구루에게 의지하라. 구루가 당신의 희망이요, 믿음이요, 힘이 되도록 하라. 당신은 자연스럽게 완전해질 것이다. 항상 수행의 고삐를 늦추지 말고, 정해진 시간에 명상하라. 구루가 당신에게 준 이름을 마음속으로 늘 반복하여라.

나마 자빠, 즉 신성한 이름을 반복하면 엄청난 힘이 생겨 내면의 샥띠가 활성화된다. 왜냐하면 다음 인용문과 같이 '아'(a)로부터 '끄샤'(ksha)에 이르는 산스끄리뜨 알파벳의 음절 속에는 꾼달리니 샥띠가 가득 채워져 있기 때문이다.

> 아까라딕샤까란따 마드리까바루나루삐니
> 야야 살바미담 뷔얍땀 드라일로끄얌 사짜라짜람

가동의 사물들과 부동의 사물들로 이루어진 이 모든 삼계에 두루 충만되어 있는 꾼달리니는 '아'(a)에서부터 '끄샤'(ksha)에 이르는 알파벳 문자들의 형상을 하고 있다.

신성한 이름은 밖으로 모습을 드러낸 신이다. 그 신성한 이름을 반복하고, 그 이름을 명상하고, 그 이름을 노래하라. 오직 그 이름만을 명상하라.

명심해야 할 것은 나마 자빠가 계속 진행되고 있는지를 끊임없이 의식하는 것이다. 신성한 이름을 반복하면, 사다나에 대한 관심과 구루에 대한 사랑이 증대된다. 또한 그렇게 이름을 반복하면, 과학의 기술과 사랑의 경험을 얻게 된다. 그 이름은 소원을 성취시켜 주는 마법의 보석이요, 마법의 젖소이며, 마법의 나무이다.

진실을 말하자면, 그 이름이란 당신이 구루로부터 받은 만뜨라이다. 당신은 그것을 지각할 수 있는 신의 형상으로 이해하여, 완전한 믿음을 갖고 진지하게 그것을 반복해야 한다. 만뜨라와 구루와 샥띠와 당신 자신이 하나라는 사실을 잊지 말라. 만뜨라는 그것을 반복하는 사람을 보호해 준다고 한다. 그러므로 당신은 만뜨라를 계속 반복하며 그것을 자기 것으로 만들어야 한다. 싯다 구루의 축복이 넘치는 선물인 그 만뜨라를 늘 반복하여라. 구루는 살아 있는 형태로 만뜨라 내에 계신다. 그러므로 이 의식적인 구루의 만뜨라를 계속 반복하여라. 사랑의 마음으로 그것을 노래하고, 애정을 가지고 그것을 명상하라. 그러면 샥띠가 번갯불과 같은 속도로 자신의 맡은 과업을 수행할 것이다.

충실하게 들어오고 나가는 호흡에 맞추어 만뜨라를 반복해야 한다. 그리하면 이내 끄리야가 저절로 일어나고, 여러 가지 비전을 보게 될 것이고, 사다나가 저절로 당신이게 일어날 것이다.

젊은 구도자 시절의 스와미 묵따난다, 1932년경, 예올라에서.

성자 뚜까람에 의하면, 단지 그 이름을 반복하기만 해도 이전에 이해할 수 없었던 것을 이해하게 되며, 그 이름을 찬미함으로써 이전에 볼 수 없었던 것을 쉽게 볼 수 있을 것이라고 했다. 그 이름을 반복하면 다음과 같이 엄청난 혜택을 입는다.

> 나 깔레 떼 깔로 예일 우갈레 나메 야 비딸레 에까찌야
> 나 디세 떼 디소 예일 우갈레 나메 야 비딸레 에까찌야
> 알랍야 또 랍하 보일 아빠라 나마 니란따라 므하나따 바쩨
>
> 비딸의 이름만 반복해도, 이해할 수 없던 것을
> 이해하게 될 것이다.
> 비딸의 이름만 반복해도, 볼 수 없는 것을
> 쉽게 볼 수 있을 것이다.
> 그 이름을 끊임없이 반복하면, 달리 얻을 수 없는
> 이득을 얻게 된다.

인적이 드문 곳에 앉아서 깨끗한 마음으로 그 이름을 반복해야 한다. 나쁜 생각이나 나쁜 인상을 곰곰이 생각하면, 당신의 마음은 그와 같은 상태를 경험한다. 성욕의 생각이 일어나면 자기 자신이 성욕으로 가득 채워짐을 경험했을 것이다. 그래서 만뜨라에 대한 생각을 꾸준히 한다면 자신이 만뜨라로 채워지는 데는 시간이 얼마나 걸리겠는가? 구루는 이미 만뜨라와 함께 당신에게 들어와 계신다. 그는 당신의 전신에 퍼져 있으며, 당신을

그와 같은 존재로 만들 것이다. 이러한 구루의 자비심은 얼마나 위대한가! 나는 다음의 사실을 다시 환기시키고 싶다. 꾸준히 만뜨라를 암송하라. 그리하면 이를 통해 당신은 명상의 상태에 이르게 될 것이다.

가슴에 있는 구루 샥띠는 명상을 강화시키고 또한 안정시킨다. 그녀는 분명히 빛이나 비전, 신성한 소리와 같은 어떤 내면의 경험을 당신에게 가져다줄 것이다. 이렇게 되면 당신의 명상은 힘을 얻어 깊어질 것이다. 명상은 마음의 동요를 정복하는 확실한 방법이다. 그것은 무슨 소원이라도 다 들어주는 소원 성취의 나무요, 신의 힘을 끌어내는 자석과도 같은 것이다. 명상을 절대 과소평가하지 말라. 명상은 요가의 심장이요, 영적 수행의 뿌리이며, 지식의 문을 열어 주는 만능열쇠이며, 사랑의 강물이요, 구루의 은총을 풍부히 받게 해 주는 그런 산 제물을 바치는 의식이다. 명상은 또한 구루의 한 모습이다. 당신에겐 명상을 어떻게 해야 하며, 무엇을 명상해야 하고, 또 얼마나 오랫동안 명상해야 하는가와 같은 의문이 일어날 수 있다. 이와 같은 것들은 명상에 관한 기본적이요, 필수적인 물음들이다. 『바가바드 기따』를 보면, "참나에 대한 비전은 명상을 통하여 얻어진다."[10]라는 기록이 있다. 『슈리마드 바가바땀』에서도, "명상 중에 수행자는 신의 모습이 된다."라는 기록이 나온다. 애벌레가 말벌이 되고자 간절히 명상함으로써 말벌이 되듯이, 수행자도 신을 명상함으로써 신과 같은 존재가 된다.

명상이라는 말을 접하고 놀랄 필요는 없다. 왜냐하면 당신은 일상생활 속에서 이미 많은 종류의 명상을 하고 있기 때문이다. 명상은 그냥 일어난다. 당신의 기술과 재능은 오직 명상을 통해서만 완성된다. 일점 지향의 주의 집중이 없다면, 어떻게 의사가 환자의 질병을 치료하고, 판사가 판결을 내리고, 교수가 강의를 할 수 있겠는가? 집중력이 없다면, 어떻게 레이다와 같은 장치를 만들어 내거나, 음식을 요리하거나, 차를 운전하거나, 음악의 리듬을 따르거나, 수학 문제를 풀어 낼 수 있겠는가? 모든 것을 성취하는 데는 명상이라는 학위가 필요하다. 그러나 이 모든 것들을 통해서, 당신의 명상은 그 방향이 신이 아닌 이 세계를 향해 있다. 당신의 마음이 세속적인 활동에 빼앗겨 있는 것과 꼭 마찬가지로, 그 마음이 신에 대한 사랑에 몰입되어 있다면 그것이 바로 명상이다. 명상은 실제로 어려운 것이 아니다. 그렇다고 그렇게 쉬운 것도 아니다. 명상의 완전한 의미는 "명상은 생각이 없는 마음이다."라는 것이다. 성찰이나 생각, 기억이나 지식으로부터 마음을 자유롭게 하는 것, 즉 마음을 마음 아니게 하는 것이 수준 높은 명상의 본질이다. 최고의 수준에 오른 성자들만이 이와 같은 명상을 안다. 마음에 생각이 일어나지 않고, 마음이 참나와 하나가 된다면, 이는 매우 높은 상태에 이르렀다는 징표이다.

구체적인 모습을 갖고 있는 신을 명상할까 아니면 형상을 갖추지 않고 있는 신을 명상할까 하는 문제로 걱정하는 사람들이 있다. 그러나 이 두 가지 모습 때문에 고민할 필요는 없다. 이 두 형태의 명상 모두가 같은 결과를 가져다준다. 뚜까람, 뚤시다스, 남데브, 미라바이 및 자나바이와 같은 성자들은 형상을 갖고 있는 모습을, 즉 인간의 모습을 갖고 있는 신을 명상하였다. 신은 인간의 모습을 한 채 그들에게 나타났다. 그러나 그들 역시 형상 없는 신의 모습도 깨닫게 되었다. 형상 즉 사구나의 모습을 갖고 있는 신은 상상에서 나온 것이 아니다. 신의 위대함은 무한하다. 그는 자신의 무한한 힘의 보고로부터 아무것도 없는 무의 상태로 살기에 알맞은 이 세상을 창조하였다. 그만이 세상이 되어, 그 모든 다양한 대상들을 통해 그 자신의 모습을 드러냈다. 이름과 형상이 무한한 그런 신이 하나의 형상을 취한다는 것이 뭐 그리 어렵겠는가? 그러므로 사두들, 산야시들 그리고 구도자들은 그러한 논쟁에 휘말려 들어서는 안 된다. 자신을 가장 기쁘게 하는 대상을 명상하라. 형상인 사구나와 무형인 니르구나는 모두 신이다. 자신의 마음을 고요하게 하고, 마음의 불안을 없애 주며, 마음을 참나와 하나 되게 하는 것을 명상하라. 논쟁으로 귀중한 시간을 낭비하지 말라. 어떤 것이나 명상하라. 모든 신들은 명상에 적합하다. 왜냐하면 그들 모두가 같은 본질로 이루어져 있기 때문이다. 명상을 통하여, 당신은 자신 내에 있는 지고의 평화를 얻어야 한다. 그 평화의 자리에 이르렀을 때, 구도자는 모든 고통과 고뇌를 잊게 된다. 그는 모든 존재와 하나가 되고, 자신을 여태껏 짓누르고 있었던 좌절과 무능의 악몽을 망각하며, 생사에 대한 그의 상상들은 사라진다. 논쟁이란 병이다. 인간은 평생 동안에 수많은 질병으로 고통을 받고, 후회하며 살았다. 그런데도 왜 인간은 명상에 관한 논쟁의 병을 피하지 못하는가?

당신의 마음을 비워라. 아침에 일어나게 되면, 순간적이기는 하지만, 생각이 없는 마음 상태를 경험한다. 당신은 자신의 마음을 이와 같이 평화롭고 생각이 없는 상태로 만들어야 한다. 그래야 그 마음은 참나와 다르지 않은 하나가 된다. 이것이 명상의 진보이다.

여러분들에게 한 가지만 더 말하고 싶다. 당신이 바라보는 모든 것은 신으로 가득 차 있다고 여겨라. 가시적인 모든 세계는 신으로 충만해 있다. 이렇게 이해하는 것이 위대한 명상이다. 그것이 사물을 바로 보는 참된 방법이며, 생사 윤회로부터 해방을 가져다준다.

> 사깔라미다마밤 짜 바수데바 빠라마 뿌만
> 빠라마메쉬바라 사 에까
> 이띠 마띠라짤라 바바띠야난떼 브리다야가떼 브라자 딴
> 비하야 두라뜨

죽음의 신인 야마라자가 자신의 저승사자들에게 이렇게 말한다. "이 현상계와 나는 하나의 신, 즉 바수데바이다. 신에 대한 확고부동한 느낌이 가슴속에 자리 잡고 있는 사람을 만나거든, 오, 나의 사자들이여! 그 사람은 데려오지 말고, 그대로 두고, 다른 곳으로 가라."[11]

얼마나 고귀한 명상인가! 얼마나 고귀한 영혼인가! 동서남북에 계시는 신, 앞뒤에 계시는 신, 위와 아래에 계시는 신에 관하

여 명상하는 사람은 매우 빨리 해방을 얻게 된다. 고삐들은 이와 같이 명상하였다. 그들은 어디를 보든 크리슈나를 보았다. 고삐들에게는 야무나 강이 크리슈나였으며, 나무 그늘과 숲이 크리슈나였으며, 네 방향이 크리슈나였으며, 그들의 남편이 크리슈나였으며, 그들의 자식이 크리슈나였다. 젖소들이 크리슈나였으며, 그들 자신도 크리슈나였다. 크리슈나가 그들의 마음속에 있었으며, 크리슈나가 그들의 몸 속에 있었으며, 크리슈나가 모든 곳에 다 있었다. 그들은 크리슈나 이외의 다른 어떤 것도 보지 못했다. 이와 같은 명상은 그 자체로서 완벽한 명상이다. 당신은 산이나 동굴을 찾아갈 필요가 없다. 이것이 지식을 추구하는 명상이다. 이때 신에 대한 지식은 대단히 중요하다. 이 세상 전체가 신의 완벽한 형상이라는 것은 정말로 맞는 말이다.

제 6 장

싯다 거처의 중요성

많은 사람들이 바가반 니띠아난다를 찾아오곤 하였다. 그들은 그들의 사다나를 하였으며, 모두가 하나의 소망을 가지고 있었는데, 그것은 다름 아닌 초자연적인 힘을 얻고, 니띠아난다를 숭배하고, 니띠아난다가 되는 것이었다. 개개인은 이렇게 말하곤 했다. "나는 매우 중요한 존재이다. 나는 너무나 큰 존재이다. 니띠아난다가 나를 가장 사랑한다. 그는 특별히 나에게 축복을 내려 주었다. 어느 누구도 나만큼 많은 것을 얻지 못하였다." 헌신자들 사이에서는 이와 같이 짜증스럽고 마음을 괴롭히는 목소리들이 들려왔으며, 그들은 단지 질투, 악의, 미움, 위선 및 자만심만을 증가시킬 뿐이었다. 이런 종류의 일이 점점 벌어지자, 니띠아난다로부터 오는 명상의 환희는 줄어들었고, 그 결과 사람들은 명상을 더 적게 하기 시작하였다. 항상 다음과 같은 의문이 뒤따랐다. "그가 무슨 말을 했지? 거기에서 무슨 일이 일어났지?"

그가 아는 게 뭐 있나? 나와 필적할 만한 사람이 도대체 누가 있겠나? 니띠아난다조차도 내가 하는 말에 귀를 기울였지. 그러니 내가 왜 다른 사람들에 대해 신경을 써야 되지? 당신은 자신이 어떤 인물이라고 생각하는가? 스와미도 우리 생각에 틀림없이 동의할 거야." 그러한 망상과 그로 인한 윤회의 그물이 퍼지기 시작하였다. 자신들이 마치 니띠아난다가 된 것처럼 생각하면서, 헌신자들은 더욱더 거만해지고 자만심에 빠지게 되었으며, 그래서 이와 같은 방식으로 커다란 장애들이 그들의 길을 가로막았다. 모든 죄들이 없어져야 할 곳에, 모든 사람들이 순수해지고 악행이 없어져야 할 곳에 이러한 병이 퍼져 나갔다.

명상을 하는 구도자는 마치 구루의 사랑에 힘을 입어 마음과 가슴이 나날이 더욱 순수해지고 더욱 사뜨바적으로 변해 가듯이, 이들 미덕도 질투, 시기 및 욕망의 생각 때문에 줄어들 수 있다는 점을 명심해야만 한다. 한편으로, 자신의 명상과 선행이 증가됨에 따라, 평화와 천상의 행복을 찾을 수 있다는 것이 확실한 반면에, 다른 한편으로는 내적 갈등이 증가하고, 자신의 미덕이 사라지고, 자신의 죄가 꾸준히 증가하며, 관능적 쾌락에 점점 깊이 빠져들게 되어, 마침내 지옥에 가게 된다는 점도 확실하다.

아쉬람에 있는 사람들은 매우 조심스럽게 살아가야 한다. 싯다의 거처는 구루들의 뜰이다. 그곳은 활활 타오르며 밝게 빛을 내는 요가의 중심지이며, 그 불은 당신의 죄를 태워 없애고 당신을 요가의 대가로 만들 수 있다. 그러나 당신이 아쉬람에서 사다나를 수행하지 않고 항상 감각적인 쾌락을 즐기면서 시간을 보낸다면, 그것은 당신의 덕을 감소시킬 것이고, 당신을 생명이 없는 존재로 만들 것이다.

아쉬람에서는 결코 개인적인 욕망에 탐닉해서는 안 된다. 아쉬람 거주자들은 동료들로부터 자신의 진정한 참나인 구루만을 보아야만 한다. 그래야 명상이 나날이 깊어질 것이다. 헌신자로서 아쉬람에 온 구도자는 다른 사람들의 결점을 결코 찾아서는 안 된다. 왜냐하면 이렇게 하면 그 자신의 결점만 증가되고, 요가의 힘은 줄어들기 때문이다. 그렇게 되면 그는 "여기는 재미가 없어. 다른 아쉬람을 찾아봐야겠어."라고 생각할 것이다. 이것은 아무렇게나 하는 경향이다. 그가 다른 아쉬람을 찾아가더라도 똑같은 일이 일어날 것이다. 아쉬람을 쾌락의 터전으로 만들어서는 안 된다. 그곳은 험담의 중심지도, 남녀 대학생들이 즐기는 장소도, 테니스 클럽도, 방탕한 자들에게 위스키와 브랜디를 제공하는 술집도 아니다. 만약 당신이 아쉬람에 간다면, 불손하고도 방종하게 그리고 하고 싶은 대로 행동함으로써 당신이 받은 샥띠를 파괴하여 수행의 길에서 낙오하지 말도록 하라. 만약 당신이 기분 내키는 대로 어디에서든지 사람들을 만나 험담하기 시작하면, 그것은 단지 비방과 의심과 비판으로 이어지며, 결국은 당신이 요가에서 얻은 모든 성취들을 파괴해 버린다. 그러나 아쉬람에서 믿음을 갖고 올바른 행동을 하고 규칙적인 생활을 하면서 최선을 다하여 행동한다면, 그때에는 찌띠의 내적인 활동, 즉 꾼달리니 작용의 굉장한 경험이 곧 당신의 것이 될 것이다.

아래의 사건이 바로 얼마 전에 일어났다. 사다나를 하고 있던 어떤 소녀가 있었는데, 그녀는 아쉬람에 거주한 지 한 달이 채 못 되어 매우 높은 명상의 단계에 이르게 되었다. 많은 무드라들이 그녀에게 저절로 일어나고 있었다. 어느 날, 그녀는 명상을 하다가 갑자기 일어나서, 자신의 오른손 중지를 잡은 채 나에게로 달려왔다. 그녀는 "바바지! 뱀이 여기를 물었습니다. 그 때문에 명상하다가 일어나 당신에게로 왔습니다."라고 소리쳤다. 얼마나 고귀한 경험인가! 그녀는 그와 같은 짧은 시간에 그렇게도 많은 단계들을 통과해 낸 것이다! 싯다 요가에서는 오른손 중지가 뱀에게 물리면 그것은 해방의 확실한 예언이다. 만약 싯다 요가 수행자가 꿈에서라도 뱀에 물리면, 그것 또한 해방의 확실한 징조이다. 그러므로 명상 중에 그러한 일이 일어났다는 것은 특히 상서로운 일이다.

　지고의 에너지로 채워져 있는 꾼달리니에 대한 위대한 지식을 싯다 비드야 즉 완성의 과학이라고 한다. 이 길을 싯다의 길이라 하며, 이 길을 따라 걸어가는 구도자들을 싯다 수행자들이라고 한다. 싯다의 거주지인 싯다 삐따는 모든 곳이 의식의 미립자들로 가득 채워져 있는 곳이다. 싯다의 거주지에서 받는 꾼달리니 입문을 샴바바 입문이라고 한다. 함사 가야뜨리와 소함은 싯다 요가의 자빠 만뜨라들이다. 이 길의 쁘라나야마는 들어오는 호흡에 '함'을, 내쉬는 호흡에 '소'를 반복하는 것이다.

　싯다들의 세계에 거주하고 있는 모든 위대한 성자들은 싯다 삐따들과 싯다 아쉬람들을 보호하고 있으며, 그곳에서 요가 수행을 하는 수행자들이 열매를 맺을 수 있도록 수행을 보장하고 있다. 싯다 삐따는 지고의 신이며, 싯다들의 신인 쉬바와, 쉬바의 영적 계승자들인 모든 요기들과 요기니들로부터 힘을 받는다. 만약 당신이 싯다 아쉬람에 머물면서 싯다들의 방식에 따라 명상을 수행하면, 당신은 확실히 싯다로까에 살고 있는 많은 성자들과 현자들, 그리고 요기들에 대한 비전을 보게 될 것이다. 당신은 신성한 내면의 음악을 듣고, 다른 세계들에 대한 비전을 보는 것과 같은 힘들을 받을 것이다.

싯다 수행자들은 주의 깊게 바라보아야 한다. 싯다에 의하여 움직이기 시작해서, 당신의 몸 전체로 퍼져 나가고 있는 싯다 샥띠에 매우 유의해야 한다. 절대로 노여움이나 분한 마음으로, 혹은 죄나 차별을 보는 그런 눈으로 서로를 바라보지 말라. 어떤 과오도 범하지 말라. 꿈에서조차도 말이다. 자신의 나쁜 습관들을 잘 다스리고, 싯다들의 행동과 상반되는 어떤 방식으로도 행동을 하지 말라. 싯다가 살아가듯이 삶을 영위하라. 만약 이렇게 하지 못하면, 당신의 사다나가 손상될 것이다.

혈액과 체액의 관점에서 보거나, 혹은 모습과 성별의 관점에서 보면, 아버지와 아들, 그리고 자신의 차례가 되면 아버지가 될 손자 사이에는 전혀 차이가 없고, 어머니와 딸, 그리고 자신의 차례가 되면 어머니가 될 손녀 사이에도 전혀 차이가 없다. 이와 마찬가지로 싯다 과학의 관점에서 보면, 시작도 없고 끝도 없으며, 어디에도 포함되어 있지 않으면서도 모든 것을 알고 있고, 또한 지고의 전능한 신인 빠라쉬바와 오늘날의 그의 모든 영적 문하생들 사이에도 전혀 차이가 없다. 샥띠빠뜨 입문을 통하여, 그들 모두는 볼 수도 없고, 움직이지도 않으며, 변화하지도 않는 그런 존재, 의식, 기쁨을 그 본성으로 하고 있는 똑같은 지고의 구루인 빠라쉬바의 샥띠로 충만해 있다.

찌띠 샥띠는 비록 시작은 없지만 언제나 새롭다. 『쉬바 수뜨라』에서 쉬바는 그녀를 가리켜, "그녀는 의지력이며, 항상 젊은 우마이다."[12]라고 했다. 그녀는 신 자신의 성스러운 의지력이며, 또한 바로 신의 참나이다. 그녀는 구도자를 싯다의 길로 안내해 주는 성녀이다. 찌띠 샥띠라는 장엄한 여신인 그녀는 구루 은총의 샥띠가 되어, 싯다 수행자들의 내면에 완전히 머물고 있다. 이러한 이유로, 당신은 싯다의 길을 따라 가면서 진보를 이룩한 어떤 수행자라도 존경해야만 한다. 왜냐하면 그를 존경하는 것이 빠라샥띠를 존경하는 것이기 때문이다. 당신이 그에게 모욕을 주거나 학대하면, 당신은 잘못을 저지르고 있다. 왜냐하면 당신의 행동이 실제로는 구루와 빠라샥띠 그리고 빠람마쉬바에게로 향하고 있기 때문이다. 구도자는 자신이 우러러 공경하는 구루에게 내재되어 있는 지고의 샥띠가 자신에게도 내재해 있다는 태도를 가져야만 한다. 왜냐하면 구도자와 구루에게 충만해 있는 샥띠는 같은 찌띠이기 때문이다. 어떤 누구라도 모욕하거나 비방하지 말라. 생색을 내거나 남의 결점을 찾지 말라. 매우 주의를 기울이면서, 구루에게 있는 지고의 샥띠가 자기에게는 물론이고 타인에게도 있다는 것을 내면으로부터 이해하라. 만약 당신이 이렇게 하지 않는다면, 당신의 사다나와, 비전의 모습으로 당신이 가졌던 쁘라사드는 그치게 될 것이다. 당신은 더 이상 투시력과 성스러운 비전의 축복을 받지 못할 것이다. 여러 가지 씻디들도 얻지 못할 것이다. 오직 한 가지 방법이 있는데, 그것은 성스러운 샥띠와 친구가 되는 것, 즉 구루 은총의 샥띠와 친구가 되는 것이다. 당신에게 찾아오는 끄리야들이라는 친구와 즐겁게 지내라. 그러면 많은 경험들을 하게 될 것이다. 그 경험들을 즐기고, 사랑의 마음으로 기억하라. 나쁜 감정이나 행동으로 자신의 가슴과 마음의 순수성을 떨어뜨리지 말라. 위대한 샥띠를 엄청난 수행으로 돌보아야 한다는 점을 잊지 말라.

임산부가 조심과 경계심으로 자신의 자궁을 돌보지 않고, 음식을 아무렇게나 먹고, 감각적인 쾌락에 몰두하고, 또 부도덕하고 타락한 행동을 한다면, 그 아이는 유산되거나, 아니면 태어난다 하더라도 약하거나 기형아가 될 것이다. 만약 부자가 자신의 재산을 보호하지 않거나, 선량한 사람이 자신의 덕을 보호하지 않는다면, 그는 머지않아 이런 것들을 잃어버리게 될 것이다. 마찬가지로, 수행자가 수행과 규칙이 없이 살아간다면, 그의 샥띠는 약화될 것이다.

씻다 아쉬람에서 대단한 경계심을 갖고서 씻다들과 함께 지내야만 한다. 동료들 가운데에서 아무런 목적 없이 말하거나, 거짓말을 퍼뜨리거나, 혹은 고집스러운 행동을 마음대로 해서는 안 된다. 왜냐하면 이 모든 것들이 씻다의 예절에 반하기 때문이다. 다른 사람이 먹다 남긴 음식을 먹어서는 안 되며, 불필요하게 타인과 접촉해서도 안 된다. 찌띠는 위대하고도 고귀하다. 그것은 지고로 성스럽다. 행위의 순수함이란 외적인 것과 아무런 관련이 없고, 고상하고 저속한 느낌과도 관련이 없으며, 불가촉천민이나 계급 구분과도 아무런 관련이 없다. 성스러운 샤띠의 힘은 사람의 가슴에 저절로 일어나지만, 너무 말을 많이 하거나 쓸모없는 사람들과 함께 지내면, 그 샤띠의 보고가 파괴된다.

  샤띠의 상이한 수많은 충동들이 사람의 정신계에서 하루 내내 일어났다 사라진다. 인간은 자신이 하는 행동들에 의해 형성된다. "행동이 사람을 만든다."라고 하는 말은 바로 이를 두고 하는 말이다. 순수한 가슴의 명상을 통해 찌띠 샤띠의 어떤 빛들을 강화시켰더라도, 그 빛들은 당신이 완벽에 이를 때까지 발전되어 가야 한다. 중도에 멈추어서는 안 된다.

  싯다 수행자들은 특히 이 샤띠를 개발시켜야만 한다. 그것은 자신의 영적인 삶과 세속적인 삶 둘 다에 유익하다. 다음의 시구는 싯다 요가의 유익한 결과를 기술한 것이다.

    야뜨라스띠 목쇼 나 짜 따뜨라 보고 야뜨라스띠 보고 나 짜
        따뜨라 목샤
    슈리순다리세바나따드빠라남 보가샤짜 목샤쉬짜
        까라스따바이바

해방이 있는 곳에, 세속적인 즐거움은 없으며,
감각적인 쾌락이 있는 곳에, 해방은 없다.
그러나 지고로 아름다운 꾼달리니의 길을 따라 가면
즐거움과 해방은 나란히 함께 간다네.

이 말 속에는 놀라운 것이 아무것도 없다. 최초의 샤띠인 여신 바바니는 생명계와 무생명계를 포함한 이 모든 세계의 근원이다. 신 슈리 크리슈나는 다음과 같이 말하고 있다.

쁘라끄리띠야이바 짜 까르마니 끄리야마나니 살바샤
야 빠슈야띠 따따뜨마나마까르따람 사 빠슈야띠

모든 행위의 주체는 오로지 자연뿐이고,
또 참나에는 행동이 없다는 것을 보는 자가
진정으로 보는 자이다.[13]

사물과 까르마와 행위와 같은 우리가 지각할 수 있는 모든 것은 모두가 지고의 쁘라끄르띠 바바니에 의해 유발되었다. 이것을 보는 자는 누구든지 진실로 보는 자이다. 위대한 예언자들은 희열을 가져다주는 이 초월적인 어머니인 여신 찌띠를 다음과 같이 칭송하였다. "오, 여신이여! 당신은 만물의 어머니요, 최초의 자연입니다."

『스빤다 샤스뜨라』를 보면, "우주 전체를 빠라쉬바의 빠라샤띠의 유희, 즉 우주적인 의식의 유희로서 보는 자는 진정한 실재를 안다."[14]라는 기록이 있다.

이 샤띠가 사다나의 능동적인 힘인 꾼달리니이다. 이 우주는 싯다 요기들이 샤띠빠뜨를 통하여 전수하는 똑같은 샤띠가 밖으로 나타난 것이다. 이것을 알고, 구도자들은 구루가 화내지 않고, 또 샥띠가 약화되지 않도록 힘쓰면서, 아쉬람에서 신중하게 살아가야만 한다. 방심하지 말라. 당신이 순수하면 할수록 더 많은 신성을 얻을 것이며, 또 당신의 신성이 성장함에 따라 당신은 사방에서 샥띠의 광채를 지각하게 될 것이다. 샥띠는 구루의 거주지 안팎에 있는 모든 나무와 덩굴 식물, 꽃, 과일, 새 그리고 동물들을 채우고, 은총으로 가득 찬 싯다 전통에 속한 모든 싯다들의 눈길이 그 모든 것 위로 던져지고 있다. 구루의 영적 조상들이 싯다의 거주지를 끊임없이 지켜보고 있다는 것을 결코 잊어서는 안 된다.

제 7 장

구루에 대한 명상

자신이 가장 좋아하는 대상에 대한 일점 지향의 명상은 싯다 요가에서 매우 중요한 한 양상이다. 구루는 내면의 샥띠를 일깨워 만뜨라를 주며, 당신에게 명상의 자세를 가르쳐 주었다. 해가 뜨기 전에 일어나서 목욕을 하고는 명상을 위하여 조용히 앉아라. 동쪽을 향해 앉거나, 아니면 어떤 방향을 향해 앉아도 좋다. 단 그 방향에 신이 있다는 것을 이해하고, 그 자세로 조용히 앉아서 마음을 가다듬어라. 성스럽고 은혜로운 샥띠를 기억하라. 당신의 만뜨라를 기억하고, 그것을 들이쉬고 내쉬는 호흡과 일치시켜라. 만뜨라로 마음을 꽉 채워라. 마음이 방황하기 시작하면, 그것을 다시 되돌려 집중하라.

당신에게 또 하나의 매우 효과적인 방법을 말하겠다. 현자 빠딴잘리의 경전의 한 수뜨라를 보면, "갈망과 집착을 초월한 사람에게 마음을 집중하라."[15]는 말이 있다. 명상 중에 당신이 사랑하는 구루에 대하여 마음을 고정시키는 것이 싯다 요가 즉 꾼달리니 마하 요가의 생명의 호흡이자, 명상의 비법이요, 영적 성취로 가는 구루의 열쇠이다.

사람은 자신이 명상하는 대상처럼 된다. 그가 사랑의 마음으로 그의 가슴속에 어떤 대상을 붙들고 있든 간에 그는 그 대상으로 가득 차게 된다. 싯다 구루에 대한 명상은 매우 쉽다. 왜냐하면 우리가 사랑하는 구루를 너무나도 잘 알고 있기 때문이다. 우리는 자주 그와 함께 있었으며, 그와 함께 여행도 하였고, 많은 주제에 대하여 그가 이야기하는 것도 들었다. 우리는 그가 요가 끄리야와 그 황홀감에 대하여, 고귀한 진리에 대하여, 또한 다양한 낯선 유형의 사다나에 대하여 말하는 것을 들었다. 우리는 많은 성자들과 성현들에 대한 이야기들도 그로부터 들었다.

모든 사람은 마음속에 저장되어 있는 것이 그 무엇이거나 간에 우리가 그것을 불러내지 않을 때조차도 그것이 우리 앞에 나타날 수 있다는 것을 알고 있다. 예전에, 어떤 젊은 사람이 나를 찾아와서는 다음과 같이 말하였다. "바바지! 저는 지금 혼란에 빠져 있습니다. 저에게 평화를 주십시오. 얼마 전에 저는 어떤 여자와 사랑에 빠졌습니다. 우리 둘은 서로 사랑하게 되었기에 결혼하기로 결정했습니다. 그러나 우리가 약혼을 할 즈음에 그 여자는 어떤 남자를 만나게 되었고, 그녀는 저보다 그를 더 사랑하고 저 대신에 그와 결혼해 버렸습니다. 저는 이 때문에 너무 괴롭습니다. 이 고통을 견딜 수가 없습니다."

나는 "걱정할 것이 아무것도 없다. 단지 다른 여자를 찾아, 그 여자와 결혼해라."고 말해 주었다.

그는 "그 말씀이 옳습니다만, 제 마음은 이미 그녀에게 사로잡혀 있어서, 비록 제가 백만 번을 시도한다 해도, 그녀를 내 마음속에서 지워 낼 수가 없습니다."라고 대답하였다.

"하지만, 당신은 왜 이처럼 그녀를 기억하고 있는가?"라고 내가 물었다.

"제가 그녀를 기억하는 것이 아닙니다. 그녀에 대한 기억이 저절로 마음에 떠오릅니다. 아무것도 하지 않아도 그녀의 모습이 제 눈앞에 어른거립니다."라고 그가 대답하였다.

이는 참으로 주목할 만한 일이 아닌가? 그는 어떤 정해진 의식에 따라 장기간에 걸쳐 그녀를 사모한 적도 없었다. 그는 자기 신체의 각 부분에 대한 씨앗 만뜨라를 사용하면서, 그녀를 명상한 적도 없었다. 그는 어떤 위대한 싯다 성자로부터 그녀의 이름이 포함되어 있는 만뜨라도 받은 적이 없었다. 그럼에도 불구하고 그녀의 이미지는 그 젊은이의 마음을 떠나지 않았다. 그는 그녀를 지워 버릴 방법을 찾기 위하여 바바지에게 왔다. 이것들은 함께 함에서 오는 결과들이다. 우리가 어떤 사람을 사랑의 마음으로 가슴속에 간직해 두면, 비록 우리가 노력을 할지라도 그를 없앨 수 없다. 우리는 "나의 마음에서 떠나거라!"라고 말을 하지만, 그는 떠나가지 않는다. 이것이 사랑과 결합된 명상의 결실이다. 그렇다면 왜 당신은 같은 사랑의 마음으로 당신의 구루를 명상하지 않는가? 구루가 자신의 이미지를 당신의 마음과 가슴속에 만들어 심어 놓기 위해서는 단지 한 번만 그 속으로 들어가

기만 하면 된다. 그러면 비록 그가 그곳을 떠나도록 당신이 아무리 노력을 해도, 그는 그곳을 떠나지 않을 것이다.

세속적인 사람들은 항상 다음과 같은 말을 반복하였다. "바바지! 저는 명상하려고 노력합니다만, 제가 앉자마자 사무실, 공장 및 아이들과 같은 세속적인 일들이 제 앞에 나타납니다. 제가 어떻게 해야 합니까? 도대체 명상을 할 수 없습니다."

나는 다음과 같이 대답해 준다. "그러나 당신이 명상을 하고 있는 것은 틀림없다. 당신의 사무실이나 공장이 마음속에 나타나는 것도 명상이다. 아이들의 모습을 보는 것도 명상이다. 당신은 이러한 명상의 결과에 만족하지 않는가? 당신이 일상생활 속에서 사랑하고 생각하고 추구했던 그 모든 것들이 이제야 당신에게 결실을 맺고 있다. 당신은 당신의 공장과 사무실과 아이들의 모습을 보고 있다. 그러나 당신은 그것을 명상이라고 생각하지 않는다. 형제들이여! 보라, 나도 같은 처지에 있다. 나는 삿구루 니띠아난다를 명상하였다. 나는 나의 사다나의 다른 양상들을 흠모했다. 나는 나의 사랑하는 구루데바의 발을 감싸 안고 키스를 하였다. 이제 이러한 모든 일들이 계속적으로 나의 가슴속에서 일어난다. 나의 마음이 그를 생각하지 않을 때에도 '구루데바, 구루데바'라는 말이 저절로 내 마음속에서 반복된다. 나의 구루가 나의 몸을 가득 채우고 있다. 그는 내 몸의 모든 부분 속에 존재한다. 그는 꿈 속에서 나에게 나타나지만, 나에게는 완전히 살아 있는 인물이다."

당신이 생각하는 그 대상이 당신의 가슴속에서 진동하기 시작할 때, 당신은 명상을 하고 있다. 이러한 진동이 계속될 때, 대상 그 자체는 잊혀진다. 이것이 매우 수준 높은 명상이다. 바로 이러한 이유 때문에 경전들은 우리에게 신을 그 본질로 하고 있는 구루를 끊임없이 생각하라고 말한다. 마음이 항상 최고의 생각들로 가득 차 있게 하라. 구루에 대한 명상은 눈에 보이지는 않지만 경이로운 결실을 준다. 찌따 즉 마음이 차이따니야 즉 순수한 의식이 될 때, 당신은 지고의 희열의 상태로 들어간다. 사랑하는 사람들이여, 그것에 대하여 생각해 보라! 진리에 자리 잡은 모든 위대한 신비주의자들이 왜 우리에게 명상하라고 촉구하는가? 그리고 왜 그들은 우리에게 명상을 그토록 많이 하라고 요청하는가? 현자들이 충고하는 것은 진실하며, 모두의 행복과 이익을 위한 것이고, 또한 일상적인 생활에 영적인 특성을 주는 것이다. 그들은 이 세상을 통하여 신을 보여 주고, 신을 통하여 이 세상을 보여 준다. 마음은 이 세상에서 행복을 찾는 기본적인 수단이다. 그 때문에 현자들은 "명상하라. 신을 명상하라. 마음은 의식으로 가득 차 있다. 그것을 알아라."고 말하는 것이다.

제 8 장

마음

　

인간은 살아가면서 신을 찾을 수 있는 많은 방법을 가지고 있다. 그 가운데 마음이 바로 최고로 가치가 있는 방법이다. 우리는 이 세상에서 모든 것을 얻을 수가 있지만, 일단 마음이 사라지면 그것을 되찾기는 어렵다. 이러한 이유 때문에, 인도 문화에서는 마음을 튼튼하고 안정되고 순수하고 강력하게 만들어 장기간 동안 진리를 이해할 수 있게 해 주는 여러 상이한 방법들이 발달되어 왔다. 찬미의 노래, 만뜨라의 반복, 신에 대한 명상 등과 같은 다양한 영적 수행들은 모두가 마음을 예찬하고 있다.

　예전에 대기업가 한 분이 나의 구루데바인 니띠아난다를 만나러 온 적이 있었다. 그 사람은 하인 두 명과 간호원 두 명, 그리고 자기를 돌봐 줄 의사 한 명을 대동해야만 했다. 왜냐하면 그는 이미 정신병 환자가 되어 버린, 다시 말해 그의 마음을 잃어버린 상태였기 때문이다. 그는 끊임없이 자신의 마음을 혹사시킴으로써 마음을 완전히 멍한 공백 상태로 만들어 버린 것이다. 그의 지성과 사고의 파장들은 이미 파괴되었으며 잠도 떠나 버렸다. 그래서 미쳐 버린 것이다.

오직 하나 즉 마음이 사라졌을 뿐이다. 그러나 그 결과로 그의 존재도 끝나 버렸다. 그는 많은 직물 공장과 한 개의 설탕 공장, 그리고 다른 여러 공장들을 갖고 있었고, 그래서 한때는 신망과 명예를 한 몸에 지니고 있던 대단한 사람이었다. 그러나 그의 마음이 그를 배반하고 마음의 주인이 그를 떠나 버리자, 그는 비록 목숨은 붙어 있지만 죽은 것이나 다름없었다. 오로지 마음 하나만의 도움을 받아서, 즉 마음의 은총과 호의의 도움을 받아서 그는 인도와 해외에서 큰 회사를 운영했었다. 이제 그의 마음이 그를 못마땅하게 여기고 그를 떠나 버렸기 때문에, 즉 그가 그 마음이라는 친구를 잃어버렸기 때문에 그는 이처럼 애처로운 상황에 빠진 것이다. 마음은 더할 나위 없이 중요하다. 모든 것이 마음에 포함되어 있다.

한번은 어떤 외국의 귀족이 나를 찾아와서 며칠 동안 아쉬람에 머물렀다. 어느 날 그는 이렇게 말했다. "스와미지! 저에겐 마음의 평화가 없습니다. 불안하고 잠을 푹 잘 수가 없습니다. 삶에 기쁨이 전혀 없어요. 비록 대단한 부자이고 많은 재산과 명성을 누리고 있기는 하지만, 평화와 만족이 저에겐 전혀 없습니다. 저는 항상 불안 속에 있습니다. 왜 이런지 이해할 수 없습니다. 제발 이러한 상태에서 벗어날 수 있는 방법을 가르쳐 주십시오. 저는 명상이 인도에서는 매우 중요한 것으로 여겨진다는 말을 듣고서 여기로 왔습니다. 여기로 오는 도중 델리에서 성자 같은 여성 한 분을 만났는데, 그녀와 함께 나눈 교제는 저에게 많은 행복을 주었습니다. 당신에 대한 이야기를 저에게 해 주면서, 당신을 꼭 만나 보라고 말씀해 주신 분이 바로 그녀였습니다. 저는 마음이 안정되고 평화롭고 민첩해지기를 바랍니다. 부디 마음이 이처럼 될 수 있는 방법을 알려 주십시오."

마음은 매우 귀중하다. 그것을 과소평가하거나 평범한 것으로 생각해서는 안 된다. 마음이란 축소된 형태로 된 의식의 빛이다. 『쁘라띠야비냐흐리다얌』이라는 경전에 '쩨띠야상꼬찌니 찌땀'[16]이라는 말이 있다. 그 주석을 보면, "마음과 같은 것은 아무것도 없다. 왜냐하면 마음이 바로 여신이기 때문이다."[17]라고 기술되어 있다. 마음은 여신, 즉 지각할 수 있는 모습으로 있는 찌띠 꾼달리니이기 때문이다. 그리고 우주 전체는 마음에 의해 생겨나게 되었다. 마찬가지로, 개인은 마음의 작용을 통해 삶을 영위해 간다. 마음은 찌띠 샥띠의 한 파장이다. 순수한 의식의 빛인 신은 이 신성한 힘의 무한한 보고이다. 수많은 태양 광선이 태양과 일치하고 태양과 동일한 것과 마찬가지로, 수많은 일을 수행하고 있는 신성한 샥띠는 신의 내면에 있으므로 신과 다르지 않다. 비록 샥띠가 수많은 다른 기능을 할 때는 차이가 있는 것처럼 보이지만, 실제로 그녀는 무변화의 존재이다. 검이 칼집에 꽂혀 있을 때는 검의 움직임이 전혀 없다. 오직 전쟁터에서만 그것은 베거나 찌르는 무기로 사용된다. 마찬가지로, 찌띠는 개인의 영혼이 자신의 까르마의 결과를 경험할 수 있도록 하기 위하여 마음이 된다.

　마음을 얕보거나 평범한 것으로 생각하지 말라. 만약 당신이 감당하기 어렵고 소용없고 불건전한 생각을 한다면, 만약 당신이 항상 죄를 지나치게 생각하므로 마음 상태를 불순하게 만든다면, 만약 당신이 마음을 논쟁과 반론에 개입시키게 한다면, 당신은 끔찍스러운 지옥과도 같은 사다나를 하는 꼴이 될 것이다. 신은 마음의 형상으로 당신의 내면에 거주하신다. 그리고 그는 당신에게 행동의 결과를 가져다준다. 당신은 신이 못 보고 숨겨진 상태로 있는 그런 어떤 은밀한 행동을 생각할 수 있겠는가? 바로 이러한 이유 때문에 당신은 명상을 해야만 한다. 바로 이러한 이유 때문에 깊은 동정심을 가지고 구루를 명상해야만 한다.

　마음은 생각에 따라 결실을 맺는다. 마음에서부터 평화나 환영, 지성 혹은 재치가 생길 수 있다. 마음의 축복이 있을 때, 당신은 시인, 지성인, 예술가, 음악가 혹은 요기가 될 수 있다. 당신은 그 마음으로 학위를 취득할 수도 있고, 아니면 사마디를 얻을 수도 있다. 마음이 구루이고, 마음이 샥띠의 활성자이며, 또한 마음이 변화 없는 불변의 상태인 니르비깔빠다. 만약 마음이 더럽혀지면, 그것은 항상 곤란을 일으키게 된다. 그래서 더럽혀진 마음은 당신이 무슨 일을 하더라도 그 일을 항상 망쳐 버리며, 해방으로 나아가는 길도 손상시킬 것이다. 깨끗하지 못한 마음은 참으로 지옥과 같다.

　마음을 잘 돌보라. 그것은 당신에게 행복을 가져다주는 친구이다. 순수한 마음은 구루의 가장 고귀한 사랑을 받을 가치가 있다. 그러므로 평화로운 마음으로 명상하라. 당신의 마음속에 살아 계시는 신은 빨리 기뻐하며, 명상을 통해 당신에게 그의 우주적 형상을 보여 주실 것이다. 마음의 은총에 의하여 당신은 쉽게 잠나에 대한 명상에 이를 것이다. 마음은 얼마나 값진 보물인가! 당신이 이 위대하고 경이로운 찌띠 샤띠를 지니고 있을진대, 왜 당신은 슬퍼하는가? 왜 당신은 울고 있는가? 왜 당신은 불행이나 열등감을 느끼는가? 당신의 마음속에 영원히 살아 있는 찌띠 샤띠를 경배하라. 당신의 마음이 자극을 받을 때마다 끊임없이 진동하는 이러한 영적 원리를 항상 기억하면서 일상생활을 영위해 가라.

모든 사람은 의식의 형태를 취한 신으로 충만해 있다. 당신이 명상 중에 있을 때조차도, 신은 당신의 일상생활이 유복하고 행복하도록 해 줄 것이다. 이러한 예 하나를 보자. 매우 훌륭한 브람만 가문 출신의 한 소년이 자신의 부모와 함께 아쉬람을 규칙적으로 방문하곤 하였다. 부모들은 정말로 경건하고 덕망 높은 분들이었다. 소년은 자연스럽게 명상하기 시작했고, 그가 명상을 할 때 찌띠 샤띠가 그의 내면에서 피어나기 시작하였다. 그는 자신이 받은 만뜨라를 몹시 사랑하는 마음으로 반복하였다. 그 만뜨라는 지고의 구루인 빠라쉬바의 샤띠로 충전되어 있었기 때문에, 보통 의미로 말하는 만뜨라가 아니었으며, 그 만뜨라 내에는 빠라쉬바와 구루가 하나로서 살아 계시는 영광스럽고 보편적이며 비밀스럽고도 신성한 힘이 있는 만뜨라였다. 그것은 의식으로 살아 있는 만뜨라였다. 그것은 전지의 힘을 갖고 있는 만뜨라였다. 소년은 자신의 만뜨라를 반복하면서 여러 가지 다양한 경험을 하기 시작하였다. 그는 단지 어린 소년에 불과하였지만, 만뜨라 진동의 위대한 힘을 통하여, 명상 중에 만뜨라를 통하여 신에게서 들려 오는 미래의 사건들에 대한 지식을 얻기 시작했다.

시험을 목전에 두고 있던 어느 날, 명상하고 있던 그에게 만뜨라 신이 나타나, "너는 자동차 사고로 다칠 것이며, 그래서 시험을 볼 수 없을 것이다."라고 말했다. 소년이 이 사실을 부모에게 말하자, 그들은 웃으면서, "너, 공부하기 싫어서 꾸며낸 말이지?"라고 말하였다. 그러나 3일 후에 사고는 예언된 대로 일어났다. 자동차 사고로 오른손을 다쳐서 그는 시험을 치를 수 없게 되었다.

그 다음 주에 또 하나의 놀라운 일이 일어났다. 그는 공기총으로 놀이를 하기 위하여 형들과 함께 농장으로 갔다. 아침에 그가 딴뜨라 상태에 있을 때, 만뜨라 신이 그에게 나타나, "너의 총은 사람의 피를 먹고 싶어 한다."라고 경고해 주었다. 그는 이 말에 조금도 신경 쓰지 않았고, 그래서 저녁에 다시 형들과 함께 총 놀이 하러 나갔다. 그들이 돌아올 때, 소년은 문을 열기 위하여 허리를 굽히면서 총을 무릎 사이에 놓았다. 그런데 총이 미끄러져 떨어졌다. 바로 옆에 서 있던 한 친구가 그 총을 집으려고 하다가, 우연히 방아쇠를 당겨 버렸다. 총은 발사되어 소년의 가슴을 관통하였다. 상처는 오른쪽 폐 부근에 났고, 길이가 2인치 반이나 되었다. 그러나 그가 명상 속에 들어가 있었기 때문에 마음의 동요는 조금도 없었다. 그의 마음은 전적으로 고요했고 움직이지 않았다. 그가 병원으로 후송되고 있을 때, 만뜨라 신은 다시 그에게 나타나서 어떤 비밀을 알려 주었다. 비록 상처를 입고 있었지만 그는 그 내용을 적어 두었다가 나중에 나에게 주었다. 그는 의사에게 수술을 받았다. 상처가 매우 심각했을 수도 있었지만, 빠라쉬바가 그를 보호해 주고 있었다. 수술 후에 그는 가슴에 통증을 느끼기 시작하였다. 그는 딴드라 상태에 들어갔다. 그때 한 성자가 그에게 나타나, 손으로 소년의 가슴을 쓰다듬어 주었다. 즉시 통증은 사라졌다. 이러한 예를 두고 볼 때, 당신은 명상이 일상생활에서 얼마나 유익하고 가치 있는 것인지를 이해할 수 있을 것이다.

  명상이란 영적 생활을 위해서만 있는 것도 아니다. 그것은 또한 세상살이를 하는 데도 고귀한 친구이다. 여기에 대해선 의문의 여지가 없다. 그것은 거짓말이 아니다. 명상은 마음을 정화시킨다. 그래서 학생은 어떤 시험을 보더라도 높은 점수로 통과할 수 있다. 마음이 안정되면, 꿈바까 상태에서 호흡은 짧은 기간 동안 정지된다. 그러면 그것은 신경계를 강화시키고, 혈액 순환과 소화를 촉진시키며, 그리고 민첩성을 증가시킨다. 매일 명상하는 사람들은 모든 다양한 일상적인 병치레가 극복되는 것을 발견한다. 내가 알고 있는 많은 소년과 소녀들은 명상의 결과로 큰 발전을 이룩했고, 또한 활기가 넘쳐흘렀고, 생명력으로 충만했으며, 순수해졌고, 매우 고상한 인격을 소유하게 되었다. 명상을 통하여 마음은 자연적으로 고요해지고 안정된다. 그리고 호흡하는 동작에는 긴장이 더욱 줄어든다. 내면에 평화를 찾을 때, 새로운 기쁨이 갑자기 당신의 삶 속에 용솟음치기 시작한다.

제 9 장

나의 명상 방법

명상하는 방법에 관하여 자세하게 설명해 들어갈 필요는 없다. 이미 언급하였듯이, 빠딴잘리 수뜨라에서는 '비따 라가 비사얌 바 찌땀'이라고 하는데, 그것은 마음을 안정시키는 매우 좋은 원리이다. 자신의 구루데바에 대한 명상이 가장 좋으며, 정말로 가장 좋으며, 지고의 방법이다. 나는 여러 종류의 사다나, 여러 종류의 쁘라나야마, 명상 및 만뜨라 등을 수행하였지만, 결국에는 나의 사랑하는 구루데바에 관한 명상에 열중하게 되었다. 구루에 대한 명상은 모든 명상 기법들의 바탕이다. 『구루 기따』에서 다음의 구절을 읽은 적이 있다.

 디야나 물람 구로르 물띠 뿌자 물람 구로 빠담
 만뜨라 물람 구로르 와끼얌 목샤 물람 구로호 끄르빠

명상의 뿌리는 구루의 모습입니다.
숭배의 뿌리는 구루의 발입니다.
만뜨라의 뿌리는 구루의 말입니다.
해방의 뿌리는 구루의 은총입니다.[18]

이 내용을 읽었을 때, 나는 나의 지고의 만뜨라를 발견하고, 그것을 극진한 사랑의 마음으로 받아들였다. 이 만뜨라에 기술되어 있는 태도는 모든 유형의 숭배와 희생보다 더 고귀하다. 다음과 같은 뚜까람의 시도 그 자체가 하나의 만뜨라처럼 보인다.

구루짜라니 떼비따 바바 아뻬 아빠 베떼 데바
마하누니 구루시 바자베 스와디야나시 아나붸
데바 구루빠시 아혜 바람바라 산구 까예
뚜까 마하네 구루바자니 데바 베떼 쟈니 바니

이 시에서, 뚜까람 마하라지는 다음과 같은 진리를 말하고 있다. "당신의 믿음, 사랑, 마음과 헌신을 구루의 발에 두어라. 그리하면 당신은 쉽게 신을 발견할 것이다. 그러므로 구루를 공경하고, 구루에 대하여 명상하라. 왜냐하면 신은 구루와 함께 계시기 때문이다. 내가 얼마나 자주 이 말을 해야만 하는가? 구루의 이름을 기억할 때 당신은 숲 속이나 군중들 속에서도 신을 찾을 수 있다고 뚜까는 말한다." 오로지 이 시구만이 나의 신이 되었다. 나는 삶의 토대를 이 시구에 두었으며, 그 시구의 의미를 나 자신의 것으로 만드는 보상, 즉 완전한 결실을 얻게 되었다.
　나는 나의 구루인 니띠아난다에 대하여 명상하기로 결심하였다. 나는 가네쉬뿌리의 홀 뒤쪽 모서리에 앉았다. 왜냐하면 그곳이 다른 곳보다 더 조용했으며, 또 거기서 나는 구루데바를 볼 수 있었기 때문이다. 나는 나의 시선을 그에게 고정시킨 채 오랫동안 앉아 있었다. 그의 거무스름한 몸이 얼마나 아름다웠던가! 그는 피와 생명력이 힘차게 흐르는, 균형이 잘 잡힌 체구와 검은 색 수정 같은 그의 몸에서 빛나는 광채, 작은 진주 같은 치아, 호랑이의 발톱처럼 기다란 손가락, 그리고 자연스럽게 일어나는 호흡의 멈춤으로 단련된 강하고 단단한 복부를 갖고 있었다. 그는 허리에 걸치는 깨끗한 흰 옷만을 입고 있었다. 그의 오른손은 찐 무드라를 하고 있었으며, 왼손은 아브하야 무드라의 자세로 활짝 펼쳐져 있었다. 그의 목에서는 "훈"이라는 신성한 소리가 흘러나왔다. 그의 머리는 황홀경에 취한 채 흔들리고 있었다. 성스러운 광채가 그의 몸 모든 부분으로부터 흘러나왔다. 그의 웃음은 사방에 빛을 뿌렸다. 이 모든 것들이 나의 가슴속에 각인되었다. 나는 눈을 깜빡거리지도 않으며 그의 아름답고 성스러운 모습을 쳐다보았으며, 그 모습 속에서 끊임없이 새로운 매력과 신비한 힘을 발견하게 되었다.
　그는 따뜻한 담요 한 장이 덮여 있는 나무 침대에 누워 있곤 하였다. 이 침대 주위에는 아이들에게 줄 사탕과 비스킷 통들이 쌓여 있었다. 이 침대 양 편에는 침대가 한 개씩 더 있었는데, 그 중 한 침대에는 쁘라사드를 위한 과일들이 가득 놓여 있으며,

다른 한 침대에는 옷이 놓여 있었다. 나는 이 모든 것들 중에서도 불가능한 것이라곤 아무것도 없는 요기들의 왕인 구루데바의 축복받은 모습을 계속 쳐다보았다. 사람들이 그를 찾아와서는 질문을 던졌고, 나는 그가 그들에게 들려 준 답변들을 되새겨보곤 하였다.

그는 자신의 연꽃 발을 좌우상하로 흔들곤 했다. 커다랗고도 성스러운 그의 두 눈은 이따금 반쯤만 뜬 상태로 황홀감이 가득 차 있었다. 가끔 입가에서 미소가 피어났는데, 그것은 내면의 견실한 힘을 나타냈다. 그의 마음은 항상 고요하였으며, 거기엔 어떤 혼란과 분별심도 없었다. 또한 이원론도 불이원론도, 욕심도 포기도, 자기도 타인도, 개인적 차별도 사회적 차별도, 종교의 느낌도 종교 아님의 느낌도 없었다. 그는 항상 생각 너머의 상태에 취해 있었다. 때로 나는 두 눈을 크게 뜨고 그를 쳐다보았으며, 때로는 두 눈을 감고서 바라보곤 하였다. 나는 내가 밖을 보면서 보았던 것을 명상 중에 내면으로 불러들이곤 했다. 그래서 나는 영원히 그를 묵상하고, 영원히 그를 명상하면서, 내가 이전에 사용했던 모든 명상법을 버리게 되었다. 그리고 내가 그를 명상할 때, 나는 완전히 그와 하나가 된 합일의 느낌을 갖기 시작하였다. 때때로 나는 그의 손, 얼굴 및 몸의 여러 자세들을 명상하였다. 예컨대, 찐 무드라와 남을 안심시키는 아브하야 무드라를 명상했는데, 이때 그의 두 손은 무아지경에서 자유롭게 움직이면서, 축복을 내려 주는 손짓을 하고 있었다. 또 나는 그의 흔들리고 있는 얼굴에 대하여, 완전한 희열의 도취된 행복 속에서 웃음을 머금을 때 나오는 듣기 좋은 "옴" 소리에 대하여, 그리고 내면의 입문을 허락해 주는 만뜨라와 같은 그의 "아, 아"라는 소리에 관하여 명상하였다.

이렇게 하면서 시간은 흘러갔다. 때로는 나는 명상 중에 그를 선명히 보았으며, 때로는 선명하게 보지 못하였다. 나의 명상이 깊어짐에 따라, 내면의 행복도 증가하기 시작하였으며, 나의 용기, 나의 힘, 그리고 나의 광채 또한 증가되었다. 시간이 흘러감에 따라, 나는 명상 중에 구루브하바 즉 구루와의 동일시를 느끼기 시작하였다. 내가 거듭 언급해 왔듯이, 구루에 대한 명상은 최대의 결실을 가져다준다. 이 점은 아무리 강조해도 지나치지 않는다.

나의 사랑하는 구루데바는 나의 마음속에 무슨 일이 일어나고 있는지를 항상 알았으며, 때로는 미묘한 방식으로 내가 그것을 알아차리도록 해 주었다. 나는 하루 동안에 일어나는 그의 모든 행동들을 매우 주의 깊게 관찰하곤 하였다. 그는 온천 목욕을 하기 위하여 새벽 3시 조금 전에 일어나곤 하였다. 목욕을 하고 난 뒤 돌아오면, 발을 포개고 앉아서는 자신을 숭배하였다. 그는 그 자신을 명상하였으며, 자신이 환희로 가득 채워지는 것을 보았으며, 그래서 웃기 시작하였다. 그는 콧노래를 흥얼거렸으며, 혼잣말을 하며, 자기 말에 귀를 기울였으며, 자신의 큰 기쁨에 도취되어 무척 즐거워하는 자기 자신을 보았다. 나는 바가반 니띠아난다의 모든 상이한 표정들과 몸짓들을 주의 깊게 관찰했다.

때때로 나는 여기에 너무도 완전히 넋을 잃고 있었기 때문에

"내가 완전히 니띠아난다다! 나는 니띠아난다다!"라고 느낄 때도 있었다. 이렇게 꼼짝할 수 없는 황홀한 상태에서 나의 내면적 존재의 가장 깊은 감정들이 수많은 새로운 신비스러운 차원들에 잠겼을 때, 나는 위대한 영광이 내면에 숨겨져 있음을 느끼곤 하였다. 때때로, 나는 참나의 성스러운 희열에 너무나 도취되어 있어서 "나는 완전한 자가 되었어. 나는 완전한 자가 되었어."라는 느낌이 나의 내면으로부터 솟구쳐 올라왔다. 때때로 나는 슈리 니띠아난다의 초연한 마음 상태를 주의 깊게 살펴보곤 하였다. 그는 이 초연한 상태에서 이빨을 깨물고, 입을 꽉 다문 채, 눈은 지그시 반쯤 뜨고, 근엄한 얼굴로, 고른 숨을 내쉬면서 오랫동안 앉아 있곤 했다. 그래서 나도 역시 이 상태에 집중하려고 했다. 나는 눈을 반쯤 뜨고, 어금니를 꽉 깨물고, 입을 굳게 다물었다. 그러자 호흡은 고요해지고, 마음은 완전히 안정되었다. 그러고 나서 나의 머리는 마치 나의 내면과 외부의 상황이 구루데바 자신의 도취된 상태와 완전히 일치된 것처럼, 바가반 니띠아난다의 머리처럼 천천히 앞뒤로 움직이곤 하였다.

그 당시에는 내가 묵따난다라는 느낌이 사라졌고, 그 대신 내가 니띠아난다라는 느낌이 나의 내부로부터 솟구쳐 올랐다. 이 시기에 만약 누군가가 나에게 가까이 오거나 내가 알고 있던 사람들이 한담을 하기 시작하면, 나는 바가반 니띠아난다처럼 발끈 화를 내곤 하였다. 두 개의 느낌, 즉 내가 묵따난다라는 느낌과 내가 슈리 구루 니띠아난다라는 느낌이 동시에 존재했고, 그리고 나는 그 둘을 완전히 알고 있었다. 니띠아난다와의 동일시가 그쳤을 때, 나는 명상에서 일어나 조금 거닐곤 하였다. 그때에 주위를 걷고 있던 사람은 묵따난다였지, 더 이상 니띠아난다는 아니었다. 나는 이전의 동일시의 기억만을 갖고 있었다. 내가 어떤 사람에게 큰소리로 욕하거나 쫓아내거나 때린 사실을 나중에 기억해 내고 나는 나의 자제력의 부족에 낙심하고, 또 양심의 가책을 느끼곤 했다.

그렇게 나는 "명상의 뿌리는 구루의 모습이다."라는 만뜨라에 따라 충실하게 명상을 계속해 나갔다.

때로 이러한 사다나를 하고 있는 동안 구루와의 동일시가 일어나면, 나는 화를 내기도 하였다. 이 때문에 나는 매우 혼란스러웠다. 어느 날, 나는 용기를 내어서 구루데바에게 다가갔다. 나는 내가 태어난 지방의 언어인 깐나다어로 "바바"라는 의미를 지닌 "아빠"라는 말로 그에게 말을 걸었다. 내가 말을 하는 동안에, 바바는 계속 "훈" 소리를 내고 있었다. 나는 "명상을 할 때 나는 때때로 어떤 사람에게 화를 내며 그를 비난하기 시작합니다. 매우 부끄럽습니다."라고 말하였다.

구루데바는 "그것은 네가 아니야. 네가 아니야. 그것은 브하바, 즉 금세 사라지는 조건이다. 그럼, 그것은 네가 아니지."라고 말하였다. 나는 "그건 네가 아니야, 네가 아니야. 그럼, 그건 네가 아니지."라는 그의 말이 무엇을 의미하는지 이해하기가 매우 어렵다는 것을 알았다. 나는 그 의미를 두고 나 자신과 논쟁을 하면서 일주일을 보냈다. 그래도 나는 그 뜻을 이해하지 못했다. 그래서 어떻게 해야 할까 하는 의문이 떠올랐다. 나는 조용히 바가반 니띠아난다에게 답을 달라고 기도하였다.

구루데바 니띠아난다는 나의 숭배의 우상이었으며, 나의 사구나 숭배와 사구나 명상, 그리고 사구나 헌신의 대상이었다. 니띠아난다는 나의 사구나 신이었다. 나는 그를 시따와 라마, 라다와 크리슈나, 빠르바띠와 쉬바, 구루 닷따뜨레야처럼 보고 숭배하였다. 나는 이 모든 신들을 니띠아난다로 보았다. 다른 어떤 신들도 생각하지 않았다. "나는 라마의 이름을 취하지 않았다. 나는 크리슈나를 숭배하지 않았다. 나는 쉬바를 명상하지 않았다." 라는 생각으로도 나는 걱정하지 않았다. 나는 모든 신들이 나의 구루 내에 포함되어 있다고 믿었다. 구루를 숭배하는 것이 모든 신들을 공경하는 것이며, 구루를 명상하는 것이 모든 신들을 명상하는 것이며, 그리고 구루의 이름을 반복하는 것이 7천만 개의 만뜨라를 암송하는 것이라고 확고하게 믿었다. 나는 이전에 슈리 싯다루다 스와미, 슈리 지쁘루안나, 슈리 하리 기리 바바, 슈리 마디발라 스와미, 아따니 쉬바요기, 슈리 나르심하 스와미와 빤다뿌르의 슈리 바뿌마이를 포함한 60명의 위대한 성자들을 방문한 적이 있었다. 그리고 그들 모두로부터 "구루에 대한 명상, 구루에의 복종 그리고 구루에 대한 봉사보다 더 높은 길은 없다."라는 동일한 내용을 들은 적도 있었다. 이들 성자 이외에도, 나는 매우 고도로 진화한 몇몇 바이쉬나바들과 히말라야 산에서 수년간 살았던 몇몇 벌거벗은 아바두따를 포함하여 많은 사두들과 산야시들을 만났다. 그들 모두가 이야기 마지막에 가서 하나같이 말한 것은 구루를 명상하고 섬기고 복종하는 것이 가장 위대한 일이라는 것이었다. 나는 구루에게 몰두하는 것이 모든 길 중 최상의 길이라는 말을 자주 들었다. 명상 중에 자신들을 쉬바와 동일시하고, 쉬바에게 헌신하는 것을 그들의 가르침으로 삼고, 샤띠빠뜨를 통하여 입문을 한, 내가 만났던 쉬바 파의 고행자들도 또한 똑같은 진리, 즉 "구루를 찾아가라. 구루를 숭배하라. 당신의 구루와 함께 머물러라."라고 되풀이 말해 주었다. 나는 또한 많은 성자들의 책을 읽었다. 엑나스 마하라지는 "구루에 대하여 명상하라."고 썼다. 성자 냐네쉬바르는 "구루는 너의 만뜨라이다. 구루는 너의 모든 것이다."라고 말하였다. 구루 고락 나스, 구루 나낙 그리고 까비르 사히브는 모두가 구루의 위대함을 노래하였다. 이제, 나는 구루에 대한 명상이 모든 길 가운데 가장 좋은 길이라는 점을 정말로 믿게 되었으며, 그리고 나의 구루에 대한 사구나 숭배에 푹 빠져 살았다.

나는 니띠아난다에 관하여 명상하였다. 나는 그를 노래하였다. 나는 그가 나에게 준 만뜨라를 반복하였다. 그가 온천에서 목욕을 하고 난 후면, 나는 그 물을 성수로 알고 마셨다. 어느 누구도 오후에는 그의 부엌에 들어가는 것이 허락되지 않았다. 비록 당신이 그가 먹다 남긴 음식을 달라고 간청한다 하더라도, 당신은 조금도 얻을 수 없을 것이다. 나는 그의 요리사인 까리안나 쉐띠와 모나빠가 설거지를 할 때 찌꺼기 버리는 곳을 알아내고는, 몰래 가서 그가 남긴 몇 조각의 음식을 쁘라사드로 알고 먹었다. 나의 마음은 구루데바가 남긴 음식을 약간 먹을 수 있다는 사실에 기쁨으로 가득 찼다. 나는 그가 앉았던 곳의 먼지를 나의 몸에다 문질렀다. 때때로 나는 그의 몸이나 그의 발을 마사지할 수 있는 기회를 얻었다. 이 모든 것들을 하는 동안에, 나의 사구나 숭배, 나의 사구나 헌신, 그리고 나의 사구나 명상은 매일 깊어만 갔다. 나는 나의 구루에 대하여 어떤 미움도 결코 느끼지 못했으며, 그 어떤 결점도 발견치 못했으며, 그에 대하여 다른 사람과 결코 논쟁하지 않았으며, 그리고 그에 관한 어떤 비평에도 결코 귀를 기울이지 않았다. 그러므로 그에 대한 나의 동일시는 증가되었으며, 나의 믿음은 깊어졌고, 나의 헌신은 더욱더 강해졌다.

때때로 바가반 니띠아난다는 나의 마음에 무슨 일이 있는지를 알고는 나에게 말을 걸어왔다. 어느 날 저녁, 오후 4시 30분, 주위가 고요해졌을 때 나와 몇몇 사람이 홀에 앉아 있었다. 그때 구루데바는 "구루에 대한 명상은 그대에게 생명을 준다. 구루에 대한 명상은 신비스러운 명상이며…… 완전한 요가이다. 모든 지식이…… 모든 지식이 구루에 대한 명상 내에 있다. 그에 대한 최고의 숭배…… 최고의 명상은 『냐나신두(Jnanasindhu)』란 책 속에 있다. 매우 좋은 책이다."라고 말하기 시작했다. 그러고 나서 그는 말이 없었다.

이 말은 나에게 만뜨라와 같았다. 나는 그 말에 대하여 깊이 생각했다. 바가반 니띠아난다의 말은 항상 만뜨라의 힘을 가졌다. 그가 말한 내용을 곰곰이 생각하면서 나는 온천을 향해 밖으로 나갔고, 그곳에서 한 헌신자가 깐나다어로 된 책을 읽고 있는 것을 보았다. 그는 나에게 "스와미, 나는 『냐나 신두』라는 책을 읽고 있습니다. 나의 마음은 언제나 그 책을 읽음으로써 혼란스러워졌습니다. 같이 가서, 그 책을 니띠아난다 바바지 곁에 둡시다."라고 말하였다. 나는 "그럽시다."라고 대답하였다. 우리 둘은 들어갔다. 그의 이름은 크리슈나 쉐띠였다. 그는 그 책을 바바지 앞에 놓았다. 니띠아난다는 "훈" 하는 소리를 내고는, 나에게 "네가 그것을 가져가라."고 말하였다.

나는 구루데바가 나에게 준 모든 물건들을 받아들일 때, 그것을 쁘라사드로 여기고 받아들였다. 만약 그가 나에게 과일을 준다면, 나는 그것이 과일이라는 생각을 버리고, 확장된 샥띠의 선물로 알고 그것을 위대한 헌신의 마음으로 먹었다. 그 후 나는 잠시 동안 명상을 하곤 하였다. 내가 그 책을 받아 들고 내 머리 위로 치켜든 것도 바로 이런 식으로 이루어졌다. 나는 이미 그 책을 두 번이나 읽은 뒤라 비록 그것이 나에게 새로운 것은 아니었지만, 내가 그 책을 펼 때는 그래도 그것이 구루로부터 온 새로운 선물이라고 생각했다. 나는 최초의 구루에 대한 크나큰 숭배를 묘사하는 장을 펼쳐 들고는 홀의 구석 자리로 가서 앉아 이 장을 주의 깊게 읽었다. 그것은 나에게 의미심장한 내용으로 가득 차 있었다.

저자는 슈리 찌다난다로 알려진 위대한 싯다이자 아바두따였으며, 그는 이미 여신 바그라묵끼를 직접 깨달았던 분이었다. 그는 함삐 너머의 뚱가브하드라 강둑에 인접한 바그라묵끼 산에 살았다. 나는 최초로 구루에 대한 공경을 기술하고 있는 그 장을 세 번이나 읽었다. 그 장에는 자기 자신의 내부에 구루를 자리 잡게 하여, 자신이 구루가 되고, 그 다음 구루를 명상하는 그런 구루 명상법이 기술되어 있다. 이 책은 빠라쉬바와 그의 한 아들인 까르띠께야 사이에 오간 대화로 되어 있다. 사랑하는 헌신자들이여! 주의 깊게 들어라. 그 장은 다음과 같이 시작된다.

빠라쉬바는 이렇게 말했다. '아따 슈리 구루댜남', "이제 구루에 대한 명상이 시작된다. 오, 까르띠께야여! 너는 구루의 헌신자들 가운데 보석과 같은 존재이다. 구루에 대한 명상은 위대하다. 그것은 싯다들이 행하는 지고의 비밀스러운 사다나이다. 구루에 대한 명상은 해방과 세속적인 즐거움 둘 다를 가져다준다. 더구나 그 사람이 계속 명상을 해 나갈 때 그는 결국 초월적 기쁨에 몰입된, 그리고 자신의 본질이 초월적 광휘인 그런 지고의 구루가 된다. 까르띠께야여! 비록 너에게는 구루가 신체를 갖고 있는 사람으로 보이겠지만, 구루는 시작도 끝도 없는 존재이다. 그의 길은 알려질 수가 없다. 구루의 원리는 근원의 원리이며, 그것은 지고의 희열로 되어 있고, 그것은 움직임이 없지만 모든 움직임의 근원이 되는 원인이며, 그곳에서는 모든 생각이 그치며, 그곳에서는 다시 태어남의 과정도 그친다. 그것은 생물계와 무생물계의 토대이며, 옴의 목표이며, 싯다들의 고향이다. 오, 구루박띠를 사랑하는 까르띠께야여! 그것은 니르구나와 사구나 간의 모든 논쟁이 용해되는 곳이며, 그곳은 구루 없이는 어떤 사람도 갈 수 없는 곳이며, 그곳으로부터는 되돌아옴도 없는 곳이다. 그것은 모든 신의 신, 모든 것의 지주, 모든 것의 운명, 모든 것의 진정한 참나이다.

그러한 존재가 바로 슈리 구루데바이다.

주기적으로, 그는 외적으로는 인간의 모습이지만 내적으로는 구루의 모습을 취한 채 태어난다. 그는 자신의 축복과 수행을 통해 제자들에게 자신의 본성과 자신의 상태를 준다. 최고의 혜택은 순수한 의식의 본질로 되어 있는 구루의 이미지를 명상함에서부터 온다. 오, 요가에 흔들림이 없는 까르띠께야여! 속성도 형상도 없으면서 존재의 근원이기도 한 그 초월의 광채가 지고의 구루이다. 모든 방향, 모든 공간, 모든 산, 모든 숲, 모든 강, 모든 바다 그리고 모든 대륙, 즉 다섯 가지 요소로 형성된 모든 것이 바로 구루의 몸 전체이다. 동쪽으로부터 서쪽까지, 북쪽으로부터 남쪽까지, 위에서부터 아래까지, 지옥으로부터 천국, 까일라사, 바이꾼따, 그리고 해방에 이른 자들의 최종 목적지에 이르기까지, 이 모든 것이 영원히 행복을 주는 구루이다. 그는 모든 것이 되었지만, 그러나 그는 그 모든 것과 분리되어 있다. 그는 어떤 것에도 속하지 않으며, 그리고 어떤 것도 그의 것이 아니다.

구루는 소함 만뜨라의 지고의 목표이며, 소함의 모습이다. 그는 움직이는 자이면서도 움직이지 않는 자이다. 그는 소우주이면서도 대우주이다. 그는 인간 구루로 와서는 그의 사람들에게, 그의 자녀들에게, 그 자신의 영혼들에게, 그의 사랑하는 헌신자들에게 그의 샥띠를 내려 준다. 그는 싯다의 길의 창시자이다. 그의 마음, 습관 그리고 행동은 보통 사람들의 것이 전혀 아니다. 그는 남자도 여자도 아니다. 그는 단지 구루이다. 그의 몸은 꾼달리니 요가의 불길에 단련되었고, 일곱 요소들은 찌띠로 충만되어 있었으며,

그리고 쁘라나바 즉 최초의 소리인 옴은 소함이 되어 그의 쁘라나 내에서 작용한다. 세상의 모든 활동이 구루의 신성한 유희이나.

구루가 신체 모든 기관 내에 존재해 있다고 상상하면서 구루를 명상해야 한다. 오, 구루의 헌신자들이여! 이것이 최상의 숭배이다. 고요한 상태로 있어라. 끊임없이 움직이는 모든 생각들을 몰아내라. 그리고 마음을 떠받치는 것이 하나도 없게 하라. 마음에 서부터 모든 생각을 없애라. 구루 앞에 앉아라. 첫째로, 모든 신들과 모든 만뜨라와 모든 성자들과 현인들을 포함하고 있는 지고의 구루이신 그에게 절하라. '구루데바, 당신은 모든 것입니다. 당신은 우주로서 나타납니다. 당신이 어떤 모습으로 존재할지라도, 저는 거듭 당신에게 절을 올립니다.'라고 말하면서 사방에서 그에게 절하라. 오, 까르띠께야여! 마음을 다 바쳐 이렇게 절을 하고 난 다음에는, 그분이 앞과 뒤, 위와 아래에 완전하게 현존해 있다는 것을, 다시 말해 완전한 구루의 원리가 사방에 존재해 있음을 알고, 그분에 대하여 명상을 하라. 몸을 그분으로 가득 채우도록 하라. 마치 옷감이 실 하나하나 속에 존재하면서 실들로 구성되어 있는 것처럼, 너도 구루 속에 존재하고, 그분도 네 안에 존재하고 있다. 이와 같은 비전을 갖고서, 구루와 너 자신이 하나임을 알라. 주전자는 그것의 재료인 흙과 다르지 않고, 너의 구루는 너와 다르지 않다. 이것을 이해해야 한다. 이제 앉아서, 더할 나위 없이 평온한 상태로 명상의 자세를 취하라. 마치 너의 머리가 구루의 머리인 양 두 손을 머리로 들어올려, 두 눈과 귀, 코, 혀, 목, 어깨가 모두 구루의 것이라고 상상하면서 그것들을 만져라. 마찬가지로, 흉부와 가슴, 복부, 등, 허리, 허벅지, 무릎, 장딴지, 발 그리고 발톱까지 내려오면서 '이것은 구루의 것이다. 이것은 구루의 것이다.'라고 거듭 되풀이 말하면서, 그것들을 만져라. 그리고 신체를 따라 내려오면서, 계속 마음속으로 '구루 옴, 구루 옴, 구루 옴'을 반복해서 말하라. 마찬가지로, 몸 아래에서 머리에 이를 때까지 '구루 옴' 만뜨라를 반복하면서 다시 신체의 모든 부분을 만져야 한다. 신체의 모든 기관 속에 구루를 심어 넣어라. 그리고 너 자신이 구루이고, 만뜨라이고, 모든 것이고, 네가 구루 안에 있고, 또 구루가 네 안에 있도록 '구루 옴'을 암송하면서, 마지막으로 머리를 만져라. 이러한 느낌에 집중하고는 명상을 시작하라. 매일 이런 식으로, 즉 "구루는 내 속에 있고, 나는 구루 속에 있다."라는 식으로 명상하라. 그리고 그것에 관해서는 조금도 의심하지 말라. 명상하면서 '구루 옴'을 반복 암송할 때는 자신을 잊어버려라."

빠라쉬바는 계속하여 말한다. "…… 오, 스와미 까르띠께야여! 목욕을 할 때 구루께서 신체의 모든 기관 내에 살아 계신다는 점을 이해하고, 구루의 형상으로서 몸을 씻어야만 한다. 음식을 먹을 때는 '가슴속에 계시는 구루가 나의 음식을 즐기고 있다.'라고 말하면서 구루에게 음식을 바쳐라. 목욕을 할 때는 구루의 이미지를 목욕시키고, 먹는 음식을 구루에게 바치고, 그리고 모든 다른 행동을 은인인 그분에게 바치며, 또 그분이 베푸는 자, 즐기는 자, 제물을 바치는 자, 그리고 모든 제물이라는 점을 이해하고서 매일 '구루 옴, 구루 옴'이라고 암송하는 것, 바로 이것이 구루에 대한 크나큰 숭배이다."

이어서 빠라쉬바는 말한다. "오, 까르띠께야여! 구루를 숭배함으로써 제자는 곧 구루의 모습이 된다. 사람은 그가 찬가를 드리고, 그가 숭배를 하고, 그가 명상을 하는 바로 그 사람처럼 된다. 그래서 구루를 명상하고, 구루를 숭배하고, 구루 만뜨라를 기억하고, 구루를 신체의 모든 털 속에 심어 넣는 것과 같은 사구나 수행은 제자의 가슴에 큰 변화를 빨리 가져다준다. 그러므로 한적한 곳에서 비밀스러운 느낌을 갖고서, 지고의 구루를 가슴으로 명상하고, 구루가 되어라. 이것이 싯다들의 비밀스러운 길이며, 삿구루들의 주요한 열쇠이며, 또한 구루에게 헌신하는 자들에게 내적인 평화를 가져다주는 성스럽고도 행복한 침상이다. 그것은 해방의 도시로 올라가는 사닥다리이다.

이 모든 것들은 구루에게 헌신하지 않는 사람들에게는 흥미가 없을 것이다. 오, 스와미 까르띠께야여! 오직 구루로부터 은총을 받은 자들만이 이 신비를 이해할 수 있다. 신의 은총이 없다면, 그들은 구루에 대한 숭배를 이해할 수도, 즐길 수도 없을 것이다." 구루의 영광, 구루에 대한 숭배 그리고 구루에 대한 명상을 이와 같이 설명하고 난 뒤에, 쉬바 신은 까일라사 산으로 떠났으며, 슈리 까르띠께야는 구루에 대한 깊은 명상에 빠졌다.

이것이 『냐나신두』의 주제이다. 그리고 그것이 나의 사다나 수행 방법이었다. 나는 그 책이 나에게 전하는 특별한 메시지가 있다는 것과, 내가 이와 같이 사다나를 하라는 명령을 받았다고 깨닫게 되었다. 그래서 그날 나는 집으로 돌아가지 않고, 아쉬람에 머물면서 니띠아난다의 곁에 있었다. 밤이 되었다. 하루의 일과가 끝났고, 주위는 고요하였다. 구루데바는 자신의 방으로 갔다. 나는 큰 홀로 가서 동쪽을 향하여 앉았다. 나는 『냐나신두』에서 쉬바 신이 까르띠께야에게 설명해 준 가르침들을 주의 깊게 따르면서 명상하기 시작하였다. 나는 그곳에 조용히 앉아서, 모든 곳에 퍼져 있는 의식을 니띠아난다로 보았다. 다섯 요소들과 강, 바다, 산 및 동굴 등이 니띠아난다의 몸이라고 나 자신을 이해시켰다. 하늘을 그의 이마로, 지구를 그의 발로, 네 방향을 그의 귀로, 태양과 달을 그의 눈으로 보았다. 그래서 모든 곳에 퍼져 있는 니띠아난다에 관한 나의 명상이 시작되었다. 내가 명상을 할 때, 나의 마음은 안정되었으며, 나는 바깥에 있는 모든 세계가 완전히 그로 충만되어 있다는 인식을 가지고 명상하였다. 몇몇의 생각들이 남아 있었지만, 나는 그것들을 내면으로 향하게 하여 니띠아난다에 대한 명상으로 돌렸다. 우선, 나는 니띠아난다를 생각하면서 나의 머리를 만졌다. "나의 머릿속에 있는 니띠아난다, 나의 두개골 속에 있는 니띠아난다, 나의 두 귀에 있는 사랑하는 니띠아난다, 나의 빛나는 두 눈빛 속에 있는 니띠아난다, 나의 두 손에 있는 니띠아난다, 나의 손가락에 있는 바바 니띠아난다, 나의 가슴속에 있는 참나로서의 니띠아난다, 나의 위장에 있는 슈리 니띠아난다, 나의 허리에 있는 요가의 신인 슈리 니띠아난다, 나의 허벅지에 있는 구루 니띠아난다, 나의 두 무릎에 있는 니띠아난다, 나의 두 다리에 있는 니띠아난다, 나의 두 발에 있는 니띠아난다." 이와 같은 방식으로 나는 내 몸 전체에 그를 앉혀 놓았다. 신체의 각 기관을 만지면서 나는 "구루 옴, 구루 옴, 구루 옴"을 반복했는데, 그것은 슈리 바가반 니띠아난다에 관한 나의 명상을 강화시켜 주었다. 얼마나 즐거운 일인가! 나의 마음은 밝아졌으며, 마음의 고뇌와 열정도 사라졌다. 신선하고 행복한 진동이 내 몸 전체로 흘러갔고, 나는 갑자기 밀려드는 황홀한 느낌에 압도당하고 말았다. 황홀한 존재를 명상하면, 당신 자신이 황홀해진다. 나는 그것을 다음과 같이 노래하는 것을 들은 적이 있다.

사파 세 밀라 뚜 사파 보 가야 마이
꾸디 미따 가이 꾸다 꾸다 호 가야 마이

내가 순수함을 깨달았을 때, 나는 순수해졌다.
나의 에고는 더 이상 존재하지 않았고, 나 자신이 신이 되었다.

그래서 나는 가장 깊은 사랑으로 내 신체의 모든 기관 내에 구루를 앉혔고, 그 다음 완전한 숭배에 몰입하게 되었다. 그것은 마치 행복을 가져다주는 침대 위에서 아무 걱정 없이 잠을 자거나, 아니면 여섯 가지 향기로 가득 찬 맛있는 음식을 먹는 것과도 같았다. 내가 얼마나 성스러운 세상에 살았던가! 마법에 걸린 듯 황홀한 상태에 몰입된 채, 나는 사랑의 보트를 타고서 갑자기 불어오는 시원한 바람에 떠밀리며 기쁨의 물결에 압도당한 채, 구루의 희열이란 경이로운 바다 위를 기분 좋게 달렸다.

그러는 가운데, 자정을 알리는 소리가 울렸다. 나는 세 시간 동안 명상을 하고 있었지만, 그때까지 명상을 겨우 반밖에 끝내지 못하였다. 나는 발로부터 위로 올라오면서 명상을 하기 시작했다. 나는 발을 만지면서 이렇게 말했다. "오 구루여! 제발 여기에 계세요. 나의 발에 계신 니띠아난다, 나의 무릎에 계신 니띠아난다, 나의 허벅지에 충만해 계신 슈리 니띠아난다, 나의 허리에 계신 슈리 니띠아난다, 나의 등에 계신 바가반 니띠아난다, 나의 위장에 계신 삿구루 니띠아난다, 나의 배꼽에 계신 바바 니띠아난다, 나의 늑골에 계신 니띠아난다, 내 가슴의 연꽃 중심에 계신 초월적이고 항상 희열을 가져다주는 바가반 니띠아난다, 나의 목에 감겨 있는 루드락샤 묵주 내에 계신 니띠아난다, 나의 두 팔에 계신 니띠아난다, 나의 목구멍에 계신 니띠아난다, 나의 얼굴에 계신 니띠아난다, 나의 혀에 계신 니띠아난다, 나의 코에 계신 니띠아난다, 나의 눈에 계신 니띠아난다, 나의 이마에 계신 니띠아난다, 쁘람마란드라 내의 사하스라라의 광채 속에 계신 슈리 니띠아난다." 이러한 방식으로, 나는 다시 발가락 끝으로부터 머리까지 나의 위대한 구루 니띠아난다에 대한 명상을 하기 시작하였다. 명상을 계속 하였을 때, 나의 명상은 가슴 내에 집중되었고, 쁘라나가 그곳에 평화롭게 안정되었다. 나는 물라다라에서 성스러운 번갯불처럼 지나가며 갑자기 찌르는 듯한 통증을 느꼈다. 쁘라나의 물결이 나의 몸 전체로 흘러갔으며, 수천 개의 다른 신경 속에서 고동치기 시작하였다. 나는 명상에 몰입되고 말았다.

새벽 3시에 나를 깨우는 니띠아난다 바바의 목소리를 듣고서 나는 일어났다. 그 전까지 나는 황홀경에 몰입되어 있었다. 나의 황홀경은 천천히 사라졌다. 바바지는 온천에 목욕하러 갔다. 그 후 나도 목욕하였다. 그 다음 또다시 나는 같은 명상 속으로 빠졌다. 그 느낌은 매우 좋았으며, 나와 니띠아난다와의 동일시는 그동안 내내 증가되었다. 평화의 빛이 내면에서 빛났다. 동이 터 왔다. 바가반 니띠아난다는 밖으로 나가서 자신의 침상에 앉았다. 모든 사람들이 멀리서 달샨을 하였다. 일반적으로 나는 마지막에 달샨을 하였다. 나는 그의 앞에서 인사를 드리고는 거기에 서 있었다. 바바지는 "맞아. 그게 명상이야."라고 말하였다. 그는 찐 무드라 자세로 손을 들고는, "그게 진정한 명상이지…… 맞아. 음, 그렇지…… 거기엔 지식, 위대함, 공경, 황홀감이 들어 있고…… 그것은 미묘하지…… 아…… 그게 완전한 명상이야."라는 말을 덧붙였다. 그는 이 말을 하면서 노래를 부르기 시작하였다. 나는 이제야 그가 정말로 나를 명상으로 입문시켰음을 깨달았다.

나는 구루에 대한 명상을 내가 선택한 명상으로 여겼다. 나는 세상이 고요히 잠든 새벽 3시에 매일 일어나곤 하였다. 왜냐하면 이때가 명상을 하고 신의 이름을 노래하는 데 가장 적절한 시간이기 때문이다. 나는 목욕을 하고, 그 다음 네 방향을 향하여 절을 했다. 그때 나는 그 네 방향이 모두 똑같은 참나라고 상상했다. 그 다음에는 내가 사랑하는 구루에 대한 명상을 시작하였다. 그것은 신성한 명상이 되었다. 밤늦게 주위가 고요해질 때면 다시 명상을 하곤 하였다. 이 두 경우에, 나는 깊은 명상을 할 수 있었다. 때로는 목욕을 할 수 없었다. 그래서 손과 발, 얼굴 및 혀를 씻고 자리에 앉았다. 명상 후에는 산책을 나가곤 하였다. 나는 나의 명상 장소의 주변 사방에다 싯나들과 성자들의 사진은 물론, 구루데바의 사진도 걸어 놓았다. 그리고 그 사진들의 한가운데서 명상을 하였다. 나는 이 사진들을 결코 생명 없는 대상으로 바라보지 않았다. 바바와 함께 있을 때 나는 경외감을 느끼며 조심하는 마음과 청결한 마음으로 행동하였다. 그리고 그의 사진들이 걸려 있는 방에서도 똑같은 방식으로 행동하였다. 결코 사진이 있는 방향으로 다리를 뻗고서 앉지 않았다. 명상실에서도 나의 행동은 항상 순수하였으며, 걸음걸이조차도 조심하였다. 내가 이렇게 행동한 이유는 특히 명상을 하는 동안에 그곳에는 찌띠의 광선과 입자들이 산재해 있기 때문이었다. 더구나 구루데바는 그의 사진이 걸려 있고 공경을 받는 곳에서는 정말로 현존해 있다. 명상을 하기 전에는 다음과 같은 기도를 올리면서 모든 싯다들에게 또한 기원을 했다. "구루의 은총을 통하여 구루의 성스러운 발을 공경함으로써 신의 상태에 이미 이른 모든 분들이여! 그리고 과거에도 계셨고, 지금도 계시며, 앞으로도 계실 모든 분들이여, 저를 보호해 주시고, 저에게 여러분의 완전한 힘을 내려 주소서!"

이 기간 중에 나는 대개 사람들을 멀리했다. 왜냐하면 사람은 각자가 특유의 진동을 갖고 있기 때문이다. 까까부샨디 아쉬람에 가면, 그 주위의 공기가 수 마일에 걸쳐서 신성한 이름의 기운으로 가득 차 있기 때문에, 거기에 간 사람은 누구나가, 심지어 머리가 둔하거나 무감각한 사람들마저도 저절로 신의 이름인 람의 헌신자가 되어 그 이름을 되풀이해서 말하기 시작하였다. 마찬가지로, 나의 지고로 존귀한 구루 니띠아난다의 주위는 항상 고요하고 조용하고 초연하며, 마음의 동요가 없었다. 봄베이에서 온 사람이면 누구나가 아쉬람으로 들어갈 때 자기의 마음에 생각들이 없어지는 것을 발견했다. 이것은 구루데바 니띠아난다 주변의 기운 때문이었다. 가만히 있지 못하는 봄베이 출신의 불안한 사람들과 모든 유형의 사람들도 일단 온천에서 목욕을 하고 구루데바 앞에 서면 불안함을 잃어버렸다. 즉, 그들은 고요하고 침착해졌다. 바가반 니띠아난다의 위풍당당한 기운이 주위 환경에 두루 충만해 있었다. 그의 완벽한 고요, 정적 및 침묵의 영향 하에서, 모든 사람들이 규율을 지키면서 평화롭게 앉아 있었다. 구루데바는 초연함과 고요, 생각 없음과 침묵의 살아 있는 모범이었다. 그의 앞에 앉으면 누구나 명상에 저절로 젖어들었다. 내가 매일 명상하는 동안, 마치 나의 신성한 영적 여정에 빠른 가속이 붙은 것처럼, 나의 열정과 나의 경험이 모두 증가되었다.

제 2 부

나의 명상 체험

일반적으로 말해, 사람은 신의 축복으로 받은 신성한 체험을 비밀로 지켜야 한다. 그러나 나는 구도자들을 위하여 여기에서 그 체험 중 몇 가지를 말하고 싶다.

제 10 장

입 문

이미 말하였듯이, 구루를 공경하고 구루에 관하여 명상하는 것이 나의 수행이었다. 어느 날 저녁, 나는 바가반 니띠아난다를 달샨하러 갔다. 달샨 후에 그는 항상 나에게 "이제 가려고 하는가?"라는 말을 하였다. 그러나 오늘 그는 아무 말도 하지 않았다. 그래서 나는 계속 있었다. 나는 나의 구루에 대한 명상으로 매우 행복한 저녁을 보냈다. 그 다음 날 아침은 1947년 8월 15일이었다. 얼마나 경사스러웠던 날인가! 그날은 얼마나 달콤한 감로로 가득 차 있었던 날인가! 얼마나 성스러웠던 날인가! 그날과 더불어 얼마나 큰 공덕과 행운이 찾아오게 되었던가! 그날은 나의 인생에 있어서 가장 행복하고도 가장 경사스러운 날이었으며, 수많은 윤회의 세월 속에서도 가장 위대한 날이었다. 그날은 정말로 성스러운 날이었다. 정말로…… 정말로, 그날은 모든 경사스러운 날들 중에서도 가장 경사스러운 날의 시작이었다.

해는 하늘로 약간 떠올랐고, 대기는 고요하였다. 나는 구석에 시 선 자세로 동쪽을 향해 나의 구루를 명상하였다. 맞은편 구석에는 구루데바의 요리사인 모나빠가 서 있었다. 명상 홀에서 구루데바는 목구멍으로 흥얼거리는 작은 소리를 내고 있었다. 이는 그가 참나에 대한 명상에서 막 일어나려는 것임을 알려 준다. 그리고 잠시 후 그가 나왔다. 그는 여느 때와는 약간 다르게 보였다. 사실 나는 이와 같은 그의 모습을 이전에는 결코 본 적이 없었다. 그는 매우 아름다운 나무로 된 샌들을 신고 있었다. 그리고 여기저기 걸어 다니면서, 그는 미소를 짓고 있었다. 어느 한 순간, 그는 구석으로 가서 어떤 비밀스러운 만뜨라를 노래하기 시작했다. 그러다가 내 앞으로 와서 다시 웃었다. 그는 노래하기 시작하였다. 그는 흰 숄을 걸치고 있었으며, 그 밑에는 허리에 두르는 간단한 옷과 샌들만이 있었다. 그는 내 앞으로 계속 걸어와 멈춰 서고는 애정 어린 낯익은 소리를 냈다. 이렇게 하는 데 한 시간이 지났다.

그 다음 그는 나에게로 다가와서는 그의 몸을 나의 몸에 닿게 하였다. 나의 몸은 이 새로운 경이로움에 깜짝 놀랐다. 나는 서쪽을 향해 서 있었다. 구루데바는 그의 몸을 내 몸에 밀착시킨 상태로 내 맞은편에 서 있었다. 내가 눈을 뜨고, 나를 똑바로 응시하고 있는 구루데바를 보았을 때, 그의 두 눈은 샴바비 무드라의 자세에서 나의 두 눈과 하나로 통합되어 있었다. 나의 몸은 마비되었다. 나는 눈을 감을 수가 없었다. 더 이상 눈을 감거나 뜰 힘이 없었다. 그의 눈에서 나오는 신성한 광채가 나의 눈을 완전히 정지시켜 버렸다. 우리는 이 상태로 잠시 동안 있었다. 그 다음 나는 구루데바가 "훈" 하며 내는 성스러운 소리를 들었다. 그가 몇 걸음 뒤로 물러서자, 나는 다소 의식을 되찾게 되었다. 그는 "이 샌들을 받아 신거라."라고 말했다. 그러고 나서 "내 샌들을 신고 다닐거지?"라고 물었다. 나는 깜짝 놀랐으나, 공손하고도 확고한 자세로 "구루데바, 이 샌들을 제가 신어서는 안 됩니다. 바바지! 그것은 제가 평생 동안 공경해야 할 대상입니다. 제가 입고 있는 숄을 깔겠습니다. 제발 그 위에 발을 올려놓으시고 샌들을 벗어 거기에 놔두십시오."라고 대답하였다.

    구루데바는 그렇게 하기로 동의하였다. 똑같은 흥얼거리는 소리를 코로 내면서, 그는 자신의 왼발을 들어 올려, 왼발의 샌들을 내가 펼쳐놓은 숄의 가장자리에 내려놓았다. 그 다음에는 왼발을 내리고 오른발을 올려 오른발의 샌들을 숄 위에 올려놓았다. 그는 바로 내 앞에 서 있었다. 그는 다시 한 번 내 눈을 들여다보았다. 나는 매우 조심스럽게 그를 바라보았다. 한줄기 빛이 그의 동공에서 나와서는 곧바로 내 눈 속으로 들어갔다. 그 감촉은 마치 인두로 지지는 듯 매우 뜨거웠으며, 그 광휘는 고성능의 전구처럼 나의 두 눈을 부시게 했다. 이 빛이 바가반 니띠아난다로부터 흘러나와 나의 눈 속으로 흘러들어갔을 때, 내 몸에 나 있는 털까지도 경이로움, 경외, 황홀감 및 두려움으로 곤두섰다. 나는 이 빛의 색깔들을 바라보면서, 그의 만뜨라인 '구루 옴'을 계속 반복하였다. 그 빛은 끊어지지 않고 흘러가는 성스러운 빛이었다. 때때로 그것은 녹은 황금의 색이었으며, 때로는 노란 오렌지색이었고, 때로는 짙은 푸른색으로, 빛나는 별보다 더 반짝거렸다. 나는 어리둥절한 상태로 그곳에 서서, 내 속으로 들어오는 찬란한 광선들을 바라보았다. 나의 몸은 마치 얼어붙은 듯 꼼짝도 않았다. 그때 구루데바는 몸을 조금 움직이며, 다시 "훈훈" 하는 소리를 냈다. 나는 다시 의식이 들었다. 나는 샌들을 향해 머리를 숙여 인사하고, 그것들을 숄로 싼 뒤에 땅에 엎드려 절했다. 그 다음 기쁨에 충만해서 자리에서 일어났다.

나는 부드럽고도 상냥한 목소리로, "구루데바, 이것이 제게는 얼마나 성스러운 행운인지요! 저는 모든 물건 가운데서도 가장 위대한 것을 받았습니다. 제발 이 샌들을 신고서 풍족하게 살아 가십시오. 그리고 비록 올바른 방법을 알지는 못합니다만, 그 샌들을 공경하도록 해 주십시오."라고 말했다. 내가 이 말을 하자, 그는 홀의 서편으로 건너가서는 몇 송이 꽃과 두개의 바나나, 몇 개의 향과 조그마한 꿈꿈 묶음을 가져왔다. 그는 이 모든 것을 샌들 위에 놓았다. 나는 계속해서 "구루 옴, 구루 옴"을 반복하기 시작하였다. 오늘 나는 바바의 아주 가까이에 서 있었다. 그는 자리에 앉아, 다음과 같이 격언조로 말하기 시작하였다. "모든 만뜨라는 하나다…… 모든 것은 옴이다. '옴 나마 쉬바야 옴'은 '쉬보함'이 되어야 한다. '쉬바, 쉬바'는 '쉬보함'이 되어야 한다. 그것은 마음속으로 암송하여야 한다. 밖으로 소리 내는 것보다 내면으로 암송하는 것이 훨씬 더 낫다." 바바지는 "훈" 소리를 내면서 그의 방으로 들어갔다. "훈훈"은 많은 다른 것들을 의미하는 만뜨라였다. 그가 고개를 돌려 이 소리를 낼 때, 나는 항상 자리에서 일어서곤 했다. 그러나 이번에는 그가 아무런 신호도 주지 않았다. 그래서 나는 거기에 서 있었다. 그는 방 안에서 푸른색 숄을 손에 들고 나오더니, 그것을 내 몸에 걸쳐 주었다. 얼마나 굉장한 행운인가! 그날 이른 아침부터 나는 계속해서 축복을 받았다. 그 다음에 그는 모나빠가 푸른 바나나로 바지야를 튀겨 쟁반에 담고 있던 부엌으로 재빨리 건너갔다. 바가반은 두 손에 이 바지야를 가득 들고 와서는, 샌들을 싸고 있던 숄 위에다 올려놓았다. 마침내, 그는 황홀한 "훈" 소리를 내면서, 나에게 떠나라는 신호를 주었다.

얼마나 굉장하고 축복받은 날이었던가! 얼마나 성스러운 날이었던가! 나는 밖으로 나와, "오, 내가 어떤 좋은 일을 하였기에 이런 축복을 받았을까? 오늘의 이 좋은 결실이 나오기까지 나는 어떤 훌륭한 선행을 베풀었는가?"라며 나의 행운을 찬양하기 시작하였다.

나는 그러한 일이 나에게 일어나리라고는 꿈에도 생각하지 못하였기에 경이로움에 완전히 압도당하고 말았다. 나 같은 사람이 어떻게 구루의 샌들을 받을 수 있을까? 니띠아난다에게는 너무도 많은 위대한 헌신자들이 있었고, 그것도 너무도 오랫동안 그와 함께 생활해 온 헌신자들이 있었으니 말이다. 그 중에는 나이가 꽤 많은 사람도 있었고, 대기업가도 있었다. 모든 사람들은 자기 자신이 경험이 많은 고급 수행자이며, 누구보다도 바가반과는 가장 가까운 사이라고 믿고 있었다. 나는 도착한 지 얼마 안 되는 평범하고 이름도 잘 알려지지 않은 사람이었다. 나는 이

전에 어떤 특별한 사다나를 한 적도 없었으며, 어떤 특별한 성취를 이루지도 못했다. 나에겐 집도, 사업체도 없었다. 나는 단지 가난한 사람에 불과하였다. 그래서 나에게 일어났던 일은 극단적인 행운이라고 할 수밖에 없었다.

나의 구루데바는 위대한 아바두따였다. 그는 온 세계를 맨발로 방랑하였으며, 결코 샌들을 신지 않았다. 그러나 오늘 그는 요가의 지식을 수여해 주고, 우리의 죄들을 씻어 주며, 그리고 신들과 인간에 의하여 숭배받는 그 연꽃 발에 샌들을 신었다. 그는 주위를 걷고는 내 앞으로 와서, 자신의 연꽃 발을 들고는 그의 샌들을 나에게 주었다. 나의 고뇌가 구름이 걷히듯 사라졌고, 나의 죄도 씻은 듯 없어졌고, 윤회의 사슬도 끝났으며, 무지의 장막도 걷혔다. 얼마나 엄청난 일이 일어났던가! 보통의 경우 니띠아난다 아바두따는 이렇게 직접적으로 자신의 은총을 주지 않았다. 대신, 그는 겉으로 보기에 아무 의미 없는 표정이나 제스처를 통해 은총을 주었다. 그가 나에게 샌들을 준다는 것은 결코 일어날 수 없는 일이었다. 샌들을 한 번도 신지 않던 그가 샌들을 신고 나에게 다가와, 자신의 손으로 놓은 것이 아니라, 그의 발에서 직접 샌들을 벗어 나의 가난한 빈 숄에다 올려놓았다. 이뿐만이 아니었다. 그는 어떤 사람의 얼굴을 똑바로 쳐다보지 않는 습성이 있었다. 비록 그가 어떤 사람을 쳐다본다 하더라도, 그는 양 옆구리 쪽으로 시선을 던지곤 했다. 그러나 오늘 그는 마치 이전에 나를 만난 적이 전혀 없는 것처럼, 빠라쉬바의 샴바비 무드라를 하고서 두 눈을 크게 뜬 채 나의 눈을 뚫어지게 응시했다. 그는 모든 권능을 주는 찌띠로 충만한, 신성한 빛으로 나에게 들어왔다. 내가 바라 보았을 때, 나는 내 몸이 떨림을 느꼈으며 내 눈에는 눈물이 고였 다. 망연자실한 상태에서 나는 잠시 동안 고요함과 엄청난 기쁨 을 경험하였다.

이러한 방식으로, 그는 나에게 신성한 입문을 허락하였다. 그 러고 나서 그는 나에게 가까이 오라고 손짓하였다. 수백 마일 떨 어진 곳에서 온 이 가난한 사두는 바로 오늘 바가반의 가까이에 있을 수 있는 첫 번째 기회를 가졌다. 그렇지 않다면, 의지할 데 없는 낯선 사람이 어떻게 모든 사람들이 지켜보는 가운데 바가 반의 바로 곁에 앉을 수 있었겠는가? 이날 나의 특별한 신인 빠 라쉬바, 사람들이 '쉽게 기뻐하는 분'이라는 뜻의 '아슈또샤'라 고 부르는 그 신은 불충분한 나의 월요일 단식과 그의 이름을 반 복 암송한 데 대하여 최대의 보상으로 나에게 축복을 내려 주었 다. 그것은 확실히 아슈또샤라는 그의 별칭과 일치했다. 어떤 시 인은 나에게 일어났던 것과 꼭 같이 쉬바 신의 은총을 묘사했다. 그는 다음과 같이 말한다.

댜니야 댜니야 볼레나따
아빠 반따 디야 사바 자가 에까 빨라메
떼레 사마 다따 나비 아우르 까비 자가메

오, 천진난만한 신이시여, 당신은 얼마나 성스러운 분이신가!
당신은 한 순간에 전 세계를 선물로 주셨습니다.

당신처럼 베풀어 줄 자, 이 세상에 아무도 없습니다.

구루데바는 자기 바로 곁에 나를 앉혔다. 그리고 나에게 고도로 충전된 만뜨라인 '옴 나마 쉬바야'를 주고, 나에게 '옴'의 의미를 가르쳐 주고, 그리고 '쉬보함'을 말함으로써 내가 쉬바와 하나라는 것을 나에게 인식시켜 주었다. 그는 다섯 글자로 된 위대한 구원의 만뜨라인 '옴 나마 쉬바야'를 외적으로 수행하는 방식을 가르쳐 주었으며, 그 다음에 마음속으로 "나는 쉬바이다."라는 내면의 수행 방식인 '쉬보함'이란 말을 했다. 이러한 방식으로 그는 불멸의 신인 쉬바에 대한 불멸의 메시지를 나에게 주었다. 그리고 "모든 것이 옴이다."라고 말함으로써, 모든 것이 하나의 참나라는 통찰력을 나에게 주었다.

한 번도 베풀어 본 적이 없던 사람이 베풀기 시작하면, 그때에는 받는 사람이 너무 많이 받게 되어 더 이상 받을 수 없게 된다. 나에게 일어났던 상황이 바로 이런 것이다. 바가반 니띠아난다가 "쉬보함…… 그것은 바로 이렇게 해야 한다."라고 말했을 때, 빠라쉬바의 이 위대하고 빛나는 지고의 만뜨라는 끝없는 시간 이래로 내 가슴속의 공간에서 일어나, 끝없는 윤회의 삶을 통하여 나를 방황하도록 만들었던, 그런 헤아릴 수 없는 소리들을 파괴하였다. 그는 '나와 나의 것'이라는 생각에서 일어나는 끝없는 일련의 불순한 감정, 욕망, 분노 및 망상을 파괴하였다. 그는 나에게 샥띠의 초월적인 말인 "나는 완전하다."라는 진리를 구현시키면서, 영원히 일어나고 빛나는 의식의 빛으로 가득 차 있는,

전적으로 쉬바인 그런 강력한 만뜨라를 내 가슴속에 전수해 주었다. 그는 자기의 은총의 불로, 생을 거듭하면서 내가 쌓은 죄들과 까르마의 잠재적 인상들을 태워 버렸다.

그리고 나서 그는 내 몸에 푸른 숄을 걸쳐 주었다. 마치 위대한 전사들이 적의 공격과 탄환, 칼이나 검으로부터 자신들을 보호하기 위해서 방패를 가지고 있는 것처럼, 이 성스러운 푸른 숄도 고뇌나 죄의 접촉, 망상과 마야 같은 도둑들, 집착과 악의 같은 무법자들, 또는 질병과 심적 고통으로부터 나를 보호해 줄 것이다. 이뿐만이 아니었다. 그는 스스로 사제가 되어 나에게 샌들, 꽃, 과일, 꿈꿈 및 향을 주었다. 나는 얼마나 운이 좋았던가! 아무것도 입지 않은, 그리고 사제로서의 어떤 전통적인 모습도 갖추고 있지 않았던 사제 니띠아난다가 신성시했던 그 샌들을 나는 숭배의 대상으로 받았다. 나의 운명은 정말 굉장하였다! 그리고 그의 은총이 굉장하다는 것을 더욱 분명하게 보여 주는 어떤 것이 있었다. 그는 항상 "훈" 소리를 내면서, 안으로 들어갔다가, 지글지글 소리 나는 뜨거운 바지야 요리를 두 손 가득히 들고 와서는 샌들 위에 올려놓았다. 사제는 요리된 음식을 자신의 두 손으로 봉헌하면서, 어떤 두려움도 없다는 무드라 자세에서 의식으로 가득 찬 똑같은 성스러운 연꽃 모양의 손을 들어 올려 숭배하고 있었다. 바로 그 순간에, 나의 마음은 옛날의 기억들, 다시 말해 여러 전생에서 내가 행했던 이와 유사한 숭배의 기억들로 넘쳐흘렀다.

홀 밖으로 나왔을 때 나는 머리 위로 샌들을 계속 높이 들고 있었다. 나는 바지야를 한 개씩 먹으면서, 꽃들의 향기를 계속 맡았나. 숄의 매끄러움과 아름다움, 장려함을 보고 나는 매우 기뻤다. 앞서 전혀 움직임이 없이 고요하기만 했고, 또 나의 구루에 대한 기억에 집중되어 있었던 나의 마음이 이제 이전과 비슷한 정도로 움직이기 시작했으나, 이전에 내 생각들이 갑자기 밀려들 때 있었던 그런 무미건조함이나 좌절, 경솔함, 고뇌, 낙담, 어리석음 혹은 걱정은 하나도 없었다. 그 대신에 도취나 황홀, 열의 혹은 열정이 있었다. 나의 생각들이 빨리 지나갔을 때, 나는 다시 한 번 구루데바의 샌들을 바라보았다. 나는 활기로 가득 찼다. 나는 『구루빠두까 슈따깜』에 있는 다음 몇 구절을 혼자 노래 부르기 시작했다.

> 즈야쯔야 끄리뻬짜 마자 랍바 즈할라 잔만따리짜
>   바바따빠 겔라
> 슈리 닷따 아이샤 우빠데샤 겔라비사루 까샤 미 구루빠두깔라

그의 은총으로 나는 득을 보았다.
그리고 수많은 탄생의 고통이 사라졌다.
그러한 것이 슈리 닷따뜨레야의 가르침이었다.
내가 어떻게 구루의 샌들을 잊을 수 있겠는가?

나의 좋은 행운을 축하하고, 이전에 나의 신인 빠라쉬바가 놀라운 은총을 베풀어 주신 데 대하여 그를 찬양하면서, 나는 서서

히 집으로 발길을 돌렸다. 구루에 대한 사랑과 구루와 하나가 된 느낌이 나의 내면에서 계속 일어나고 있었다. 그리고 다시 한 번 나는 구루를 공경하는 정해진 방식을 따라, "구루는 내 안에 있다. 구루는 내 밖에 있다."라고 되풀이 말하면서, 강렬한 감정에 도취해 버렸다. 나는 감정의 물결을 느꼈으며, 이 물결 위에서 나와 니띠아난다와의 동일시가 점점 커져 가는 것을 느꼈다. 슈리 구루데바의 샌들은 나의 머리 위에 있었다. 나는 걸어서 간디 광장을 가로질러 갔는데, 그 광장 밑을 흐르는 지하 배수구는 현재의 슈리 구루데바 아쉬람과의 경계를 이루고 있었다. 아우둠바라 나무가 가까이에 서 있었으며, 내가 그 나무에 이르자, 나의 성스러운 구루바바가 절대자와의 동일시를 의미하는 브람마바바가 되었다. 잠시 동안 나는 다수 속에 절대자 한 분이 계신다는 직관을 가졌으며, 나는 안팎의 세계를 구별하고 절대자 한 분 속에서 다수를 보는 그런 평상시의 마음을 잃어버렸다. 나는 "구루는 내 안에 있다. 구루는 내 밖에 있다."라는 생각을 하면서, "구루 옴, 구루 옴"을 계속 되풀이 말했다. 이렇게 하였을 때, 내가 여러 스승들과 함께 공부했던 절대자 브람만에 대한 베단따 교의가 다시 한 번 내 마음속을 번개처럼 스쳐 지나갔다.

 나는 또한 비의 신인 바루나의 축복도 받았다. 왜냐하면 보드라운 가랑비가 내리고, 시원한 미풍이 부드럽게 불기 시작하였기 때문이다. 나는 반복적으로 눈을 떴다 감았다 하였다. 눈을 감으면, 무수한 다발의 반짝이는 광선과, 나의 내면에서 갑자기 터지는 수백만 개의 반짝이는 작은 불꽃을 보았다. 나는 계속 그것들을 바라보았다. 얼마나 아름다운 광경인가! 무한히 작은 그 불꽃들은 엄청난 속도로 내 전신을 통해 희미한 빛을 내면서 달리고 있었다. 나는 놀라움과 경외심으로 그것들의 빠른 속도와 그 무리를 바라보았다. 그리고 나서 다시 눈을 떴다. 또다시 내 주위에는 반짝반짝 빛나는 똑같이 작고 빛나는 푸른 불꽃의 덩어리가 있었다. 나는 경외심과 황홀감으로 어찌할 바를 몰랐다. 이것은 화면상에 있는 것이 아니라, 바로 내 주위 사방에서 일어나는, 완전히 새롭게 전개되는 어떤 것이었다. 나는 너무나 천천히 움직이고 있었기 때문에 내가 길을 따라가고 있는 것인지, 아니면 길이 나를 따라오고 있는 것인지 알 수 없었다. 나는 가브데비 사원 근처에서 걸음을 멈추었는데, 나의 얼굴이 자연스럽게 가네쉬뿌리로 향했다. 나는 나의 사랑하는 구루데바를 기억하고, 다시 마음속으로 그에게 인사한 뒤에 길가를 따라서 계속 걸어갔다. 바루나의 축복인 잔잔한 비가 계속 내리고 있었다. 이 부드럽고 섬세한 푸른 빛과 뒤섞여 내리는 부드러운 가랑비를 바라본다는 것은 경탄할 만한 것이었다. 나는 모든 것의 참나인 슈리 구루데바를 마음속으로 회상하면서, 그리고 머리 위에 그의 성스러운 샌들을 이고서, 천천히 걸어갔다. 오늘날까지도 나는 하나가 된 그때의 경험을 기억할 수 있다. 아직도 그 작은 푸른 점들을 볼 수 있다.

   마침내, 나는 그곳에서 바지라 바바니로 알려져 있는, 요가의 어머니인 위대한 샥띠를 모시고 있는 바즈레쉬바리 사원에 이르렀다. 그 사원 뒤에는 닷따뜨레야를 모신 더 작은 사원 하나가 있었는데, 내가 옛날 머물렀던 곳은 바로 이곳이었다. 나는 성모 사원의 승려장이었던 바바샤헤브와 함께 하루에 한 번 식사를 했다. 매일 그는 정해진 시간에 대단한 존경의 마음으로 나에게 식사를 제공해 주었다.

나는 사원 안으로 들어가서, 구루의 샌들을 공경한 뒤 명상하기 시작하였다. 나는 항상 밤에 명상을 하곤 하였다. 바즈레쉬바리에 머물고 있는 동안, 매일 가네쉬뿌리로 가는 것이 나의 정해진 일과였다. 그 당시에는 먼저 목욕을 하고, 그 다음에 구루데바를 달샨하였다. 이렇게 하면 구루에 대한 나의 사랑, 헌신 및 믿음이 점점 증가하였다.

여신 바즈레쉬바리의 사원은 위대한 영적 힘을 갖고 있는 장소이다. 그곳은 유일한 싯다 삐따이다. 많은 싯다 요기들과 위대한 현자들이 예전에 그곳에 살았다. 전설에 의하면, 신 라마도 또한 이곳을 방문하였다. 그곳은 사방이 산들로 둘러싸여 있고 주위에는 많은 온천들이 있는데, 그 물은 치유의 힘을 갖고 있었다. 인근에는 반짝이면서 흘러가는 작은 강이 하나 있다. 옛날에는 그곳에서 많은 싯다들이 예배를 올렸다고 한다. 나는 성스러운 어머니 바즈라의 친절한 보호 아래에서, 그녀의 물을 마시고 그녀의 음식을 먹으면서 오랜 시간을 보냈다.

여러 날이 흘렀다. 어느 날 아침, 내가 달샨을 하고 있던 구루데바 앞에 섰을 때, 그는 "훈"이란 소리를 내면서 나에게 어떤 과일을 주고는 "가라."고 말했다. 나는 그래도 서 있었다. 그러자 그는 "가라······ 너의 오두막집으로······ 예올라에 있는······ 그곳

으로…… 예올라…… 거기에 있거라…… 그곳에 지식이 있
다…… 명상하라!"고 말했다. 나는 몹시 슬픈 마음으로 떠나면서
걱정을 했다. 그러나 나의 구루에 전적으로 복종할 준비가 되어
있었다. 왜냐하면 이전의 그 어느 때보다도 구루의 소망이 중요
하다는 것을 이해하고 있었기 때문이다. 구루에게 복종하는 것
그 자체가 따빠시야요, 그 자체가 자빠이며, 그 자체가 사다나이
다. 그것은 최고의 의무이며, 구루에 대한 복종보다 제자에게 더
유익한 것은 아무것도 없다. 나는 진심으로 이것을 믿고 있었다.
구루에 대한 봉사는 지고의 숭배이며, 우주적 숭배이다. 그래서
구루에 대한 복종이 제자의 첫 번째 의무라는 것을 이해하고서,
나는 그 다음 날 예올라를 향하여 떠났다. 그동안에 구루데바는
가브데비 사원을 개축하여 세 개의 방을 더 만들었다. 오늘날 이
것들이 슈리 구루데바 아쉬람의 홀이 되었다.

　나는 예올라에 도착했으며, 그 다음 날 수끼를 향하였다. 거기
에는 사다나를 행할 나의 오두막이 있었기 때문이다. 나의 오두
막은 동쪽과 서쪽을 향해 있는 두 그루의 망고 나무 사이에서 북
쪽을 향하고 있었다. 이 셋 모두가 나를 기다리고 있었다. 나는
구루의 샌들을 한쪽에 모셔 놓고, 그가 나에게 준 과일을 먹으면
서, 명상하기 위하여 앉았다.

제 1 1 장

혼란스러운 마음 상태

그 다음 날 아침 일찍부터 나는 매우 이상한 상태에 처해 있었다. 나는 불안에 사로잡혀 있었다. 온몸이 아팠으며, 전신이 마치 바늘에 찔린 느낌이었다. 왜 갑자기 이런 일이 일어났는지 나는 모른다. 나의 환희와 황홀은 어디로 사라졌는가? 나의 자만심과 우쭐한 마음도 어디론가 사라져 버렸으며, 갑자기 나는 니띠아난다를 만나기 이전의 상태와 똑같은 초라하고 불행한 사람이 되어 버렸다. 나의 마음은 회한으로 가득 찼다. 내가 이전에 가졌던 열광적인 흥분은 어디로 가 버렸는가? 아아, 도대체 무슨 일이 일어났는가? 아무 근심 걱정 없고 완전한 기쁨의 새로운 세계가 내 앞에 펼쳐졌었는데, 이제는 그것이 완전히 사라져 버렸다. 이전의 상태에 무슨 일이 일어났던가? 나 자신이 마치 한때는 아름답고 소중하였던 도시가 이제 비운으로 파괴되어 버린 폐허를 마치 꿈 속에서인 양 바라보고 있는 군주처럼 느껴졌다.

나는 오두막을 나와서, 마음의 동요가 전혀 없는 나의 사랑하는 친구인 망고 나무 밑에 앉아, "무슨 일이 일어났지? 그것이 어떻게 일어났지?"라고 다시 자문했다. 이러한 불안은 나를 완전히 불사르고 있었다. 밤 동안에 나는 계속되는 가위눌림으로 고통을 느꼈으며, 일어나는 순간부터 이와 같은 불안감을 느꼈던 것이다. 내 마음의 평화는 완전히 파괴되어 버렸으며, 나는 이 모든 생각들로 인하여 깊은 우울의 상태로 빠져 들고 있었다. 나의 오랜 친구인 바부 라오 뻬헬완은 나를 찾아와서는 함께 밤을 보내곤 하였지만, 이날 나는 그에게 그의 집이 있는 예올라로 돌아가라고 말하였다. 그래서 그는 떠났다.

내 마음의 상태는 이전의 상태와는 정반대였다. 나는 여러 가지 궁금한 의문들에 시달리고 있었다. "내가 가네쉬뿌리에서 발견했던 새로운 기쁨의 왕궁은 어디로 사라졌는가?" 이러한 걱정은 내 마음속에서 점점 커지며 굉장한 고통을 일으켰다. 앞서 내가 갑자기 밀려드는 기쁨의 물결을 느꼈던 것처럼, 이제 나는 걱정으로 가득 차서 나 자신과 다투고 있었다. 전신이 쑤시고 아팠다. 그리고 머리는 마음속에서 떠나지 않고 맴돌던 분노, 두려움 및 불안으로 뜨거워졌다. 11시 30분이 되자, 집주인이 점심을 가지고 왔다. 그 당시에 나는 식사로 야채, 조, 짜빠띠와 약간의 우유를 먹고 있었다. 점심을 먹기 위해 앉았지만, 음식을 들고 싶은 마음이 나지 않았다. 그러나 억지로 짜빠띠 절반을 먹고 물을 조금 마신 다음, 자리에서 일어나 밖으로 나갔다. 나의 사다나 친구인 망고 나무에 걸려 있는 그네 위에 앉았다. 어떤 것도 할 마음이 내키지 않았다. 주위에 보이는 모든 것이 나를 무섭게 하였다. 나는 구루데바와는 멀리 떨어져 있었고, 이야기를 나눌 사람이 아무도 없었다. 나는 그네에서 내려 다정한 망고 나무 위로 올라갔으며, 그곳에서 몇 분 동안 평화롭게 앉아 있었다. 그러나 잠시 뒤, 고통과 고뇌가 되돌아와서는 점점 커지기 시작하였다. 나의 마음을 채우고 있던 무서운 생각들을 글로 쓸 수는 없지만, 그러나 그런 무서운 생각들이 있었다는 것은 사실이다. 나는 불순하고 혐오스럽고 악한 생각들에 사로잡혀 있었다.

오후 3시에 집주인이 다시 왔다. 이번에는 뜨거운 마실 것을 갖고 왔다. 그것을 마시고 난 뒤, 나는 오두막 밖으로 나와 양쪽 옆을 왔다 갔다 하기 시작하였다. 인근 마을 사람들이 나를 만나러 오고 있었지만, 나는 그들을 환대하지도 못했고, 그들의 질문에 적절한 답변도 하지 못하였다. 망고 나무 아래와 같은 내가 가장 좋아하는 모든 장소들을 찾아다니며 앉아 보았지만, 나를 반긴 것은 오직 지독한 불만뿐이었다.

일전에 나의 구루는 나의 현재 상태를 완벽하게 묘사한 것처럼 보이는 이야기를 한 적이 있었는데, 그 이유 때문인지 그 생각이 그때 갑자기 떠올랐다. 옛날에 불운하고 가난하고 아주 쓸모없는 사람이 있었다. 그가 가는 곳마다 가난과 불운이 그를 따라다녔다. 만약 그 불행한 사람이 이웃에 살고 있는 관대하고 신앙심이 깊은 부유한 사람을 방문하면, 그 덕 있는 사람도 그의 방문자처럼 가난하고 인색해져 버렸다. 어느 날, 이 불행한 사람은 너무나 절망한 나머지 쉬바 신이 살고 있는 까일라사 산을 향하여 출발하였다. 길을 가다가 그는 자신의 앞에 어떤 사람이 걸어가고 있는 것을 보고, 걸음을 재촉하여 그를 따라잡았다. "오 형제여! 당신은 어디로 가고 있습니까? 우리 함께 가도록 합시다."라고 그가 말했다. 그 사람이 돌아보면서, "가엾은 선생님이여! 나는 당신과 함께 갈 수 없습니다. 왜냐하면 나는 당신 운명의 하인이기 때문입니다. 나는 극빈, 가난, 잔인, 불안, 마음의 동요와 어리석음을 끌어 모아 당신을 맞을 준비를 할 수 있도록 당신보다 앞서서 가야만 합니다. 선생님! 바로 그 때문에 내가 당신 앞에 가는 것입니다."라고 대답했는데, 이때 그는 불행과 빈곤 그 자체의 모습을 보여 주었다. 구루데바가 말한 것은 비록 불운한 사람이 까일라사 산으로 간다 할지라도, 그를 반겨 주는 것은 불행뿐이라는 것이다.

우리의 아쉬람에 오는 사람들 가운데 일부는 이러한 상태로 온다. 그들은 싯다와 함께, 또 선량한 사람들 속에 머물면서 싯다 삐따에 있을 수도 있지만, 이들 슬퍼하는 사람들은 무능하고, 불행하고, 불안하고 그리고 비참한 상태로 남게 된다. 그들의 얼굴에는 광택이 없다. 그들은 혐오 속에 갇혀 살아간다. 그들은 뭄바이와 그곳의 극장과 클럽이 주는 꿈의 세계를 잊을 수 없다. 그들은 쾌락의 삶이 가져다주는 편안함과 안락함을 항상 기억하고 있다. 그들에겐 오직 한 생각밖에 없는데, 그것은 "내가 언제 뭄바이로 돌아가지?"이다. 그리고 이런 생각 때문에 그들은 파괴되어 간다.

나는 이 가난하고 불운한 사람과 똑같은 상태에 처해 있었다.

예전에는 망고 나무 아래에 앉아 있을 때마다 그렇게도 행복했었는데, 이제는 그것이 나를 불안하게 만들었다. 예올라 마을에서 온 나의 사랑하는 좋은 친구들조차도 매정해 보였다. 여섯 시에 바부 라오가 노부인과 함께 왔는데, 그녀는 매일 그 시간에 와서 노래를 부르며 나를 기쁘게 해 준 사람이었다. 그녀가 도착하자마자, "내가 가장 좋아하는 노래를 불러 주시오."라고 나는 말했다. 그러자 그녀는 노래 부르기 시작했다.

> 슈에바띨리 빨리 떼브하 마누쉬야잔마
> 쭈깔리야 바르마 쁘헤라 빠데
> 에까 잔미 올라끼 까라 아뜨마람마
> 삼사라 수가마 보구 나까

> 우리는 마침내 인간으로 다시 태어났네.
> 우리가 기회를 놓친다면, 윤회는 반복되네.
> 이제 그대 영혼 속으로 깊이 들어가라!
> 다만 안이한 삶에 빠지지 말지니라.

이 아방가는 매우 감동적이다. 그것은 성자 남데브가 지은 것이다. 그 역시 "바로 이 몸 안에 있는 참나를 알라. 오직 윤회의 마지막 단계에서 당신은 인간의 몸을 얻는다. 그것을 매우 주의 깊게 보살펴라. 그러지 않으면 당신은 다시 와야만 할 것이다."라고 말했다. 그 노부인은 이 아름다운 구절을 매우 감동적인 어조로 노래 불렀지만, 나에게는 생명이 없는 것처럼 보였고, 그래서 그 노래를 좋아하지 않았다.

나는 그 노부인에게 다른 노래 하나를 더 불러 달라고 했는데, 이번 노래는 남데브의 애제자인 자나바이가 지은 것이다. 이 아방가에는 의미가 가득하다. "자나바이가 자신의 구루에게 바치는 위대한 헌신을 알고서, 비딸 신은 그녀의 시중을 들기 위하여 그녀에게 가서는 의붓어머니가 그녀에게 시킨 모든 일을 해 주었다. 이는 구루에 대한 헌신이 얼마나 위대한지를 보여 준다." 자나바이는 위대한 요기니이자 위대한 박따요, 냐이이다. 그녀는 매우 지성적이었으며, 자신을 구루에게 바쳤다. 그녀의 시에서, 그녀는 항상 자신을 '나마의 자니'나 '나마의 하녀'라고 부른다. 그리고 그녀가 이렇게 글을 쓸 때, 그녀는 구루에 대한 예속을 완전히 받아들이고 있다는 것을 맹세하고 있는 것이다. 빤두랑가 신은 그녀의 위대한 헌신과 봉사를 보고 너무 기뻤기 때문에, 요기들조차 도달하기 어려운 그가 직접 그녀를 찾아와서, 그녀와 함께 옷을 빨고, 밀가루를 빻고, 집 안을 청소하며, 함께 노래하고 이야기하곤 했다. 여기에 대하여 놀랄 것은 아무것도 없다. 구루에게 헌신할 때 나타나는 기적이 바로 이러한 것이기 때문이다. 다음은 그녀가 뼈저리게 뉘우치는 회한의 노래이다.

나비 켈리 뚜즈히 세바 둑까 바따따세 마즈헤 지바

나슈따 빠뻬나 미 히나 나비 켈레 뚜제 댜나

제 제 둑까 즈할레 말라 떼 뜨바 소실레 빗딸라

라뜨란디바사 마자빠쉬 달루 깐두 라가라시
고샤마 까라비 데바라야 다시 자니 라게 빠야

신이시여! 저는 당신을 조금도 섬기지 못했습니다.
그래서 저는 고통으로 가득 차 있습니다.
이 죄인은 당신을 명상하지 않았습니다.
그런데도, 비딸 신이시여!
당신은 저를 위해 모든 것을 해 주시지 않았습니까?
당신의 헌신자에 대한 동정심에서
당신은 몸소 이 세상이 저에게 준 모든 고통과
사람들이 저에게 쌓아 놓은 모든 비난과 고뇌를 지셨습니다.
당신은 밤낮으로 저와 함께 계셨으며
저를 위하여 저의 모든 고된 일들을 서둘러 끝냈습니다.
심지어 제 대신 곡식을 으깨고 빻기까지 했습니다.
오, 신이시여! 당신은 저를 위하여 엄청난 시련을 겪었습니다.
신이시여! 용서하여 주십시오.
남데브의 자니는 겸허한 마음으로 당신에게 기도를 올립니다.

 이 노래는 항상 나의 가슴에 넥타를 흠뻑 뿌려 주었지만, 그러나 이제는 이것조차도 무미건조하였다. 나는 그 노래에서 어떠한 기쁨도, 어떠한 사랑도 발견하지 못하였다. 오, 무슨 일이 일어나 버렸는가? 어떻게 내가 그렇게도 나쁜 상황에 빠져 버리게 되었는가?

나는 그 노부인을 떠나보내고는 오두막 안으로 들어갔다. 나는 온갖 종류의 사악하고 불경스러운 감정에 시달렸다. 나의 몸이 떨리기 시작하였으며, 이것도 다소 혼란스럽게 계속되었다. 해가 지자, 바부는 등불을 켜고 향을 피웠다. 그러고 나서 약간의 둡을 준비하여 태웠으며 아라띠를 행하였다. 그 다음에는 땀부라를 손에 쥐고, 몇 곡의 헌신의 노래를 부르기 시작하였다. 잠시 뒤에 호흡이 혼란스러워지며 변화가 일어났다. 이따금 복부가 공기로 팽창했고, 숨을 내쉴 때는 너무 힘이 들었다. 내가 들이마신 공기는 자주 몸 안에 갇혀 있었다. 나는 더욱더 겁에 질렸다. 그렇게 혼란과 공포로 가득 찬 채 바깥으로 나갔다. 이제 밤 8시경이었다. 달빛이 있었지만, 나에게는 모든 것이 어둡게 보였다. 멀리 떨어진 곳으로부터 이상한 소리가 들렸다. 나의 마음은 공포에 질려 이상해졌다. 나는 바부 라오를 불러, 그에게 "바부, 지금 집으로 가라. 내 심장의 박동과 마음 상태가 좋지 않다. 나는 오늘 밤 심장병으로 꼭 죽을 것 같은 느낌이 든다. 그러니 가거라. 그러지 않으면 사람들이 너를 성가시게 할 것이다. 나는 오늘 밤을 넘기지 못할 것이라는 생각이 든다. 설령 오늘 밤을 넘기더라도 미쳐 버리겠지. 벌써 정신이 이상해지고 있다. 내가 말한 대로 하라. 떠나라."고 말하였다. 그는 슬픈 마음으로 나를 떠났다.

밤은 고요하고 조용한 가운데 지나가고 있었다. 맑고 흰 달빛이 만물을 비추고 있었다. 나는 계속 춤추고 뛰고 고함지르고 싶었다. 그리고 이 욕구는 점점 강해져 갔다. 나의 생각들은 서로 뒤범벅이 되어 아무 의미도 없었다. 사지와 몸은 점점 더 뜨거워 졌다. 머리가 무겁고, 전신이 다 아프기 시작했다. 숨을 내쉬자 호흡이 바깥에서 정지되었다. 숨을 들이쉬자 호흡은 안쪽에서 정지되었다. 이것은 너무도 고통스러웠다. 그래서 나는 용기를 잃었다. 내가 곧 죽을 것이라고 무언가가 나에게 말해 주었다.

또다시 나는 바깥으로 나갔다. 땅 전체가 빙빙 돌고, 하늘이 빙빙 돌며, 나무들이 빙빙 도는 것 같았다. 나는 앉았다 섰다 하기를 계속하였다. 무슨 일이 일어나고 있는지, 어떻게 그런 일이 일어나게 되었는지, 누가 일어나게 만들었는지를 도무지 알 수 없었다. 망고 나무 쪽으로 끌려가는 느낌이 들었다. 그 쪽을 바라보자, 망고 나무 사이에서 얼굴을 내 쪽으로 돌린 채 앉아 있는 구루데바를 보았다.

이제 9시가 넘었다. 누군가가 내 눈 안에 들어와 자리 잡고는, 나로 하여금 허깨비를 보게 하고 있었다. 또다시 나는 망고 나무를 바라보았다. 나는 거기에서 구루데바를 볼 수 있었다. 그 다음 그는 사라졌다. 마치 어떤 힘이 나를 통제하며 이 모든 일을 하는 것처럼 보였다. 나에겐 더 이상 나 자신의 의지가 없었다. 나의 광기는 꾸준히 증가되고 있었다. 나의 지성은 완전히 안정을 잃고 말았다. 나는 망고나무 주위를 세 번 돌고, 구루데바에게 인사를 하고서, 오두막 안으로 들어갔다.

안으로 들어가서 바깥을 바라보았을 때, 나는 사탕수수 밭이 불타는 것을 목격하였다. 불은 빠르게 번져 가고 있었다. 나의 공포는 시시각각 증가하였다. 마치 세상의 종말이 온 것처럼 사람들의 무리가 겁에 질려 절규하는 소리가 들렸다. 오두막의 작은 창문 밖으로 시선을 던지자, 나는 악마도 반신반인도 아니지만 인간의 형상을 한, 키가 6피트에서 50피트에 이르는 이상한 동물들이 입을 쩍 벌리고 발가벗은 채 춤추고 있는 것을 보았다. 그들의 날카로운 외침은 무서웠고 세상의 종말을 예고하는 것 같았다. 나는 의식을 완전히 차리고 있었지만, 실제인 것처럼 보이는 나의 광기를 지켜보고 있었다. 그리고는 죽음을 기억했다.

나는 아사나 자세로 앉아, 즉시 연꽃 자세로 들어갔다. 나는 내 주위 사방에서 불이 번져 가고 있음을 보았다. 전 우주가 불타고 있었다. 불타는 바다가 갑자기 입을 열고는 지구를 통째로 집어삼켰다. 유령과 악마들의 무리가 나를 둘러쌌다. 줄곧 나는 두 눈을 감고, 공기가 새나가지 못하도록 턱을 목에 밀착시킨 채, 연꽃 자세로 꼼짝하지 않고 앉아 있었다. 그때에 척추의 밑 부분에 위치하고 있는 물라다라 내의 신경 마디가 인두로 지지는 듯 아파오는 통증을 느꼈다. 나는 눈을 떴다. 도망가고 싶었지만, 두 다리가 연꽃 자세로 단단히 깍지 끼워져 있었다. 두 다리가 이 자세로 영원히 고정되어 버린 것처럼 느껴졌다. 두 팔도 완전히 고정되었다. 내가 바라보고 있는 모든 것들이 비실제적이란 것을 잘 알고 있었지만, 여전히 공포에 휩싸여 있었다. 눈을 감으려고 해도, 눈은 곧바로 다시 떠지곤 했다.

이제, 나는 온 지구가 우주를 해체시키는 바닷물로 뒤덮이고 있는 것을 보았다. 세계는 파괴되어 버렸고, 나만 홀로 남게 되었다. 온전하게 남은 것은 오직 오두막뿐이었다. 그 다음 물 위로부터, 지름이 대략 4피트나 되는 달 같은 구체가 떠올라 다가왔다. 그것은 내 앞에서 멈추었다. 이 빛나는 흰 공은 나의 눈에 부딪치고는 몸 속으로 들어갔다. 나는 정확하게 내가 본 대로 이 것을 기록하고 있다. 그것은 꿈도 은유도 아니며, 실제로 일어났던 장면이다. 그 구체는 하늘로부터 내려와서는 내 몸 안으로 들어왔다. 잠시 뒤, 밝은 빛이 나의 나디 속을 꿰뚫고 들어갔다. 혀가 입천장으로 말려 올라갔으며, 두 눈이 감겼다. 나는 이마에서 눈부신 빛을 보고, 겁에 질려 버렸다. 나는 여전히 연꽃 자세로 꼼짝하지 않고 앉아 있었다. 그 다음 나의 머리는 어떤 힘에 눌려 땅에 단단히 밀착되었다.

잠시 후에 나는 눈을 떴다. 사방에 희미한 빛을 내는 매우 부드럽고도 붉은 빛이 보였다. 그 빛은 약하게 깜박거리고 있었지만, 거기에서 나온 불꽃은 전 우주로 퍼져 갔다. 그것을 바라보고 있는 사이, 두 다리는 깍지 낀 상태에서 풀려났고, 나도 다시 몸을 의식하게 되었다. 나는 일어나 밖으로 나가서, 주위를 둘러보았다. 주위는 고요했다. 나는 내가 목격했던 모든 것을 회상하고는 너무나 놀라 망연자실했다. 잠시 후 다시 안으로 들어가, 눈을 감았다. 이전과 마찬가지로 붉은 빛이 거기에 있었다. 나는 눈을 뜨고 다시 밖으로 나갔다. 그러나 거기에는 아무것도 없었다.

이제 밤이 깊었다. 잠을 자려고 했지만 잘 수가 없었다. 머리가 무거웠다. 이러한 상태로 4시까지 있다가, 목욕을 했다. 그 후 연꽃 자세로 앉아, 다시 한 번 나의 구루에 대한 명상을 하기 시작하였다. 앉자마자 나의 마음은 완전히 안으로 몰입되었다. 연꽃 자세로 고정된 나의 몸이 흔들리기 시작하였다. 물라다라에서 통증을 느꼈다. 나는 가슴 공간에서 빛을 보았는데, 그것이 내 마음을 기쁘게 해 주었다. 그리고 '구루 옴'이라는 신성한 소리가 내면에서 공명 진동할 때 몸이 흔들리기 시작했다. 이 명상은 한 시간 반 동안 계속되었다. 그 다음, 새로운 과정이 시작되었다.

나는 낙타와 같은 소리를 내기 시작했는데, 그것은 호랑이의 포효 소리와 번갈아 일어났다. 내가 매우 큰 소리로 포효하였음에 틀림없다. 왜냐하면 주위 사람들은 호랑이가 사탕수수 밭으로 들어왔다고 실제로 생각하였기 때문이다. 이 끄리야의 충동은 오직 잠시밖에 지속되지 않았다. 그 다음, 나는 조용했다. 나는 명상을 끝내고 일어났다. 내 몸은 대단히 아팠고, 나도 경직되어 있었다.

다시 정상적인 의식 상태로 되돌아오자, 나는 오두막 바깥으로 나가서는 그네 위에 앉았다. 주위는 평온하였다. 해가 동쪽에서 떠오르고 있었으며, 망고 나무에서는 새들의 무리가 지저귀는 노래로 아침이 옴을 나에게 알려 주었다. 집주인이 왔다. 그는 둡 용기에 불을 지펴, 그것을 들고 오두막을 한 바퀴 돌았다. 뭉게뭉게 피어오르는 부드러운 향기가 바람에 실려 명상실 밖의 대기를 가득 채웠다. 그는 나에게 돌아서서, "바바지! 도대체 오늘 아침은 어떻게 된 거지요? 내가 보니 당신은 명상에 빠져 있고요. 호랑이가 왔다 간 것 같아요. 정말입니다, 바바지! 나는 저쪽의 들판에 있었는데, 반시간이나 넘도록 호랑이가 으르렁거리는 소리를 들을 수 있었거든요."라며 물어왔다. 그는 다소 당혹스럽다는 표정으로 나에게 이 모든 것을 털어놓았다.

따뜻한 차를 마실 시간이었다. 평소에는 내가 직접 오두막에서 차를 준비했는데, 오늘은 그가 내 대신 준비했다. 나는 이 모든 것이 무엇을 의미하는지 궁금해하면서 차를 마셨다. 내가 명상하는 동안에 호랑이처럼 소리를 질렀다는 것은 사실이지만, 어떻게 그 소리가 그렇게도 멀리 갈 수가 있었을까? 만약 내가 어느 누구에게라도 진실을 말한다면, 그는 나보고 미쳤다고 말했을 것이다. 그래서 아무 말도 하지 않았다.

그 당시에 나는 그와 같은 상태에 대하여 들은 적도, 책에서 읽은 적도 없었다. 그때까지 들은 것이라고는 오직 베단따와 그 시구의 설명에 관한 화려한 이야기뿐이었다.

나는 그네 위에 조용히 앉았다. 바부는 그날 아침 일찍 왔다. 그가 다가오자, 나는 그가 웃고 있음을 알았다. 그는 내가 죽지도 미치지도 않고 괜찮다는 것을 보고는 무척 안심했다. 그는 나에게 인사를 하고는 맞은편에 앉았다. 빠띨이라는 나의 다정한 친구도 와서, 그가 매일 하였던 것처럼 마당을 쓸기 시작하였다.

바부는 "건강은 어떻습니까? 당신은 죽든지 아니면 미치든지 한다고 어제 말했잖아요. 나는 이런 일이 절대 일어나지 말도록 신에게 기도드렸습니다. 그런 일이 일어나지 않을 것이라 확신했어요."라고 말했다.

나는 "어떤 일이 일어나지 않을 것이라고? 지난밤에 정말로 죽음의 신이 나를 찾아왔어. 온 세상이 불타고 있었고, 지구는 물로 뒤덮였어. 나 혼자만이 가까스로 피했지. 바부! 나는 무서운 상태에 처해 있어. 나는 완전히 미쳐 버렸지. 겉보기에는 괜찮아 보일지 몰라도, 속으로 나는 미쳐 있어."라고 대답했다. 바부는 땀부라를 꺼내 와서는 몇 곡의 노래를 부르기 시작했다. 어떠한 사람도 조용히 앉아 있지 않는다면 나의 명상실로 들어오지 못한다는 확고한 규칙을 갖고 있었기 때문에 나의 명상실은 늘 매우 고요하였다. 나는 매우 주의 깊게 들었다. 그것은 『슈루띠 끼 떼르』에 나오는 다음 구절이었다.

뚜 아빠 아빠니 야다 까라 쁘히라 아뜨마 꼬 뚜 쁘라쁘따 호
나 잔마 레 마라 비 나히 마따 따빠 세 산따쁘따 호
조 아뜨마 소 빠람아뜨마 하이 뚜 아뜨마 메 산뜨루쁘따 호
야 묵끼야 떼라 까마 하이 마따 데하 메 아삭따 호

당신의 참나를 기억하라. 그리고 참나에 도달하라.
윤회의 속박에서 벗어나라. 고통으로 시달림을 받지 말라.
참나는 신이요, 빠람아뜨만이다. 참나 속에서 평화를 찾으라.
이것이 당신의 주된 과업이다. 몸에 집착치 말라.

이 시구는 나에게 숭고한 감정을 불러일으켰다. 나의 몸은 뒤틀리기 시작하였다. 나는 오두막 안으로 들어갔으며 명상이 시작되었다. 이제 명상하는 자는 내가 아니었다. 명상이 명상 그 자체를 나에게 밀어붙였다. 그것은 저절로 일어났다. 그것은 내

몸의 모든 관절 속에 있었다. 내 몸 속에 있는 모든 혈구들이 빨리 움직이고 있었고, 쁘라나가 놀라운 속도로 나디를 통해 흘러갔다. 그때 갑자기 붉은 빛이 엄청난 힘으로 내 앞에 다가왔기 때문에, 그것은 나의 내부에서 이제까지 살아왔던 것처럼 보였다. 그것은 크기가 2피트였으며, 밝게 빛나고 있었다. 나는 분명히 나 자신이 불에 타는 것을 보았지만, 외부에서는 불의 열기를 느끼지 못했다. 내 몸의 모든 기관들이 계속해서 딱딱거리는 소리와 펑 하며 터지는 소리를 시끄럽게 내고 있었다. 나는 그 빛에 관한 명상에 열중해 있었지만, 동시에 나의 내부에서 무슨 일이 일어나고 있는지를 완전히 알고 있었다. 강렬한 빛을 내는 붉은 화염은 곧 나의 내부를 뜨겁게 만들었고, 그때에 나의 구루에 대한 위대한 공경이 시작되었다. 그것이 끝났을 때, 나의 황홀감은 점점 줄어들었다. 나는 밖으로 나가서 나의 친구인 망고 나무 밑에 있는 그네에 앉았다. 그리고 다시 한 번, "그것이 뭘까? 내가 어떻게 그것을 보았지? 내가 무엇을 보았지?"라며 생각하기 시작했다.

　나는 항상 이러한 방식으로 나의 내적 경험들을 깊이 생각하곤 하였다. 그것들을 골똘히 생각하면서, 명상 중에 경험하였던 몸의 움직임들과 비전을 다시 검토해 보았다. 나는 많은 사람들을 만나지 않았으며, 어떤 누구와도 접촉하거나 함께 자리를 하지 않았다. 나는 항상 혼자 앉아 있었다. 똑같은 황홀감이 계속해서 일어나곤 했다. 나의 몸도 쑤시곤 하였다. 나는 여러 가지의 일들과 욕구들에 대하여 생각하고는 혼란에 빠지게 되었다.

수끼의 오두막 밖에서 바부 라오와 함께 앉아 있는 스와미 묵따난다.
그가 들고 있는 악기는 엑따르이다. 1951년.

이런 식으로 하루하루가 지나갔다. 바부 라오는 매일 아침에 와서는 밤에 되돌아갔다. 나는 방문객들에 대한 새로운 규칙을 만들었는데, 그것은 아무도 아침에 와서는 안 된다는 것이었다. 오직 저녁에만 달샨을 할 것이며, 그때도 사람들은 아주 잠깐 동안만 머물러 있어야 한다. 나는 이러한 내용을 담고 있는 게시물을 만들어서 붙여 놓았다. 예올라의 모든 사람들은 나의 규칙과 성격을 매우 잘 알았으며, 이것을 사랑과 존경의 마음으로 받아들였다. 왜냐하면 그들과 이웃 마을 사람들은 나를 대단히 사랑하였기 때문이다. 예올라에서 나는 청년기에서 성년기까지 살았으며, 그곳에서 마라띠 말을 배웠다. 이제 나는 예올라 근처의 수끼에 있는 사다나 오두막에서 두 번째의 탄생을 맞고 있었다. 예올라의 모든 헌신자들은 매일 저녁에 달샨을 하기 위해 찾아왔는데, 이들이 올 때 가지고 온 봉헌물은 나중에 쁘라사드로 골고루 나누어졌다. 나는 젊은이, 늙은이 할 것 없이 모든 예올라 사람들에게 사랑스러운 바바였다. 그들이 돌아간 후에, 나는 약간의 향기로운 둡에 불을 지피고는, 나의 사랑하는 구루데바에 대하여 명상을 하고 공경하였다. 그 후에는 약간의 우유를 마시곤 하였는데, 그 우유는 당시에 나와 함께 있었던 훌륭한 늙은 젖소로부터 짠 것이었다.

명상 중에 나는 모든 종류의 정서, 감정 및 동일시들을 갖곤 하였다. 때로는 타오르는 붉은 빛을 보고, 그것과 완전히 하나가 되곤 하였다. 때로는 내가 낙타처럼, 때로는 새처럼 느껴지기도 했다. 이따금 기쁨으로 가득 차 있기도 했다. 그러나 그 후에는 마음의 동요, 걱정, 불순한 생각들이 이어졌고, 그러다가 다시 구루에 대한 공경이 계속되었다. 나의 명상은 이러한 방식으로 지나갔다. 그렇게 하고 난 뒤에는 바깥으로 나가 망고 나무 아래에 앉아서 명상 중에 일어났던 일들을 곰곰 생각하였다. 그러다가 다시 한 번 온갖 종류의 불순한 생각들이 나에게 떠오르곤 하였다. 나는 사람들이 달샨을 하러 오지 못하게 했고, 내 발도 만지지 못하게 했다. 왜냐하면 나는 내 마음이 불순하며 내 가슴이 부정적인 것들로 가득 차 있다고 느꼈기 때문이다. 나는 나의 내면이 더럽다고 느꼈다. 나 자신이 마야로 둘러싸여 무지하다고 느꼈으며, 또한 다른 사람들로 하여금 나를 공경하게 하는 죄를 범해서는 안 된다고 느꼈다. 이 때 "이봐! 너 자신도 완전히 순수하지 못하잖아. 그런 주제에 바바인 체 하면서 왜 다른 사람들을 속여?"라는 생각이 나에게 떠올랐다. 때때로 나는 사람들에게 내 마음속에 일어나는 것들을 말해 주었지만, 그들은 그것을 받아들이려고 하지 않았다. 그들은 단지 내가 나 자신을 숨기기 위하여 이런 말을 하고 있다고 믿었다. 나는 남에게 폐가 되지 않도록 이렇게 말했으나, 사람들은 내가 바가반 니띠아난다로부터 무언가를 받고는 그것을 숨기고자 한다고 생각하였다. 그 결과로, 더욱더 많은 사람들이 매일 찾아왔다. 그럼에도 불구하고 나는 매일 혼자서 명상하는 시간을 가졌다. 나는 서로 다른 많은 경험들을 하였다. 때로는 슬펐으며, 때로는 행복하였다. 때로는 웃고, 때로는 울면서, 나는 나의 여정을 계속해 나갔다.

서서히 나는 외부 사람들과의 접촉을 줄여 나갔다. 왜냐하면 사람들이 나를 보러 올 때마다, 우리는 온갖 종류의 일들에 관하여 이야기를 하게 되며, 그러고 나면 나는 좋은 명상을 할 수 없었기 때문이었다. 나의 마음이 동요되었고, 이것이 명상을 방해하였다. 비전들이 나타나지 않았으며, 빛들조차 보지 못했다. 그 결과, 기분이 우울해지곤 했다. 이 외에도, 이들 만남은 나의 순수성에 좋지 않은 영향을 끼쳤으며, 내가 사다나를 하는 동안 거치게 될 경험들을 지연시켰다.

이 시기에는, 첫날 나에게 찾아왔던 우주 해체의 비전과 빛나는 빛과 같은 다양한 경험들에 대해서 나는 아무것도 이해하지 못했다. 오직 나중에 가서야 비로소 그것들이 모두 샥띠빠뜨와 관련된 과정의 일부분이었다는 것을 알게 되었다. 샥띠빠뜨는 단지 지고의 구루의 완전한 은총, 싯다의 축복 혹은 샴바바 입문을 가리키는 또 다른 이름에 불과하다. 그것을 경험해 본 사람들은 그것을 꾼달리니의 일깨움이라고 부른다. 망고 나무 아래에서 내가 가졌던 경험들은 나의 구루데바 니띠아난다의 은총 때문이었다. 즉, 그 경험들 모두가 그의 쁘라사드였다. 만약 내가 이 모든 경험들이 샌들과, 숄, 그리고 만뜨라의 비밀에 대한 그의 설명과 같은 그의 축복의 선물로부터 비롯되었다는 것을 이해했더라면, 그 경험들은 다른 즐거운 양상을 띠었을 것이다. 무슨 일이 있어났든지 그 모든 것은 니띠아난다의 은총 때문이었다. 나는 이 점을 나중에 나가드에 가서 그것에 관하여 기록된 책을 조금 읽고 난 뒤에야 알게 되었다.

냐네쉬바르 마하라지, 성자 뚜까람과 자나르단 스와미 같은 우리의 성자들은 그들의 시에서 이러한 경험들을 기록하고 있지만, 잘 알 수 없는 언어로 표현하였다. 완전한 경지에 도달한 이들 성자들과 현자들의 말은 인류에게 보여 준 완전하고 참된 신의 비전들이다. 이들은 개인과 우주의 참나를 깊이 성찰하였으며, 그들 자신의 사다나를 통하여 진리를 발견하고 그것에 관하여 기록하였다. 구도자들 가운데 일부는 이 진리를 지각하는가 하면, 어떤 구도자들은 그들의 가치의 정도에 따라서 지각하지 못하고 있다. 그러나 당신이 들어 보지도, 읽어 보지도 못한 온갖 종류의 경험들이 싯다 요가 헌신자들에게 일어난다. 만약 당신이 그러한 이야기를 정말로 우연히 발견하다 하더라도, 그것은 대개 비밀스러운 언어로 기록되어 있다. 그리고 당신은 사다나를 완성하여 당신에게 그 의미를 말해 줄 수 있는 그런 구도자를 찾지도 못한다. 이러한 이유로, 많은 수행자들은 이 놀랄 만한 사다나의 경이로운 과정을 이해하지 못한다. 그들의 마음은 놀라게 되고, 그들은 수행을 포기하고 만다. 많은 사다까들이 나를 찾아와, "바바지! 명상을 하기 위해서 앉자마자, 뱀이 와서 나를 물었습니다."라든가, "바바지! 명상을 위해 앉자마자, 발가벗은 여자가 나타났습니다. 그리고 나는 겁에 질려 버렸습니다."라든가, "바바지! 명상 중에 가장 무서운 생각들이 나타났습니다."라는 말을 해 왔다. 사다까들은 이와 같은 많은 난관들을 직면해야만 한다.

때때로 수행자는 싯다 요가의 신에 의하여 움직이기 시작한, 성스러운 샥띠의 은총을 통하여 오게 된 여러 가지의 동작을 보고 놀라게 된다. 그는 혼란에 빠지고, 수행을 포기하고 만다. 이렇게 되는 주된 이유는 자신의 사다나의 방향에 대한 무지 때문이다. 그가 무지 때문에 자신의 수행을 그만둘 때, 그는 또한 "이 길은 좋은 길이 아니야. 이 길로 가면 당신은 정신을 잃고 미칠 거야."라고 말함으로써 다른 사람들을 겁먹게 만든다. 예를 들자면, 지난해에 한 스와미가 나의 싯다 제자들 가운데 한 사람인 훌륭한 사다나 수행자가 몇 가지 요가의 동작을 하고 있는 것을 보았다. 그 스와미는 자신은 이미 사다나를 완성했다고 믿고 있었다. 그는 나의 제자를 찾아내어 옆으로 데리고 가서, "내 말을 들어라. 당신은 큰 실수를 범하고 있다. 이것은 요가가 아니다. 형제여! 나는 당신에게 경고하고 있다. 나는 완전한 사마디를 얻었다. 그런데 당신이 행하고 있는 것은 그것과는 아무런 관계가 없다. 당신은 곧바로 미치게 되든지 아니면 죽게 될 것이다."라고 말하였다. 그러고 나서 자신의 말을 훨씬 더 강조하고 상대를 훨씬 더 놀라게 하기 위하여, "당신은 며칠 안으로 죽을 것이다. 만약 죽지 않는다면, 한두 달도 안 되어 완전히 미치게 될 것이다."라고 덧붙여 말하였다. 그 제자는 나에게, "바바지! 여기에 있는 한 스와미가 저에게 이 모든 경고의 말로써 저를 놀라게 하였습니다. 그리고 그는 자신이 한 말을 그 어느 누구에게도 하지 말라고 말하였습니다."라고 편지를 썼다.

나는 그 편지를 몇 달 동안 묵히고 나서야 다음과 같은 답장을 보냈다. "나의 사랑하는 싯다 제자여, 형제여! 정해진 시간이 지났다. 이제 두 달이 아니라 네 달이 지났다. 당신의 사다나는 매우 잘 진행되고 있다. 당신은 여러 단계들을 통과하였다. 마음이 환희로 가득 차 있는 경험도 했다. 이것은 매우 좋은 일이다. 당신은 당신이 행하고 있는 사다나의 결실을 얻고 있으며 행복하다. 그러나 한 가지를 기억하라. 만약 앞으로 그 스와미를 만나거든, 의사에게 그의 건강과 머리를 검진시키고는 그 보고서를 자세히 읽어 보아라. 그리고 나서 그에게 '오, 모든 것을 아는 스와미지여! 당신은 나에게 두 달 안에 죽거나 아니면 미치게 될 것이라고 예언하였다. 하지만 그 어느 일도 일어나지 않았다. 그래서 나는 스와미지 당신이 단지 다른 사람들에게 의존하여 살아가고 있으며, 당신의 박학을 과시함으로써 부를 축적하고 있다는 것을 믿을 수밖에 없을 따름이다. 당신은 학식이 없으면서도 마치 학식 있는 것처럼 말하고 있다. 내가 생각하기에 미친 사람은 바로 당신이며, 당신이야말로 정말 미쳤으며, 당신은 당신 제자들의 집단을 분별없이 칭찬했기 때문에 그리고 거드름을 피우며 독단적으로 말했기 때문에 미친 것이다.'라고 말하라."
만약 그러한 일들이 일어난다면, 수행자는 자신의 사다나로부터 전락할 수 있다. 그러므로 경험이 많은 스승은 물론이고, 그와 같은 경험들에 관한 책이 필수적이다.

제 12 장

붉은 빛

나날이 나의 사다나는 발전했고, 명상은 깊어졌다. 명상의 초기에 보았던 아른아른 빛나던 빛은 사라지고, 대신 나의 안팎을 감싸면서 바로 내 전신으로 퍼져 나간, 나의 크기와 형태만 한 안정적인 붉은 오라가 자리 잡았다. 나는 오랜 기간 이 빛을 보았다. 수백만 개의 작은 빛들이 그 안에서 반짝이고 있었으며, 그것을 바라보면 나는 명상 속으로 완전히 몰입되었다. 때때로 내몸이 떨리거나 흔들렸으며, 어떤 때에는 전혀 움직임이 없었다. 어떤 움직임들이 내 몸 안에서 일어나곤 하였다. 또한 이전에 결코 해 본 적이 없던 여러 가지 요가 자세들이 매우 쉽게 일어나곤 하였다. 때로는 내가 개구리처럼 갑자기 뛰어오르거나 멀리 뛰기도 하였고, 어떤 때는 내 사지가 신들린 것처럼 격렬하게 흔들리곤 했다. 그리고 이것은 실제로 일어나고 있었던 일이다. 나의 구루의 모습을 한 위대한 신이 찌띠로서 내 전신에 퍼져 들어와,

그의 내면의 샥띠로 나를 흔들고 있었던 것이다.

사다까들에게 정보를 제공하기 위하여, 나는 나의 경험들을 지지해 주며 그 경험들이 일어난 차례를 보여 주는 냐네쉬바르 마하라지의 다음 시구를 인용하고자 한다.

아까샤챠 쉰다 까말라 니랄레

뜨야시 짜라 달레 쇼바따띠

아우따 하따 에까 안구슈따 두사레

빠르바르다 마수레 쁘라마나 헤

락따 슈베따 샤마 닐라바르나 아헤

삐따 께샤라 헤 마지 떼떼

따야짜 마까란다 스바루빠 떼 숫다

브람마디까 보다 하찌 잘라

냐나데바 므하네 니브리띠 쁘라사데

니자루빠 고빈데 자니 빠하따

요가의 신이요, 모든 구루들의 진정한 영혼이요, 깨달은 자의 황제요, 성스러운 연인들의 왕이요, 우리가 매일 기억하면서 존경할 가치가 있는 존재인 슈리 냐네쉬바르는 싯다 요가의 모든 단계, 즉 구루의 은총을 받는 데서부터 일어나는 상태와, 어떤 구도자가 가장 미묘한 것보다도 더욱 미묘한 경험들을 가지는 그러한 사다나 기간에 올 수 있는 미묘한 비전들을 이 시구에서 묘사하였다. 그것은 최상의 진리에 대한 완벽한 증언이다. 그것은 만뜨라이며, 영적 구도의 길을 밟고 있는 모든 사다까들을 위한 안내이다.
　이 시구의 완전한 의미는 다음과 같다.

　　몸 전체는 네 종류, 색깔 및 크기로 된
　　네 개의 잎을 가진 연꽃과도 같다.
　　이 꽃잎들 하나하나는 그 자체의 고유한 의미를 갖고 있다.
　　첫 번째는 거친 몸이다. 그것의 색깔은 붉다.
　　두 번째 잎은 우리가 잠을 자고 꿈을 꾸는 미묘한 몸이다.
　　그것은 엄지손가락만 한 크기이며, 그것의 색깔은 희다.
　　세 번째 잎은 원인의 몸이며
　　세 번째 손가락 끝과 같은 크기다. 그것의 색깔은 검다.
　　네 번째 잎은 초원인의 몸이며, 그것은 참깨 씨앗만큼 작다.
　　그것의 색깔은 푸르다. 이 마지막 몸이 가장 중요하다.
　　그것은 매우 찬란한 빛을 발한다. 그것이 사다나의 토대이다.
　　그것은 내면의 최고의 비전이다.

　구루의 은총의 힘은 미묘한 형태로 제자의 몸으로 들어가서는 수많은 위대한 일들을 행한다. 마치 매우 작은 불꽃이 잔디에 떨어져서는 순식간에 타오르는 큰 불이 되듯이, 찌띠 샥띠도 싯다 수행자의 몸으로 들어가서는 그의 샥띠와 결합하여 많은 기능들을 수행한다. 그것의 첫 번째 과업은 붉은 잎과 관련되어 있는데, 그것은 손 여덟 개의 크기로, 인간 몸의 크기와 동일하다. 이 몸은 행복과 고통을 경험하는 매체이며, 바로 이 몸을 통하여 사람은 죄를 짓거나 선행을 하게 된다. 이 몸을 통하여, 인간은 정의와 해방의 길을 추구한다. 지각의 다섯 기관과 행동의 다섯 기관, 다섯 개의 쁘라나와 네 개의 영적인 도구를 갖추고 있는 개인의 영혼은 눈에 거주하며, 거친 몸을 통하여 경험들을 한다. 붉은 몸은 깨어 있는 상태의 경험자이다. 이 몸이 없다면, 지바뜨만 즉 개인 영혼의 존재는 알려지지 않을 것이다. 이 몸 속에 있는 개인의 영혼은 비슈바로 알려져 있으며, 옴의 첫 번째 글자인 'a'로 표시된다.

꾼달리니 샥띠가 일깨워지면, 여러 가지 많은 움직임 즉 끄리야들이 거친 몸 안에서 일어난다. 이 끄리야들은 무의미한 것이 아니다. 즉, 그것들은 질병을 없애고 나디들을 정화시킨다. 이 끄리야들은 다른 몸들의 움직임들과 다르다. 보통, 많은 다양한 끄리야들이 일어나서는 장기간에 걸쳐서 계속된다. 붉은 빛에 관한 명상이 시작될 때, 매일 다양한 경험들을 하게 되며, 이 경험들을 통하여 집중력이 꾸준히 증가되며 나디들도 정화된다.

개인 영혼의 네 가지 몸

몸:	거친	미묘한	원인의	초원인의
크기:	1 1/2 크기 (전신)	엄지손가락	손가락 끝	참깨 씨앗
색깔:	붉은	흰	검은	푸른
상태:	각성	꿈	수면	뚜리야 (초월의)
이름:	비쉬바	따이자사	프랏냐	뚜리야
자리:	두 눈	목구멍	심장	사하스라라
상징:	A	U	M	☾ 초승달

제 13 장

딴드라로까

이 시기에 나는 내가 이미 신성한 샥띠빠뜨를 받았다는 것을 알지 못했다. 이틀 동안 나는 붉은 빛과 더불어 수많은 다양한 빛을 보았다. 명상 속에서 일어난 모든 것들을 완전히 의식하였으며, 또한 행복했다. 그 빛들을 볼 때 나는 발가벗은 사람과 아이들, 소들, 화려한 군마의 무리들을 보곤 했다. 때로는 이웃 마을의 사원에 있는 신들의 이미지들을 보곤 하였다. 매일 아침과 저녁에 각각 두 시간, 때로는 그 이상의 시간 동안 빼먹지 않고 명상하였으며, 그것도 위대한 사랑을 갖고서 명상하였다. 때로는 매우 순수한 도취 상태에 휩싸이기도 했는데, 아, 그것은 얼마나 황홀했던가! 그러나 나는 그것을 감당할 힘이 없었다. 그 도취 상태 속으로 몰입될 때면 잠에 떨어지곤 하였다.

앉아 있는 동안에 나는 딴드라로까 즉 딴드라 상태에 들어가곤 하였다. 이 상태에서 나는 잠자고 있는 것처럼 보이곤 했다.

그러나 그것은 보통의 수면 상태가 아니었다. 왜냐하면 매일 아침 깨어나는 그 수면 속에서, 나는 똑같은 황홀한 경험이나 어떠한 비전도 갖지 못했기 때문이다. 그러나 딴드라 명상의 수면 속에서 본 비전늘은 정말로 순수했다. 나는 앞으로 일어나게 될 일을 보았고, 그러면 그 일은 실제로 일어나곤 했다. 내가 어떤 사람이 오는 것을 보면, 그 사람이 오곤 하였다. 딴드라 상태에서 나는 다른 어떤 세계로 가고, 거기에서 얼마 동안 머물곤 하였다. 몇 번이고 되풀이해서, 나는 이 모든 것들로부터 일어나는 엄청난 황홀경에 나 자신을 완전히 내맡겨 버렸다. 명상 이후에는 기쁨과 즐거움과 사랑이 가득한 상태에서 하루 종일 보내곤 했다. 그리고 내 몸의 모든 단점들도 나에게서 떨어져 나가곤 하였다.

딴드라 상태는 잠이나 꿈꾸는 것과는 다르다. 그것은 전지의 상태이다. 이 상태에서 보이는 모든 비전들은 사실인 것으로 판명되었다. 나 자신의 경험을 통하여 볼 때, 나는 고대의 현자들과 예언자들이 실제로 투시력이 있었고 전지의 상태에 있었다고 확신하게 되었다.

딴드라 상태에 있다가 자리에서 일어난 후에, 나는 망고 나무 아래에 있는 그네로 가서 앉아, 내가 어떻게 이 딴드라 상태로 들어가게 되었는지에 대해, 그리고 방금 전 방문하였던 세계들에 관하여 생각하곤 하였다. 딴드라 상태는 샥띠의 완전한 자유와 영감으로부터 저절로 나에게 왔다.

매일 나는 그와 같이 명상을 하였다. 때로는 나의 몸이 뱀처럼 뒤틀리거나 꼬이곤 하였으며, 내부로부터 뱀의 쉿 하는 소리도 나오곤 하였다. 나의 오두막 근처에는 매우 멋진 코브라 한 마리가 살고 있었다. 그 뱀은 늙고 매우 현명하였다. 나는 그 뱀을 매일은 아니라 하더라도 일주일에 적어도 한두 번은 보았으며, 그 뱀은 그곳에 오랫동안 머물러 있었다. 다른 사람들도 이따금씩 그 뱀을 보았다. 나는 그 뱀을 매우 좋아했다. 나는 어떤 사람이 요가 사다나를 수행하는 곳이면 어디서나 요가의 신인 쉬바의 어떤 표식이 항상 있다는 말을 들어왔다. 코브라는 빠람마쉬바의 명확한 표식이다. 그를 보는 날에는 나의 명상이 특별히 즐거웠다. 나는 그 뱀을 '바바 나게슈와라'라고 부르곤 하였다. 코브라들은 영적인 도구들을 갖고 있으며, 성자들에 대한 대단한 존경심을 보여 준다. 나는 항상 운이 매우 좋았다. 그 뱀의 존재 이외에도, 나의 사다나가 요구하는 그 어떤 방식으로든 나에게 도움을 줄 준비가 되어 있는 수끼의 사람들이 있었다.

나는 식사량을 더욱 줄이기로 결정하고, 식단을 바꾸어 단지 약간의 쌀밥과 한두 접시의 간단한 야채만 먹기로 했다. 밤에는 약간의 우유만 마시는 것으로도 족하였다. 명상 동안에 좋은 느낌들뿐만 아니라 불필요한 분노, 유혹 및 잔인함 같은 나쁜 느낌들도 일어났다. 나는 10년 전에 나에게 불친절하게 대했던 어떤 사람을 갑자기 기억해 내고는, 그에 대한 분노로 내 마음이 가득 차곤 했다. 그러한 느낌이 사라진 뒤에는 자책감과 수치심을 느끼곤 하였다.

붉은 단계 때의, 즉 붉은 오라가 생기는 단계 때의 명상은 거

수끼의 망고 나무 아래에 있는 스와미 묵따난다, 1955년.

수끼의 오두막 앞에 있는 스와미 묵따난다, 1955년.

친 몸을 통한 명상이다. 이 붉은 단계가 발전해 감에 따라 나의 몸은 서서히 점점 더 여위고 가벼워져 갔다. 약을 먹지 않았는데도 지방질이 빠졌다. 때로는 손에 있는 신경을 타고 어떤 힘이 움직이는 것을 느끼곤 하였다. 때로는 쁘라나가 등의 아랫부분에 있는 신경들을 따라 매우 빨리 흐르곤 하였다. 나는 나의 내부에서 무엇이 그렇게 역동적으로 움직이고 있었는지를 이해할 수 없었다. 어떤 때는 목이 너무나 격렬하게 움직여서 타닥타닥 하는 소리가 크게 났으며, 그래서 나는 겁에 질렸다. 그것은 어떤 호흡의 불균형 때문이었을까? 나에겐 이와 같은 많은 놀랄 만한 몸동작들이 일어났다. 어떤 때는 목이 너무나 강력하게 머리를 상하좌우 사방으로 돌린 나머지, 목이 어깨 바로 아래에까지 구부러졌고, 그 결과 나는 나의 등을 볼 수 있었다. 그 강도가 약해졌을 때, 나는 다시 평온을 되찾았다. 그러나 이들 끄리야들을 이해할 수 없었기 때문에, 나는 항상 걱정과 두려움을 갖게 되었다. 그러나 나중에는 이것이 다름 아닌 여신 꾼달리니가 척추를 통하여 사하스라라로 올라가기 위하여 그 여신에 의해 생겨난 하타 요가의 과정이라는 것을 알았다. 어떤 때는 목이 회전했을 때 턱이 목구멍 아래에 있는 인후부의 옴폭한 곳에 고정되곤 하였다. 이것은 '잘란다라 반다'라고 하는, 신성한 하타 요가의 수축 혹은 잠금이다. 이 반다가 일어날 때, 또 하나의 동작이 아랫부분에서 일어났다. 즉, 나의 항문이 자동적으로 조였다 열렸다 하곤 했다.

명상 중에 나는 나의 몸에 있는 아주 복잡한 나디들 전부와 그 나디들을 따라 움직이는 쁘라나를 보곤 하였다. 나디들 내에서의 쁘라나의 순환은 잘못된 종류의 음식과 쾌락의 탐닉에 기인한 불순물에 의하여 장애를 받는다. 나는 싯다 요가의 끄리야들을 경험하고 난 뒤에야 이 순환 장애가 질병과 노쇠의 원인이라는 것을 깨닫게 되었다.

나의 구루데바의 바로 그 영혼인 사랑스러운 슈리 꾼달리니는 내 몸 전체에 퍼져 들어가서 이들 신체적인 끄리야들을 일어나게 하기 위하여, 스스로 많은 모습을 취했다. 때때로 그녀는 나를 연꽃 자세로 앉게 하고, 앞에 있는 바닥에 머리를 대게 한 뒤, 오랫동안 요가 무드라 자세를 취하도록 나를 잡아 두었다. 이 모든 동작들은 저절로 일어났다. 나는 내적인 영감을 통하여 요가에 관하여 배우고 있었다. 때로는 머리가 뒤로 젖혀지곤 하였다. 때로는 눈이 코끝에 집중되었으며, 이 자세에서 나는 대장장이의 풀무처럼 강력하게 숨을 들이쉬고 내쉬었다. 이러한 동작을 하는 동안 가끔씩 호흡이 완전히 없어지기도 했다. 나중에 나는 이것이 위장의 메스꺼움을 없애고 쁘라나를 완전히 정화시키는 바스뜨리까의 한 종류인, 일종의 쁘라나야마라는 것을 알았다.

제 14 장

욕망의 해체

매일 새로운 끄리야들과 새로운 경험들이 나타났다. 어느 날, 나의 몸과 감각들은 성욕에 사로잡히게 되었다. 나에게 일어나지 말아야 할 일이 나에게 왜 일어나게 되었는지 도무지 알 수 없었다. 나는 어떤 감각적 쾌락도 원치 않았다. 나는 세상과 모든 유형의 사람들과 모든 조건들을 이미 보았다. 왕으로부터 평민에 이르기까지 모든 사람들을 보아 왔으며, 그들에게 결국 무슨 일이 일어나게 되는지를 보아 왔다. 가네쉬뿌리에서, 온갖 종류의 사람들이 나의 구루데바를 보기 위하여 찾아오곤 하였다. 왜냐하면 성자는 모든 사람들에게 속하기 때문이다. 사업가, 부자, 위대한 예술가, 유명한 영화배우, 가수, 대중 연설가, 정부 고위 관리들이 있었다. 그들 모두에게는 이야기하고 싶어 하는 어떤 문제가 있었다. 그리고 그들은 무엇을 갖고 있더라도, 그들에게 부족한 것이 한 가지 있었으니, 그것은 건강한 몸이었다. 그들이 찾아와서 하는 이야기는, "바가반! 저는 제가 원하는 모든 것을 갖고 있습니다만, 저의 심장이 좋지 않습니다. 감각 기관들이 약합니다. 의사들은 여행을 하지 말며 음식을 많이 먹지 말라고 합니다." "바바지! 저의 위가 매우 아픕니다. 그 때문에 미국과 영국에서 수천 루피를 썼습니다만, 병은 아직 낫지 않고 있습니다." "바가반! 저는 모든 것을 갖고 있습니다만, 어떤 음식도 소화할 수 없습니다. 잠을 잘 수 없습니다. 그것을 치료하려고 20만 루피를 지불하였습니다." 등이었다. 어떤 사람은 귀가 나빴고, 또 다른 사람은 눈이 나빴다. 모든 사람들은 바가반 니띠아난다를 찾아와 그들의 고통과 불행을 털어놨다. 각자 무언가가 부족했고, 무언가가 없었다. 그래서 그들은 애처롭게 눈물을 흘리며 탄식했다. 어떤 사람은 부자였지만 건강이 좋지 않았고, 다른 사람은 건강하였지만 돈이 없었다. 또 다른 사람은 지식이 빈한한 문맹이었다. 어떤 사람은 추하고 못생겼다. 이쪽 사람에게는 남편이 없었고, 저쪽 사람에겐 아내가 없었고, 또 다른 사람에겐 아들이 없었다. 이런 식으로 찾아온 사람은 모두가 자신의 빈곤함을 가져와서는, 자신의 애처로운 상황을 이야기하곤 했다. 나는 조용히 귀를 기울이며 그 모든 이야기를 듣고, 이 모든 사람들로부터 어떤 교훈과 이득을 얻을 수 있을지 생각했다. 사실, 나의 상황도 그들의 상황과 같았다. 다시 말해, 나는 사다나와 참나 지식과 깨달음에 있어서 가난했다. 나는 창백하고, 불안하고, 병든 그들을 자세히 바라보았는데, 그들은 부자였지만 여전히 만족하지 못하고 있었다. 그들에게는 힘과 에너지가 전혀 없었고, 그들에게 있는 것이라고는 오직 더욱더 많은 새로운 병들뿐이었다. 나는 그 모든 것들의 원인이 성적인 육체의 낭비와 육욕에의 탐닉, 그리고 무엇보다도 불규칙적인 생활이라는 것을 깨달았다. 인간은 자신이 관능적 쾌락을 즐길 수 있다면 운이 좋다고 생각한다. 그는 자신이 쾌락을 즐길 것이라고 생각함으로써 자기 자신을 현혹시키고 있지만, 그의 쾌락이 사실상 그를 즐기고 있다는 것을 깨닫지 못하고 있다. 결국, 그는 온갖 종류의 질병에 고통 받는 희생자가 된다. 사람들은 여전히 이것에 대하여 불평을 하고 있다. 그래서 나는 계속해서 새로운 질병으로 고통당하는 사람들을 만나게 된다. 그 당시에, 바바지를 만나러 온 모든 사람들의 상태를 보고 난 뒤에, 나에겐 오직 한 가지의 욕망이 있었는데, 그것은 사다나에 대한 것이었다.

  내가 이 모든 것을 알고 있을진대, 왜 내가 성욕 때문에 괴로움을 당해야만 했던가? 나는 수끼에 있는 오두막에서 명상하고 있었으며, 명상 중에 붉은 빛을 보았다. 나는 행복했다. 그러고 나서 명상 중에 극히 치욕적인 한 끄리야가 일어났다. 그러한 일이 왜 나에게 일어나야 하는가? 나는 여기에서 그것에 관하여 이야기조차 하지 말아야 한다. 그것에 관하여 내가 이야기하는 것을 들은 사람이면 누구나 내가 분별이 없다고 말할 것이다. 대부분의 사람들은 "저것이 오늘날 산야시들의 모습이야. 그들은 단지 다른 사람들에 기생하며 살아가지. 가정을 지키는 사람의 생활이 더 나아. 왜냐하면 모든 것을 즐길 수 있으면서도 영적일 수 있기 때문이야."라고 말할 것이다.

이제 나의 부끄러운 이야기를 하고자 한다. 나의 사랑하는 어머니들이여, 나의 사랑하는 자매들이여, 여러분 모두는 샤띠의 다른 모습들이다. 나의 가증스러운 이야기 때문에 나에게 분노를 느끼지 말기 바란다. 나에게 축복을 내려 주고, 내가 그것을 말해야 하는 동기를 생각해 보라. 나의 사랑하는 독자들과 여타 사다까들이여! 내가 왜 이 글을 써야만 하는지를 이해해 보려고 노력해 보라.

명상에 잠겨 앉아 있을 때, 나는 신성한 붉은 빛을 보았다. 강렬한 느낌이 내면에서 일어나면서, 나는 몸이 흔들리거나 뛰어오르거나 떨리거나, 아니면 사방으로 움직였다. 나는 "구루 옴, 구루 옴"을 반복하면서 나의 안과 밖에 있는 구루에 관하여 명상을 하였고 구루에 대한 위대한 공경을 하였으며, 나의 구루와의 동일시에 더없이 행복하게 몰입하게 되었다.

그때, 나에게 일종의 파괴적인 명상, 다시 말해 관능적인 명상, 욕망의 명상이 일어났다. 그것은 얼마나 혐오스러웠던가! 나는 붉은 빛을 보았지만, 그 색깔이 바뀌었다. 그것은 내 몸 크기만 했으며, 동쪽에서 떠오르는 부드러운 아침 햇빛처럼 빛나고 있었다. 명상 중에 내가 느꼈던 모든 사랑과 도취 상태가 나에게서 떠나 버렸다. 니띠아난다와의 동일시도 사라져 버렸다. 나의 구루에 대한 공경과 '구루 옴, 구루 옴'이란 만뜨라도 사라졌다. 그 대신, 강력한 성욕이 그것들의 자리를 차지했다. 누가 그 성욕이 늘 숨어 있었던 곳을 알기라도 했겠는가? 그 성욕은 완전히 나를 사로잡았다. 결국 한 덩어리의 살점에 불과한 나의 성기에서 일어나는 통제할 수 없는 강한 힘을 보고 나는 놀랐다. 그 성욕은 점점 강렬하게 일어났다.

아, 슬프도다! 이것은 내가 첫날 겪었던 세계의 종말에 대한 경험보다 훨씬 더 나쁜 것이었다. 이제, 모든 것이 바깥쪽으로, 즉 섹스, 섹스, 섹스 쪽으로 향하였다. 나는 섹스 이외에는 아무것도 생각할 수 없었다. 내 몸 전체가 정욕으로 들끓었으며, 나는 나의 성기의 고통을 묘사할 수 없다. 그것을 어떤 식으로든 나 자신에게 설명하려고 노력했으나, 그렇게 할 수 없었다. 유일하게 좋았던 점은 내가 흔들리지 않고 연꽃 자세를 계속 유지할 수 있었다는 것이다. 그것은 예나 다름없이 안정적이었다.

내가 눈을 감자, 나는 바로 내 앞에서 발가벗은 아름다운 여자를 보았는데, 그것은 붉은 빛 안에 있었다. 비록 그녀를 보고 싶지 않았지만, 그녀는 나타났다. 공포와 자책감으로 가득 차서, 나는 눈을 떴다. 성스러운 붉은 빛이 여전히 보였다. 그 빛 속에는 발가벗은 여자인 자가담바가 여전히 서 있었다. 눈을 감아도 여전히 그녀는 그곳에 있었으며, 눈을 떠도 역시 그곳에 있었다. 내가 달리 어떻게 할 수 있었겠는가? 이 난처한 입장을 누구에게 이야기할 수 있겠는가? 그것은 모두가 나의 의지에 관계없이 억지로 나에게 강요된 것이었다. 나의 성기의 욕망이 얼마나 강력했던가! 오직 바가반 니띠아난다나, 혹은 똑같은 경험을 해 본 사다까만이 이해할 수 있을 것이다. 나는 양심의 가책에 압도되어 더 이상 명상할 수 없었다. 왜냐하면 나는 이 성욕을 기억해 둘 것이기 때문이었다. 나는 놀라고, 부끄럽고, 불만스러웠다.

그것은 나의 뇌에 영향을 주기 시작하였다. 나는 곰곰이 생각하였으며, 그러자 나의 걱정은 증가하였다. 나는 "이 재앙은 어떤 무서운 죄의 결과"라고 생각하였다.

나는 밖에 나가서 그네 위에 앉았으나, 여전히 같은 생각만이 떠올랐으며, 그것은 나의 자책감을 더해 주었다. "나의 이 결점은 무엇인가? 오! 이제 나는 어떻게 하면 좋은가?"

오후가 되자 명상을 조금 하였지만, 똑같은 나신의 여자가 나타났다. 그녀는 이따금 웃기도 했고, 미소도 지었으며, 서 있기도 했고, 앉아 있기도 했다. 나는 차마 더 이상 그 여자를 볼 수가 없었다. 내 감각을 고요하게 정화시켜 주었고, 또한 내가 지고의 황홀경을 맛볼 수 있도록 내 가슴에 갑자기 넘쳐흐르는 사랑을 가져다준, 그 초기의 비전들은 모두 사라지고, 그 비전들의 정반대 것만을 남겨 놓았다. 나의 성기는 자극을 받아 흥분하고, 힘이 강력해지곤 했다. 재빨리 나를 명상에서 일어나게 만드는, 다른 부끄러운 일들도 일어나곤 했다.

밤에 명상할 때도 같은 일들이 일어났다. 처음에는 명상이, 그 다음에는 붉은 여신의 오라가 나타났다. 나의 마음은 기뻤으며, 나의 가슴은 기쁨으로 가득 채워졌다. 그때는 깊은 믿음과 존경심으로 구루를 숭배하고, 구루와의 강한 동일시의 감정이 일어나며, 구루에게 완전히 몰입하게 되었다. 그러고 나서 갑자기 빛이 바뀌면서, 똑같은 나신의 여자가 나를 뒤쫓아 왔다. 그 여자는 잠시 동안 선정적인 자세로 내 앞에서 춤을 추고는, 뛰기도 하고 내 주위를 돌기도 하였다. 눈을 떠도, 나는 여전히 그녀를 보았다. 나는 감각에 대한 통제력을 잃어가고 있었고, 돌이킬 수 없는 어떤 일이 일어날까 봐 두려웠다.

　나는 몸을 더 약하고 여위게 하고자 결심하고는 우유 마시는 것을 중단했고, 물의 섭취도 줄여 나갔다. 마음의 혼란 때문에 밤에는 잠을 이룰 수가 없었다. 나는 가네쉬뿌리를 기억하고는 바가반 니띠아난다에 대하여 오랫동안 생각하였다. 그에게 절을 하고는 잠에 떨어지곤 하였다. 아침에는 일찍 일어났다. 때로는 3시에 목욕을 했고, 그러지 않으면 손과 발만을 씻었다. 그러고 나서 만뜨라들로 충전되어 있는 성스러운 재를 몸에 바르고 명상하기 위하여 앉았다. 내가 앉자마자, 나의 명상은 전력을 다해 시작되었다. 내 몸 크기의 붉은 오라가 즉시 일어났다. 나는 구루에 대한 완전한 숭배를 하였다. 거의 곧바로 깊은 사마디에 들었으며, 그러고 나서 갑자기 성욕으로 가득 차게 되었다. 나신의 여자가 나를 따라다니면서 내 앞에 섰다. 그녀는 나에게 점점 더 고통을 주었다. 그녀는 단 하나의 일로 나를 괴롭히고 있었다. 즉, 그녀는 나의 신성한 금욕의 맹세를 무너뜨리고 싶어 했다. 그녀가 어디로부터 왔는지는 아무도 모른다. 그녀를 초대한 사람이 아무도 없었기 때문이다.

　그녀는 나에게 어떤 것도 요구하지 않았다. 단지 나의 명상을 파괴하고, 나의 성기를 교란시키고, 나의 맹세를 깨뜨릴 수 있는 것은 무엇이나 하고자 하였다. 나에게 무슨 일이 일어났는가? 그때가 나의 생애에서 가장 고통스러운 시기 가운데 하나였다. 그전에는 한 번도 그러한 문제와 마주친 적이 없었다.

잠시 뒤에 나의 명상은 끝났다. 나는 바깥으로 나가서 평소 앉던 벤치에 조용히 앉았다. "내가 어떻게 해야 하나? 이 무서운 재앙으로부터 나 자신을 어떻게 구할 수 있을까?"라고 생각하였다. 나의 고통, 걱정 그리고 가벼운 광기는 증가되었다. 나는 기분이 대단히 침체된 상태로 거기에 앉아 있었다. 나는 모든 여자들을 두려워하기 시작하였다. 나의 용기도 점점 줄어들었다. 내가 음란한 행동에 빠질까 봐 두려웠다. 요가에서 타락하고, 요가의 길을 벗어나고, 그리고 자신의 모든 좋은 까르마를 파괴시켜 버린, 이전 시대의 모든 사다까들을 계속 생각했다. 나는 아자밀라, 수르다스 그리고 심지어 성자 뚤시다스에 대한 이야기들을 기억하고는 울었다. 호색의 왕인 까마라자의 압도적인 힘이 나를 두렵게 하였다. 나는 싯다사나를 통달함으로써 나의 성기를 생명이 없는 무용지물로 만들어 버렸다. 그럼에도 불구하고 이 죽은 감각은 다시 생기를 되찾았다. 그것은 놀라운 일이었다. 엄청나게 놀라운 일이었다. 나는 빠라샤라가 자신의 배에서 행했던 옛날의 이야기가 생각났다. 이러한 많은 사건들을 곰곰이 생각하면서, 나는 대단한 고통을 느꼈다. 심지어 오후 명상 동안에도 성기의 요동은 증가되었다.

집주인의 아내가 나의 음식을 요리해 왔기 때문에, 나는 그 집주인에게 여자가 아닌 남자가 내 음식을 요리하도록 부탁했다. 나는 오직 약간의 밥만을 먹기 시작했다. 야채는 더 이상 먹지 않았다. 배가 반쯤 차면 밥상에서 일어나 물을 조금 마시곤 했다.

어느 날, 밖으로 걸어 나가면서, 나는 "이 모든 상황에서 나를 구하기 위해 내가 할 수 있는 일은 무엇일까? 내가 무엇을 해야 하는지를 나에게 말해 줄 수 있는 사람이 과연 누가 있겠는가? 내가 싯다사나를 통하여 성기를 무력화시킨 이후에도 성기가 정상으로 되돌아온 것을 보면, 희망을 걸고서 착수할 수 있는 일이란 도대체 무엇일까?"라는 생각을 했다. 이런 생각을 할 때, 나는 점점 불행해졌으며, 점점 비참하고 미칠 지경이 되었다. 늦은 오후가 되었다. 약 20마일 떨어진 바이자뿌르에, 내가 굉장히 좋아하는 하리 기리 바바라는 싯다가 살고 있었다. 나는 그를 계속 생각하였다. 그는 나를 구해 줄 수 있을지 모른다, 그러지 않으면 나는 다음 날 무서운 운명을 맞이할 것이라는 예감이 들었다. 이 일들은 너무나 비밀스러운 것이어서 누구에게나 말할 수 없었으므로 나는 울고 또 울었다. 너무 울어 머리가 무겁고 귀가 멍멍하였다. 저녁이 되었다. 나는 아무것도 먹지도 마시지도 않았다. 잠시 후에 바부 라오가 도착하였다. 그가 나에게 말을 걸었지만, 나는 듣지 않았다. 나는 "오, 나의 마음이여! 흐트러지지 말라."라고 혼자 말을 하기 시작했다.

나는 여느 때와 마찬가지로 저녁 명상을 시작하였다. 그것은 좋은 명상이었다. 요기들의 좋은 행운인 붉은 오라가 일어나면서, 나의 눈앞에서 반짝이는 헤아릴 수 없이 많은 작은 샤프란 색깔의 불꽃들이 빛을 발하고 있었다. 나는 구루데바에 대한 숭배를 시작하였으며, 그와의 동일시에 몰입하게 되었다. 많은 서로 다른 무드라들과 상태들을 경험하였으며, 곧 이어 내면에서 알아들을 수 없는 어떤 소리를 들었다. 매우 행복했다. 바로 이 행복한 순간에, 치장을 한 보석들을 제외하고는 발가벗은 여신이 나타났다. 나는 그녀를 보았고, 그리고 곧 눈을 떴다. 그러나 여전히 그녀를 볼 수 있었다. 바로 전에 있었던 나의 기쁨은 사라지고, 나의 자세는 망가져 버렸다.

천천히 나는 일어나서 바깥으로 나갔다. 망고 나무 아래에 앉아 기다렸다. 자정이 되어 잠자러 안으로 들어갔지만, 마음은 전날처럼 평화롭지가 못하였다. 나의 마음은 미친 듯 혼란스러웠다. 잠을 잘 수 없었다. 새벽 3시까지 몸을 뒤척이다가 결국 눈을 조금 붙일 수 있었다. 곧 이어 일어나서 목욕을 하고는 명상을 위하여 앉았다. 기분이 좋지 않았다. 아픈 데는 없었지만 불안하고 혼란스러웠다. 나는 사방을 향해 절하고, 모든 신들의 마음을 달래 주었다. 곧 이어 명상을 위하여 앉았다. 명상은 매우 빨리 왔으며, 곧 딴드라 상태에 들어갔다. 붉은 오라가 나의 안팎 모든 곳에서 반짝였다. 내 몸은 어떤 끄리야들로 움직였다. 목구멍은 잘란다라 반다로 잠시 동안 막혀 버렸고, 동시에 나는 물라반다 자세를 취했다. 이내 이들 잠금 상태는 해제되었다. 나는 분명치 않은 흐릿한 소리가 내부에서 나는 것을 들었으며, 그 소리에 귀를 기울이자, 내 마음은 그것에 집중되었다. 그것은 더없는 기쁨이었으며, 더없는 기쁨 이외의 아무것도 아니었다. 곧 이어 커다란 서양 자두보다 조금 더 큰 타원형의 흰 빛이 붉은 빛과 함께 나타났다가, 재빨리 다시 사라졌다. 이 새로운 경험에 용기를 얻어 나는 사랑의 마음으로 나의 구루에 대한 공경과 구루 명상을 하기 시작하였다. 모든 신들과 여신들의 마음을 달래 주었던 일을 생각해 내고, 그 때문에 나의 명상이 이렇게 잘 되었다고 생각했다. 갑자기 붉은 빛의 색조에 변화가 있었지만, 그래도 여전히 그것은 붉은 빛이었다. 그리고 곧 무슨 일이 일어났겠는가? 그 여자가 나타났다. 그것은 너무했다. 나는 당황하였다.

이번에는 그 여자가 아름답게 치장해 있었으며 굉장히 매력적이었다. 나의 마음은 매우 동요되었다. 나의 성기는 대단한 힘과 함께 흥분하였다. 나는 눈을 떴다. 나는 여전히 바깥에서 그녀를 보았다. 눈을 감았지만, 안에서 그녀를 보았다. 나의 생식기는 허리에 걸치는 옷을 뚫고 배꼽 속으로 강하게 파고들었으며, 얼마 동안 거기에 머물러 있었다. 누가 나를 이처럼 강간하고 있는가? 나는 완전히 의식을 갖고 있었지만 명상은 중단되었다. 나는 명상 때 보통 허리 이외의 나머지 신체 부분은 실오라기 하나 없이 그대로 노출시키는 그런 회교도들이 착용하는 허리 두르는 천을 걸치고 있었다. 나는 그 허리에 두르는 천이 찢어진 것을 발견하고는 매우 화가 났으며, 또 너무나 화가 나서 마음이 우울하였다. 아침 5시였다. 나는 일어나서 허리에 걸치는 새로운 옷을 입고서는 밖으로 나갔다. 아무도 나를 알아보지 못하는 곳으로 갈 결심을 하였다. 나의 마음은 소름끼치는 상태에 처해 있었다. 나는 앉아서, "이제 나는 미치든지 아니면 무서운 짓을 하든지 할 거야."라고 생각했다. 그리고 나의 까르마를 기억하고는 매우 걱정하였다.

그네에 조용히 앉아 있으니, 아침이 왔다. "어디로 갈까? 여기는 좋지 않아. 그것은 사다나가 아니며, 신의 은총도 아니다. 그것은 이전에 지은 내 죄의 결과다."라고 나는 생각하고 있었다. 이 모든 것들을 생각하고 있을 때, 딴드라가 나에게 왔으며, 그래서 안으로 들어가서 명상을 위하여 다시 앉았다. 그것은 즉시 시작되었다. 이제 나는 사자처럼 포효하기 시작하였다. 나의 혀가 바로 입 밖으로 나왔다. 나는 45분 동안 포효를 계속하였으며, 더욱더 놀라게 되었다. 이번에는 성욕은 없었지만, 내가 하나의 위험에서 벗어나는 것은 또 다른 위험을 만나기 위한 것처럼 보였다. "하늘에서 떨어져도 야자나무에 꽂힌다."라는 속담이 있는데, 그때 나의 느낌이 바로 그러했다. 내가 사자와 하나가 된 현상은 더욱더 나를 당황하게 하였다. 나는 떠나기로 결심하였다. 이러한 국면과 기분 및 상황은 모두가 싯다의 은총으로부터 온 싯다 요가의 성스러운 끄리야들이었지만, 내가 이것을 알지 못하였기 때문에 행복했어야 할 때에 혼란에 빠져 있었던 것이다.

  그 후 얼마 안 있어, 나는 소형 이륜마차인 똥가가 들판을 가로질러 오는 것을 보았다. 나는 앞에 앉아 있는 마부를 볼 수 있었지만, 승객이 누구인지는 알아볼 수 없었다. 똥가가 망고 나무 가까이로 왔다. 어떤 사람이 내렸으며, 나는 그 사람이 매우 기이한 아바두따이자 위대한 싯다 요기인 하리 기리 바바란 것을 알았다. 나의 마음은 기쁨으로 채워졌다. 나는 그네에서 내려와, 거기에 서서 그를 기다렸다. 그는 똥가에서 내리자, "오 왕이여, 오 황제여, 오 스와미여! 일어나라, 일어나라."고 나에게 소리치기 시작했으며, 이 말을 하고는 갑자기 큰 웃음소리를 터뜨렸다.

이 위대한 성자는 모든 것을 알고 있었다. 그는 항상 웃고 있었다. 그는 비싼 구두를 신고, 비단 터번을 머리에 감고, 코트 하나 위에다 서너 개의 코트를 걸친 채, 강둑을 따라 거닐곤 하였다. 그는 배고플 때마다, "뭣 좀 주세요. 먹을 것 좀 주세요."라고 누구에게나 큰 소리로 말을 하였으며, 그리고 곧 먹었다. 음식을 먹고 난 뒤에는 손을 씻고 떠났다. 그는 성자였지만 떠도는 유령과 같았다. 그는 강에서 작은 돌들을 수집하였다. 그리고 돌을 이것저것 보면서, "그래…… 매우 좋군. 너 같으면 20만 루피의 가치는 돼."라고 말하곤 했다. 이처럼 혼자 중얼거리며 혼자 돌아다녔으나, 항상 매우 빨리 걸었다. 그는 새벽 2시에 강둑으로 가서, 동이 트면 돌아오곤 했다. 그가 말을 할 때는 무슨 말을 하는지 알아듣기가 힘들었다.

하리 기리 바바가 나에게 다가왔고, 나는 그에게 인사를 하였다. 나는 하리 기리 바바를 매우 좋아했으며, 그 역시 나를 사랑하였다. 나는 "바바, 사태가 저에게 불리하게 진행되고 있어요. 저는 좋은 상태가 아닙니다."라고 말했다. 그는 "알고 있다. 2루피만 다오. 말해 줄 테니."라고 말했다. 나는 그가 농담할 때 즐기는 버릇을 알고 있었다. 그가 올 때마다, 또 당신이 그에게 무언가를 물어볼 때마다, 그는 돈을 요구하곤 하였다. 지금도 그는 약간의 돈을 요구하였다. 나는 그에게 2루피를 주었다. 그는 마라띠 말로 나에게 이렇게 말했다. "오, 황제여! 당신의 건강 상태는 좋다. 사태도 매우 좋아질 것이다. 당신은 신이 될 것이다. 당신에겐 이로운 고열이 있다. 많은 사람들이 그 고열과 접촉하게

짤리스가온에서 하리 기리 바바와 함께 있는 스와미 묵따난다, 1953년.

됨으로써 그들의 병이나 고통은 치유될 것이다. 당신은 많은 사람들을 만날 것이다." 그는 이 말을 하고 난 뒤에 떠나갔다. 나는 그와 함께 얼마를 걸어갔고, 곧 이어 그는 "가라, 가라. 당신은 다시 오기 위해서 가야만 한다. 두려워하지 말라."고 말했다. 그리고 정말로 그는 떠났다. 인근에 있던 사람들이 "하리 기리 바바가 왔다."라고 외치면서 달려가기 시작했다.

나는 돌아와서 그네 위에 앉았다. 내가 그날 아침에 있었던 성욕과 사자로 변했던 과정을 기억했을 때, 나의 심적 혼란은 다시 돌아왔다. 그것은 점점 더 악화되어 갔다. 왜냐하면 마음은 그것이 항상 생각하는 것처럼 된다는 것이 마음의 성질이기 때문이다. 마음이 그 무엇을 생각하든 간에, 마음은 그 대상과 관계되며, 바로 그 대상의 성질을 띠게 된다. 나는 다음 시를 매우 좋아한다.

조 마나 나리끼 오라 니바라따 따우 마나 호따히 따비꾸 루빠
조 마나 까부슈 고로다 까라이 뿌니 따우 마나 하이 따바히 따다루빠
조 마나 마야히 마야 라따이 니따 따우 마나 부다따 마야께 꾸빠
순다라 조 마나 브랍마 비짜라따 따우 마나 보따히 브랍나스바루빠

밤낮 여자에 열중해 있는 마음은 여자의 성질을 띠게 된다.
항상 화를 내는 마음은 화의 불길로 타 버린다.
항상 마야를 생각하는 마음은 마야의 웅덩이에 빠져 죽는다.
오, 순다르여! 항상 브람만에 거주하는 마음은 결국 그것이 된다.

이것은 위대한 헌신자인 시인 겸 성자인 순다르다스가 진리에 대해 말한 것이며, 그것은 완벽한 진리이다. 성적인 흥분과 사자 끄리야라는 이 두 개의 커다란 환영이 나의 마음을 완전히 장악했던 것이다.

나는 오랫동안 예올라에서 잘 살아왔다. 나는 자존심이 강한 사람이었다. "왜 내가 사람들에게 알려져야 하는가? 나를 아는 사람이 아무도 없는 깊은 정글 속으로 들어가는 것이 더 좋겠다."라고 생각하였다. 그래서 당장 떠나기로 결정하였다. 나는 일어나서, 곧 내가 공경했던 나의 사랑하는 구루데바의 사진을 가슴에 갖다 대고 이렇게 말했다. "저를 용서하여 주십시오. 제가 할 수 있는 일은 이것밖에 없습니다. 당신은 모든 것을 주는 분이지만, 저는 운이 없습니다." 나는 몇 번이고 그에게 인사를 하고는 사진을 다시 제자리에 갖다 놓았다. 그리고 나의 오두막을 바라보면서, "사랑하는 오두막이여! 내가 언제 다시 너를 볼 수 있을지 모르겠다. 오랫동안 너는 나에게 많은 행복을 주었다. 나는 너에게 인사드린다."라고 말했다. 그네를 만지면서, 그네에게도 인사를 하였다. 나는 내 사랑하는 망고 나무를 끌어안고는 "나는 너의 그늘에서 수많은 날들을 보냈다. 내가 이제 달리 무엇을 할 수 있겠는가? 나는 어찌할 도리가 없구나. 이제 나는 너를 떠나가야만 한다."라고 말했다. 그리고 오두막 안으로 들어가서 황토색 옷을 벗고, 그 옷을 말아서 꾸러미를 만들어 가지고는 그것을 망고 나무에 높이 걸어 놓았다. 왜냐하면 산야사의 다르마를 더럽히는 어떤 일도 해서는 안 된다고 느꼈기 때문이다. 이

후 오랫동안 나는 흰 옷만을 입었다. 나는 오두막의 문을 열어 놓았다. 나는 허리에 두르는 옷과 어깨에 걸치는 숄을 착용하고, 손에는 물그릇을 들었다. 그리고 어느 누구에게도 한 마디 인사도 하지 않고 동쪽을 향하여 떠났다. 잠시 후, 오두막이 시야에서 사라지기 전에, 나는 걸음을 멈추고 오두막을 바라보았고, 다시 한 번 오두막에게 인사를 하였다. 나의 마음은 고통과 양심의 가책으로 가득 찼다. 나는 산을 향하여 즉 사야드리 산맥의 일부를 향하여 다시 출발했으며, 곧 산중에 이르게 되었다. 멀리 가고 싶었다. 나중에 비록 나의 몸이 어딘가에서 쓰러진다 하더라도, 그것은 문제가 되지 않을 것이다.

여행을 하는 도중에 다우라따바드 성채를 지났다. 곧 이어 예올라 근처에 있는 기리쉬네쉬바라라고 일컫는 성지가 있는 방향으로 나아가면서, 나는 나가드 마을을 우연히 보게 되었다. 사야드리스 산의 정상에 서서는 북쪽을 향해 바라보았다. 내 아래로 크고 달콤한 라임과 오렌지 과수원 하나와 크고 작은 망고 과수원들, 그리고 사탕수수 농장들을 볼 수 있었다. 그 무렵 배고픔으로 너무 고통스러워, 그 과수원들 중 한 곳을 향하여 출발했다. 과수원 주인은 요가를 공부하고 사두들과 성자를 아주 사랑한 부유한 농부였는데, 그의 이름은 다가두 싱이었다. 그는 나에게 다가와, 내가 누구인지를 물었다. 곧 이어 나를 자신의 집으로 초대하고, 사랑이 가득 찬 마음으로 나에게 끼짜리를 만들어 주었다.

주위를 둘러보니, 작은 사다나 오두막이 눈에 띄었다. 전에 그

스와미 묵따난다, 1953년, 까사라에서.

곳은 사다나를 하였던 한 요기가 있었던 곳이다. 다가두 싱은 내가 그곳에 머물 수 있도록 주선해 주었다. 오두막 안에 들어가서 자리에 앉자, 나의 다리는 그 즉시 연꽃 자세로 포개졌으며, 그래서 나는 명상하기 시작하였다. 나의 사랑하는 붉은 오라가 나타나 내 앞에 섰으며, 곧 이어 "벽장을 열고 그곳에 있는 책을 읽어라."는 내면의 목소리가 들렸다. 처음에는 그 소리에 어떤 주의도 기울이지 않았지만, 두 번째와 세 번째로 같은 말을 들었을 때, 나의 명상은 중단되었다. 나는 눈을 떴다. 그곳에는 낡은 벽장 하나가 있었고, 그 안에 책이 한 권 있었다. 나는 그 책을 꺼내서 펴 보았다. 그것은 나에게 일어나고 있었던 바로 그 끄리야들을 설명하고 있는 페이지였다. 그것을 읽었을 때 나는 지고로 행복했다. 일순간에 나의 모든 고뇌와 혼란, 걱정이 사라졌다. 나는 이제 나에게 일어났던 모든 것들이 나의 구루데바인 바가반 슈리 니띠아난다의 가득한 축복의 결과라는 것을 이해하였다. 그것은 모두가 싯다 마하 요가의 과정의 일부분이었다. 그것은 영적 깨달음으로 가는 길이었다. 이제 나의 문제가 해결되었으므로, 나는 아주 만족스럽게 끼짜리를 먹을 수 있었으며, 그 후에 잠을 푹 잤다.

나는 얼마 동안 나가드에 머물면서 사다나를 했다. 이제는 성적 욕망의 시작이 샤띠빠뜨를 줄 힘을 얻는 우르드바레따가 되는 과정과 연결되어 있다는 것을 이해했다. 스와디스따나 짜끄라가 관통될 때, 성욕은 매우 강해진다. 그러나 이것은 성적 유동체의 흐름이 위로 역행하고, 사다까의 정욕이 영원히 파괴될 수 있도록 일어난다. 이 과정의 중요성과 의미를 알았을 때, 나는 매우 행복했다. 더 이상 무슨 말을 글로 쓸 수 있겠는가? 전에 맛본 황홀경이 다시 나에게 돌아왔다. 명상 중에서 보았던 발가벗은 여인이 너무나 많은 어려움을 일으킨 것은 오직 내가 무지했고 마음이 혼란스러웠기 때문이다. 사실, 그녀는 위대한 꾼달리니 여신인 마하데비였다. 나는 어머니 여신에게 용서를 구하고, 그녀를 찬미하는 노래를 불렀다. 그때부터 나의 명상은 매우 좋아졌다.

그 다음 날, 어머니 꾼달리니는 다시 붉은 오라 속에 서 있었지만, 이번에는 지고로 성스러운 그녀의 아름다움을 볼 수 있었다. 그녀는 신성한 은총의 사랑스러운 힘이었다. 그녀를 바라보았을 때, 나는 나의 좋은 행운을 깨닫고 그녀에게 인사를 하였다. 그러자 그녀는 붉은 빛과 하나로 통합되었다. 이제 이 샤띠가 나의 구루가 되었다. 그녀가 나에게 발가벗은 모습으로 나타났던 것은 단지 내 마음이 발가벗은 상태로 있었고 참된 지식이 없었기 때문이다. 나에게 정욕의 감정이 일어난 것은 그녀가 위대한 샤띠 꾼달리니라는 것을 깨닫지 못했기 때문이다. 나는 그녀를 필멸의 인간으로, 즉 이 세상의 보통 여자로 간주했던 것이다. 그래서 나의 고뇌는 그러한 무지의 결과였다. 그러나 이제 그 모든 것은 끝났다.

나가드는 한적하고 아름다운 장소였다. 나의 명상은 자동적으로 향상되었다. 나는 명상 요가에 도움이 되는 몇 가지 경험들을 기술하고 있는 『마하요가 비냐나』와 같은 책들을 공부하였다. 나는 다른 사람을 시켜 『요가바니』와 『샥띠빠뜨』 같은 그와 유사한 다른 책들을 가져오게 하였다. 『마하요가』는 쉬바파 철학에서 매우 중요한 위치를 점하고 있다. 『쉬바 수뜨라』, 『쁘라띠야비냐흐리다얌』, 『딴뜨라로까』, 『쉬바 드리쉬띠』 및 기타의 책들에서, 우리는 성자들이 그들 자신의 경험에 비추어 샥띠빠뜨와 싯다의 은총과 어머니 꾼달리니의 역동적인 유희에 대하여 말한 내용을 읽을 수 있다.

제 15 장

자연스러운 요가 동작들

이제 나의 요가 수행은 매우 빨리 향상되기 시작했다. 그렇게 된 까닭은 신성한 샥띠빠뜨와 위대한 싯다의 은총과 신의 경지에 도달하려는 불타는 욕망, 이 세 가지가 결합되었기 때문이다. 전에는 나에게 한 가지가 없었다. 즉, 샥띠빠뜨 이후에 일어나는 경험들과 요가의 끄리야들에 대한 지식이 없었던 것이다. 이제 그 모든 것을 나에게 설명해 주는 책들을 읽었기 때문에, 더 이상 나를 붙잡아 둘 것은 아무것도 없었다. 나의 사다나는 홍수 때 큰 강물의 유속처럼 빨리 진척되었다. 매일 새로운 끄리야들이 나에게 일어났다.

   나는 매일 새벽 3시에 일어나 명상을 하기 위해 앉았다. 그리고 앉자마자 강력한 힘에 사로잡혔다. 이 힘이 갑자기 나에게 일어날 때는 붉은 오라가 빛났다. 붉은 오라의 한가운데서 전에 본 적이 없는 타원형의 흰색 모양이 나타났다가 사라지기를 반복하곤 했다. 그 후에는 다시 붉은 오라만이 있곤 했다. 나는 너무 기쁜 마음으로 나의 구루를 공경했고, 내가 안팎으로 그를 공경할 때, 내 마음의 모든 변화는 그쳤다. 이 후에 세 개의 반다들이 자동적으로 일어났다. 발뒤꿈치가 저절로 항문에 채워져 항문을 수축케 했다. 물라 반다라고 하는 이 끄리야를 통해 아빠나는 위로 끌려 올라간다. 그것은 쁘라나의 상승 동작과 아빠나의 하강 동작을 같게 하고, 이를 통하여 노령과 병이 없어진다. 사다까가 연꽃 자세로 앉아서 이 자세를 통하여 쁘라나를 지배할 때, 그는 생각이 없는 상태에서 자기 자신을 안정시키는 능력을 얻는다. 개구리 동작도 이 자세에서 일어난다.

이와 동시에 나는 숨을 내쉬었고, 내 배는 안으로 당겨져 명치에 작은 오목한 부분이 생겼다. 마치 공기가 배꼽 아랫부분에서부터 위로 끌려 올라오는 것처럼 느껴졌다. 이 끄리야를 우디야나 반다라고 하며, 하타 요가의 교본에서는 그것이 매우 중시된다. 심지어 이들 교본에서는 사람이 그것을 통해 죽음을 정복할 수 있다고도 한다. 그것은 쁘라나와 나디들을 정화시킨다. 나디가 정화되면 위장의 불이 타오르기 시작하며, 쁘라나가 정화되면 마음이 동요를 멈추고 흔들리지 않게 된다. 웃디야나 반다 다음에는 턱이 목을 세차게 압박했다. 이 끄리야를 잘란다라 반다라고 한다. 그것 역시 매우 중요하다. 보통은 사하스라라에서부터 아래로 떨어져 내리는 넥타의 물방울들이 배꼽 짜끄라에 있는 태양의 불에 의해 다 태워져 소실되지만, 이 반다는 그 통로를 봉쇄해 버리기 때문에 불이 더 이상 넥타를 태워 재로 만들 수 없다.

그것의 도움이 있어야 요기의 마음은 곧 의식이 없게 되는데, 그것은 마음이 고요함을 얻었다는 의미이다. 이 세 가지 반다, 즉 물라, 웃디야나 그리고 잘란다라는 매우 유익하다.

서서히, 나의 쁘라나와 아빠나는 균형을 찾게 되었다. 나는 또

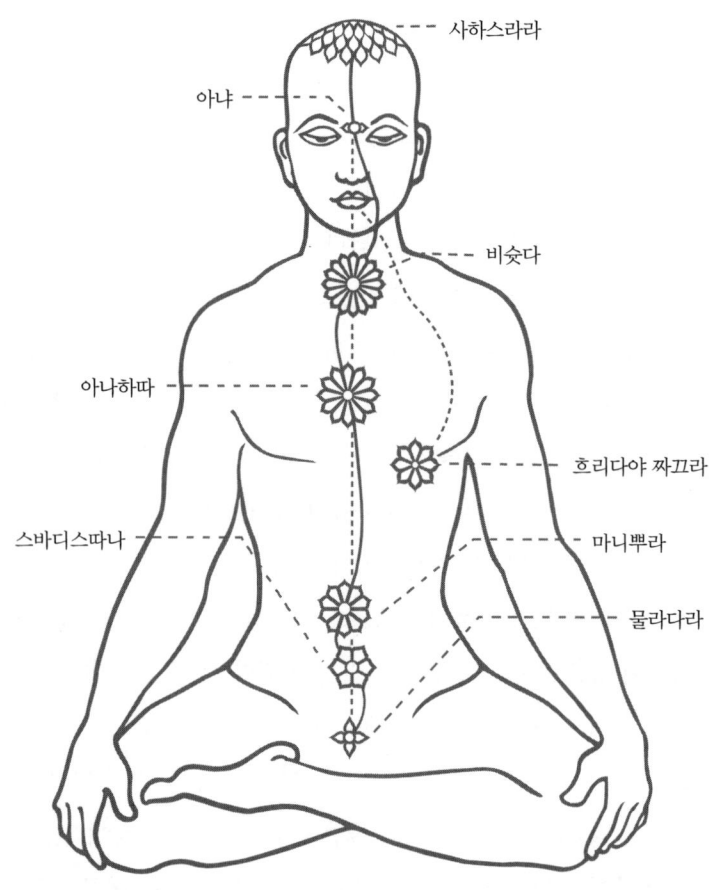

의식의 미묘한 중심들

한 연꽃 자세에 완전히 숙달하게 되었다. 요기가 이 자세를 세 시간 동안 유지할 수 있을 때만 그가 정말로 그 자세에 완전히 숙달되었다고 한다. 이 세 가지 반다를 통하여 나는 두 다리가 연꽃 자세로 고정되어 있는 상태에서 오두막 주변을 개구리처럼 뛰어다녔다. 이 무렵, 나에게 일어난 모든 끄리야들로 인하여 나는 대단히 행복했다. 그리고 명상 중에 다양한 무드라들, 예컨대 마하 무드라, 마하 반다, 마하베다, 비빠리따까라니, 바지롤리 무드라 등을 경험했다. 어떤 때는 한쪽 발뒤꿈치를 항문에 누르고 다른 쪽 다리를 쭉 뻗은 채, 양 손으로 뻗은 발을 잡고, 머리는 두 팔 사이에 두곤 했다. 이것이 마하 무드라였는데, 이 동작은 꾼달리니를 쁘라나와 함께 수슘나 속으로 밀어 보낸다. 마하 무드라를 통하여 모든 나디들이 활성화되고 신체적인 무기력이 일소된다. 그것은 정자의 보존을 도와 준다. 몸은 고요해지면서 빛을 내고, 소화의 불길은 점점 더 강해지며, 감각 기관들은 통제하기가 더욱 쉬워지며, 노쇠의 과정은 느려진다. 끊임없이 수행하면 그것은 결핵, 나병, 치질, 탈장, 소화불량, 비장의 문제와 같은 질병들을 근절시켜 준다. 또 어떤 때는 한쪽 다리를 접어 맞은편 넓적다리 위에 발을 올려놓고, 동시에 복부에 공기를 채우곤 했다. 턱은 잘란다라 반다로 채워 고정되고, 숨은 일시 정지되었다가 서서히 밖으로 나갔다. 이것을 마하 반다 무드라라고 한다. 이 동작은 쁘라나를 수슘나 속으로 보내고, 몸을 강하게 만들며, 뼈를 단단하게 한다. 나는 또한 마하베다 반다도 하곤 했는데, 그것은 마하 반다를 하는 동안에 웃디야나 반다를 실행하는 것이다. 폐에서 모든 공기를 밖으로 내쉰 뒤에, 호흡은 외부의 꿈바까 상태에서 밖에서 일시 정지되었다. 또한 이 반다를 통하여 쁘라나는 중앙 신경계로 흘러 들어가고, 중앙 신경계와 세 개의 모든 결절, 즉 브람마, 비슈누, 루드라가 관통이 된다. 곧 이어 꾼달리니는 사하스라라까지 올라갔다가 다시 내려온다. 이 반다를 통하여 쁘라나를 지배하며 노쇠가 정지된다. 때때로 나는 손바닥을 위로 향하게 한 상태에서 두 손을 땅바닥에 놓고, 그 위에 머리를 갖다 대고, 두 다리를 똑바로 치켜들곤 한다. 꼼짝하지 않고 이 자세를 얼마 동안 유지한다. 이것을 비빠리따까라니 혹은 쉬르샤사나라고 한다. 이 동작도 많은 혜택을 가져다준다. 그것은 소화의 불길을 더욱 강하게 하고, 주름과 흰 머리를 예방해 준다. 그것은 사하스라라의 넥타가 아래로 내려가는 것을 멈추게 하고, 노쇠를 없애 준다. 가끔 이 자세에서부터 두 손바닥을 땅에 짚고, 두 팔의 힘으로 몸을 들어 올리는데, 이때 머리는 두 팔 사이에 오게 한다. 이것은 바지롤리 무드라고 알려져 있으며, 이 동작은 정자를 확실히 통제해 주며, 정자를 보존하는 힘을 개발시킴으로써 정자가 아래로 흘러 내려가는 것을 막아 준다. 그것은 사다까에게 장수를 보장해 주기도 한다.

나는 또한 수많은 상이한 호흡 동작들도 경험했는데, 그들 가운데 몇 가지는 다음에 설명하겠다. 입을 크게 열고, 공기를 들이마시는 부장기니 무드라고 하는 호흡 동작이 있었다. 또 혀를 입천장에 대고 호흡을 정지시키는 나보 무드라가 있었다. 이 수련은 질병을 없애 주고, 혀가 비강 속으로 들어갈 수 있게 해 준다. 그것은 께짜리 무드라로 나아가는 첫 단계이기도 하다. 가끔 나는 혀를 말아서 까마귀의 부리 모양으로 만들어, 공기를 안으로 빨아들이곤 했다. 이것은 까끼 혹은 쉬딸리 무드라라고 알려져 있으며, 그것은 수명을 연장하고, 혈액을 정화시키며, 낭포의 형성을 방지하고, 열병과 담즙 질환들을 없애 준다. 때때로, 나의 이마가 몹시도 진동하며, 두 눈은 위로 굴러 두 눈썹 사이의 지점에 집중이 되곤 했다. 이것이 샴바비 무드라이다. 그것은 큰 위안을 가져다주고, 마음을 흔들리지 않게 해 준다. 그것을 통하여, 요기는 샴부 즉 쉬바가 된다. 마음이 눈썹 사이에 있는 공간에 집중할 때, 우리는 아뜨마 짜이따니야, 즉 참나의 의식의 상태를 얻는다.

내가 사자와 하나 되는 일체화는 점점 더 강해져 갔다. 내가 너무나 많이 포효했기 때문에 인근에 있던 젖소들이 그들을 매어 놓은 줄을 끊고 허둥지둥 뛰어다니고, 개들이 미친 듯이 짖어 대고, 사람들이 내 오두막으로 난입해 들어왔다. 그들은 그렇게 큰 소리로 포효하고 있는 것이 바바지란 것을 알고는 너무나 놀랐다. 나는 달샨을 할지 안 할지에 개의치 않았다. 왜냐하면 나는 꾼달리니의 강력한 과정에 대한 변함없는 달샨을 하고 있었기 때문이다. 나는 하루에 세 번 명상했다. 즉 새벽 3시, 오전 11시, 그리고 밤 7시부터 9시까지였다. 이따금 나는 뱀처럼 땅을 기어 지그재그로 나아가기도 하고, 때로는 개구리처럼 뛰기도 하고, 때로는 호랑이처럼 포효하기도 했다. 나의 마음은 여신 찌띠의 특별한 내면의 분위기를 지켜보면서 마법에 걸린 듯 정지되어 있었다.

또한 이러한 명상 중에 붉은 오라를 보았고, 더욱더 자주 지극히 아름다운 타원형의 흰 빛을 보았다. 점차로 이 빛은 더욱 안정되어 갔다. 나는 명상 중에 특별한 종류의 수면을 경험하기 시작했다. 발가벗은 여자로서 내 앞에 나타났을 때 내가 그토록 두려워했던, 나의 사랑하는 구루이자 어머니인 꾼달리니 샥띠가 가끔 나타났으나, 나는 명상에 계속 열중해 있었다. 나는 명상의 상태에 대한 더 많은 정보를 알지 않고서는 만족할 수 없었기 때문에 많은 다른 책들을 찾아보았다.

나는 지쁘루안나라는 이름의, 내가 알고 있는 또 한 명의 위대한 성자를 만나러 갔다. 그는 위대한 싯다였다. 그는 발가벗은 상태로 다니곤 했으며, 나시라바드 마을의 골목길을 정처 없이 헤매면서 시간을 보냈다. 그는 모든 사람들로부터 위대한 존재로서 존경을 받았으며, 젊은이든 늙은이든 다 같이 그를 안나(아저씨)라고 불렀다. 그는 사람들이 없는 곳에, 즉 마을 사람들로부터 멀리 떨어져 있는 허물어져 가는 황폐한 집과 오두막에서 살곤 했다. 그는 요가의 매우 높은 단계에 이미 도달해 있었다. 그는 선견지명이 있는 사람이었다. 다시 말해, 그는 과거와 미래의 사건들을 알았다. 그의 몸은 요가의 불길에 태워져 너무나 순수했으므로 어떤 불결함도 그 몸에 영향을 미치지 못했다. 그는 자신의 몸을 그렇게나 높은 상태로 올려놓았기 때문에 나는 그를 보고 경탄했다. 요기들의 내면의 참나에는 더러움이 없다. 그래서 지쁘루안나의 몸조차도 이러한 더러움이 없는 순수성을 가졌다. 처

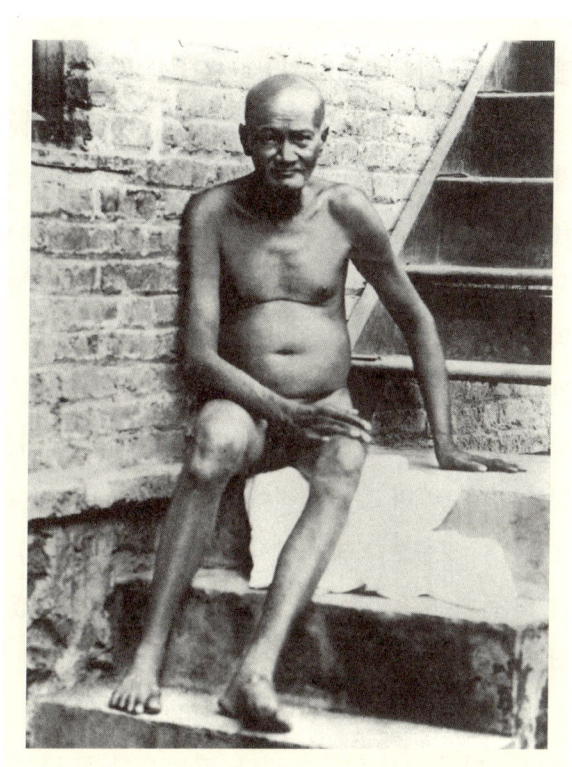

나시라바드에서 지쁘루안나.

음 그를 방문했을 때, 그는 구석에서 배변하고 있었다. 내가 다가가자, 그는 분변을 온 몸에 문지르기 시작했다. 나는 그의 바로 옆에 앉았는데도 그에게서 달콤한 향기가 나는 것을 알았다. 그는 불쾌한 냄새를 전혀 풍기지 않았다. 다음 번에 그를 만나러 갔을 때, 그는 쓰레기 더미 위에 앉아 있었다. 그때도 더러움은 그에게 영향을 미치지 못했다. 나는 가까이 다가갈 용기가 없어서, 멀리 떨어져 서 있었다. 잠시 뒤에 그는 쓰레기 더미 위에서 내려왔다. 나는 그의 발을 씻어 주었다. 아쉬따간다 향초와 같은 향기가 그의 몸에서 배어 나오고 있었다. 지쁘루안나는 나를 대단히 사랑했다. 지금도 나는 여전히 그 위대한 인간이 도달한 경지를 보고 경탄하고 있다. 한 번은 그에게 "아저씨, 왜 그 더러운 오물 속에 앉아 있어요?"라고 물은 적이 있다. 그는 "묵따난다여! 내면의 오물이 이 오물보다 훨씬 더 나쁘다. 그것에 대해 생각해 봐라. 인간의 몸이란 똥오줌 주머니에 불과한 것이 아니겠니?"라고 대답했다. 나는 침묵에 빠졌다. 지쁘루안나는 위대한 아바두따였고, 성자들 중의 최고의 권위자였다.

　이제 나는 다시 그를 만나러 갔다. 그는 나를 꼭 끌어안으며, 아주 다정하게 나를 맞아 주었다. 나는 수끼의 오두막에서 일어났던 모든 경험을 그에게 말해 주었다. 그는 "이는 위대한 성자가 내려 주는 축복이요, 입문이며, 은총이요, 샤띠빠뜨이다. 당신이 그렇게 엄청난 축복을 받을 때, 이런 과정들이 일어난다. 대화재, 유령, 악마, 약샤스, 코브라, 낀나라들, 그리고 쉬바 군대의 모든 환영들을 보는 것이 정상인데, 바로 이것이 당신에게 일어났다."고 말했다. 정욕에 대한 나의 문제에 대하여 묻자, 그는 "진귀한 수행자들에게만 생식기가 실제로 발기하여 배꼽 속으로 파고 들어간다. 그것은 요가의 특별한 성스러운 은총 때문이다. 생식기를 과소평가하지 말라. 그것은 모든 존재자들을 생성시키는 기관이며, 당신이 남자인지 여자인지를 결정해 준다. 그것이 없다면 남자는 쓸모없는 환관과 같다. 사람은 자신의 생식기를 존중해야 한다. 그는 가능한 한 많이 그것을 억제하고 조절해야 한다. 그것이 배꼽 속으로 파고들어 오랫동안 거기에 머물게 되면, 고환에 있던 모든 정액은 위의 불로 데워져, 바로 뇌로 올라가고, 거기서 그것은 감각 신경을 강화시킨다. 그 힘에 의하여, 요기의 기억과 지능은 향상된다."라고 대답했다. 곧 이어 그는 계속해서, "오, 스와미여! 그러한 사람을 우르드바레따라고 한다. 당신은 장차 구루가 될 것이고, 이 힘을 통하여 다른 사람들에게 축복을 줄 수 있을 것이다. 당신에게 일어났던 바지롤리라고 하는 과정의 결과로서, 당신은 내면의 샥띠를 저장할 수 있으며, 샥띠빠뜨 입문을 줄 수 있을 것이다. 사실상, 정욕 때문에 당신이 겪은 모든 고뇌들은 이전에 당신에게 있었던 성욕을 몰아내는 위대한 샥띠 꾼달리니였다. 이제, 정욕 대신에 사랑이 당신의 내면에 소용돌이칠 것이다. 그리고 당신에게서 나오는 사랑의 빛으로부터 많은 사람들이 사랑을 느낄 것이다."라고 말했다.

나는 명상 중에 나타나는 발가벗은 여자에 대하여 그에게 말했다. 나는 명상을 하기 전에 쉬바의 갑옷을 입고 다른 모든 방향을 차단했다고 설명했다. 그런데도 어떻게 그 발가벗은 여자가 갑옷을 뚫고 들어올 수 있었는가? 내가 이렇게 묻자, 바바 지쁘루안나는 흥얼거리는 소리를 내며 얼굴이 밝게 빛났다. 진지한 목소리로 그는 다음과 같이 대답했다. "스와미여! 아무도 당신의 찬란한 명상의 도시에 들어갈 수 없다. 아무도 의식으로 가득 차 있는 신인 찌띠 자신과 구루를 제외하고 찌띠 샥띠 여신의 빛나는 나라로 들어갈 수 없다. 당신을 혼동시킨 것은 다름 아닌 여자의 본성에 대한 당신 자신의 이해 때문이었다. 여자가 발가벗고 있든 옷을 입고 있든 왜 당신은 걱정하는가? 여신은 모든 형상을 취한다. 그 여자를 보았을 때, 당신은 여신 찌띠 샥띠를 기억하고 그녀를 보았어야만 했다. 아무도 그곳으로 들어갈 수 없다. 당신의 확신에 따라 결실을 맺는 것은 당신의 태도이다. 지금부터 당신은 좋든 나쁘든 간에 어떤 형상을 보더라도 그것이 찌띠의 형상임을 이해해야 한다. 당신이 당신의 가슴속에 있는 이 발가벗은 여자를 지고의 여신으로 본다면, 여신은 자신의 신성한 형상을 드러낼 것이다. 찌띠 샥띠는 무수한 기적을 행할 수 있다. 당신은 틀림없이 그 작고 미세하며 섬세한 것보다 더 섬세한 붉은 입자들이 당신의 내면에서 얼마나 빨리 움직이는지를 보았을 것이다. 나중에는 여신을 통하여 무수히 많은 다른 세계들을 볼 것이다. 그녀는 한 순간에 무수한 형상을 취하며 절대자를 통하여 모든 모습을 보여 주는 그런 의식의 힘이다. 그녀는 지고의 마야이며, 요가의 어머니인 꾼달리니이다. 오, 스와미여! 어떤 일이 당신에게 일어났더라도 그것은 좋은 것이었다. 장차 일어날 모든 일도 좋을 것이다. 항상 진정한 형상과 꾼달리니의 본성을 기억하라.

한 가지 더 말해 줄 터이니 귀를 기울여라. 싯다들의 길을 따라가는 요기가 항상 명심해야 하는 것은, 찌띠의 영감을 통해 내면의 가슴에서 나오는 빛으로 그가 보는 어떤 것도 완전한 찌띠라는 것이다. 그것은 고상하거나 저속할 수도 있고, 좋거나 나쁠 수도 있으며, 마음에 들거나 불쾌할 수도 있으며, 아름답거나 추할 수도 있으며, 이롭거나 해로울 수도 있지만, 그것은 모두가 찌띠인 것이다. 찌띠가 없이는 아무것도 만들어질 수가 없다. 거기에서 일어나는 모든 형상과 동작은 그들이 당신에게 어떤 의미를 가질지라도, 다름 아닌 여신 찌띠일 뿐이다."

지쁘레쉬바라 즉 '지쁘루 신'으로부터 이 위대한 지혜의 말씀을 듣고, 나는 그의 발에 엎드렸다. 그 말씀들은 얼마나 현명하고 진실했던가! 그는 얼마나 깊은 실재에 대한 통찰력을 나에게 주었던가! 나는 그를 껴안으면서, "오, 나의 바바여!"라고 외쳤다. 그는 나를 자신의 무릎 위에 앉히고, 나의 머리를 혀로 핥아주었으며, 또한 그의 손을 내 머리 위로 가져갔다. 그는 "당신의 영광은 천국에 이를 것이다."라고 말했다. 그 당시에 나는 아주 심한 두통에 시달리곤 했으나, 그때부터는 두통으로 고생한 적이 한 번도 없었다.

지쁘루안나는 나의 모든 문제를 해결해 주었다. 나에겐 그에 대한 큰 믿음과 존경심이 있었다. 나는 그를 나의 구루처럼 사랑했다. 나를 바가반 니띠아난다에게 보낸 사람도 바로 그였다. 그는 "당신이 해야만 하는 모든 것은 그와 함께 실현될 것이다."라고 말한 적이 있었다. "그 점에서 당신에겐 영광스럽고 빛나는 미래가 있다."

　나의 사랑하는 싯다 요가의 제자들이여! 주의 깊게 들어라. 일단 여러분이 구루의 은총을 받았다면, 여러분은 두려워할 것이 하나도 없다. 단지 다음의 하나만 기억하면 된다. 즉, 싯다 요가에서 여러분은 구루를 따라야만 한다는 것이다. 이것이 항상 명심해야 하는 기본적인 원칙이다. 안나가 나에게 던진 다음 질문들을 잊지 말아라. 즉, "그렇게 큰 여자가 내면의 가슴이란 미묘한 곳에 어떻게 들어갈 수 있는가? 보통의 여자가 만뜨라로 만들어진, 모든 방향을 지켜 주는 당신의 갑옷을 어떻게 뚫고 들어갈 수 있는가?" 찌띠 꾼달리니의 일깨움과 함께 나타나는 붉은 빛 속에서, 여러분은 모든 것을 볼 것이다. 만약 찌띠가 원치 않는다면 여러분이 그것을 볼 수 있겠는가? 이 점을 생각하고 기억하라. 가슴속의 공간은 지극히 미묘하다. 그래서 오직 꾼달리니만이 그곳에 들어갈 수 있다. 여러분이 보고 경험하는 모든 것과, 여러분에게 일어나는 모든 끄리야들을 성스러운 여신 찌띠의 축복으로서 생각해야 하며, 그 축복을 여신에게 바쳐야 한다. 여러분에게 일어나는 모든 것이 전적으로 여러분 자신의 행복을 위한 것이라는 것을 알라. 마음속으로, 여러분은 찌띠가 취하는 모든 형상과, 그녀가 일으키는 모든 끄리야들과, 그녀가 밖으로 드러내는 모습과 색깔과 상태들이 모두 그녀 자신의 나타남임을 이해하고서 그들에 대한 존경심으로 머리 숙여 절해야 한다. 만약 여러분이 이렇게 한다면, 여러분은 곧 고요하고 평온해질 것이다. 그러나 만약 여러분이 그들과 찌띠가 다르다고 생각한다면, 여러분은 묵따난다가 당했던 그런 뼈저린 뉘우침을 받게 될 것이다.

지쁘루안나를 방문한 뒤에 나는 나가드에 있는 나의 사랑하는 오두막으로 돌아와서, 대단한 자신감을 가지고 사다나를 시작했다. 나는 매우 좋은 명상에 들기 시작했다. 엄지손가락 크기의 흰 타원형 모양이 나타나서 오랫동안 남아 있었는데, 그 주위에는 나의 몸 크기의 붉은 오라가 둘러싸고 있었다. 나는 명상을 점점 더 즐겼다. 내가 본 모든 것을 신성한 찌띠로서 간주하고, 마음속으로 그녀에게 절했다.

나의 행복은 계속 증가했다. 가끔 나는 춤을 추고 싶었다. 왜 이런 욕망이 일어나는지는 알 수 없었으나, 그 욕망은 나의 전신을 가득 채웠다. 이런 느낌을 받고 있는 동안, 나는 붉은 오라와 엄지손가락 크기의 흰 불꽃도 보았다. 많은 신체적인 끄리야들과 무드라들, 그리고 하타 요가의 아사나들이 몸에서 일어났다. 나는 이삼 일마다 아사나를 했다.

붉은 오라 속에서, 나는 나중에 내면의 황금색 아까샤의 엄청난 광채와 은색 아까샤의 깜빡거리는 밝은 빛을 보았다. 한 번도 가 본 적이 없는 히말라야 산맥의 여러 장소들과 한 번도 본 적이 없는 봉우리들을 보았다. 나는 새로운 내면의 눈을 얻어 가고 있었다. 그리고 비록 그것이 무엇인지는 정확히 알지 못했지만, 이 새로운 눈으로 붉은 오라 속에서 많은 장소들을 볼 수 있었다.

한 개인에게는 이 붉은 오라의 길이가 팔 세 개 반 정도이지만, 우주의 차원에서 보면 그것은 동에서 서로, 북에서 남으로, 위에서 아래로 뻗어 있으며, 우주라는 천체를 전부 포함하고 있다.

명상을 통하여 나는 인도의 몇몇 성지를 보았다. 나는 이제 명상의 새로운 단계에 도달했다. 그래서 붉고 흰 오라와 함께, 정글과 숲으로 뒤덮인 산맥들이 있는 많은 거대한 땅들도 보았다. 다시 말해, 명상을 통해 비전을 보고 있었으며, 일어나고 있는 모든 것을 실제로 의식하고 있었던 것이다. 나는 또한 매우 행복했다.

나의 몸은 점점 여위어 갔다. 그러나 몸이 더욱 순수해짐에 따라 몸은 더욱 강해져 갔다. 가끔 약간의 열병이나 감기에 들기도 했지만, 그것이 오래 지속되지는 않았다. 또한 이질에 걸리기도 했으나, 그것도 빨리 나았다. 그 당시에 내가 걸렸던 모든 병들이 명상으로 말끔히 치료되었다.

이제 나는 명상 중에 붉은 오라로 보였던 그것이 우리가 베단따에서 읽을 수 있는 거친 몸이란 것을 이해했다. 모든 끄리야들은 이 몸에서 일어난다. 지바, 즉 개인의 영혼은 이 몸 안에서 옴의 첫 글자인 'a'로 표기되며, 그 이름은 비쉬바이다. 이것은 깨어 있는 상태의 몸이며, 거친 경험과 행동을 할 수 있는 수단이다. 무지한 사람은 자기 자신을 이 몸과 동일시한다. 그는 내면의 참나 즉 목격하는 의식을 모르기 때문에 몸이 '나'라고 생각한다. 그러나 주전자를 '이 주전자'라고 알고 있는 자는 그 주전자와는 다르다. 마찬가지로, 자동차를 '이 자동차'라고 인식하고 있는 자는 비록 그가 자동차 안에 앉아 있다 하더라도 그 자동차와는 다르다. 이와 꼭 마찬가지로, 붉은 빛 안에 살아 있고 그 빛을 목격하는 중인이며, 그 빛을 '이것'이라고 알고 있는 절대자는 그 빛과는 다르다. 그는 명상의 목적이기도 한 순수한 성스러운 원리 즉 절대자이다. 실제로 영과 물질의 구별은 참된 지식이 얻어질 때까지만 의미가 있다. 그 이후에는, 보는 자와 보이는 대상 모두가 하나의 지고한 의식이고, 빠라샥띠이며, 목격하는 존재라는 것을 알게 된다. 왜냐하면 그는 거친 몸을 취함으로써 거칠게 보이지만 실제로는 모든 것의 참나이기 때문이다. 경전들은 그를 '지식과 희열을 소유하고 있는 절대자'라고 묘사하고 있다.

구루의 은총으로 일깨워진 꾼달리니 샥띠는 매일 새로운 과업들을 수행한다. 그녀는 7,200만 나디들의 조직망 속으로 들어가, 혈액과 쁘라나를 실어 나르는 나디들을 정화시키고 강화시키며, 생명의 에너지를 그들 속으로 보낸다. 이런 식으로 그녀는 몸을 정화시킨다. 그녀는 척추 내의 수슘나 속으로 들어가, 그녀 자신의 힘으로 짜끄라들을 관통하면서 몸의 모든 조건을 변화시키고, 영적인 길을 추구하는 데 적합한 몸을 만든다. 싯다들의 과학을 수행하는 사람들은 그녀가 우리의 일상적인 삶 속에서도 마찬가지로 모든 것을 원래대로 바로잡는다는 것을 기억해야 한다. 그녀는 우리의 자녀들을 돌보며, 우리가 모든 생활필수품을 획득하도록 도와 준다. 그녀는 우리가 직면해 있는 모든 상황을 처리하는 데 요구되는 이해력을 준다. 경전들은 세상적인 것과 영적인 것을 구별해 왔지만, 완전한 이해력이 생기면 이 둘은 하나가 된다. 이 외부의 세계는 찌띠의 유희이며, 찌띠로 가득 차 있다. 그래서 그것은 찌띠와 다른 것이 아니며, 찌띠가 밖으로 드러난 것이다. 찌띠는 시작도 끝도 없는 장구한 시간을 통해 끊임없이 늘 새로운 형상을 취하고 있다. 우주는 바로 찌띠의 몸이다. 싯다의 제자들은 '물질', '공', '소멸' 혹은 '보이는 대상'과 같은 개념들이 오직 완전한 지식이 없을 때에만 존재한다는 것을 기억해야 한다.

경외받는 뚜까람 마하라지는 "나는 명상을 했고, 이 내면의 샥띠가 나에게 준 경험을 통하여 나는 모든 것이 바로 신이라는 것을 깨달았다."라고 말한다. 그는 그의 시들 가운데 한 편에서 다음과 같이 적고 있다.

락따 슈베따 크리슈나 삐따 쁘라바하 빈나
친마야 안자나 수달레 돌라
떼네 안자나구네 디브야 드리슈띠 즈할라
깔빠나 니발리 드바이따드바이따
데샤깔라바스뚜베다 마발라라
아뜨마 니르발라라 비슈바까라
나 즈할라 쁘라빤짜 아헤 빠라브람마
아함 소함 브람마 아깔라레
땃뜨밤마시 비드야 브람마난다 상가
떼찌 즈할라 안게 뚜까 아따

그 의미는 다음과 같다.
"나의 구루이신 슈리 바바지의 은총으로, 나는 지극히 미묘한,
붉고 희고 검고 노란 빛과는 다른
의식으로 가득 찬 참나의 신성한 빛을 보았네.
순수한 의식의 안약이 나의 두 눈을 씻어 주었네.
곧 이어 나의 시력은 신성해졌으며
일원성과 이원성의 가상적인 구별도 사라졌네.
공간과 시간과 물질에 대한 나의 차별 의식도 완전히 사라졌네.
공간도 없고, 시간도 없고, 물질도 없구나. 다원성도 없구나.
나의 참나가 우주로 나타났고
객관적 실재라고 하는 우주가 나의 참나로 나타났네.
외부의 세계도 없구나. 오직 절대자만이 존재하는구나.
나는 '내가 신이고 브람만이다.'라는 직접적인 경험을 했다.
나, 뚜까람은 베단따에 기록된 '그대는 그것이다.'라는
말의 이해를 통하여 얻어진 초월적인 희열이 되었다.
사다나 동안에 차별되어 있는 것처럼 보이던 세상이
완전한 깨달음을 얻고 나니, 신이 되었다.
뚜까람은 '나는 나 자신의 존재로 완전하다.'라고 말한다.

우리는 또한 명상을 통하여 붉은 오라 내에 있는 엄지손가락 크기의 흰 빛 속으로 뚫고 들어가, 전 세계에 가득 차 있는 신을 세계로 볼 수 있도록 그 완전한 경험을 얻어야 한다.
찌띠의 사다나를 통하여 우리의 세계는 행복하게 된다. 이것

은 전혀 과장된 말이 아니다. 슈리 샹까라짜리야는 다음과 같이
말한다.

살보삐 비야바하라스뚜 브람마나 고리야떼 자나이히
아냐난나 비자냔띠 므리데바 히 가따디깜

인간의 모든 활동은 오직 신이 존재하기 때문에 가능하다.
그러나 인간은 무지하기 때문에 그 사실을 모르고 있다.
항아리나 다른 어떠한 토기도 단순히 흙에 불과하다.[19]

그것은 자체 내부에서부터 거미줄을 만들어 내어, 그 속에서 살다가 마침내 그것을 자체 속으로 다시 끌어들이는 거미와 같다.

전 세계가 찌띠로 가득 차 있고, 물질적인 세계의 모든 부분들이 찌띠 그 자체이고, 찌띠가 이 세상에 있는 모든 남녀로서 나타나기 때문에, 그녀가 여러분의 내면에서 일깨워지면 결과적으로 여러분의 삶은 자연스럽게 번창하고 행복해질 것이다. 이것은 과장된 표현이 아니다. 그것은 단순한 진리이다. 여러분이 빠라샥띠의 은총을 받을 가치가 있게 되면, 여러분은 자신의 삶의 여정에서, 자신들의 직장에서, 자신들의 기쁨 속에서, 아내나 남편과 함께, 행복하고 희열로 가득 찬 세상을 창조할 수 있다.

나날이 나의 명상 시간은 늘어났다. 그리고 날마다 새로운 경험들이 있었다. 붉은 오라 내의 어딘가에서 나는 신의 눈을 발견했고, 내 앞에서 전 우주를 볼 수 있었다. 나가드에서 명상을 하

며 앉아 있는 동안, 나는 수끼에 있는 나의 오두막을 볼 수 있었다. 나의 명상은 너무나 광범위하여 전 우주가 그것의 일부분에 지나지 않는 것처럼 보였다. 수행자들이여! 내 말을 의심하지 말라. 나를 이상하게 생각하지 말라. 여러분에게 잘 알려져 있고, 여러분이 이용하며 신뢰할 만하다고 여기고 있는 현대의 기술을 한 예로 들어 보자. 심지어 여러분이 아주 멀리 떨어져 있어도, 소형 라디오를 통하여 여러분은 뭄바이의 방송을 들을 수 있다. 주파수 손잡이를 아주 조금만 돌려도, 여러분은 델리의 방송을 들을 수 있다. 또 조금만 더 돌리면, 캘커타가 나온다. 여러분은 이것을 완전히 알고 있다. 주파수대를 바꾸면 영국과 미국의 뉴스도 들을 수 있다. 다른 도시나 다른 나라의 방송을 듣기 위해서 해야 하는 일이라고는 오직 손잡이를 일 인치 정도만 돌리면 되는 것이다. 집에 앉아서 물질적인 장비 하나를 이용함으로써 전 세계의 방송을 들을 수 있다면, 여러분이 명상을 통하여 여러 다른 장소의 뉴스를 듣지 못하게 막을 것이 뭐가 있겠는가? 그리고 이제 우리는 새로운 장치 즉 텔레비전을 가지고 있다. 이것은 라디오보다 더 확실한 증거이다. 텔레비전을 통하여 여러분은 보도 기자와 그가 말하는 곳의 장소를 볼 수 있다. 따라서 만약 여러분이 명상을 통하여 내면의 빛 안에 있는 세계를 볼 수 있다면, 그 점에 대하여 특별한 것은 아무것도 없다.

명상을 함에 따라 나는 새로운 딴드라 상태에 들어갔다. 나는 노란 빛을 보기 시작했다. 가끔은 붉고 흰 빛이 섞여 있는 것을 보았다. 매우 아름다운 노란 빛을 명상하고 있을 때, 나는 더 많은 다른 나라들을 보았다. 이 새로운 상황은 사마디와 같았으나, 나는 완전히 의식을 하고 있었고, 인식하는 사람과 인식의 대상을 여전히 구별하고 있었다. 이 상태에서 잠시 있은 뒤에, 나는 큰 기쁨을 느꼈다. 그것은 나의 모든 피로감을 몰아냈다. 나는 명상하는 시간의 길이를 훨씬 더 늘리기 시작했다. 나의 몸은 점점 여위어 갔고 장딴지조차 살이 빠지고 있었다. 몸의 7가지 요소들이 정화되고 있었다. 나는 똑같은 양의 음식을 먹고 있었으나 배설은 더 적게 하였다. 분변은 장작처럼 딱딱했고 더 이상 냄새도 그리 많이 나지 않았다. 땀도 냄새가 덜 했다. 비록 내 몸은 딱 벌어진 체격처럼 강건하게 보였지만, 그것은 훨씬 더 가볍고 더욱 정력적인 것처럼 느껴졌다. 사랑에 도취되어 나의 모든 걱정거리를 집어던지고, 나는 이따금 한적한 과수원에서 미친 듯이 춤을 추었다.

나는 연꽃 자세를 통달한 터라 그 자세로 세 시간 동안 앉아 있을 수 있었다. 곧 이어 나의 혀는 새롭고도 이상한 끄리야를 경험하기 시작했다. 어떤 때는 그것이 나의 가슴까지 내려가기도 했고, 또 어떤 때는 입천장으로 말려 올라가기도 했다. 그러나 명상이 끝난 뒤에는 보통 때의 위치로 돌아왔다. 딴드라 상태에서 나는 더 많은 비전을 보았다. 나의 구루데바에 대한 믿음과 찌띠에 대한 복종은 점점 커져 가고 있었으며, 사다나를 통하여 나는 새로운 에너지와 용기를 개발하고 있었다. 명상 중에 하나의 형상이 나타나서 나에게, "당신의 혀가 아래로 내려가면 그것은 가슴 연꽃을 여는 신성한 요가의 임무를 수행하는 것이고, 그것이 비강으로 올라가면 그것은 깨짜리 무드라이다. 이 과정을 통하여 당신은 높은 상태에 이를 것이다."라고 말했다. 혀가 위로 끌려 올라갈 때, 사하스라라로 통하는 길이 열린다. 이것은 일깨워진 꾼달리니가, 천 개의 광선을 받으며 사하스라라의 왕좌에 앉아 있는 지고의 신인 빠라쉬바를 만나러 가는 길이다. 때때로 나는 모든 짜끄라의 신들과 빛들을 보았다. 이러한 끄리야들은 나의 의지에 의존해 있는 것이 아니라, 지고의 샥띠에 의해 일깨워진 구루의 은총의 선물이었다. 때때로 명상 중에 두 다리가 죽은 듯이 뻣뻣한 느낌이 들었으나, 명상이 끝난 뒤에는 정상으로 되돌아왔다.

내가 한 번도 빠지지 않고 했던 한 가지 일은, 명상을 할 수 없거나 내 마음이 집중할 수 없을 때에도, 정해진 명상 시간 동안 완전히 명상 자세로 앉아 있는 것이었다. 나는 이것으로부터 많은 혜택을 보았다. 나의 사랑하는 싯다 제자들이여! 여러분이 세 시간 동안 연꽃 자세로 앉아 있다면, 7,200만 개의 나디들이 완전히 정화된다는 것을 기억하라.

나디의 정화가 모든 정화 가운데 최고의 정화이다. 나디가 불순한 상태로 있는 한, 즉 나디가 병들고, 불결한 냄새를 풍기는, 건강에 좋지 못한 더러움으로 가득 차 있는 한, 영원한 행복이란 절대 있을 수 없다. 만약 여러분의 집에 있는 모든 방과 구석에 지독한 냄새가 있다면, 집 안에 모기와 곤충들이 윙윙거리고 하수구나 화장실의 악취가 집 안에 가득 차 있다면, 여러분은 마음이 평화롭고 편안할 수 있겠는가? 여러분의 몸도 꼭 같다. 만약 몸이 불결하여 온갖 종류의 병에 걸리기 쉽다면, 만약 감기에 걸려 항상 코를 훌쩍이고, 코를 청결하게 하기 위해 매 시간마다 손수건이 서너 개가 필요하다면, 만약 여러분의 내장에서 나오는 배설되지 않은 분변의 지독한 냄새가 이웃 사람들을 메스껍게 만든다면, 그러한 몸에 과연 행복이라는 것이 있을 수 있겠는가? 여러분은 그러한 내면의 악취를 여러 가지 향수를 뿌려 제거할 수 있을까? 여러분은 남녀 배우들처럼 얼굴과 입술에 크림과 분과 립스틱을 바르고 칠함으로써 여러분의 얼굴을 밝고 매력적으로 보이게 할 수 있겠는가? "다르마의 주요한 수단이 되는 것은 바로 몸이다."라는 사실을 명심하라.

나디가 정화되면, 쁘라나는 자동적으로 정화된다. 그러면 쁘라나야마도 자연스럽게 잇따라 일어난다. 샤띠빠뜨의 사나다 때, 구루의 은총을 통하여 쁘라나야마는 자동적으로 명상 중에 일어난다. 나디와 쁘라나가 다 정화되고 나면, 네 가지 영적인 도구들의 성향들도 역시 순수해진다. 그러면 명상의 수준도 점점 더 높아진다. 이 때문에 여러분은 많은 시간을 명상 자세의 통달에 바쳐야 한다.

다음으로, 나는 일종의 열기가 몸 안에서 증가되는 것을 느끼기 시작했다. 그 열기는 너무 뜨거워서 내 신체의 모든 부위를 태우기 시작했다. 내 몸의 열을 식히기 위하여 모든 방법을 다 동원해 봤지만, 몸은 마치 불이 붙은 것처럼 계속 연소되었다. 나는 몹시 여위게 되었다. 점액이 내 입에서 흘러나오기 시작했다. 나는 딱딱한 음식 대신에 미음을 들었다. 이 불타는 샤띠 때문에 몸이 너무 뜨거워져서 내가 차가운 물웅덩이에 앉아 있어도 조금도 위안을 얻지 못했다. 그 시점에서 나는 가네쉬뿌리에 있는 바가반 니띠아난다로부터 전길을 받았다. 예올라의 사람들은 내가 아무에게도 말하지 않고 문을 열어 놓은 채 어디론가 떠나 버린 것을 알고는 무척 놀랐다. 그들은 니띠아난다 바바지에게 이 사실과, 또한 그 당시에 내가 깔리스가온 근처에 있다는 것도 알려 주었다. 그의 전언에 의하면, 나의 사다나는 잘 진행되고 있으며, 나의 모든 경험들도 신뢰할 만한 것이며, 그리고 내가 대단한 용기를 가지고 나의 사다나를 계속 추구해야 한다는 것이었다. 그 말을 듣고 나는 매우 행복했다. 나중에 나는 사랑하는 구루데바로부터 또 한 통의 애정 어린 편지를 받았는데, 그 편지는 그의 가장 위대한 헌신자들 가운데 한 사람이며 내가 매우 좋아하던 슈리 나라얀 센도가 가져왔다. 그는 호주머니에서 진짜 꾸스 향수병을 꺼내 나에게 주었다. "왜 이것을 가져왔지?"라고 내가 묻자, 그는 "스와미! 나는 그것을 바가반 니띠아난다에게 드리기 위해 구입했으나, 그분에게 드리자, 그분께서는 '깔리스가온과 나가드로 가서 그에게 주어라.'고 말씀하셨으니, 부디 받아 주십시오."라고 대답했다. 나는 바가반이 준 은총의 선물이라고 느끼며 그것을 받았다. 나는 그 병을 열고, 향수를 약간 발랐다. 그것은 매우 좋은 품질이었다. 나의 전신에 바르자 경이로운 향기가 대기를 채웠다. 우리는 바가반 니띠아난다에 대하여 이야기했고, 나는 그에 대한 모든 소식을 들었다. 이후에 나의 명상은 더욱 강도가 높아졌다. 그 다음 날, 내가 명상하면서 딴드라 상태에 있을 때, 바가반이 나를 찾아왔다. 그는 나에게 똑같은 꾸스 향수병을 건네주면서, "너의 명상은 더욱 많은 열을 방출할 것이다. 그것은 요가의 불타는 광채이다. 매일 약간의 향수를 사용하라."고 말했다. 나는 향수를 얻고, 또 그와 같은 명상에 대한 조언을 들어 매우 기뻤다.

매일 명상이 끝난 뒤에 나는 식사를 하고, 곧 이어 망고 나무 아래 앉아 요가에 대한 책을 읽곤 했다. 그러다가 꽃과 그 향기가 요가를 통해 생긴 열기를 경감시켜 주기 때문에 요기들은 달콤한 향기를 풍기는 꽃을 달고 있어야 한다는 조언을 책에서 우연히 발견했다. 이 때문에 나는 우리의 문화 습관에 대하여 생각을 해 봤다. 바로 이것이 인도의 숭배 의식에서 신에게 꽃을 바치는 이유였다. 그것은 또한 헌신자들이 성자를 달샨하러 갈 때 값비싼 향기 나는 꽃을 가져가는 이유를 설명해 준다. 나는 또한 발에다 좋은 향기를 풍기는 백단향 연고를 바르는 이유를 알게 되었다. 그래서 그때부터 아침 명상을 위해 자리에 앉을 때는 항상 모그라 꽃의 화환을 걸쳤으며, 명상이 끝난 뒤에는 꾸스나 히나 향수를 발랐다.

나의 명상은 훨씬 더 좋아졌다. 노란색과 푸른색이 섞여 있는 빛을 보았고, 경이로운 딴드라의 상태로 들어갔다. 딴드라가 주는 행복은 깨어 있는 상태에서 여러분이 먹거나 마실 때, 혹은 어떤 욕망을 충족시킬 때 발견할 수 있는 그 어떤 행복보다도 훨씬 더 크며, 또 여러분에게 밤에 꿈을 가져다주는 수면 상태보다도 훨씬 더 크다. 그것이 딴드라 명상 상태의 행복이다. 가끔 나는 수면 상태를 분명히 보았으며, 그 수면 상태의 기쁨이 꿈과 같은 딴드라의 상태가 주는 기쁨에 비하면 아무것도 아니라는 것과, 그 수면 상태의 모든 행복이 비실재적이라는 것을 알게 되었다. 곧 이어 딴드라로까의 기쁨을 점점 더 많이 경험하기 시작했다.

가끔 나는 아름답고 가느다란 은 색깔의 관이 물라다라에서부터 목까지 기둥처럼 서 있는 것을 보았다. 그것은 매우 매혹적이었는데, 그렇게 가느다란 관이 어떻게 은빛으로 두루 스며들 수 있는지 의아하게 여겨졌다. 때로는 각 짜끄라에 있는 신을 보고 거기에 약간의 통증을 느꼈다. 가끔 나는 내 몸 안의 신경계, 순환계, 배설계 및 소화계를 바로 들여다보았다. 똑같은 다양한 색의 빛이 모든 나디들의 구석구석까지 퍼져 그것들을 밝혔으므로, 나는 그것들을 볼 수 있었다. 또한 점점 더 강하게 그들 안에서 진동하는 신성한 힘도 볼 수 있었다.

매일 명상은 쁘라나의 흐름이 내 몸 전체로 퍼져 가는 것으로 시작했다. 그 다음에는 붉고 흰 빛들을 보았다. 명상을 통해 훨씬 더 많은 세계들을 보았고, 쉬바링가들과 기타 신들을 자주 보았다. 흰 빛이 나타나기 시작할 때 나의 명상은 미묘한 몸으로 들어갔고, 나는 내 내면에 있는 바깥 현상계의 미묘한 형태를 보았다. 곧 이어 이 상태에서 바로 딴드라 상태로 들어갔고, 거기서 이상한 코브라들과 온갖 종류의 무서운 뱀들을 보았으며, 이 때문에 놀라곤 했다.

명상이 끝난 뒤에는 항상 조심스럽게 나의 경험들을 자세히 살펴보았다. 나는 면담 시간을 훨씬 줄였다. 왜냐하면 독서와 명상과 휴식에 너무 많은 시간을 썼기 때문이다. 한 무리의 헌신자들이 올 때마다 그들과 면담했으며, 이것은 내가 규칙적인 시간에 명상하지 않는다는 것을 의미했다. 그 결과 딴드라 상태는 일어나지 않았고, 명상을 통한 기쁨도 줄게 되었다. (독자들은 지금부터 내가 딴드라 상태의 장소를 딴드라로까 즉 '딴드라의 세계'로 묘사할 것이라는 것을 주목해야 한다.) 마음이나 외부 세계의 어떤 문제로 방해를 받으면 명상을 할 수 없거나 딴드라로까를 방문할 수 없었다. 그 결과 나는 기운을 잃고 낙담했다. 그래서 사람들을 만나 대화하는 것을 멈추게 되었다.

명상을 통하여 나는 가끔 외부 세계의 사건들을 볼 수 있었고, 이 세상을 훨씬 더 잘 이해하기 시작했다. 나는 흰 불꽃의 한가운데서 가슴의 연꽃을 보았다. 그 신성하고 찬란한 빛을 눈 깜짝할 사이에 일견하는 것만으로도 나를 홀리게 하기에 충분했다. 그래서 그 빛이 번개와 같은 빠른 속도로 계속 반짝일 경우에 나는 더없는 행복과 환희에 압도당하곤 했다. 이 일이 일어날 때, 만약 내가 우연히 망고 나무 가까이에 앉아 있었다면, 나는 사랑스럽게 그 나무를 포옹했을 것이다.

제 16 장

흰 빛

서서히 나의 명상은 거친 몸을 떠나 미묘한 몸 속으로 들어갔다. 다시 말해, 그것은 붉은 오라의 여신인 락떼쉬바리를 떠나서 흰 불꽃의 여신인 슈베떼쉬바리로 갔다. 그리고 이 엄지손가락 크기의 흰 불꽃은 항상 내 앞에 있었다. 모양이 엄지손가락처럼 생겼고 내가 지금까지 슈베떼쉬바리라고 말해 왔던, 그 미묘한 몸은 개인의 영혼이 꿈의 상태를 경험하고, 깨어 있는 시간의 노동이 끝난 뒤에 약간의 휴식을 즐기는 수단이다. 그것이 베단따에서 말하는 미묘한 몸이다. 그리고 그것은 거친 즉 육체적인 몸을 부양한다. 그것은 '옴'의 두 번째 글자인 유(u)로 표기된다. 이 몸 안에 있는 개인의 영혼은 따이자사라고 한다. 그것은 목구멍에 자리를 잡고 있다. 그래서 흰 불꽃은 비전이나 꿈을 통하여 거기에서 볼 수 있다. 이 흰 불꽃에 대한 경험이 없다면, 베단따는 절름발이의 낡은 철학인 것이다. 즉, "그것은 자신이 퍼 주는 음식의 맛을 모르는 국자와 같다."

　미묘한 차원에 대한 나의 명상은 점차 깊어졌다. 우선 나는 명상 중에 잠을 너무 많이 잤다. 그러나 이것은 곧 사라졌다. 나는 미래의 사건들에 대한 비전을 보기 시작했다. 예컨대, 어떤 곳에서 일어나는 화재 사건이나 자동차 사고를 보기 시작했다. 그러한 것을 보고 난 뒤 하루 이틀이 지나면, 실제 일어났던 사건으로서 그 일들을 듣게 되었다. 그 때문에 명상을 훨씬 더 즐기게 되었다. 나는 명상의 기적에 대한 예찬으로 가득 찼다.

　어느 날 명상을 하기 시작했을 때, 아름다운 아기 소년이 요람을 타고 있는 것을 보았다. 그는 한 살 반 정도 된 작은 아기였고, 진주 목걸이와 황금 왕관을 쓰고 있었다. 나는 여태 이렇게 아름답게 장식한 사람을 한 번도 본 적이 없었다. 그의 요람도 황금으로 만들어져 있었고, 아홉 가지 보석들이 여기저기에 박혀 있었다. 그와 함께 있는 사람은 아무도 없었다. 나는 많은 색깔의 빛들로 둘러싸인 매혹적인 아이를 보았다. 아직도 그를 기억할 수 있다. 그는 나를 향해 돌아눕고, 황홀하게 웃으면서 그의 작은 눈으로 나를 불렀다. 이 명상이 얼마나 즐거웠던가! 그날 나는 딴드라로까 너머로 가서, 오랫동안 아무것도 보지 못하고 오직 오염되지 않은 순수한 상태만을 보았다. 나의 명상은 끝났다. 나는 다시 눈을 감고 심안으로 그 아기를 시각화하려고 노력했으나 그렇게 할 수 없었다. 나는 그 아기가 슈리 하리라고 확신했다. 그를 보고 난 뒤 나의 사다나는 특히 그 다음 2, 3일 동안 훨씬 더 잘 진행되었다. 어떤 때는 산더미처럼 쌓여 있는 여러

줄의 진주 목걸이를 보았는가 하면, 또 어떤 때는 황금색 요람 속에 있던 아기와 같은 색깔의 송아지를 핥아 주는 놀랄 만큼 아름다운 젖소를 보기도 했다.

　이제 나는 명상 중에 무엇을 볼 것인지에 대하여 무척이나 궁금해하기 시작했다. 낮 동안에는 "내가 명상할 수 있도록 저녁이 왜 빨리 오지 않지?"라고 혼잣말을 했고, 밤에는 "내가 명상할 수 있도록 아침이 왜 빨리 오지 않지?"라고 생각하곤 했다. 내가 본 몇 가지 것들은 너무나 매혹적이어서 나는 명상에 중독되기 시작했다. 나중에 나는 나의 비전들을 거듭 자세히 살펴보았다. 내 몸이 흥분으로 떨렸다. 그리고 황홀한 상태에서 나의 행운을 자축했다. 이런 식으로 나의 밤과 낮의 대부분은 명상과 비전의 회상 속에서 흘러갔다.

제 17 장

크리슈네쉬바리:
검은 빛

흰 빛에 대한 나의 명상은 검은 빛에 대한 명상으로 이어졌다. 여기서 크리슈나는 신 크리슈나를 가리키는 것이 아니라, 빛의 크리슈나(검은) 색을 가리킨다. 손가락 끝의 크기의 검은 빛이 나타났는데, 이것이 명상의 다음 단계를 특징지었다. 나의 마음은 자연스럽게 가슴이나 양미간 사이의 공간에 집중되었다. 첫째로, 나의 주의력은 붉은 빛, 흰 빛 그리고 검은 빛에 집중되었다. 나는 붉은 오라 속에서 흰 불꽃을 보았고, 흰 불꽃 속에서 검은 빛을 보았다. 가끔 이러한 빛들을 보고 있는 동안 나는 다른 색깔로 된 많은 빛들도 보았지만, 나의 명상은 오직 검은 빛에 집중하고 있을 때만 진실로 안정이 되었다. 나는 평화로움을 느꼈지만, 동시에 다음에 무엇을 볼 것인지를 너무 알고 싶어서 내 마음은 그만큼 고요하지 못했다.

이 기간 중에 나는 명상을 통하여, 외부 세계에서는 한 번도 본 적이 없었던 그런 짙고 무서운 어둠을 보았다. 이 어둠 때문에 명상하기가 두려웠으나, 그럼에도 불구하고 한 번에 오랜 시간 동안 그 어둠 속에 남아 있곤 했다. 그러다가 갑자기 장면이 바뀌어, 낯익은 붉은 빛, 흰 빛 그리고 검은 빛이 나타나곤 했다. 나는 그 빛들의 광채를 보고 거듭 기뻐했다. 이 모든 기간 중에 양미간 사이에 강한 통증을 느끼기 시작했고, 여러 날 동안 거기와 머리에 위치한 짜끄라들이 계속 아팠다. 나는 왜 두 눈이 나에게 큰 고통을 일으키면서 계속적으로 굴러다녔는지를 모른다. 두 눈은 위쪽으로 굴러갔고, 눈동자는 바퀴처럼 빙빙 돌았다.

그리고 곧 새로운 경험이 일어났다. 즉, 두 눈이 빙빙 돌 때 쁘라나가 목과 양미간 사이의 공간에서 부드럽게 움직이고 있는 것을 느꼈던 것이다. 나는 서로 다른 많은 달콤한 냄새를 맡았다. 우리가 사는 이 세상에서는 그 냄새를 찾을 수 없을지도 모른다. 가끔 다른 사람들도 내 주위에 떠다니는 향기를 맡곤 했다. 그리고 나의 명상 오두막은 향기로 충만하게 되었다. 이따금 나의 눈은 빙빙 도는 것을 멈추고 위쪽으로 굴러갔으며, 그래서 나의 두개골 내부를 볼 수 있었다. 몇몇 별들은 물론이고, 놀랄 만큼 눈부신 태양을 보았다. 곧 이어 나의 명상은 끝이 났다. 나는 마음을 가라앉히고 오두막 밖으로 걸어 나가 망고 나무 아래에 앉았다. 그리고 거기에서 내가 본, 크고 작은 것들을 곰곰이 생각해 봤다.

제 18 장

뱀에게 물림

어느 날 아침, 나의 마음이 붉고 흰 빛 속에 있는 검은 여신에게 집중되어 있을 때, 나는 뚫고 들어갈 수 없는 짙은 어둠으로 둘러싸인 도시를 보았다. 나는 그 안으로 얼마나 멀리 들어갔는지는 모르지만 상당한 거리를 갔다. 끝에 가서 검은 빛 속에 있던 장면이 갑자기 바뀌었다. 세 가지 빛이 동시에 다시 나타났다. 그리고 그 빛들을 응시하고 있을 때, 나는 깊은 정글 속에 있었다. 내가 어느 나무 아래에 앉아 있을 때, 검은 코브라가 재빨리 나에게 미끄러지듯 다가와 나를 물었다. 독은 내 전신으로 퍼져갔고, 나는 나의 종말이 가까이 왔음을 느낄 수 있었다. 바로 그 때 옛날 나의 목욕을 준비하고 이따금 나의 음식을 요리해 주었던, 예올라 출신의 한 헌신자가 도착했다. 그는 나를 위해 빠라쉬바에게 기도를 했고, 그의 기도가 끝난 뒤에 나는 이 치명적인 중독 상태에서 회복했다. 이 모든 일은 마치 드라마의 한 장면과도 같았다. 그래서 나는 아직도 그 일을 기억할 수 있다. 나중에 나는 사다나에 대한 책을 보고서, 명상 중에 뱀에 물리는 것은 싯다 요가의 길을 추구할 때 겁이 없음을 알리는 큰 조짐이며 또한 중요한 비전이리는 깃을 일았나. 그것은 수행자가 꾸준하게 명상을 통해 진보할 것이라는 것을 가리킨다.

그때쯤 나는 가끔 흰 빛에 대하여 명상을 하다가도 가끔은 검은 빛에 대하여 명상을 하기도 했다. 나는 검은 빛 안에서 슈리 샤일람 주변의 산들과, 현자들이 사는 그곳의 큰 동굴들을 보았다. 때때로 기르나르 산의 동굴 속에서 서로 다른 다양한 빛들을 보았다. 보는 곳마다 푸른색, 붉은색 그리고 노란색이 혼합된 아름다운 빛을 보았고, 내가 본 모든 것은 눈부신 이러한 신성한 광채에 둘러싸여 있었다. 뱀에게 물린 지 3, 4일 뒤에는 코브라의 세계인 나가로까를 보았다. 어디를 가나 화원이 있었고, 거기에는 코브라들이 가득 차 있었으며, 이 뱀들은 모두가 빛나는 푸른색을 띠고 있었다. 나는 색깔이 매우 빛나는 거대한 코브라 한 마리를 보았다. 많은 비전들과 많은 도시들이 나에게 큰 기쁨을 가져다주면서 이처럼 나타났다.

명상이 끝났을 때 나는 조용하고 평화로운 상태로 있었고, 여러 날이 지남에 따라 나의 마음은 점점 더 고요해졌다. 나는 깨어 있는 상태에서도 마찬가지로 여러 빛들을 보기 시작했다. 구루에 대하여 열심히 생각하고 있거나 그와 깊은 일체감에 빠져 있을 때마다, 깨어 있는 상태로 일과에 종사하고 있는 동안에도 세 가지 빛을 보았다. 희열의 물결은 계속 상승하기 시작했다.

붉은 빛과 흰 빛 그리고 검은 빛이, 다시 말해 락따, 슈베타 그리고 크리슈네쉬바리가 명상 속에서뿐만 아니라 깨어 있는 동안에도 보이다니 정말 놀라운 일이었다! 과수원 주변을 돌아다녀도 그 빛들을 보았다. 나의 눈길이 가는 곳마다 그 빛들은 거기에서 빛나고 있는 것이 아니겠는가! 나는 경이로움으로 가득 찼다. 그 코브라 왕이 나를 물었을 때 틀림없이 어떤 마법이 있었을 것이다. 아마도 코브라의 신인 쉬바 나게쉬바라가 나에게 축복을 내려 준 것은 진보의 길을 따라 나를 더욱 밀어붙이려는 것이었을 것이다.

다음으로, 나의 고막이 통증으로 시달렸는데, 그 통증은 매우 심했으나 잠깐 동안밖에 지속되지 않았다. 두 눈은 계속 굴러다녔다. 위쪽 눈꺼풀은 눈 위에 고정이 되었고, 아래 눈꺼풀은 아래에 고정되었다. 그래서 나는 그 상태로 한 번에 두 시간 동안이나 눈 깜박거림이 없이 지냈다. 두 눈이 바깥으로 불룩 튀어나왔고, 이 기간 중에 나를 본 사람들은 내가 화난 표정을 지었다고 그들끼리 중얼거렸을 것이다. 나는 왜 내가 그러한 응시의 눈초리로 모든 사람들을 보았는지 모른다. 내가 다시 정상으로 돌아왔을 때, 사람들은 내가 순한 표정이라고 말했다. 내가 말할 수 있는 것이라고는 오직 그때 내가 화를 낸 것도 아니요, 순했던 것도 아니라는 것이다.

사태는 이런 식으로 계속 흘러갔다. 즉, 한편으로는 내 몸의 구석구석에 있는 나디들에서 여러 가지 일들이 일어났고, 다른 한편으로는 명상을 통한 여러 가지 경험들과 집요한 사다나의 추구가 있었다.

다음으로, 나는 명상을 통해 짠드라로까를 방문하기 시작했다. 달에 하나의 세계가 있다는 것은 정말로 사실이다. 그곳에 살고 있는 사람들은 모두 나이가 같다. 나는 많은 남녀들이 그곳에서 꽃으로 덮여 있는 정원 길을 따라 걸어가는 것을 보았다. 그들은 모두가 젊고 건강했다. 나는 내내 정원의 가장자리에 있으면서 그 정원 안을 바라보았다. 달에는 태양에서 오는 열기가 전혀 없었다. 그러나 모든 것이 아늑하고 부드러운 빛으로 충만해 있었다. 그곳의 도시들을 바라보면서, 나는 비도 뜨거운 태양도 없을 것이라는 것을 알았다. 모든 집들이 금과 은으로 만들어졌다. 나는 그곳에서 어떤 노인도 보지 못했다.

제 19 장

지옥과 죽음의 신에 대한 비전

며칠이 이런 식으로 지나갔고 나는 매우 행복했다. 곧 이어 나는 다시 검은 빛에 대하여 명상하기 시작했다. 어느 날 매우 불결한 세계를 보았다. 싯다 제자들은 이 구절을 주의 깊게 읽어 봐야 한다. 그날 명상을 위해 자리에 앉았을 때, 전신이 마치 신이나 악령에 홀린 것처럼 격렬하게 떨렸다. 그 상태에서 나는 명상 중에 내가 매우 멀리 여행하고 있다는 것을 알았다. 그러나 어디로 가고 있는지 혹은 어떻게 가고 있는지는 알지 못했다. 비록 육체는 여전히 명상 자세로 앉아 있었지만, 나는 배설물로 가득 찬 지독히 불결한 곳에 당도했다. 나는 쓰레기 더미 속에 서 있었다. 나는 내가 무슨 말을 하려는지 완전히 알고 있다. 묵따난다는 이렇게 말한다. 싯다 제자들이여! 이것을 주의 깊게 읽어라. 나의 눈길이 닿는 곳마다 내가 본 것은 배설물뿐이었다. 이 배변 덩어리들이 얼마나 많은 세월에 걸쳐 그곳에 쌓여 왔는지 아무도 모른다. 마치 마하블레슈바르에서는 어느 지점에서 사방을 둘러보아도 온통 산들을 볼 수 있는 것처럼, 지금은 마치 수많은 세월 동안 축적되어 온 것처럼 사방에 배설물 더미들을 볼 수 있었다. 내가 조금이라도 움직이면, 발은 배설물 속으로 빠지기 시작했다.

사방에서 역겨운 악취가 풍겨 나왔다. 이 때문에 나는 토할 지경이었다. 나는 현기증을 느끼기 시작했다. 길은 자연 그대로 울퉁불퉁했다. 그리고 어떤 물이라도 있다면 그 물은 배설물과 뒤섞여 있었다. 몇 사람의 남녀를 보았는데, 그들 모두가 발가벗고 있었다. 몇몇은 배변 더미 위에 앉아 있었는데, 슬프고 추한 모습이었다. 나는 이 모든 광경에 대한 혐오감으로 가득 찼다. 나는 아주 어렵게 비틀거리며 앞으로 나아갔다. 얼마의 빛이 있었으나 태양은 볼 수 없었다. 수행자들이여! 부디 나의 이러한 경험을 기억하라. 이곳에 왔을 때 나는 나의 모든 광채를 잃어버렸다. 나는 출구를 찾았고, 아주 힘들게 출구 하나를 발견했다. 그러나 그것도 역시 배설물로 가득 차 있었다. 그리고 곧 나는 남자와 여자들이 앉아 있는 마른 배설물의 언덕을 보았다. 나는 내가 보았던 모든 것에 크게 놀랐다.

이후에 또 다른 세계로 갔는데, 거기에는 과일과 꽃들과 많은 종류의 암소, 황소, 말, 기타 동물들로 가득 차 있는 숲과 정원이 있었다. 그곳에서 몇몇 남자들을 보았는데, 그들의 키는 대략 20피트나 되었고, 피부는 검은색이었으며, 이빨은 앞으로 튀어나와 있었다. 그들은 모두가 손에 길이가 6피트 가량 되는 번쩍이는 검과 커다란 막대기를 들고 다녔다. 어떤 이들은 비단 옷을 입었고, 어떤 이들은 동물 가죽을 걸치고 있었으며, 또 어떤 이들은 평상복을 입고 있었다. 그들의 눈은 분노로 붉은색을 띠었다. 그곳에는 여자들이 한 명도 없었는데, 그것이 나를 무척 놀라게 했다. 나는 또한 길이가 대략 20피트나 되는 몇 마리의 검은색 물소 수컷들을 보았다. 곧 이어 사방에서 지저귀는 아름다운 새들이 있는 아주 매혹적인 호수를 보았다. 바로 옆에는 즐거운 강이 흘러가고 있었다. 사방에 찬란한 빛이 있었는데, 아마도 그것은 태양의 빛이거나 아니면 다른 어떤 별의 빛이었을 것이다. 이러한 광채 속에서 나는 꽃으로 장식되어 있고, 얇은 비단 천으로 덮인 거무스름한 물소 위에 앉아 있는 검은 신을 보았다. 그 동물의 뿔은 금으로 덮여 있었고, 그 발굽에는 황금색 장식용 고리를 달고 있었다. 신은 붉은색 도띠와 한 올의 신성한 실을 걸치고 있었고, 머리에는 보석의 왕관을 쓰고 있었다. 그는 나에게서 10피트 정도 떨어져 있었다. 나는 그를 보며 미소를 지었다. 그도 나에게 미소를 지으며, 대담무쌍한 몸짓으로 두 손을 들어 올렸다. 나는 몹시 기뻤고 기쁨으로 가득 찼다. 왜냐하면 죽음의 신인 야마라자를 보았기 때문이다. 잠시 뒤에 그의 시종 두 명이 와서 나를 밖으로 안내하며, 지옥 같은 진창 속으로 나를 다시 데려갔다. 그와 동시에 나의 명상은 끝났다. 나는 오두막 밖으로 걸어 나왔다. 심장이 마른 느낌이 들었고, 그래서 물을 좀 마시려고 노력했으나 토하기 시작했다. 심장은 메스꺼움으로 가득 찼다. 나는 3일 동안 먹지 못했다. 지금도 그 일을 기억하면 메스꺼워진다.

한편 나의 명상은 같은 방식으로 계속되었다. 명상 속으로 빠져드는 동안, 나는 샤띠의 물결에 사로잡히곤 했다. 혀는 위로 말려 올라갔고, 눈도 같은 방향으로 굴러갔다. 그리고 밖으로 드러난 빛들을 보았다. 나의 명상은 계속 발전해 갔는데 이따금 너무 깊이 명상에 몰입한 나머지 죽음의 공포가 내 마음속에서 일어났다. 나는 "죽을 거야, 나는 죽을 거야."라고 생각했으며, 이러한 두려움 때문에 명상이 중단되곤 했다. 이따금 심장 내의 공간 속에서 엄지손가락 모양의 신성한 빛을 보았는데, 이 때문에 나는 행복했다. 이 단계에서 나의 경험들은 항상 같은 순서로 일어났다. 즉, 처음에는 딴드라로까를 방문하고, 두 번째는 많은 색깔의 빛으로 뒤덮인 모든 외부의 사물들을 보았으며, 마지막으로는 죽음의 공포 때문에 명상이 중단되곤 하였다.

제 20 장

눈 짜끄라의 관통

그 다음에는 두 눈의 동공이 중앙으로 동시에 집중되었다. 나는 두 눈으로 하나의 사물을 보기 시작하였다. 경전에 보면, 이것을 빈두 브헤다라고 부른다. 이것이 일어난 후에, 푸른 빛이 나의 눈에 일어나게 되었다. 이것은 샴바비 무드라를 위해 필요한 사전 준비 단계이다. 구도자가 푸른 빛이 나타나기 시작하는 닐로다야를 경험하게 되면, 그것은 지고로 훌륭한 행운이 시작됨을 의미한다. 이 과정이 시작되게 되면 어떤 구도자들은 시력을 잃을까 봐 두려워한다. 나의 경우에는 눈들이 너무나 심하게 좌우 상하로 돌아서 마치 눈이 빠져나올 것만 같았다. 어떤 사람들은 그런 일이 일어나는 것을 보고서는 놀라기도 했다. 그러나 나는 모든 것을 행하는 주체는 내가 아니라 여신, 즉 우리의 내면에 있는 신의 힘인 빠람아뜨마샤띠라는 것을 믿고 있기 때문에, 여신을 완전히 믿고 있었다. 그래서 나의 모든 두려움은 사라졌다.

두 눈이 빙빙 돌 때, 눈의 짜끄라가 관통되며, 그것은 그 짜끄라의 신을 기쁘게 해 준다. 구도자들은 우리의 감각 기관 하나하나에 그 특유의 신이 있다는 사실을 잊어서는 안 된다. 짜끄라들이 아직도 정화되지 않으면, 여신은 일상적인 방식으로 그 업무를 수행하게 된다. 그러나 짜끄라들이 정화되면 그들은 신성한 힘을 부여받게 된다. 눈의 짜끄라들이 관통됨으로써 정화되면, 그들의 신은 구도자에게 신성한 시력을 수여하고, 그래서 그는 투시력을 갖게 된다.

이제 명상 중에 나는 환희와 증가하는 에너지를 느끼게 되었다. 동시에 눈과 귀 그리고 미간 사이에서 느껴지던 통증이 증가되었다. 나의 명상은 처음에는 붉은 오라, 그 다음에는 흰 불꽃, 그 다음에는 검은 빛에 집중되었다. 명상을 하기 위해 앉으면, 몇 가지 신체상의 끄리야가 일어나고, 그 다음에는 쁘라나가 나디들을 통하여 힘차게 흘렀다. 그리고 혀는 께짜리 무드라 속으로 말려 들어갔다. 동시에 나의 명상은 완전히 안정된 상태에 들어가게 되었다. 나는 내면에서 솟아오르는 황홀의 물결을 느꼈다. 그러나 비록 완전히 넋을 잃고 있었지만 나에게 일어나고 있던 모든 일을 이해했고, 나의 이해는 오늘까지 조금도 변하지 않았다. 지금도 그 당시 그랬던 것과 같다. 이러한 이해는 매우 중요하다. 가끔 나는 나의 이해력도 새롭다고 느꼈다. 왜냐하면 내 경험들의 가장 작은 세부 사항들까지도 이해했기 때문이다. 나는 대단한 주의를 기울이면서 직관적 지성의 힘을 이해하려고 애썼다.

이 무렵, 나의 성적 욕망은 완전히 사라졌다. 그 대신 새로운 증가된 사랑이 자리 잡았다. 그 사랑은 너무 지나치게 증가하여 모든 것에 대한 사랑이 나에게서 흘러나왔다. 나는 혼자 "이것이 소유욕이 아닌가? 그것은 맹목적인 사랑과 집착이 아닌가? 내가 나가드로 방금 왔는데, 어떻게 내가 벌써 이 망고 나무에 그토록 집착할 수 있을까?"라고 생각했다. 그러나 그렇게 생각했을 때, 나는 망고 나무에 대한 애정이 신의 사랑의 반영이란 것을 깨달았다.

신은 위대하고 공정한 사랑으로 만물을 무조건적으로 사랑한다. 그의 사랑은 세상적인 사람들의 일상적인 사랑과 같지 않다. 세상적인 사랑은 사랑이 아니다. 그것은 사고파는 거래이다. 도살업자는 그의 양을 매일 사랑스럽게 살찌운다. 그러나 이것이 사랑인가? 그는 오직 돈을 벌기 위하여 사랑한다. 젖 짜는 여자는 그녀의 젖소와 들소를 사랑스럽게 키운다. 그러나 이것이 정말로 사랑과 너그러움인가? 그녀는 오직 우유를 팔기 위하여 그렇게 한다. 농부는 자기 밭을 사랑한다. 그는 밭에서 열심히 일하고 씨앗을 뿌린다. 그것이 진정한 사랑이며 진정한 줌인가? 이런 온갖 종류의 사랑은 단지 매매 행위에 불과하다. 진정한 사랑이 없을 때, 어떻게 행복이 있을 수 있겠는가? 사랑은 아무 동기 없는 가슴의 애정이다. 인간의 사랑은 항상 그 뒤에 어떤 동기를 갖고 있다. 그것은 사랑이 아니다. 그것은 오직 이기심과 사리사욕일 따름이다. 유일하게 순수한 사랑은 신의 사랑이다. 신의 본성 자체가 바로 사랑이다. 그의 은총이 사랑이고, 그가 주는 것도 사랑이며, 그가 받는 것도 사랑이다. 신은 사랑의 눈으로 전 우주를 바라본다. 그리고 이 세상은 신의 사랑이란 이 같은 빛으로 유지되고 있다. 신의 이와 같은 상태가 구도자의 마음속에 일어나게 될 때, 그도 역시 만물에 대한 사랑을 느끼게 된다. 봉사를 하거나 봉사를 받는다는 느낌은 더 이상 일어나지 않는다. 사랑은 순수한 동정이다. 그것은 공덕을 전혀 고려하지 않는다.

명상 중에 또 하나의 놀라운 일이 있었다. 나가로까에 앞서 묘사한 그 검은색의 깜깜한 세계를 방문한 뒤에, 나는 예쁘게 장식된 코끼리 한 마리를 면전에서 보았다. 코끼리는 머리가 일곱 개였으며 아름다운 천상의 옷감과, 금과 진주와 루비로 만들어진 거대한 목걸이로 치장되어 있었다. 코끼리의 모든 장식들이 이른 아침의 햇살을 받아 번쩍이고 있었다. 나는 코끼리에 대하여 경탄하면서, 오랫동안 그것을 명상했다. 명상이 끝난 뒤에 나는 어떤 뿌라나를 읽고서, 그것이 인드라의 세계에서 온 아이라바따 코끼리라는 것과, 비전을 통해 그 코끼리를 보는 것은 매우 가치 있는 것이라는 것을 알았다.

명상은 다시 한 번 나를 삼켜 버렸다. 나의 열정은 너무 고조되어 밤낮을 모조리 명상하는 데 쓰고 싶었다. 그러나 이것은 불가능했다. 왜냐하면 명상에 필연적으로 수반되는 특별한 기력, 긴장, 열기 그리고 체력을 견딜 수 있는 힘이 필요하기 때문이다. 사람은 자신이 견딜 수 있는 만큼의 명상만을 해야 한다. 그리고 선행과 독신 생활과 자제력을 실천해야 하고, 순수한 음식을 먹어야 한다. 만약 여러분이 자신을 단련시킬 수 없다면, 명상의 충분한 혜택을 얻고 완전한 목표에 도달하는 것은 어려울 것이다. 명상하는 사람은 정말로 자기 자신을 이해하고, 자신의 위대함을 알아야 한다. 무절제한 행동에 빠져서도 안 되며, 많이 웃거나 울어서도 안 되며, 쓸데없는 것들에 대하여 수다를 떨어서도 안 되며, 부주의하게 먹어서도 안 되며, 또한 자신이 하고 싶은 것을 모조리 해서도 안 된다. 그는 자신의 품위를 떨어뜨려서도 안 된다. 왜냐하면 만약 그렇게 한다면, 그는 또한 위대한 자기 수련의 결과이기도 한 신성한 은총의 힘을 감소시킬 것이기 때문이다. 그러면 그는 만뜨라를 완성하거나, 혹은 투시력, 그가 선택한 신의 비전, 그리고 세속적인 성공을 달성할 수도 없을 것이다.

옛날 어떤 사람이 나에게, "바바지! 저는 명상을 계속 해 왔습니다. 그러나 명상을 통해 어떤 기쁨도 발견할 수 없었습니다."라고 말한 적이 있다. 또 다른 사람은 "저는 명상을 통해 비전을 본 적이 있습니다. 그러나 그것은 사실로 드러나지 않았습니다."라고 말했다. 한 사람은 "명상을 위해 자리에 앉을 때마다 저는 두려움에 사로잡힙니다."라고 말했다. 또 한 사람은 그의 불안과 걱정이 명상을 통해 점점 악화되어 간다고 말했다. 나는 이와 같은 불평거리를 들고 찾아온 모든 사람들에게 그들은 명상의 규칙을 올바르게 따르지 않았다고 말해 준다. 나의 사랑하는 싯다 제자들이여! 이 모든 장애물은 이미 여러분의 내면에서 활성화된 위대한 샥띠를 여러분이 존중하지 않기 때문에 일어난다. 여러분이 어디로 가는지를 신경 쓰지 않는다면, 또 여러분이 그릇된 종류의 사람들을 사귀게 된다면, 완전한 깨달음의 성취는 방해를 받게 된다. 만약 그렇지 않다면, 그들의 내면에 들어가는 구루의 샥띠는 동일한 하나인데, 왜 어떤 사람들은 더 많이 성취하고, 또 어떤 사람들은 더 적게 성취하겠는가?

　나의 두 안구는 옛날에 빙빙 돌았지만, 이제는 두 눈동자가 중앙에 모아져 하나처럼 되어 버렸다. 안구들은 위아래로 굴렀다. 그리고 이런 일이 일어나는 동안에 매우 빛나는 작은 점 하나가 나의 눈에서 번갯불처럼 빨리 나왔다가 다시 들어갔다. 이것은 매우 신비롭고 불가사의한, 그리고 믿어지지 않는 과정이었다. 순간적으로 조그마한 푸른 점은 사방의 모든 것을 빛나게 하였다. 만약 내가 동쪽을 향해 앉아 있으면 동쪽의 모든 것들이 환하게 밝았고, 만약 내가 남쪽을 향해 있었으면 남쪽의 모든 것이 환하게 밝았다.

　싯다 제자들이여! 내가 이 푸른 진주의 위대함과 영광을 어떻게 여러분에게 전달할 수 있을까? 그것은 생기를 띠고 있었으며, 번갯불보다 더 빨랐다. 그것을 보았을 때 나는 수많은 감정들로 가득 찼다. 라마나 크리슈나 혹은 내가 특히 숭배하는 빠라쉬바가 그 푸른 빛과 함께 올 것인가? 아이라바따 다음에는 내가 누구를 만나기로 되어 있을까? 나는 여러 비전들을 보고 싶어 견딜 수 없었다. 그러나 나의 마음은 행복했고, 기쁨과 만족으로 가득 차 있었다. 나의 하루하루는 이전과는 달리 지나가고 있었다. 왜냐하면 내 가슴은 푸른 진주의 비전에 몹시 만족하고 있었고, 또 그것은 내가 여신 꾼달리니로부터 축복의 선물을 받은 것이라고 말해 주었기 때문이다. 나는 모든 사람을 진심으로 존경하기 시작했다.

두 눈이 더 이상 굴러다니지 않았을 때, 눈들은 위로 향해 있었다. 나는 계속 위쪽을 바라보았고, 아래쪽을 보려고 하면 눈이 아팠다. 때때로 두 눈은 깜박이지 않고 떠져 있었다. 나는 양미간 사이에서 통증을 느끼기 시작하였는데, 그 통증은 너무나 강하여 밤에 잠을 잘 수가 없었다. 곧 이어 심지 없는 촛불처럼 빛이 명상 중에 나타나서 양미간 사이에 있는 두 개의 연꽃 꽃잎으로 된 아냐 짜끄라에 가만히 서 있었다. 그것은 너무나 밝고 아름다웠다. 내가 정말 나 자신의 존재마저 망각한 채 그것을 바라보고 있을 때, 나의 비전은 흐릿해져 갔다. 그 빛 바로 옆에, 일깨워진 꾼달리니가 사하스라라로 가는 길이 있다. 이것이 바로 싯다들의 통로이며, 이 통로는 구루의 완전한 은총이 없이는 열리지 않는다. 여러분의 헌신이나 따빠시야가 아무리 위대하다 하더라도, 여러분이 아무리 많은 명상을 한다 하더라도, 혹은 여러분이 아무리 많은 끄리야들을 경험한다 하더라도, 구루의 은총이 없이 이 길을 열기는 매우 어렵다. 길은 오직 하나밖에 없다. 즉, "구루의 은총이 유일한 길이다. 구루의 명령이 유일한 방법이다."

이 짜끄라도 역시 뚫렸다. 그래서 쁘라나샥띠가 더욱 위로 올라가기 시작했다. 나는 항상 내 앞에서 심지 없는 불꽃을 보고, 늘 희열로 가득 차 있었다. 그 불꽃의 장소는 믿음이 돈독한 인도의 여성들이 결혼할 때 배우자에 대한 정절의 상징으로 매일 꿈꿈을 발랐던 장소와 꼭 같다. 그들은 남편의 이름을 걸고든 아니면 단지 그것이 관습이기 때문이든, 꿈꿈을 그곳에 발랐다. 그러나 그 장소는 실제로 구루의 자리이며, 그리고 구루의 자리를 주재하는 신이 두 개의 종자 음절인 '함'과 '끄샴'의 형상으로 살아가는 곳이 바로 그곳이다. 우리는 그 덕분에 살아간다. 그 불꽃은 지고의 구루데바를 나타내는 한 형상이다. 우리의 여성들이 그 자리에 꿈꿈을 발랐을 때, 그들은 지고의 참나에 숭배하고 있는 것이다. 이제 시대가 변했다. 그래서 어떤 여성들은 이 같은 본분을 잊어버렸다. 모든 것이 과거와는 반대로 되어 가고 있다.

나는 이 신성한 불꽃을 계속 바라보았다. 그것을 묵상할 때 다른 형상들이 그 불꽃 안에 나타났는데, 각각의 형상이 그 이전의 형상 안에 나타났다. 즉 처음에는 붉은 오라가, 그 다음에는 흰 불꽃이, 그 다음에는 검은 빛이, 그리고 마지막에는 푸른 진주가 나타났다. 내가 앞으로 나아가면서 상이한 이 모든 단계들을 통과했을 때, 나의 기쁨과 황홀은 계속 증가하였다.

나는 새로운 유형의 기쁨을 경험하기 시작하였다. 나는 매우 신뢰할 만한 비전들을 자주 보았다. 푸른 진주를 보았을 때, 내 몸과 마음의 조건 그리고 이해의 방식은 변하기 시작하였다. 나는 나 자신에게 점점 더 많은 기쁨을 느꼈으며, 순수하고도 고귀한 감정들로 가득 채워졌다. 온갖 형태의 외적인 관계에 싫증나기 시작하였으며, 오로지 명상에만 탐닉하게 되었다. 나는 항상 "오늘은 무엇을 볼 것인가?"라고 자문했다. 이것은 내가 기다렸던 유일한 것이었고, 내가 관심을 가졌던 유일한 것이었으며, 내가 즐겼던 유일한 것이었다. 그래서 그것은 나의 일상적인 행동과 일상적인 명상이 되었다.

어느 날 나는 밤의 마지막 시각인 브람마무후르따 때 자리에 앉아 명상을 했고, 화장터의 화장용 장작더미 앞에 서 있었다. 그 장작더미 속에 내가 모르는 어떤 여성이 앉아 있었다. 그녀는 불꽃에 둘러싸여 타들어 가고 있었다. 그러나 그녀는 명상에 완전히 몰입해 있었다. 나는 그녀를 오랫동안 바라보았고 곧 이어 나의 명상은 중단되었다.

이 무렵 나는 부에 굶주린 사람처럼 명상을 갈망하였다. 나는 여자를 탐하는 남자처럼 명상에 대하여 생각하였다. 나는 한 가지 일에만 사로잡힌 나머지 반복적으로 그 한 가지 일로만 돌아가는 미치광이처럼 명상을 기억했다. 그 다음 날, 나는 앞으로 한밤중에 명상을 시작하기로 마음먹었다. 나의 명상은 너무나 미묘한 상태로 변해서, 나는 외부 세계로부터의 어떤 소음이나 어떤 종류의 방해도 견딜 수 없었다.

심지어 어떤 사람이 작은 소리로 이야기해도 나는 방해를 받았다. 누가 웃거나 개가 짖어도, 나의 명상은 중단되었다. 나는 심지어 평소의 내 친구들마저 방해물로 느꼈으며, 그들이 떠나가면 얼마나 편하겠는가 하고 항상 생각하고 있었다. 그래서 나는 나가드의 오두막에서 자정부터 명상을 하기로 결심했다.

나는 두려움에서 명상한 것이 아니라, 열정과 신념과 사랑을 가지고 명상을 했다. 어떤 누구를 즐겁게 하기 위해서나, 어떤 누구로부터 어떤 이득을 보기 위해서나, 혹은 관능적이든 그렇지 않든 어떤 욕망을 충족시키기 위하여 명상하지 않았다. 육체적이든 정신적이든 그 어떤 병을 없애기 위하여 명상하지도 않았고, 내가 얻을지도 모르는 기적 같은 초자연적인 능력들을 통해 명성을 얻기 위해서도 명상하지 않았다. 아무도 나에게 명상하라고 강요하지 않았다. 종교에서 명상하는 것이 좋다고 하여 명상하지도 않았다. 오직 신을 사랑하기 때문에 명상하였다. 왜냐하면 나는 여신 찌띠 샥띠에 어쩔 수 없이 끌리게 되었기 때문이다. 그리고 나 자신의 진정한 본성을 탐구하기 위해서 명상을 하였다.

자리에 앉자마자 명상 속으로 들어갔다. 각 감각 기관의 주재신이 나타나서 내 앞에 섰다. 나는 7,200만 개의 나디들을 통하여 번갯불처럼 번쩍이는 수많은 색깔들로 이루어진 매우 특별한 종류의 빛을 보았다. 곧 이어 붉은 빛, 흰 빛 그리고 검은 빛이 나타났고, 이어서 잠깐 동안 푸른 빛이 나타났다. 이들 빛들이 나타날 때는 차례로 앞의 것이 뒤의 것 속에, 보다 작은 것은 보다 큰 것 속에 나타났으며, 전자는 후자의 미묘한 원인이면서, 또한 후자를 지지하고 있었다.

제 21 장

인드라로까 방문

어느 날 명상 중에 나는 어느 거대한 도시를 방문하였다. 그 도시를 보자마자 깊은 잠에 빠졌고, 그래서 그것에 대하여는 아무 것도 보거나 이해할 수 없었다. 그곳의 사랑의 물결 속으로 잠기고 말았다. 나는 어둠을 통과하여 딴드라로까에 도착하였다. 그곳에서 아름다운 장식을 한 마차 한 대가 멀리서 나에게로 다가오는 것을 보았다. 그 마차는 인간의 재간으로는 만들어 낼 수 없는 아주 독특한 방식으로 만들어졌다. 거기에는 물질로 만들어진 것이 아니라 의식으로 만들어진 보석들이 여기저기에 박혀 있었다. 마차는 바퀴 대신에 네 개의 조그마한 기둥을 달고 있었다. 그것은 마치 수천 개의 태양으로부터 빛을 받고 있는 것처럼 사방이 신성한 광명으로 빛났다. 그리고 땅에 닿지도 않고 움직였다. 나는 그 마차를 보고 황홀감에 넋을 잃고 말았다. 마차는 나에게 다가와서 멈추어 섰다. 그리고 인간의 형상을 하고 있는 신이 걸어 나왔다. 그는 흰 비단 옷을 입었으며, 발에는 보석 샌들을 신었고, 허리에는 띠를 둘렀는데, 현대인이 사용하는 가죽 벨트가 아니라 무수한 보석들로 장식된 벨트였다. 그는 진주 목걸이를 걸치고 있었고, 머리에는 보석으로 장식된 조그마한 왕관을 쓰고 있었으며, 어깨 위로는 신성한 실을 걸치고 있었다. 그의 거룩한 빛은 나의 얼굴과 주변의 망고 나무들을 환하게 밝혀 주었다. 그의 귀에는 번쩍이는 귀걸이가 걸려 있었고, 손에는 빛나는 무기를 들고 있었다. 그 신은 나를 보고 미소를 지으면서, 신들의 언어인 산스끄리뜨로 "마차에 타시오."라고 말했다.

나는 산스끄리뜨를 잘은 몰랐지만, 여하튼 그가 말한 의미를 이해하였다. 나는 곧 마차에 올라 앉았다. 마차 안에서는 또 하나의 놀라운 광경이 나를 기다리고 있었다. 바깥에서 볼 때 이 마차는 10평방피트 정도였는데, 안에 들어와 보니 마차의 공간이 매우 넓고 필요한 모든 것이 구비되어 있었다. 물도 있었고, 작은 욕실 하나와 여러 개의 침실도 있었다. 방석들은 묘하게 아름다웠다. 거기에도 신성한 보석들로 장식되어 있었으며, 그 광채는 사방에 빛을 뿌렸다. 그 마차에는 나를 대단히 유혹하면서도 당황하게 한 자리가 하나 있었다.

신은 마차 안을 구경시켜 준 뒤에 나를 바깥의 방으로 데려갔다. 그 순간에 나는 마차가 번갯불처럼 빨리 출발하는 것을 느꼈다. 나는 한 좌석에 앉아서, 맞은편 좌석에 앉아 있는 인간의 형상을 한 신을 바라보았다. 그때 신이 앉아 있는 좌석으로부터 두 개의 보석이 나의 몸에 빛을 던져 주고 있었다. 우리는 경이롭고 놀랄 만한 도시에 도착하였다. 그곳에는 수많은 색깔을 머금고 신성한 향기들을 풍기는 꽃들을 피우고 있으면서, 수많은 종류의 달콤하고 즙이 많은 과일들을 잔뜩 맺고 있는 나무들과 아름답게 잔물결치는 시냇물, 지저귀는 새들 그리고 여러 종류의 동물들이 있었다. 한쪽에서는 푸르고, 희고, 노란 그리고 검은 빛깔을 띠고 있는 매혹적인 백조들을 보았는가 하면, 다른 쪽에서는 빛나는 황금색 사슴 떼들이 아무 겁 없이 이리저리 뛰어다니고 있었다. 그들 중 몇 마리는 다이아몬드, 에메랄드 그리고 사파이어처럼 빛나고 있었다. 나는 또한 눈부신 소와 송아지의 무리를 보았다. 불어오는 바람은 신성한 향기를 머금고 있었다. 나는 이 광경을 보고 황홀경에 빠져 버렸다.

잠시 뒤에 마차는 도시의 가장자리까지 왔고 그 안으로 들어갔다. 거기에 있는 모든 것들이 초자연적인 방식으로 만들어져 있었다. 심지어 벽돌과 돌과 흙도 그러했다. 심지어 하수구까지도 작고 아름다웠다. 진정 이것이 천국이었다. 그곳의 빛은 태양의 빛과도 달랐다. 도시는 은빛으로 빛나고 있었다. 날씨는 시원했다. 어떠한 열기도 없었다. 나무의 모든 잎들은 초록색이었고, 시들거나 말라 버리지 않았다.

나는 여러분 모두에게 내가 나가드의 오두막에 앉아 명상을 하고 있는 동안에 딴드라로까의 이 모든 장면들을 보았다는 점을 일깨워 주고 싶다. 마침내 우리는 왕궁 가까이에 도착했다. 왕궁 앞의 길에는 꽃들이 뿌려져 있었다. 길의 한쪽에는 남자들이 화환을 들고 있었고, 다른 쪽에는 여자들이 아라띠를 위해 장식된 황금 쟁반을 들고 서 있었다. 우리 둘이 마차에서 내리자 그들은 나에게 꽃들을 빗발치듯 뿌려 주었다.

　나는 이제 나와 함께 있는 신이 다름 아닌 천국의 왕이며, 백 가지 희생을 받는 주인인 인드라 그 자신이라는 것을 알게 되었다. 그는 전생에서 왕으로서 베풀었던 선행 때문에 현재와 같은 높은 지위에 오르게 된 것이다. 인드라는 실제로 모든 세계들의 왕이다. 우리 둘 다는 아라띠로써 공경받았다. 그 도시의 모든 사람들은 젊고 건강했으며 슬픔이 없었다. 비록 그들의 몸은 가늘었지만 그들은 강했고, 그들 모두는 놀랄 만한 빛으로 빛나고 있었다. 나는 옛날 인드라 자신의 거처에 가 본 적이 있었지만, 지금은 그와 함께 다른 여러 곳을 보러 다녔고, 가는 곳마다 소녀와 여성들에 의하여 제공되는 아라띠에 의해 환영받았으며, 또한 길 위에 뿌려진 꽃들로 환영을 받았다. 모든 것을 보고 난 뒤에 우리는 궁전으로 돌아왔는데, 거기에서는 고전 음악단이 우리를 기다리고 있었다. 인드라로까는 덕망 있는 자들의 세계이다. 그래서 그곳에서는 감각적인 욕망들이 충족된다. 그리고 그 세계가 즐거움을 주기 때문에, 그것은 또한 욕망 충족의 세계라는 뜻인 사까마로까라고도 불린다. 내가 주변을 돌아보는 사이에 진주 목걸이와 또 하나의 꽃 화환이 내 목에 걸려졌다. 그 순간 하늘을 나는 은빛의 마차가 우리 앞에 나타났다. 나는 그것이 우리의 출발을 알리는 신호라는 것을 알게 되었다. 그래서 인드라와 나는 마차에 올라 자리에 앉았다. 순식간에 나는 나가드로 돌아왔고 나의 명상은 멈추게 되었다.

나는 눈을 떴지만 똑같은 광경이 내 눈앞에 나타났다. 눈을 감아도 여전히 그것을 볼 수 있었다. 나는 내가 본 모든 것을 기억하고서 경이로움에 감동받았다. 나는 밖을 좀 돌아다녔다. 그러자 나의 딴드라 상태는 마침내 사라지게 되었다. 나는 조용히 앉아서 모든 것에 대해 생각했다. 그 결과 그 모든 것을 매우 분명히 기억할 수 있었다. 이렇게 여러 가지 경험들로 가득 찬 묵따난다의 명상 요가의 여정은 계속되었다.

이미 나는 천국, 지옥 그리고 코브라의 세계들을 보았기 때문에 경전을 완전히 믿기 시작하였다. 전에는 유일한 진리가 참나실현이라고 믿었고, 천국, 지옥, 신들의 세계 그리고 여타의 그러한 것들은 믿지를 않았었다. 이제 나는 경전들에 기록된 내용이 완전한 사실이며, 그것을 이해할 수 없는 것은 우리 자신이라는 것을 확신하게 되었다. 옛날의 현자들은 우리가 볼 수 없는 영역을 깊숙이 들여다볼 수 있었으며, 요가를 통하여 얻은 전지로써 경전을 썼던 것이다. 바로 이러한 이유 때문에 그들의 말들은 진실한 것이다. 우리가 사다나를 조금만 행해도 아주 중요한 어떤 것을 알 수 있다면, 사다나를 완벽하게 수행한 그러한 현자들과 예언자들에게는 그들이 모르는 어떤 것이 과연 있을 수 있겠는가?

제 22 장

나 자신의 형상에 대한 비전

이제 나는 새로운 경험을 하기 시작했다. 빛들이 명상 중에 나타나자 나는 맞은편에 앉아 있는 나 자신을 보았는데, 그것은 심지어 내가 눈을 떴을 때도 그러했다. 가끔 어떤 일을 하고 난 뒤 명상을 하게 되면, 나는 명상 중에 그 일을 하고 있는 나 자신을 보곤 하였다. 내가 만약 명상 전에 오렌지 농원을 거닐었다면, 나는 명상 중에 오렌지 농원을 여기저기 배회하고 있는 나 자신을 보곤 했다. 이것은 나에게 또 다른 경이로움의 근원이었다.

나는 구루데바를 무척 그리워하기 시작했다. 언제 스승을 다시 만나 볼 수 있을지, 스승이 언제 나를 부를 것인지 매우 궁금하였다. 이런 생각을 하고 있는데, 세 명의 친구, 곧 니구드까르 구루지, 지반지 데사이 그리고 바부 세뛰가 나를 보기 위해 왔다. 그들은 가네쉬뿌리의 소식을 나에게 전해 주었다. 그리고 곧 나는 구루데바를 달샨하기 위해 그곳으로 출발하였다. 며칠 동안 가네쉬뿌리에서 머물렀다. 그때 구루데바가 나를 불러서는, 스승이 손수 만든 방이 세 개 딸린 집이 있는 곳인 가브데비에 머물라고 말씀하셨다. 이제 스승과 가까이 살게 되었으므로, 달샨을 하고 싶을 때면 언제든 할 수 있었다. 아침, 저녁 규칙적으로 스승에게 갔으며, 때로는 밤새 스승과 함께 보내기도 하였다. 가끔 명상 중에 나 자신의 모습을 보는 때가 있었는가 하면, 어떤 때는 구루데바를 보기도 했다. 가끔 강가에 앉아 명상할 때, 나는 거기에 앉아 있는 나 자신의 모습을 보곤 했다. 내가 구루데바에게 이 같은 현상을 말하자, 그는 "흠, 좋은 일이군."이라고 말씀하셨다. 나중에 나는 어떤 요가 책에서, 그것이 바로 자기 자신의 형상을 보는 쁘라띠까 달샤나라고 하는 것이며, 또한 그것이 몸의 완전한 정화를 나타내는 조짐이라는 것을 알게 되었다. 나의 몸은 이제 매우 야위어 가고 있었지만 에너지로 넘쳐흘렀다. 나는 여전히 명상을 계속 하고 있었다. 나는 검은 빛인 크리슈네쉬바리에 관한 명상을 다 마쳤으므로, 이제는 푸른 진주인 닐레쉬바리에 관한 명상을 점점 더 하고 있었다. 검은 빛이란 원인의 몸을 말한다. 냐네쉬바르 마하라지는 그것을 빠르바드하, 즉 '손가락의 끝'이라고 불렀다. 그 자리는 가슴에 있고, 이 몸을 통하여 깊고도 꿈이 없는 잠이 일어난다. 그것은 감각 너머에 존재하는 때 묻지 않은 순수한 상태이다. 이 상태에서는 아무런 갈망도 일어나지 않으며, 오직 희열의 기쁨만이 있다. 이 몸에 있는 개인의 영혼은 '옴'의 '엠'(m)으로 표현되며, 쁘란냐라고 불린다.

구루 바가반 니띠아난다의 사진 앞에 앉아 있는 스와미 묵따난다.
가네쉬뿌리에 있는 방 세 칸짜리로 된 원래의 슈리 구루데바 아쉬람 바깥. 1956년.

명상을 통하여 거친 몸, 미묘한 몸, 원인의 몸 그리고 초원인의 몸을 직접 경험하는 것이 가능하다. 내가 크리슈네쉬바리, 즉 검은 여신이라고 명명하고, 크기가 손가락 끝만 한 것으로 경험한 원인의 몸은 네 개의 몸으로 된 연꽃의 세 번째 꽃잎이다. 첫 번째 꽃잎은 붉은색이고, 두 번째는 흰색, 세 번째는 검은색이다. 오, 싯다의 길을 밟는 구도자들이여! 여러분은 이 모든 것을 명상 중에 스스로 경험할지도 모른다. 이것은 규칙적인 요가의 수련을 통해서만 얻어질 수 있는 것이다. 성자들은 이것을 데바야나 빤타, 즉 '신들의 길'이라고 불렀다. 꾼달리니 요가는 위대한 요가이며, 밖으로 드러난 신의 길이다. 왜냐하면 이 요가에서는 일상적인 생활과 영적인 생활, 그리고 신 사이에 어떠한 차이도 없기 때문이다. 그래서 이 요가를 싯다 마르가, 즉 완성으로 가는 길이라고 부른다. 그것은 해방의 길이다.

푸른 색깔이 크게 확장되는 현상인 푸른 아까샤가 명상 중에 나타나기 시작했고, 그것과 더불어 무한한 힘을 갖고 있는 진주인 닐라 빈두도 나타나기 시작했다. 그것을 바라보았을 때, 내 두 눈은 터질 것만 같았다. 눈까풀이 움직이지 않았고, 눈을 뜰 수도 감을 수도 없었다. 나는 완전히 빈두에 매료되어 꼼짝도 못 했다. 또한 바깥에서 새로운 빛을 보았고, 내가 명상 속으로 들어가자 꾼달리니 마하마야가 여러 가지 다른 형상으로 내 앞에 나타났다. 그녀가 어떤 형상을 취하더라도 나는 그것을 지고의 샥띠, 여신 찌띠로서 동일하게 바라보았다. 그 푸른 빛은 나타났다가는 사라지고, 또다시 나타났다가는 사라지곤 하였다. 내 두 눈이 위로 굴러 올라가 눈썹 조금 위에 있어서 겉으로 보기엔 없는 것과 같았다. 두개골 쪽에서 어떤 의미심장한 일이 일어나고 있었다. 그곳에는 몇 개의 짜끄라가 있는데, 아마도 이런 과정을 통하여 그것들이 정화되는 것만 같았다.

제 2 3 장

푸른 진주

이제 나의 명상은 검은 빛을 넘어서 푸른 진주로 가게 되었다. 명상을 하기 위해서 앉자마자, 나의 몸에 가벼운 움직임이 있었고, 곧 이어 새로운 에너지가 나디들을 통하여 돌진하였다. 붉은 빛, 흰 빛, 검은 빛 그리고 푸른 빛이 나타났다. 나의 명상은 안정되었고, 때때로 나는 깊은 딴드라의 황홀 상태로 들어가서 다른 세계들로 여행하였다. 나는 오두막에 앉아 있으면서도 모든 것을 보았다. 매일 어떤 새로운 경험을 했다. 나의 몸은 점점 가볍고, 날씬하고, 기민하고, 건강하며, 튼튼해지고 있었다. 나는 황금색을 띤 은빛의 중심 나디인 수슘나를 볼 수 있었다. 그것은 기둥처럼 서 있는데, 모든 나디들이 그것으로부터 힘의 진동을 받고 있다. 구도자가 명상을 하고 있을 때, 그는 가끔 척추의 기반부인 물라다라에서 통증을 느끼는 경우가 있는데, 그것은 수슘나로부터 다른 나디들로 샥띠가 전달되기 때문이다. 때때로 가슴에서 새로운 움직임이 일어났는데, 그때 나는 달걀 모양의 동그란 빛을 보았다. 이것은 엄지손가락 크기의 빛나는 존재에 대한 비전이다. 그 존재는 『슈베쉬따쉬베따라 우빠니샤드』에서 다음과 같이 묘사되고 있다. "내면의 영혼은 모든 사람의 가슴속에 엄지손가락만 한 크기의 존재로 항상 거주하고 있다."[20]

제 2 4 장

전지의 세계

다음으로 나는 빨간색, 흰색, 검은색 그리고 푸른색과는 다른 빛 하나를 보았다. 그리고 그것이 시야에 들어오면서, 나는 그 안에서 수많은 세계를 보았다. 그것은 부드러운 샤프란 색이었고, 그 빛의 한가운데에 수천 개의 푸른 불꽃과 하나의 부드러운 황금색 광휘가 있었다. 그것은 대단히 감미롭고 아름다웠다. 그것은 이미 내가 경험했던 4개의 연속적인 빛 속에서 일어났다. 나는 이 새로운 빛 속에서 많은 투시적인 비전을 보았다. 그래서 대단히 주의를 기울여 그것을 주시했다. 내가 명상 중에 습관적으로 딴드라로까로 들어갔던 것과 꼭 마찬가지로, 나는 지금 반짝거리고 있는 빛의 그 공간 속으로 들어갔다. 나는 그것을 사르바지나로까 즉 전지(全知)의 세계라 부른다. 명상의 요가를 통해 이러한 곳에 도달한 인도의 위대한 예언자들과 현자들은 전지의 능력을 얻게 되었고, 그들이 원한다면 심지어 깨어 있는 상태에서도 그곳으로 들어갈 수 있었다. 구도자는 빠라샤띠의 은총을 통해 가끔 명상 중에 이 상태에 이르게 될 것이다. 나의 마음이 사르바지나로까에서 안정이 되면, 나는 멀리 떨어져 있는 많은 다른 세계들을 볼 수 있었다. 내가 그곳에서 본 모든 것은 완전히 진짜였다. 때때로 나는 불이 붙은 공장이나 혹은 범람하는 강과 같은 바깥 세계에서 일어나는 어떤 사건을 보았고, 이런 것들은 항상 실제로 일어났다. 그러나 내가 명상 중에 사르바지나로까를 방문할 수 있었던 것은 오직 여신 찌띠의 은총을 통해서만 가능했다. 내가 그들을 보고 싶을 때마다 볼 수 있는 것은 아니었다. 나는 명상을 통해 많은 경이로운 장면들을 보았다.

어떤 요기들은 사르바지나로까로부터 싯디들 즉 초자연적인 능력들을 얻는다. 명상을 통해 사람은 매우 빨리 일상적인 싯디들을 얻을 수 있지만, 가장 고상한 구도자는 구루의 진정한 자식이기 때문에 오로지 완벽한 경지를 동경한다. 그는 이러한 능력에는 전혀 개의치 않으며, 그가 얻은 능력에 대해서도 타인에게 일체 말하지 않는다. 명상의 수행자들이여! 여러분의 의무는 구루를 사랑함으로써 구루의 은총으로 여러분의 내면에서 활동 중인 샤띠를 공경하고 존중하는 것이다. 항상 여러분 자신의 중요성과 깊이와 믿음과 성스러운 몸을 의식하라.

매일 나는 푸른 진주에 대하여 명상하며 많은 비전을 보았다. 닐레쉬바리에 대하여 이처럼 즐거운 명상을 하고 있는 동안, 나는 내면의 귀로 음악 소리를 듣기 시작했다. 그것을 처음에는 왼쪽 귀로 들었다. 어떤 책에는 신성한 음악인 나다가 처음 왼쪽 귀로 들리면 그는 곧 죽을 것이라고 적혀 있다. 몇몇 친구들이 나에게 이 점에 관해 진지하게 경고했다. 그러나 나는 죽음이란 운명에 의해 지정된 특별한 날에 오는 것이라고 대답하고, 계속 명상을 했다. 나는 대단한 사랑의 마음으로 푸른 진주를 명상했다. 이 음악 소리 외에도 매우 섬세하고 미묘한 소리를 듣기 시작했는데, 그 소리는 아직도 내 왼쪽 귀에서 들린다. 이제 나는 빛들을 바라보면서 여러 소리에 귀를 기울이고 있었다. 그리고 나의 명상은 훨씬 더 강도가 높아졌다. 나는 비나의 현이 내는 섬세하고 감미로운 소리를 들었다.

어느 날, 나는 구루데바에게 나다에 대해 묻고 싶었다. 나는 항상 매일 같은 시간에 달샨을 하러 갔지만, 그날에는 다른 시간에 갔다. 나는 그 위대한 전지의 현자가 머리를 흔들면서 "왜?"라고 물을 것이라는 것을 알고, 그의 앞에 서 있었다. 그랬더니 실제로 그렇게 물었다. 그는 머리를 흔들면서 조그만 콧소리를 내고 있었다. 나는 "바바! 왼쪽 귀로 나다를 들으면 죽는다고 하던데요."라고 말했다. 바바지는 "왼쪽이 뭐고, 오른쪽은 뭔가? 그 둘은 다 신의 것이다. 그래. 두 귀는 모두 신의 것이야. 너는 귀로 나다를 들은 것이 아니라, 내면의 귀로, 즉 내면의 공간에서 들은 거야."라고 말했다. 나다가 오른쪽이나 왼쪽 귀에서 나오는 것도 아니요, 또한 앞이나 뒤에서 나오는 것도 아니라는 것은 정말 사실이다. 그것은 내면의 공간에서 울려 퍼지는 신들의 감미롭고도 성스러운 음악인 것이다. 그것은 의식의 공간인 찌다까샤의 소리이다. 그것은 죽음을 알리는 불길한 전조가 아니라, 수행자를 신의 경지로 이끌어 가는 찌띠의 원래 진동음이 내는 만뜨라, 즉 가장 미묘한 진동 차원의 언어인 것이다. 요기들과 냐니들은 이 소리를 통해서 자기 존재의 근원을 발견할 수 있다. 냐네쉬바르 마하라지는 "나다의 건너편 피안에, 뚜리야라는 나의 거처가 있다."라고 말한다. 그렇게 숭고하고 상서로운 나다가 죽음의 불길한 징조가 될 수는 없다. 오히려 그것은 불멸의 삶을 미리 알려 주는 전령이다.

 나는 이제 나다의 소리를 듣는 것뿐만 아니라, 푸른 진주 안에서도 찌띠의 기적들을 보고 있었다. 나는 매일 명상했다. 사실 나는 명상 이외에 그 어떤 것에서도 기쁨을 찾을 수 없었다. 일단 명상에 빠져들면 내 눈은 위쪽으로 굴러가서, 거꾸로 뒤집혀졌고 또 그 상태를 계속 유지했다. 나는 하늘이 하얀 빛들로 가득 차 있는 것을 보았고, 또한 사방에서 성스런 소리를 들었다. 나의 마음은 여기에 집중되었고, 나는 대단히 아름다운 빛나는 푸른 별을 보았다. 그것은 푸른 진주가 아니었다. 그러나 그것은 놀랄 만큼 찬란하게 빛났다. 그것은 우리가 저녁이면 서쪽 하늘에서, 그리고 동이 틀 무렵엔 동쪽에서 볼 수 있는 낯익은 혹성인 빛나는 금성과 아주 흡사했다. 이 아름다운 별은 사하스라라의 위쪽 공간의 중앙에 위치해 있고, 결코 움직이지 않는다. 나는 명상하는 동안 내내 그것을 지켜보았다. 딴드라 상태에서 벗어나자 나는 일어서서 바깥 주변을 걷기 시작했다. 가브데비 사원 뒤쪽 언덕을 올라가면서, 그 별이 어떤 별이었을까 생각해 보았다. 나는 지금은 슈리 구루데바 아쉬람의 뚜리야 만디르가 서 있는 언덕에 앉아 있었다. 그 당시에 그곳은 모두 숲이었는데, 때때로 밤 8시 혹은 9시까지 그곳에 혼자 앉아 있곤 하였다. 그 날 밤 그곳에 앉아 있을 때, 별 하나가 하늘에서 내려와서 사라졌다. 그것은 내가 명상 중에 보았던 그 별과 아주 흡사했다. 나는 이것으로 인해 당황스러웠고 그것을 전혀 이해하지 못했다. 나는 다시 명상하기 시작했고, 내 내부에서 환희와 기쁨과 사랑의 물결이 흘러넘치는 것을 느꼈다. 계속해서 명상하자 하늘이 또다시 나타났는데 거기엔 그 별이 변함없이 비치고 있었다.

나의 명상은 점점 더 미묘해져 갔다. 이 단계에서 명상 요기들은 극히 주의해야만 한다. 푸른 진주의 비전을 통해 그들은 틀림없이 자유를 성취할 것이지만, 절대자에 대한 완전한 깨달음을 얻을 수는 없을 것이다. 그들의 경험은 단지 불완전한 것에 불과할 뿐이다. 완전한 깨달음을 위해서는 푸른 진주 안에 있는 내면의 참나로 들어가야만 한다. 물론 푸른 진주가 나타나기 시작하면서 커다란 마음의 평화가 온다는 것은 사실이다. 만약 구도자가 푸른 진주를 보지 못한다면, 그의 상황은 마치 영혼을 보지 못하고 육체만 보는 무지한 사람의 상황과 같을 것이다.

깨달음의 길을 따라 걸어가는 여행자는 참나를 살아 있는 실체로서 경험한다. 신에 대한 완전한 깨달음을 얻은 성인들 가운데서도 축복받은 뛰어난 분이신 슈리 뚜까람은 그의 불멸의 시 중 한 편에서 다음과 같이 말한다.

딜라 에바데 반두니 가라

아따 라헤 비슈밤바라
띨라 이뚜께 빈둘레
떼네 뜨리부바나 꼰다딸레
하리하라쯔야 무르띠
빈두리야따 예띠 자띠
뚜까 므하네 히 빈둘레
떼네 뜨리부바나 꼰다딸레

뚜까람 마하라지는 이 시에서 우주에 자양분을 공급해 주는 자인 신은 참깨 씨앗만큼 작은 집에서 산다고 말한다. 신이 전 우주를 부양해 주기 때문에, 그를 자양분 공급자라고 부른다. 살아 있는 모든 존재들의 지고의 참나이며, 쁘라나의 힘인 우주의 신은 고도의 직관을 통해 요기들과 헌신자들과 냐니들에 의해 내면에서 알려져 있고 또한 전지의 보고이기도 하지만, 그러한 신이 자신의 거처를 참깨 씨앗만큼이나 작은 집으로 삼은 것이다. 마치 거대하게 뻗어 가는 나무가 조그만 씨앗에서 자라나는 것처럼, 만물의 자양분 공급자도 비록 무한한 형상과 모양과 크기로 자신의 모습을 드러내지만, 집으로는 아주 작은 씨앗 하나를 가지고 있다. 그 작은 씨앗은 거대한 나무의 근원이고 그 나무는 씨앗 속에 포함되어 있다. 그러나 그 씨앗은 씨앗으로서의 독립적인 실존을 가지고 있다. 하나의 씨앗은 나무로 자랄 수 있고 그 나무는 본질적으로 처음과 똑같은 무수한 씨앗을 만들어 낸다. 마찬가지로 성스러운 씨앗인 빈두도 무수한 방식과 형상으로 모습을 드러낼 수 있지만, 그 원래의 정체성을 보존하고 있다. 빈두 속에 살아 계시는 신은 결코 자신의 완전무결성을 잃지 않으며 원래의 능력도 잃지 않는다. 그의 위대함과 영광은 변함이 없는 완전한 상태로 남아 있다.

이는 또 다른 유추로 더욱 분명해질 수 있다. 우리는 인간이 인간에게서 태어나고, 또 인간이 조상의 모든 특징을 가지고 있다는 것을 알고 있다. 아들은 아버지의 정액 한 방울에서 태어나지만, 아들이 태어난다고 해서 아버지가 잃는 것은 아무것도 없다. 그는 모든 점에서 이전과 똑같고, 아버지의 정액에서 태어난 아들은 아버지만큼이나 완전하다. 그의 신체적 특징도 아버지의 것과 닮았으며, 그의 행동방식도 닮았다. 우리는 아버지가 아들로 다시 태어난다고 말할 수 있고, 따라서 아들은 아들이 아니라 아버지라고 말할 수 있다. 마찬가지로 우주의 근원인 신도 자신의 참나 속에 찌띠 샥띠를 활성화시킴으로써 자신의 존재 안에서 무한한 우주를 창조한다. 그는 그 우주에 충만해 있지만 그 우주를 초월해 있다. 다시 말해, 신은 자신의 존재 안에 자신의 집을 짓고 그 안에서 산다. "우주의 부양자가 참깨 씨앗만큼 작은 집에서 산다."라는 뚜까람 마하라지의 싯구는 틀림없는 사실이며, 그 말에 대하여 어떤 의심이나 논쟁도 있을 수 없다.

참깨 씨앗만큼 작은 빈두는 참나의 집이다. 참나의 완전한 형상이기도 한 신은 그 안에 있다. 만약 당신이 빈두의 비전을 본다면, 당신은 그 안에 당신의 참나가 있다는 것을 이해해야 한다. 내가 닐레쉬바리니, 푸른 여신이니, 푸른 진주라고 불렀던 것이 바로 이 빈두이다. 이 진주는 참깨 씨앗만 한 크기이지만 집과 같아서, 지고의 참나 즉 신은 바로 그 집에서 산다. 뚜까람은 사실상 이 빈두 안에 삼계가 들어 있다고 말한다. 천국과 인간 세계 그리고 지옥이 모두 그 속에 있다는 것을 단지 생각해 보라.

개인의 영혼은 붉은색, 흰색, 검은색 그리고 푸른색이라고 내가 불렀던 네 개의 몸 안에 둘러싸여 있지만, 그 몸 각각은 그 앞의 몸 속에 들어 있는 것이다. 붉은색은 거친 몸에 해당하고, 흰색은 미묘한 몸에, 검은색은 원인의 몸에, 그리고 푸른색은 초원인의 몸에 각각 해당한다. 그 초원인의 몸은 푸른 진주 안에 있다. 명상을 통해 여러분은 어떻게 삼계가 참깨 씨앗만큼 작은 빈두 속에 들어갈 수 있는지를 충분히 깨달을 수 있다. 더욱이 뚜까람은 "브람마, 비슈누 그리고 쉬바의 삼위일체가 빈두 속에서 나타났다가 사라진다."라고 말한다. 이 빈두가 이 세 신들의 거주지이다.

싯다 수행자들이여! 이제 여러분은 여러분이 명상 중에 볼 수 있는 이 조그만 빈두가 얼마나 위대하고, 얼마나 중요하며, 얼마나 숭고한지를 스스로 이해할 수 있을 것이다. 삼계를 떠받쳐 주고 있는 신은 여러분 내부의 작은 푸른 진주 속에서 살아간다. 그러므로 오, 인간이여! 신을 공경하면서 위대한 존재들과 함께 여러분의 내부에서 신을 찾아라. 당신이 내부에서 찾을 때까지 당신은 무엇을 볼 수 있겠는가? 당신은 과거에 파리, 런던, 뉴욕을 보았을지 모른다. 그러나 당신은 오직 바로 이런 하나의 세계의 일부분만을 보았던 것이다. 그러나 신은 그의 삼계를 가지고 당신의 내부에 살고 있다. 이러한 것들은 단지 이야기거리로 끝나서는 안 되고, 성취해야만 할 것들이다. 그리고 흔들리지 않는 한결같은 수행을 통해 그것들은 성취될 것이다.

푸른 진주는 위대하고 신성한 순례의 중심지이다. 냐네쉬바르 마하라지는 다음과 같이 말한다.

> 돌란찌 빠하 돌라 슈니야짜 쉐바따
> 닐라 빈두 니따 락하락히따

> 눈 중의 눈인 닐라 빈두는 심지어 공 너머에서도
> 찬란하게 빛나고 반짝거린다.

이 찬연하게 반짝거리며 빛나는 숭고한 푸른 진주는 명상을 통해 직접 볼 수 있다. 오, 싯다 수행자들이여! 여러분은 그것을 볼 수 있다. 그러나 만약 여러분이 그런 위대하고 훌륭한 것을 보고 싶다면, 여러분의 생활 방식과 습관이 가장 순수하고 가장 성스러워야 한다는 점을 명심해야 한다. 여러분은 그것을 받을 가치가 있어야만 한다. 여러분의 연상과 말과 생각은 신으로 가득 차 있어야 한다. 푸른 진주를 본 자는 모든 인간 가운데서도 가장 축복받은 인간이다. 그것은 『스깐다 뿌라나』에 다음과 같이 쓰여 있다.

> 꿀람 빠비뜨람 자나띠 고리따르따

바순다라 뿌니야바띠 짜 떼나
아빠라삼비드슈까사가레
스미늘리남 빠레 브람마니 야스야 쩨따하

찌띠가 활발하게 움직이고 있는 수행자의 전 가족은
성스러워진다. 왜냐하면 샥띠가 모든 것을
성스럽게 만들기 때문이다.
그러한 아들딸을 둔 어머니도 직접 완전한 성취를 이루게 된다.
수행자가 걸어 다니는 땅도 성스러워진다.

그렇게 순수한 영혼이 태어나는 가족들만이 진정으로 고귀하다. 남녀노소 가릴 것 없이 샥띠가 깨어나서 개화하고 있는 그런 집안은 모든 성스러운 순례 장소와 같다. 여기에 대해서는 어떤 의심도 있어서는 안 된다. 내면의 샥띠가 계속적으로 팽창해 가는 이 영혼들의 마음은 무한한 우주의 의식, 절대자, 희열의 바다 속으로 빠져들게 된다. 모든 신성한 강들은 명상 요가의 수행자들이 살고 있는 장소에서 하나로 된다. 그들 스스로가 신성하고, 그래서 그들을 보는 것 자체가 훌륭하고 유익한 일이다.
『슈리마드 바가바땀』에서 신은 다음과 같이 말한다.

박가드가다 드라바떼 야스야 찌땀
루다띠야빅슈남 하사띠 끄박쩌짜
빌라자 우드가야띠 느리띠야떼 짜

마드박띠육도 부바남 뿌나띠

그의 마음은 목이 멘 말과 함께 용해된다.
그는 매 순간 눈물을 흘린다. 가끔 웃기도 한다.
그는 아무 부끄럼 없이 큰 소리로 노래하고 춤을 춘다.
나에게 헌신한 사람은 이 세계를 신성하게 한다.[21]

성스러운 사랑은 구루의 은총의 힘으로 내면의 샥띠가 일깨워진 사람에게 나타난다. 그의 목소리는 너무나 기쁨으로 가득 차 있어서 그가 말할 때 그는 사방에다 사랑을 뿌리고 있다. 그의 마음은 항상 사랑과 함께 용해되고 있다. 그는 격렬한 사랑으로 미친 듯이 거듭 눈물을 흘린다. 때로 그는 모든 부끄러움을 팽개치고 큰 소리로 노래하며 춤추기 시작한다. 싯다 요가의 수행자가 그렇게 위대한 신의 연인이 될 때, 그는 삼계를 신성하게 할 수 있다. 지고로 황홀한 찌띠가 움직이기 시작하고, 수행자가 푸른 진주를 보게 되면, 이러한 사랑이 내부에서 일어난다. 말을 잇지 못하게 만들고 마음을 용해시키는 것은 바로 이 사랑이다. 그러면 구도자는 명상을 통해 자신의 4개의 몸을 모두 정화할 수 있다. 그는 자신이 명상하는 모든 장소를 신성한 장소로 만든다. 이러한 헌신자는 자신이 존재하는 것만으로도 순례의 성스러운 중심지조차 신성하게 만든다. 그의 가슴속에 있는 찌띠의 진동이 그의 말로 나타나기 때문에, 그의 말은 곧 성스러운 구절이요, 여러 경전의 진리를 증명해 준다. 그는 자기 자신과 타인을 포함한 모든 행동을 유익하게 만든다. 왜냐하면 그의 모든 행동이 찌띠에 의해 일어나고 있어서, 그가 하는 모든 일이 행복을 가져다주기 때문이다. 나의 구루데바의 축복을 받은 사람이면 누구에게나 만사가 결국 좋게 나타났다. 심지어 구루데바가 욕했던 사람조차도 유명해졌다. 찌띠가 인간이 하는 모든 것을 부추길 때는 항상 이런 식이다. 찌띠는 남은 음식에서부터도 나온다. 심지어 화장실에서조차도 모든 축복의 찌띠가 짙게 응축되어 있다.

한번은 내가 이 책을 쓰고 있을 때, 샥띠의 강한 물결이 나의 몸을 사로잡았다. 나는 머리가 아주 무겁게 느껴졌으므로 최근에 와서 내 옆에 서 있던 젊은 대학생에게 내 머리를 마사지해 달라고 했다. 그는 그렇게 해 주었고, 심지어 그가 그곳에 서 있는 동안에도 찌띠 샥띠가 그의 몸 안으로 들어갔고, 그는 성스런 샥띠 빠뜨를 받았다. 그는 마하 무드라와 기타 무드라의 동작들을 취하기 시작했으며, 높은 수준의 요가에 도달하게 되었다. 그러한 것이 찌띠의 무한한 영광이다. 스스로 그것을 경험해 본 자만이 그것을 믿거나 이해할 수 있다. 만약 어떤 사람의 감성이 파괴되고 이성도 뒤틀리어 망가졌다면, 이 무지한 인간이 어떻게 찌띠의 능력과 신비를 알 수 있겠는가? 어머니 여신은 이 유례없이 아름다운 우주를 누구의 도움도 받지 않고 무에서 창조했으니, 그런 여신이 구루를 통해 이룰 수 없는 것이 어디에 있겠는가?

나는 이제 아주 재미있는 어떤 것을 여러분께 말할까 한다. 나에게는 아주 아름답고 잘 간수된 욕실이 있다. 나는 어느 누구도 그곳에서 목욕하도록 하지 않을 뿐만 아니라, 여러 해 전에 입문한 나의 사랑하는 제자 벤까빠를 제외하고는 어느 누구에게도 그곳을 청소시키지도 않는다. 샤띠빠뜨를 주는 요기들은 깨끗하고 아름다운 욕실을 가져야만 한다. 우리는 옛날 구루데바의 목욕물을 성수로 마셨다. 왜냐하면 그 물에는 찌띠의 빛이 흠뻑 배어 있었기 때문이다. 지금까지 내 욕실에 들어오도록 허락받은 자는 아무도 없다. 어느 날 항공 회사의 직원이며 싯다 요가를 수행하는 사랑하는 한 제자가 그곳을 청소하게 해 달라고 했다. 그래서 나는 "청소하라."고 말했다. 그곳을 청소하는 동안 그는 앉아서 무려 4시간 동안이나 거기에 있었다. 욕실을 가득 메운 찌띠의 빛들이 이미 그를 공격했다. 즉, 찌띠의 빛들이 그에게 들어가 그는 샤띠빠뜨를 받아 버린 것이다. 그는 사마디 상태로 4시간 동안 앉아 있었다. 내가 "아직도 그가 나오지 않았어."라고 혼자 생각하며 욕실 안으로 들어가니, 그는 연꽃 자세로 앉아 황홀경에 빠져 있었다. 나는 그의 사마디를 중단시키고 그를 일으켜 세워 밖으로 데려 나왔다. 이제 사람들은 그의 명상실에서 명상에 빠져 버린다.

내가 이 이야기를 하는 이유는 찌띠 샤띠가 항상 싯다 수행자들의 몸에서 흘러나온다는 것을 보여 주기 위한 것이다. 나의 구루가 무엇을 하든지 간에, 찌띠의 빛들은 그에게서 끊임없이 흘러나오고 있었다. 한 줄기의 빛이 또 다른 사람을 강타하게 되면 그 사람도 신성한 경험을 겪기 시작할 것이다.

싯다가 행하는 모든 것은 찌띠 샤띠에 의해 유발된다. 그가 어떤 사람을 손가락으로 건드리기만 해도, 샥띠는 그에게 들어갈 것이다. 싯다의 몸과 접촉한 사람이면 누구나 샥띠를 받고, 또 싯다의 헌 옷을 입는 사람도 누구나 샥띠를 몸 안으로 받아들일 것이다. 싯나 수행자늘이여! 여러분이 어떤 장소에서 명상하더라도, 여러분은 신의 집을 만들 수 있다. 여러분이 살고 있는 그 장소가 위대한 성소가 된다. 성소들은 여러분들로부터 그 신성함을 얻는다. 만뜨라도 여러분들로부터 활기를 띠게 된다. 외적인 요가를 따르는 수행자들이 수련하는 아사나, 무드라, 쁘라나야마 등과 같은 요가의 다양한 양상들은 여러분과 접촉한 사람들에게 자동적으로 일어난다. 여러분의 호흡 자체가 너무도 귀중한 것이다. 의식의 빛들이 여러분의 체모에서부터 흘러나온다는 것을 항상 명심하라. 여러분은 여러분 자신이 의식의 장이라는 것을 깨달아야만 한다. 왜냐하면 그 의식의 장에서 모든 이의 가장 위대한 여신이며, 가장 찬양받을 가치 있는 신인 어머니 여신 찌띠 샥띠가 역동적인 형상으로 구현되었기 때문이다. 구루 자신은 여러분 모두의 내면에 신성한 은총의 힘으로 앉아 있다. 당신이 작다고 생각하지 말라. 당신이 어리석다고, 혹은 너무 어리거나, 타인에게 너무 의존적이라고 생각하지 말라. 이 세계 존재의 근원이 절대자이고, 자신이 바로 이 세계의 형상 자체인 절대자이며, 이 세계가 자기 안에서 실현되는 똑같은 여신 찌띠는 바로 여러분 자신의 참나 안에서 직접 경험될 수 있다. 이 때문에 여러분은 성소 중 가장 성스러운 성소이며, 만뜨라 중의 만뜨라이며, 신 중의 신이며, 그리고 숭배의 성스러운 본질이다. 여러분은 자신이 실제로 얼마나 가치 있는 인물인가를 이해해야 하고, 가능한 한 침묵을 지켜야 하고, 마음은 순수해야 하고, 선행과 헌신의 삶을 살아가야 한다. 인위적이고 불순한 방법에 연루되지 말라.

  내가 여러분에게 한 가지 더 말하고 싶은 것은 변을 배설하는 것이 정액을 배출하는 것보다 훨씬 낫다는 것이다. 이것은 단지 사두와 출가 수행자들, 그리고 독신주의자들을 위해 하는 말이 아니다. 왜냐하면 그들은 어쨌든 세상과는 아무런 관계를 맺고 있지 않기 때문이다. 이것은 세상적인 사람들을 위해 하는 말이다. 여러분은 세상 속에 살아야만 하고, 또 행복해야만 한다. 남편과 아내는 서로를 신으로 간주하고, 서로를 대단히 사랑해야 한다. 여러분은 동전 한 닢에 신경을 쓰면서 돈을 저축하듯이, 여러분의 빛이나 다름없는 정액을 보존해야만 한다. 밝은 빛을 내는 인간은 정액 한 방울로 형성될 수 있다는 점을 결코 잊지 말라. 그 한 방울의 빛나는 가치를 기억하라. 만약 당신이 그것을 잃는다면, 최고의 파우더와 크림, 루즈, 립스틱도 당신의 피부를 밝게 하지 못할 것이다. 성적 유동체의 빛은 찌띠 샥띠의 운반 매체이다. 의식은, 말하자면, 그것 때문에 얻어진다. 그것은 꾼달리니를 활성화시키는 수단이고, 사마디를 안정되게 하는 최고의 수단이다. 자신의 성적 유동체를 허비한 남자의 건강 상태를 주의 깊게 관찰해 보라.

  나의 사랑하는 싯다 수행자들이여! 내가 말하는 것을 들어라. 여러분은 바로 찌띠의 화신이다. 여러분은 그것이 여러분의 진정한 실체라는 것을 깨닫고, 자신을 순수하게 지켜야 한다. 여러분의 내면에 살아 있는 한줄기 똑같은 빛이 태양과 달과 별들을 만들 수 있다. 사다나를 조금만 하면, 여러분은 단지 여러분의 접촉을 통해서나 혹은 여러분이 함께 있는 것만으로도 찌띠 샥띠가 타인에게 흘러들어 가는 단계에 도달할 수 있다. 심지어 이것마저도 대단한 것이다. 여러분이 구루의 은총을 받을 가치가 있고, 불과 짧은 기간의 사다나를 통해 얻어진 빛을 통해 다른 사람에게 샥띠의 진동을 활성화시킬 수 있다면, 여러분이 오랫동안 적절하고도 참되게 사다나를 수행한 후에는 여러분이 얼마나 가치 있는 인물이 될 것인지를 생각해 보라. 여러분은 대단히 위대한 인물이 될 수 있다. 왜 세상 사람들이 여러분을 이상적인 아버지나 어머니로서 숭배하지 않겠는가?

다음엔 싯다 수행자들에게 경고 한 마디를 하겠다. 여러분이 매우 짧은 순수함의 기간 동안에 명상을 통해 그렇게 많은 샥띠를 축적했다는 것은 대단히 좋은 일이나, 여러분은 최대의 양을 축적하기도 전에 이 샥띠를 잃을 수도 있다. 여러분은 그 점에 주의를 기울여야 한다. 여러분은 앉으나 서나, 오고 가거나, 주고받거나, 여러분이 하는 모든 일에서 경계를 늦추어서는 안 된다. 찌띠의 축적을 줄이지 말고 증가시키도록 하라. 여러분은 마음이 왜곡되어 있거나 습관이 나쁜 그런 사악하고 곁눈질하는 유형의 사람들이 주장하는 의견에 귀를 기울임으로써 여러분의 사다나를 손상시켜서는 안 된다. 비록 여러분이 모든 것을 왜곡하는 어떤 위선자와 함께 있다 하더라도, 여러분 자신을 그 위선자의 세계로 끌어내리지 말라. 두 눈을 감고, "오, 샷구루여! 당신은 모든 이의 아버지입니다. 당신은 나의 어머니입니다. 나를 구해 주십시오."라고 기도하라. 여러분이 방심하지 않고 계속 주의를 기울인다면, 여러분의 사다나는 빠른 진척을 보일 것이다.

나는 싯다 수행자의 위대함을 묘사하고 있다. 왜냐하면 그가 명상을 통해 푸른 진주를 보기 시작한 이후에는 그의 가치가 증가하기 때문이다. 이와 관련하여, 냐네쉬바르가 쓴 시 가운데 한 편의 의미를 살펴보자. 꼭 명심하라. 냐네쉬바르는 "나는 양미간 사이에서 살아가는 존재를 본 자의 발치에 살 것이다. 나는 양미간 사이에서 살아가는 성스러운 푸른 빛을 비밀리에 본 자의 본성에 대하여 항상 명상할 것이다. 오, 사람들이여! 미간 사이의 공간에서 푸른 빛을 본 자, 그 사람만이 축복을 받은 행운아다."라고 말한다.

내가 대단히 들려주고 싶은 냐네쉬바르의 또 다른 시가 있다. 그것은 내가 숭배하는 신과 같다. 그것은 나뿐만 아니라, 해방을 추구하는 모든 사람에게도 하나의 위대한 만뜨라이다. 더구나 내가 인용하려는 시는 나 자신의 내적 경험의 증거이다. 그것은 깨달음의 기준이고, 구루의 신비를 푸는 열쇠이다. 이 때문에 나는 이 시를 만뜨라로 간주하고 있다. 오, 나의 사랑하는 싯다 수행자들이여! 귀를 기울여라. 다음의 시가 신비 중의 신비를 담고 있으니, 주의 깊게 읽어 보라.

돌란찌 빠하 돌라 수니야짜 슈에바따

닐라 빈두 니따 락할락히따

비샤베 알레 빠달레 짜이따니야 떼떼

빠베 빠 니루떼 아누바베

빠르바띨라지 아디나볘 다빌레

냐나데바 빠발레 니브릿띠끄리빠

오, 완성의 지식을 추구하는 구도자들이여!
허공이 끝나는 여러분의 눈 중의 바로 그 눈이
푸른 빛이 일어날 때 평정의 중심을 열어 주는
순수하고 반짝거리며 빛나는 그 푸른 진주가
의식하는 참나의 위대한 장소이다. 보라, 나의 형제여!
이것이 이 경험의 숨겨진 비밀이다.
이것이 최초의 신, 빠라쉬바가 빠르바띠에게 말해 준 내용이다.
냐나데바는 "나는 나의 삿구루 니브릿띠나스의
은총을 통해 이것을 보았다."라고 말한다.

이러한 것이 내가 닐레쉬바리 즉 푸른 여신이라고 불렀던 닐라 빈두의 의미이다. 바로 이 푸른 진주를 보는 데서부터 여러분은 해방의 상태인 지반묵띠를 얻을 수 있다. 그러나 이는 완벽한 깨달음도 아니요, 완성의 상태도 아니며, 싯다 수행의 최종 목표도 아니다. 여러분이 푸른 진주를 줄곧 본다면, 이는 여러분이 완전한 초월의 상태인 뚜리야 상태에 있다는 것을 의미한다. 만약 한 구도자가 이 비전을 본 후에 죽는다면, 그는 브람만의 세계인 브람마로까로 갈 것이고, 그곳에서 사다나를 마침으로써 완전한 성취를 얻을 것이다.

　이제 나는 아름답게 빛나는 공 모양의 빛을 자주 보게 되었다. 그것은 다른 빛들보다 훨씬 더 밝았고, 그 빛을 바라볼 때 나의 명상은 점점 더 좋아졌다. 이전과 마찬가지로 무엇보다도 먼저 네 개의 빛이 나타났고, 그리고 푸른 진주가 나타났을 때 나의 마음은 오랫동안 거기에 집중되었고, 지극히 즐거운 마음의 평정을 경험했다. 나의 호흡은 안정되고 얕아졌다. 내가 숨을 내쉴 때는 그 숨이 내 코에서 손가락 두 개 거리 정도만 나갔다. 그리고 내가 숨을 들이쉴 때는 숨이 내 목구멍 정도까지만 내려갔지, 결코 심장까지 내려가지는 않았다. 그러나 나는 명상이 방해받을까 봐 여기에 대단한 주의를 기울이지 않았다. 나는 명상이 흔들림 없이 지속되도록 항상 대단한 신경을 썼다.

　이 단계를 거치는 동안 많은 신성한 향기가 나에게 나타났다. 그 향기들은 너무나 아름다워서 나의 사랑하는 헌신자들이 나에게 가져다준 최고의 향수조차도 그 향기들과 비교하면 무미건조하고 단조로웠다. 이 신성한 향기에 버금가는 향기는 이 세상에 없으며, 나는 그 향기 때문에 매우 취해 버렸다. 나는 황홀경에 빠져 둥둥 떠다녔다. 그 향기는 너무나 신성했다. 이 경험은 오랫동안 나에게 머물렀다. 이 향기의 도래와 함께, 나의 호흡은 대단히 짧고 느려졌으며, 그리고 특별한 종류의 쁘라나야마가 자연스럽게 일어났다. 나의 호흡이 이와 같이 되었을 때, 내 마음속에는 가장 달콤하고 아름다운 사랑이 일어났다. 그것은 신의 직접적이고 참된 계시와 같이 느껴졌다. 사랑은 신이다. 그 때문에 나라다는 『박띠 수뜨라』에서 "사랑은 그 속성상 분명히 표현할 수 없는 것이다."[22]라고 말하고 있다.

여러 미묘한 단계에서 나타나는 이러한 경험들과 함께, 나의 명상에 대한 즐거움은 점점 더 증가되어 갔다. 나의 마음은 대단히 특별한 상태에 있었으므로 명상 때마다 나는 커다란 기쁨과 환희를 느꼈고, 매일 이 환희는 증가되어 전날의 기쁨은 아무것도 아닌 것처럼 보였다. 나는 이런 종류의 기쁨에는 한계가 없다는 것을 알았다. 사랑은 꾸준히 더 깊게 자라나며, 사랑에는 종점이 없다.

이러한 경험을 통해 나는 여전히 뭔가가 앞에 있다는 것을 알게 되었다. 때때로 명상을 통해 모든 것이 갑자기 바뀌곤 했다. 두 눈이 서서히 위로 굴러 올라가서, 사하스라라의 위쪽 공간에 집중되었다. 내 눈은 두 개의 이미지를 따로 보지 않고 하나의 이미지만 보았다. 이것이 소위 빈두 브헤다이다. 아! 이는 싯다 요가의 얼마나 큰 선물인가! 꾼달리니의 힘은 얼마나 강력한가! 여러 책과 연구를 통해 지적으로 이해하던 것을 우리는 싯다 요가를 통해 직접 경험할 수 있는 것이다.

제 25 장

싯다들의 세계 방문

또다시 푸른 별이 조금도 움직이지 않고 변함없이 내 앞에서 빛났다. 내가 안에서 사하스라라의 위쪽을 바라보고 있는 동안, 나는 이동 수단으로 푸른 별을 타고 많은 세계로 여행하였다. 그것은 푸른 빛이나 푸른 진주가 아닌 푸른 별이었다. 비록 그것은 작아 보였지만 나를 태울 정도로 충분히 컸다. 어느 날 그것은 나를 멀리 데려가서는 가장 아름다운 세계, 즉 내가 여태까지 본 것 가운데 가장 매혹적인 세계에다 나를 내려놓았다. 나는 그곳의 아름다움을 기술할 수가 없다. 말로 표현한다는 것은 그 아름다움에 대한 모독이기 때문이다.

이러한 세계에서 나는 우연히 매혹적인 길을 발견하게 되었으며, 그 길을 따라가면서 많은 숲과 크고 작은 동굴, 깨끗한 물이 흐르는 시내, 희고, 푸른, 녹색의 사슴들과 또한 몇 마리의 흰 공작들을 보았다. 주위는 매우 고요하고 평화로웠다. 사방에는 아름다운 푸른 빛이 빛나고 있었는데, 그것은 마치 푸른색 유리를 통하여 이른 아침의 태양을 바라보았을 때의 빛과 같았다. 태양이나 달도 없었지만, 오직 빛만이 사방을 비추고 있었다. 그곳에 도착했을 때, 나는 너무나 강한 샥띠의 파동과 충동을 느꼈기 때문에 내가 고대의 현자들과 달샨하게 될 것이라는 것을 직관적으로 알았다. 나는 생각만큼 빠른 속도로 주변을 돌아다니기 시작하였다. 곧 이어 무엇을 알았겠는가? 여기가 바로 싯다로까 즉 싯다들의 세계가 아니었겠는가!

나는 많은 싯다들을 보았다. 그들 모두는 깊은 명상에 잠겨 있었다. 각자가 서로 다른 무드라를 하고 있었다. 아무도 나를 보지 않았다. 어떤 사람은 길고 터부룩한 머리를 하고 있었고, 어떤 사람들은 깨끗하게 면도를 하고 있었고, 또 어떤 사람들은 귓불에 구멍이 나 있었다. 어떤 사람들은 나무 밑에 앉아 있었고, 어떤 사람들은 돌 위에 앉아 있었고, 또 어떤 사람들은 동굴 안에 있었다. 나는 또한 뿌라나들에서 읽은 바 있는 위대한 현자들도 보았다. 나는 쉬르디의 사이 바바를 보았다. 비록 니띠아난다가 가네쉬뿌리에 있었지만, 그는 여기에도 있었다. 각 싯다는 내가 여태까지 본 적이 없던 그런 양식으로 만들어진 그 자신의 오두막이나 동굴 혹은 집을 갖고 있었다. 몇몇 싯다들은 그냥 조용히 앉아 있기만 했다.

기후는 매우 좋았으며, 빛은 매우 유쾌한 것이었다. 나는 이제 내가 모든 것을 알고 있다는 것을 알았다. 나는 고대의 현자들을 알아보았으며, 조금 이동하자 많은 요기니들을 보았는데, 그들은 모두 여러 가지 신성한 무드라를 취한 채 부동의 자세로 앉아 있었다. 나는 요기니들과 싯다 성자들을 바라보면서 싯다로까를 구경하느라 많은 시간을 보냈다. 나는 싯다로까에 대단히 매료되었다. 어떤 다른 세계도 이만큼 나에게 좋게 보이지는 않았다. 나는 이곳을 떠나고 싶지 않았으며, 내가 여기에 머물 수 있다면 얼마나 좋겠는가 하고 생각하였다. 그때에 황금빛의 연꽃이 자라고 있는 큰 연꽃 연못을 보았다. 이 연못을 보고 발길을 돌리자, 나는 한 무리를 이루고 있는 일곱 성자들을 보았고, 그 광경은 나에게 평화와 행복과 사랑을 가져다주었다. 나는 이와 같이 사랑과 평화가 넘치는 상태에서 이렇다 할 목적도 없이 계속 돌아다녔다. 내가 모르는 어떤 누군가가 나를 안내하고 있는 것 같았다. 나는 또 하나의 숲 속으로 들어갔는데 너무나 아름다웠다. 나는 그 숲에 있는 나무들의 수종을 알 수가 없었다. 거기에서 더 많은 싯다들을 보았으며, 나는 이전에 했던 것처럼 연꽃 자세로 앉아 명상하고 싶은 강한 욕망을 느꼈다. 내가 앉자마자 푸른 별이 나타났으며, 그리고 어떤 이유에서인지 나는 그곳으로 가서 앉지 않을 수 없었다. 어떻게 내가 이런 행동을 했는지, 혹은 누가 나를 통제하고 있었는지는 모른다. 여하튼 그 별은 즉시 엄청난 속도로 나를 내가 명상하고 있던 장소로 다시 데려다 주었다.

내가 도착하자, 푸른 별은 나의 사하스라라 내로 들어와서는 폭발하였다. 그 파편들은 사하스라라의 거대한 공간의 구석구석까지 퍼졌다. 이제 내 앞에는 어떤 별도 없었고, 단지 천상의 거룩한 흰 빛만이 있었다. 그때에 나는 딴드라로까로 들어갔는데 그 세계는 나에게 아주 가까이 있었다. 그 순간에 내가 알지 못하는 한 싯다가 싯다로까로부터 나에게 나타나서는 다음과 같이 말하였다. "당신은 방금 싯다들의 세계인 싯다로까를 보았다. 여기에는 지반묵띠, 즉 해방을 성취한 위대한 성자들이 살고 있다. 굶주림도, 수면도, 그리고 깨어 있음도 없다. 기쁨을 먹고, 기쁨을 마시고, 기쁨 속에서 살고, 그리고 끊임없이 기쁨을 경험한다. 거기에는 모든 것이 기쁨이다. 마치 물고기가 물 속에서 자고, 물 속에서 살고, 물 속에서 먹고, 물 속에서 놀듯이, 싯다로까의 주민들도 기쁨 속에서 살아간다. 싯다의 은총이 없이는 아무도 그곳에 갈 수 없다. 싯다의 길을 따라 수행을 하며, 싯다의 전통에 속해 있고, 완전한 싯다의 성품을 얻게 될 그런 사람들만이 싯다로까로 갈 것이다. 당신을 태워 그곳으로 데려다 준 푸른 별이 그곳으로 여행할 수 있는 유일한 방법이다. 그 푸른 별은 또한 당신을 다른 여러 세계로도 데려다 줄 수 있다. 그러나 그 별이 폭발할 때까지는 윤회의 사슬이 끊어지지 않고, 까르마의 굴레도 단절되지 않으며, 죄와 선행의 장막도 찢겨 없어지지 않는다. 오직 그것이 찢겨져 없어질 때만 분별의 눈도 사라지게 된다." 성자는 나에게 이런 말을 하면서 축복을 내린 뒤에 사라졌다.

제 26 장

황금빛 연꽃이 나의 머리 위에 떨어지다

나는 엄청난 환희와 흥분의 상태로 딴드라로까에 있었다. 그리고 많은 꽃들이 빗발치듯 나의 머리 위에 떨어졌다. 꽃들이 떨어질 때, 나의 주의력은 위로 집중되었다. 나는 똑같은 싯다를 보았다. 그는 싯다로까의 호수에서 약 2피트 떨어진 건너편으로 한 송이의 황금빛 연꽃을 던지고 있었다. 나는 그것이 떨어져 내려오는 것을 바라보았다. 그리고 그것이 떨어질 때, '옴'을 계속 중얼거리는 부드러운 소리가 있었다. 그것은 엄청난 힘으로 나의 머리를 쳤으며, 들을 수 있을 정도로 쿵 하는 소리가 났다. 이 소리를 들었을 때 나의 눈이 떠졌다. 그러나 나는 여전히 딴드라로까에 있었다. 마치 어떤 사람이 나의 머리를 세차게 때린 것과도 같았다. 나는 그것이 나의 머리를 치고 떨어진 땅 위에서 황금빛 연꽃이 놓여 있는 것을 볼 수 있었다. 그것은 얼마나 아름다운지, 얼마나 깜짝 놀랄 정도로 잘 만들어진 것인지, 또 얼마나 아름다운 향기가 거기에서 흘러나왔던가! 나는 놀람과 호기심의 눈으로 계속 그것을 바라보았다. 그것을 지켜보면서 나의 행운을 축하하고 그 연꽃의 장려함을 보고 감탄하고 있을 때, 갑자기 나의 구루데바의 은총이 생각났다. 나는 재빨리 눈을 감고서 내면으로 그에게 절을 올렸다. 내가 다시 눈을 떴을 때, 그 연꽃은 더 이상 거기에 없었다. 얼마나 이상한 일이었던가! 무슨 일이 일어났던가? 얼마나 놀랄 만한 경험인가! 나의 마음은 온갖 의문들로 가득 찼다. 나는 연꽃이 머리를 칠 때의 그 충격을 아직도 느낄 수 있다. 나는 명상 자세로부터 다리를 풀었다. 이제 명상의 시간이 끝났다. 그래서 바깥으로 나가서 조금 거닐었다. 잠시 하늘을 쳐다보았고, 나의 구루데바가 계시는 가네쉬뿌리 방향으로 인사를 하였다. 나는 평화롭게 과수원에 앉았다. 그리고 다시 눈을 감고서 명상 중에 보고 경험하였던 것을 생각하고, 다시 그 장면들을 떠올려보았다.

나중에 자리에 앉아 명상했을 때, 우선 약간의 신체적 끄리야가 있었고, 곧 이어 붉은 오라가 나타났다. 비록 내가 이 붉은 빛을 항상 언급하지 않더라도, 독자들은 그것을 잊어서는 안 된다. 왜냐하면 마치 하루가 일출과 함께 시작하듯이, 명상도 붉은 오라의 나타남과 함께 시작되기 때문이다. 그 빛의 밝기는 줄곧 증가해서, 이제 그 빛은 처음 나타났을 때와 더 이상 같지 않다. 이제 그것은 진정으로 성스러운 광채로 빛나고 있었다. 나는 이런 현상은 그 빛이 전에 사하스라라 내에서 폭발하여 사방으로 퍼져 나간 그 푸른 별의 빛과 혼합되었기 때문이라고 생각했다.

아니면 아마도 그것은 싯다로까를 본 나의 비전 때문이었을지 모른다. 왜 그렇지 않겠는가? 그것은 정말 사실인 것 같았다. 만약 내가 바라나시로 간다면, 나는 어떤 공덕을 얻을 것이다. 만약 내가 드와르까나 라메쉬바람으로 간다면, 나는 어떤 보상을 되돌려 받을 것이다. 만약 내가 가네쉬뿌리로 간다면, 나는 어떤 기쁨을 경험할 것이다. 따라서 싯다로까를 여행하고 돌아온 내가 왜 어떤 중요한 것을 얻어서는 안 되는가? 그때 나는 머리 위에 떨어졌던 황금빛 연꽃에 대하여 생각을 하고선, "나는 방금 싯다로까에서 돌아왔다. 그리고 그 후에 황금빛 연꽃이 나의 머리를 때렸다. 아마 그것이 나의 머리에 닿았기 때문에 모든 일이 일어났을지 모른다."라고 생각하였다.

붉은 오라 속에는 폭발한 별에서 나온 수천 개의 불꽃들이 반짝이고 있었다. 그 불빛으로, 나는 나의 내부에 있는 모든 신경계, 배설 기관, 담낭 그리고 내장 기관들을 볼 수 있었다. 붉은 오라 속에서 동시에 나는 엄청난 속도로 움직이고 있는 아름다운 빛을 보았다. 그것은 나의 삿구루의 은총의 힘의 빛이었다. 내가 그것을 바라보고 있을 때 붉은 오라는 사라지고, 이어서 엄지손가락 크기의 흰 불꽃이 나타났다. 그것 역시 끊임없이 증가하는 새로운 광채로 빛났다. 곧 이어 흰 빛 속에서 검은 빛이 나타났고, 그것 역시 점점 밝게 빛났다. 그리고 마지막으로 푸른 진주가 나타났는데, 그것은 새로운 밝은 광선으로 빛나고 있었다. 진주는 여전히 푸른빛이었지만, 이전보다 훨씬 더 밝았다. 그것의 밝기는 매일 증가되었다. 나의 마음은 이 엄청난 빛 속에 몰입되었다. 그리고 이 몰입과 함께 매우 높은 상태의 사랑이 나의 가슴에서 흘러나오기 시작하였다. 이 사랑은 푸른 빛이 나의 모든 나디들을 통하여 퍼져 나가듯이 사방으로 퍼져 갔으며, 빛처럼 사랑의 물결과 소용돌이가 나디들 내에서 뛰놀았다. 나는 사랑의 파동을 감각 기관 내에서도 느꼈다. 의식의 물결과 황홀감의 물결이 내 전신으로 퍼져 나갔다. 이러한 사랑의 환희 속에서 명상하고 있을 때에, 나는 딴드라로까로 들어가곤 했다.

한번은 내가 딴드라로까에 있는 동안에 싯다로까의 비전에 대한 비밀이 나에게 드러났다. 싯다로까는 확실히 존재하고 있으며, 종교에 관계없이 완벽한 경지에 도달한 사람이면 누구에게나 존재한다. 나의 머리 위에 떨어진 황금빛 연꽃은 싯다로까에서 온 선물이자, 신성한 은총이 가득한 축복이었다. 내가 타고 여행하였던 푸른 별은 모든 생명체의 사하스라라 내에서 발견된다. 그것의 밝기는 다르지만 크기는 동일하다. 그리고 또한 개인의 영혼이 윤회를 통하여 한 몸에서 다른 몸으로 이동하는 것도 바로 이 별을 통해서이다. 인간이 아무리 여러 번 화장되거나 매장된다 하더라도, 푸른 별은 항상 동일한 상태로 남아 있을 것이다. 그 푸른 별은 죽을 때 몸을 떠나지만, 11일 동안 죽은 장소에 머물러 있다. 그 후 운명에 따라 그것은 영혼을 그 선악과 함께 다른 여러 세계로 운반해 간다. 푸른 별은 자체의 추진력으로 개인의 영혼을 실어 나르는 운반체이다. 개인이 다시 태어날 때, 그 푸른 별도 같이 태어난다. 그 별이 폭발하면 나의 생사의 주기도 끝나게 된다. 운반체가 파괴되었는데, 어떻게 내가 더 이상

오고 갈 수 있겠는가? 이러한 파괴는 또한 가슴 매듭의 관통이라고도 불릴 수 있다. 딴드라로까에서 나는 내 전생의 모든 까르마가 완전히 지워져 버렸다는 것을 알았고, 내가 이것을 알았을 때 나에게 전 세계는 즉시 변해 버렸다. 이 모든 경험들은 나의 통제를 받고 있는 것이 아니라, 내면에 있는 샤띠의 통제를 받고 있었다. 왜냐하면 샤띠는 완전히 독립해 있기 때문이다.

제 27 장

조상들의 세계

나의 경험들을 기술하는 동안에, 나는 반드시 들려줘야 할 매우 중요한 한 가지 사실, 즉 내가 조상들의 세계를 방문한 사실을 빠뜨려 버렸다. 이 세계는 천국과 싯다로까 사이에 위치해 있으며, 많은 부류의 조상들을 거기에서 볼 수 있다. 나는 실제로 그들을 보았다. 천국에서, 코브라의 세계에서 그리고 달의 세계에서 모든 사람들은 동일한 즐거움과 기쁨을 누리고 있지만, 여기에서는 그렇지 않다. 부자들과 덕이 많은 사람들, 보통 부자들, 덕이 더 적은 사람들, 그리고 가난한 사람들이 있는데, 이는 우리가 지상에서 발견할 수 있는 것과 똑같은 종류의 불평등이다. 그럼에도 불구하고 그곳의 사람들이 이곳 지상의 사람들보다 더 행복하다. 삐뜨리로까에서 나는 어린 시절에 알았던 몇몇 노인들을 보았다. 그것은 독특한 세계이다. 우리가 조상들에게 올리는 물이나 음식물과 같은 다양한 의식용 제물이 미묘한 형태로 그들에게 실제로 도달한다는 것은 의심의 여지가 없다. 그들이 우리가 바치는 음식을 먹으며, 우리가 주는 제물을 받으며, 또한 그들의 자손들에게 축복을 내려 준다는 것은 사실이다. 그러므로 우리는 그들에게 제물을 바침으로써 그들을 기쁘게 하여야 한다.

오, 싯다의 제자들이여! 여러분은 이 사실에 대하여 조금도 의심을 해서는 안 된다. 제물의 미묘한 형태는 우리가 반복하는 만뜨라를 통하여 조상들의 세계에 도달한다. 똑같은 찌띠 샥띠가 만뜨라의 수단을 통하여 그것을 여기서부터 그곳으로 운반해 간다. 오늘날의 생활에서 한 예를 들어 보자. 미국에 당신의 친구가 있다고 하자. 미국은 여기서부터 아주 먼 거리에 있지만, 그는 당신에게 전화하여, 그가 은행을 통해 당신에게 많은 돈을 보냈으며, 당신은 여기서 그 돈을 찾을 수 있다고 말할 수 있다. 당신은 확실히 그 돈을 찾을 것이다. 이것은 전화상의 물리적 소리를 통하여 물질적인 거래가 이행된 것에 불과하다. 이것은 여러분 모두가 알고 있는 것이다. 그러므로 여러분은 제물의 미묘한 형태가 만뜨라를 통하여 조상들의 세계에 전달된다는 것을 왜 의심해야 하는가?

뻬뜨리로까에서 나는 많은 사람들을 보았다. 나는 싯다로까를 방문할 때 타고 갔던 똑같은 푸른 별을 타고 거기로 여행하였다. 내가 다시 여러분에게 상기시키고 싶은 것은 내가 타고 간 그것이 푸른 진주나 푸른 빛이 아니라 푸른 별이었다는 것이다. 오, 싯다의 수행자들이여! 여러분과 내가 지금 살고 있는 이 세계는 므리띠유로까, 즉 죽음을 피할 수 없는 자들의 세계이다. 조상들의 세계는 인간의 세계만큼 실재한다. 나는 그것을 두 눈으로 똑똑히 보았다. 이것은 나에게 엑나스 마하라지에 대한 이야기를 생각나게 해 준다. 비록 위대한 성인들의 인격이나 그들의 고상한 성품과 행동을 의심하는 것이 실제로 좋은 것이 아니지만, 나는 옛날에는 이 이야기의 진실을 의심했다. 나는 나쁜 친구들과 어울리며 의심을 품었으나, 이미 말했듯이, 수행자는 싯다들의 방식과 습관에 대하여 어떤 의심도 품어서는 안 되며, 그들의 행동이 옳거나 나쁘다고 판단하려고 해서도 안 된다. 그들이 행하는 모든 것은 성스러운 의식이다. 왜냐하면 그들이 행하는 모든 것이 신의 영감에 의해 일어났기 때문이다. 슈리 엑나스 마하라지는 모든 것을 볼 수 있었다. 그는 이미 신에 대한 완전한 깨달음을 얻은지라 숲과 마을에서, 높고 낮은 곳에서, 마음에 드는 것과 마음에 들지 않는 것에서, 죄인과 선인에게서 한결같은 신성한 지고의 참나를 보았다. 왜냐하면 싯다의 눈은 이름과 형태와 모양을 보는 것이 아니라, 오직 참된 실재만을 보기 때문이다. 나는 우선 또 하나의 이야기로 이것을 예증하겠다.

   옛날에 매우 부유한 람자라는 목동이 있었다. 그는 자신이 숭배하는 신인 깐도바의 황금 조각상과, 신이 타고 다니는 탈것을 가지고 있었다. 그 탈것이란 말이었는데, 이 상은 신의 상보다도 더 컸다. 위대한 성인들이 말한 것은 정말로 사실이다. 즉, 행운의 여신인 락슈미는 변덕스러워서 지속되는 것은 아무것도 없다는 것이다. 시대는 항상 변화하고 있다. 그래서 람자의 상황도 변화했다. 그는 부자였으나 가난해졌다. 여러분은 다음과 같이 그것을 이해할 수 있다. 즉 어머니에게 두 자식이 있는데, 한 아이는 '부'라고 불리었고, 다른 한 아이는 '가난'이라고 불리었다. 그런데 그들은 진짜 형제이다. 마찬가지로, 쾌락과 고통, 명성과 치욕은 형제처럼 함께 살아가고 있다. 그들은 서로를 대단히 사랑하고 있다. 그래서 그들은 결코 서로 멀리 떨어져서 살지 않고, 결코 서로를 잊어버리지 않는다. 가끔 형이 우리를 맞이하는가 하면, 때로는 동생이 우리를 맞이하기도 한다. 형이 우리를 반가이 맞이할 때, 우리는 부와 권력, 성공 그리고 왕국을 얻게 된다. 동생이 형에게 "형님, 잠깐 쉬세요. 이제 제가 일하겠습니다."라고 말할 때, 우리는 결핍과 빈궁, 불운 그리고 불행을 얻게 된다.

이런 일이 정확하게 람자에게 일어났다. 형은 쉬러 갔고, 동생이 그를 맞으러 온 것이다. 그는 모든 것을 잃어서 연명해 갈 돈도 거의 없었다. 사람들은 그에게 "오, 람자여! 왜 그대는 그토록 많은 고통만 받고 있는가? 신에게 용서를 구하고, 그대의 성소에 보관 중인 황금 조각상들을 가져가서 왜 팔지 않는가? 그러면 그대는 더 많은 양들을 사서 다시 일을 시작할 수 있다. 그대는 돈을 절약할 수 있을 것이고, 그러면 새로운 조각상을 구입하여 그 상들을 자리에 모셔 놓고 숭배하며, 브람민들과 사두들, 가난한 자들, 장님들, 불구자들을 위하여 잔치를 베풀 수 있을 것이다. 그대의 사업이 잘 진행되면, 그대는 많은 선행을 행할 수 있을 것이다."라고 말했다.

사람이 가난해지면, 그의 생각마저 동생처럼 빈곤해진다. 가난은 부에게뿐만 아니라 생각에도 역시 해당된다. 람자는 사람들의 이야기에 동의하고, 깐도바와 말 조각상을 천으로 싸서 금 세공업자에게 팔러 갔다. 그는 금 세공업자의 가게에 앉아 있었다. 금 세공업자는 "여보게, 람자! 무슨 일인가?"라고 물었다.

람자는 깐도바 신과 말의 조각상을 감싸고 있던 천을 풀면서, "나는 이것들을 팔고 싶습니다. 나에겐 살아갈 돈이 필요합니다. 그래서 그것들을 팔아야만 합니다. 가치가 얼마나 되는지 말해 주십시오."라고 말했다. 금 세공업자는 그것들의 무게를 달았다. 깐도바 신상의 무게는 1킬로가 나갔으며, 말의 상은 3킬로의 무게가 나갔다. 그 당시에는 금 1킬로를 사는 데 불과 1천 루피밖에 들지 않았다. 금 세공업자는 "람자여! 신상에 1천 루피, 말에는 3천 루피를 주겠네."라고 말했다.

이 말을 듣자, 람자는 침착성을 잃고 화를 냈다. "뭐라고요? 당신 머리가 있는 것이오?"라고 소리를 질렀다. "나의 신에게는 1천 루피를, 신이 타고 다니는 말에는 3천 루피를 준다니! 내 말 무슨 말인지 이해 못하겠소?" 람자는 화가 나서 얼굴이 벌겋게 달아올랐다.

금 세공업자는 말했다. "잘 들어 보시오. 람자여! 당신이야말로 머리가 없는 사람이구려. 당신은 그들을 신과 신의 말로서 보지만, 나에게 그들은 단지 금에 불과하오. 그래서 그들은 무게만큼 가치가 나간단 말이오. 그대의 신은 1킬로의 금이므로 1천 루피의 가치가 있는 것이고, 그대의 말은 3킬로의 금이므로 3천 루피의 가치가 있는 것이오. 팔고 싶으면 팔고, 그렇지 않으면 가 보시오."

위대한 싯다 엑나스 마하라지는 이와 꼭 같은 비전을 갖고 있었다. 그도 오직 금만을 보았을 것이다. 그에게는 이 세상 도처에 오직 신만 있었기 때문이다. 그에겐 더 고상하고 더 저속하다는 인식이나, 계급이나 개인들 사이의 그리고 크고 작은 것 사이의 차이에 대한 인식이 전혀 없었다. "신이 바로 우주이다."라는 것이 그가 우주를 바라보는 방식이었다. 그래서 그는 완전한 평등의 정신 속에서 살았다. 어느 날, 불가촉천민인 마하르 계급 출신의 한 소녀가 그를 만나러 와서, 그에게 대단한 사랑과 애정을 쏟으면서 말했다. "오, 바바여! 신은 당신의 집에서 당신을 위해 물을 긷습니다. 나는 그 신을 볼 수 없습니다. 또한 나는 그 신을 부를 수도 없습니다. 오, 엑나스 바바여! 당신은 나의 신입니다. 부디 저의 오두막으로 오셔서 저의 평범한 마른 빵과 처뜨니를 드십시오. 저는 당신의 이야기를 많이 들었습니다. 당신은 위대한 성인은 신과 꼭 같다고 말씀하셨습니다. 그래서 바바여! 부디 제 집으로 오셔서 식사하십시오. 저는 당신을 초대하러 왔습니다." 이와 같이 그녀는 매우 겸손하게 그를 초대했고, 엑나스 마하라지는 그 초대를 수락했다. 그는 그녀의 집으로 가서 그녀가 마련한 간소한 음식을 먹었다. 모든 사람들이 그를 보았다. 그 다음 어떤 일이 일어났을까? 그들 모두가 거기에 대하여 이야기하기 시작했다.

사람들은 "저 엑나스를 봐라. 그는 브람민이며 비슈누의 경건한 숭배자가 아닌가? 그런데 그가 불가촉천민의 집에 가서 식사를 했다. 부끄러운 줄 알아라. 그는 신분을 더럽혔다. 어떤 브람민도 자기 계급의 법을 어긴 이 자의 집으로 가지 않을 것이다."라고 말했다. 그래서 그 마을의 모든 브람민들은 그를 파문했다.

이것이 엑나스 마하라지에게는 어떤 영향도 미치지 못했다. 그는 여느 때와 다름없이 행복하고 즐거웠다. 행운과 불운을 똑같이 맞아 들이는 것이 그의 태도였다. 그래서 그는 조금도 마음의 동요를 느끼지 않았다. 온 마을 사람들은 그에게 등을 돌린 채 그에게 온갖 말을 지껄이며 그를 모욕했고, 그가 하는 것은 모조리 비난했다. 그러나 엑나스 마하라지는 조금도 고통을 받지 않았다. 비록 그는 세대주였지만 이 성자는 다음과 같은 완전한 평등관을 가지고 있었다.

마마따 나비 수따다라 메 나비 데하 메 아비마나 해
넌다 쁘라샨샤 에까 시 사마 마나 아루 아빠마나 해
조 보가 아뗴 보가따 호따 나 비샤야삭따 해
니르바사나 니르드반드바 소 잇짜 비나 히 묵따 해
사하 비슈바 아빠나 자나따 야 꾸짜 나 아빠나 마나따
꺄 미뜨라 호 꺄 샤뜨루 사하 고 에까 사마 삼마나따
사 비슈바 까 하리 박따 조 사 비슈바 지스까 박따 해
니르헤뚜 사흐까 사흐리드 소 잇짜 히나 비 묵따 해
마야 나히 까야 나히 반댜 라짜 야하 비슈바 해
나히 나마히 나히 루빠히 께발라 에까 이샤히 빠리뿌르나 해

조 이슈바라 해 바히 지바 해 바히 사바 자가 까 빠람마뜨마
　　땃뜨바 해
아이사 자세 니슈짜야 후아 바하 잇짜 비나 히 묵따 해

자기 아내와 자식들에게 집착하지 않고
몸에 대한 과대평가도 없이
칭찬이나 비난, 명예나 모욕을 똑같이 받아들이며
기쁨이 오면 기쁨을 즐기지만 거기에 탐닉치 아니하고
갈망이나 갈등이 없고 욕망이 없기에 그는 해방을 얻었노라.
전 우주를 자기 자신의 것으로 받아들이거나
아니면 아무것도 자기 자신의 것으로 받아들이지 않은 채
친구나 적, 모든 사람을 마찬가지로 존경하고
전 우주를 공경하며, 전 우주의 공경을 받고
아무런 이기적인 동기도 없이 모두가 잘되기를 바라며
아무런 욕망이 없기에 그는 해방을 얻었노라.
마야도, 몸도 존재하지 않는다.
우주는 불임 여성의 자식처럼 실재가 아니다.
이름과 형상은 존재하지 않는다.
신만이 충만함 속에 완전하도다..
개인의 참나는 우주의 참나와 꼭 같다.
신은 이 세계의 신성한 본질이다.
이러한 확신을 갖고서, 욕망이 없다면, 그는 해방을 얻었노라.[23]

이와 같이, 엑나스 마하라지는 항상 자유롭고 즐거웠다. 매일 그의 집에서는 종교적인 토론과 예배의 노래와 신에 대한 명상이 있었다. 그는 앉아 있을 때나 일어설 때, 그리고 잠을 잘 때 항상 더할 나위 없는 행복 속에 있었다. 신은 희열이다. 신이 만든 이 세계는 신 자신처럼 기쁨으로 가득 차 있다. 희열로 가득 찬 이 세계의 본질을 볼 수 있는 것은 구루의 은총의 선물이다. 엑나스 마하라지는 이처럼 영혼의 희열과 자유 속에서 살았다.

엑나스 마하라지에게 이런 일이 일어난 지 며칠 뒤, 조상들을 섬기는 신성한 2주일 기념제가 돌아왔다. 이미 말했듯이, 우리의 제물들은 삐뜨리로까에 있는 우리의 조상들에게 실제로 도달한다. 그래서 그들에게 제물을 바치는 것은 필요한 것이다. 그들의 자손인 우리는 그들에게 큰 은혜를 입고 있다. 우리는 부모가 우리에게 그들의 생명의 유동체와 그들의 피, 그리고 심지어 그들의 음식까지 주었다는 사실을 잊어서는 안 된다. 그들은 자신의 먹을 것을 생각하지 않고 자식들에게 음식 주는 것을 생각한다. 그들은 잠자는 것을 생각하지 않고 자식들을 재울 생각을 한다. 그들의 손에 들어오는 특별한 먹을 것을 모두 자식들에게 주고, 자식들이 먹다 남은 것을 먹는다. 부모가 자식들을 위해 어떤 일을 못하겠는가? 이 때문에 우리는 항상 조상들에게 은혜를 입고 있는 것이다. 이 시기에 덕이 많은 아들은 조상들에게 여러 제물을 바치는 것이 필수적이다. 종교적인 전통에 따르면, 브람민들과 산야시들과 기타 손님들이 이 특별한 2주간의 기념제에 초대받아 친절하게 음식을 대접받는다. 그래서 조상들에게 여러 가지의 제물을 바치는 것이다. 이 시기에 엑나스 마하라지도 모든 브람민들을 식사에 초대했다. 그러나 엑나스가 불가촉천민인 소녀의 집에서 식사를 했다는 이유로 어떤 브람민도 오지 않았다. 따라서 엑나스 마하라지는 조상들을 불렀고, 그래서 빠이딴 마을에서 살다 돌아가신 모든 브람민들의 죽은 아버지와 할아버지들이 그의 집으로 식사하러 왔다. 이 얼마나 놀라운 일인가! 내가 뻬뜨리로까에서 나 자신의 조상들을 보았을 때, 나는 이 이야기가 전혀 꾸며낸 것이 아니라는 것을 확신하게 되었다. 뻬뜨리로까는 정말로 존재하고 있는 것이다.

명상을 통하여 나는 매일 새로운 경험을 하며 많은 세계들을 방문하였다. 나의 마음이 푸른 진주 속에서 안정을 찾게 되자, 목격자 겸 의식이 나에게 나타났다. 이러한 종류의 명상을 사마디라고 할 수 있다. 그 속에서 사람은 완전한 의식 상태로 남아 있게 된다. 호흡 동작이 매우 부드럽고 느려진다. 그러나 완전한 꿈바까에서처럼 호흡이 완전히 멈추지는 않는다. 이것이 싯다 수행의 사마디이며, 이때 목격자 겸 의식은 완전한 활동 상태로 들어간다. 그것은 인식이 전혀 없으며 아무것도 모르는 공백 상태의 사마디가 아니다. 의식의 영역은 지식의 영역이며, 따라서 목격자 겸 의식은 진정한 사마디 속에서도 현존해 있어야 한다.

나는 명상의 처음부터 끝까지 신성한 황홀감에 빠져 떠다녔다. 명상이 끝났을 때에야 바깥의 세상을 의식하였다. 나는 자세를 풀고 팔과 다리를 움직였다. 그리고 산책을 나갔다. 자리에 앉아 명상을 할 때마다, 나는 먼저 사방을 향해 절하면서, 사방이 구루와 빠라샤띠의 형상이라고 생각했다. 명상을 위해 자리에 앉기 전에는 항상 그 앉는 자리를 구루의 자리며 샤띠의 자리로 보았다. 그 앉는 자리를 단순한 매트나 벨벳 천으로 생각하지 않았다. 그리고 찌띠가 상하 모든 곳에 충만해 있다고 보았다. 그리고 마음속으로 모든 존재들에게 절을 한 뒤에 자리에 앉았다. 마찬가지로, 명상이 끝나고 자리에서 일어설 때도 앉아 있던 자리를 만지면서 절을 했다.

그날 명상이 끝나고 밖으로 나갔을 때, 나는 명상 중에 7,200만 개의 모든 나디들을 통하여 흘러갔던 사랑의 물결을 여전히 느낄 수 있었다. 완전히 도취한 기분이었다. 나의 모든 혈구들은 이와 같이 소용돌이치며 넘실거리는 힘차고도 기뻐 날뛰는 물결로 가득 채워져 있었다. 나는 사랑으로 미칠 것 같은 기분이었으나 이전처럼 미치지는 않았다. 이번에 그것은 사랑의 광기였다. 내 몸을 뚫고 밀려들어 온 이 사랑의 물결은 내가 빠라샤띠의 축복을 받았다고 말해 주는 것 같았다.

매일 이와 같이 명상을 계속해 나갔다. 오전, 오후 그리고 저녁에 명상하였다. 뚜까람의 노래들 가운데 하나가 머리에 떠오른다. "밤낮 이것이 나의 일이었다고 뚜까람은 말한다." 기업인, 사무원 혹은 근로자는 판에 박은 일과를 따른다. 아침에 일어나서 목욕하고, 아침을 먹고, 도시락을 들고 직장으로 가고, 직장에서 일하고, 업무가 끝난 뒤에 사무실을 닫고, 그리고 집으로 돌아간다. 만약 누군가가 그에게 "당신은 무슨 일을 하십니까?"라고 묻는다면, 그는 "같은 일을 매일 하지요. 가고 오고, 먹고 마시고, 밤에 잠을 자지요."라고 대답할 것이다. 실제로 그것은 스와미 묵따난다에게도 마찬가지였다. 오전과 저녁에 명상하고, 명상이 끝나면 정원에서 일하고, 물을 뿌려 준다. 밤이 되면 다시 명상을 하고, 잠을 자는 것이다.

제 28 장

소리의 세계

이제 나는 나다로까라고 하는 명상의 새로운 단계에 도달했다. 바다의 파도 소리, 울려 퍼지는 천둥 소리, 물결치는 시냇물 소리, 달리는 기차 소리, 멀리서 들리는 비행기 소리, 그리고 화장용 장작이 타는 소리와 같은 수많은 종류의 나다들이 있다. 나는 이러한 종류의 수많은 소리들을 듣기 시작하였다. 때로는 신의 이름을 찬미하는 여러 목소리들을 듣는가 하면, 때로는 뮈르당과 케틀드럼 같은 악기 소리를, 때로는 엄숙하고도 신성한 고둥 소리를, 때로는 '옴'의 단조로운 선율을 암시하는 거대한 종의 우렁찬 소리를, 또 때로는 비나와 다른 현악기들의 달콤한 노랫소리를 듣기도 했다. 또한 꿀벌, 땅벌, 기타 곤충들의 소리, 새벽녘 정글의 공작들이 내는 소리, 그리고 뻐꾸기와 다른 새들의 소리도 들었다. 전에 인드라로까와 다른 세계들에서 들은 적이 있는 음악도 들었다. 동시에 가슴속의 공간에서는 불분명한 다양한 소리들도 있었다. 나다의 여러 단계에서 나는 소리들, 즉 친 친 소리, 친치나 소리, 종 소리, 고둥 소리, 비나, 심벌즈, 플루트, 뮈르당, 케틀드럼 그리고 천둥 소리를 차례로 잇따라 들었다. 이와 같이 나는 10개의 신성한 소리를 차례로 잇따라 들었다. 나는 이들 소리들과 함께 오게 된 새로운 황홀경 속으로 빠져들게 되었다. 이들 소리 때문에 때로는 2주일 동안 내내 잠을 잘 수 없었다. 수면과 나다는 실제로 상반되는 것 같았다. 그래서 나는 잠이 토라져 밖으로 나가 버렸을 것이라고 내심 생각했다. 그러나 걱정하지 않았으며, 잠을 잘 수 없어서 마음이 짜증나지도 않았다. 보통 어떤 이유로 잠을 이룰 수 없으면, 마음이 심한 영향을 받거나 몸이 고통을 받지만, 이런 것이 나에게는 전혀 일어나지 않았다. 잠을 자지 않고 있음에도 불구하고 전처럼 정력적이고 행복했다. 수면의 필요성을 전혀 느끼지 못했고 음식도 적게 먹었다. 나의 몸은 정말로 수척해 보이기 시작했다.

　나다의 소리를 듣는 단계에 이르면, 요기는 춤추는 능력을 발견하게 된다. 나는 가끔 밤에 언덕 위로 올라가서 여러 시간 동안 쉬지 않고 춤을 추었다. 그것은 얼마나 경이롭고 성스러운 느낌이었던가! 나는 나 자신이 춤추는 것을 본 유일한 사람이었다. 그것을 다른 어떤 사람에게도 보여 주지 않았다. 그렇게 되면 내가 당황할 것이기 때문이다. 그러므로 나는 아무도 보지 않는 데서 춤을 추었다. 이 우아한 동작을 함에 따라 식욕은 약간 증가되었고, 사지도 더욱 가볍게 느껴졌다. 나는 어떻게 좋은 가문 출신의 남녀노소들이 여러 사람들 앞에서 아무런 부끄러움도 없이 함께 춤을 출 수 있는지 의아하게 생각했다. 나에게는 무엇인가 모자라는 것이 있을지 모른다는 생각이 든다. 나는 여전히 너무 부끄러움을 타기 때문이다.

나는 나다를 즐겼다. 그리고 그것들을 매우 주의 깊게 살펴보았다. 사다까들은 보통 나다가 왼쪽 혹은 오른쪽 귀에서 일어나는 것으로 생각하지만, 실제로는 귀에서 일어나는 것이 아니라, 사하스라라의 위쪽 공간에서 일어난다. 이 황홀한 소리가 나오는 곳은 바로 그곳이며, 그 소리를 우리는 어느 귀로든 들을 수 있다. 나는 머리 내의 아까샤에서 숭고하고도 신성한 진동음을 느꼈다. 나의 기억력은 아주 좋아져서 지금까지 나를 친견하러 온 모든 사람들과 또 정확히 그들이 무엇을 가져왔는지를 분명히 기억할 수 있었다. 나는 만약 학생들이 이처럼 여러 가지 일들을 잊지 않고 기억할 수 있는 능력을 발견할 수 있다면, 그들이 항상 글로 쓰거나 메모해 둘 필요는 없을 것이라고 생각하였다.

나는 꾼달리니에 대하여 알아야 할 모든 것을 알고 있던 냐네쉬바르가 쓴 다음의 한 시행이 생각났다. "영혼의 이 빛은 항상 새롭다." 그리고 묵따난다는 다음과 같이 말한다. "명상의 빛은 항상 새롭다." 나는 내가 얼마나 많은 새로운 경험을 했는지 말할 수 없다. 비록 매일 명상했지만, 나의 마음은 결코 둔감해지지 않았으며, 사다나도 결코 느슨해지지 않았다. 오히려 나는 더 많은 노력과 진지한 태도로 전념을 다하였다. 마치 어떤 사람이 목적지에 다가가면서 뛰기 시작하듯이, 나의 명상도 가속도가 붙기 시작했다.

매일 수많은 나다의 소리를 들었다. 종종 플루트의 아름다운 소리도 들렸다. 그 음악이 얼마나 신성한 매력을 풍기고 있었던 가! 나는 옛날 플루트의 매력에 대한 시를 들은 적이 있다. 고삐는 다음과 같이 말한다. "오, 신이시여! 플루트 연주를 멈춰 주십시오. 당신이 플루트를 연주하면 저는 아무것도 잘 할 수 없습니다. 저는 자식들도 잊어버리고, 집에도 갈 수 없습니다. 신이시여! 저는 집으로 가야만 합니다. 제 말씀을 들어 주십시오. 제발 단 한 순간이라도 플루트를 멈춰 주십시오. 당신의 플루트는 너무나 매혹적이고 너무나 아름다워서 저의 얼굴과 두 발길이 집으로 향하지 않습니다. 오, 마음을 홀리는 마술사여! 제발 플루트 연주를 멈춰 주십시오. 이제 집으로 가서 자식들을 먹여 살려야 합니다. 남편의 식사도 준비해야 합니다. 시부모님도 저를 기다리고 있습니다. 부디, 당신의 플루트 연주를 멈춰 주십시오." 이와 같이 고삐는 겸손하게 신에게 기도하고 있다.

싯다의 길을 밟는 내 사랑하는 제자들이여! 사하스라라에서 나오는 플루트 소리를 듣게 되었을 때, 나는 딴드라로까에 대한 의식조차도 잃어버리게 되었다. 나는 내면의 목격자가 어디로 가 버렸는지 알지 못했다. 플루트의 아름다운 음악소리에 귀를 기울이고 있을 때는 내가 어디로 가고 있으며, 무슨 일이 일어나고 있는지조차 전혀 몰랐다. 고삐들이 더할 나위 없이 행복한 신 슈리 크리슈나의 플루트 소리를 실제로 들을 때, 그들이 그러한 상태에 빠져든다는 것은 전혀 놀라운 일이 아니다. 여기에 대해선 최소한의 의심도 있을 수 없다. 실제의 플루트 소리를 들은 그런 고삐들은 일출 때마다 기억해야 할 사랑과 같은, 그런 신 크리슈나의 사랑이란 태양의 빛들이었다. 요기가 사하스라라에 서 들리는 플루트 나다에 그렇게나 빠져든다면, 고삐들의 상황은 어떠했겠는가?

 가끔 나는 춤을 추기도 했고, 몸을 흔들기도 했으며, 사랑에 취해 신성한 나다에 빠져 의식을 잃기도 했다. 나다는 빠라브람만이다. 그것은 슈리 구루 니띠아난다의 소리로 된 몸이다. 그것은 빠라샤띠 마하마야 슈리 꾼달리니의 고동치는 진동음이 터져 나오는 소리다. 그 이름 자체가 "신은 원래 소리로서 나타났다."라는 의미이다. 나는 이러한 여러 소리를 통해 신을 보았다. 그 소리들은 나의 일깨워진 꾼달리니의 후기 단계를 나타냈다. 계속 나다에 귀를 기울이면, 마음은 그것이 일어나는 곳에 집중된다. 나는 나다의 진동으로 활성화된 신성한 빛에서 불꽃이 흘러나오는 곳을 관찰할 수 있었다. 나의 모든 감각들은 그곳으로 끌려갔다. 혀조차도 급히 그곳으로 움직였다.

 이 단계에서 어떤 나다를 들을 때마다, 나의 몸은 거기에 부수적인 약간 고통스러운 떨림으로 반응했다. 곧 이어 나의 전신이 산산조각 나는 것 같았다. 나는 땀으로 흠뻑 젖었다. 머리는 격렬하게 흔들렸다. 마치 전신을 통해 가벼운 불이 타고 있는 것 같은 느낌이었다. 가끔 넥타의 작은 물방울이 위쪽의 아까샤에서 떨어졌으며, 아니면 짜고 시고 쓰고 매운 그런 여러 맛의 느낌이 그곳에서 흘러나왔다. 때때로 나다를 듣고 있는 동안에 넥타 같은 우유가 입천장으로 떨어져 내렸고, 곧 이어 그것은 위장의 불까지 내려갔으며, 거기에서 7,200만 개의 나디 속으로 들어 갔다. 이와 같은 결과로 몸의 미묘한 많은 잔병들이 사라지게 되었다. 아무리 내 몸을 혹사시켜도 더 이상 피곤함을 느끼지 못했다. 이 신성한 나디들이 삽다 브람만 즉 소리의 형태로 된 브람만이라는 것을 알면서 그 소리를 들었을 때, 나는 나다의 형상을 통하여 직접 삽다 브람만을 경험하게 되었다. 끊임없이 활동하고 있던 나의 꾼달리니로 말할 것 같으면, 그녀도 역시 나다로서 그녀에게 다가온 남편을 만나게 되어 몹시 기뻐했다. 그녀가 느끼는 기쁨의 물결은 바로 내 몸 전체로 퍼져 나갔다. 묵따난다는 춤을 추기 시작했다. 나다의 흐름이 전신을 통하여 퍼져 나가자 마음 역시 재빨라지고 민첩해졌다.

나는 신의 플루트 소리에 귀를 기울이면서, 많은 신비한 것들에 대한 통찰력을 개발했다. 점점 더 오랫동안 나다를 들었고, 심지어 일과 중에도 들었다. 오고 가거나, 잠자거나 먹는 동안에도 그 소리를 들었다. 화가 날 때는 그 소리가 훨씬 더 잘 들렸다. 플루트 소리를 들으면 들을수록 내 목소리도 더 풍부해졌다. 나는 내가 들은 여러 나다들의 다양한 특성들로부터 많은 혜택을 얻게 되었다. 케틀드럼의 소리를 들었을 때는 투시력을 얻었고, 그래서 멀리 떨어져 있는 것들을 볼 수 있었다. 때때로 나의 방에 앉아 있으면서도 다른 방에서 일어나는 일들을 볼 수 있었다. 때로는 어떤 사람이 몰래 어떤 일을 하고 있는 바로 그 순간에, 마치 내가 그곳으로 부름을 받은 양 그 방으로 들어가는 일도 일어났다. 그러나 나는 아무개가 나를 불러서 왔노라고 대답하였다. 나는 케틀드럼의 나다를 들으면서 그 소리의 장점들을 다 흡수했다. 나의 명상은 달이 점점 커져가듯 매일 발전해 갔다.

　케틀드럼의 나다 다음에 나는 마지막 나다를 들었는데, 그것은 메가나다 즉 천둥의 소리였다. 그것은 가장 신성한 나다요, 나다의 왕이며, 요기들의 소원을 성취시켜 주는 천상의 암소이다. 그것을 듣게 되면 위쪽의 공간이 진동한다. 며칠 동안 사다까는 이 계속되는 천둥 소리 때문에 제정신이 아니다. 왜냐하면 이것은 요가의 목표인 사마디에 이르는 나다이기 때문이다. 이 나다의 내부로부터 요기는 단조롭게 계속 반복되는 옴 소리를 듣게 된다. 동시에 그는 옴이 자기 스스로 생겨난 것이라는 것을 알게 된다. 그것은 다른 종파의 다양한 만뜨라처럼 성자들이 만들어 낸 것이 아니다. 어떤 대수도원장도 그것을 만들지 않았다. 그것은 스스로 존재하는 것이다. 그것은 사하스라라의 위쪽 공간에서 혼자 힘으로 생겨난 것이다. 그것은 저절로 태어난 것이다. 그것은 다른 어떤 것에 의해서도 생겨나지 않았다. 이 나다가 나타나게 되면 요기는 엄청난 황홀 속에 빠지게 된다. 때때로 나는 나의 규칙을 어기고서는 그것에 대하여 다른 사람에게 이야기하기도 하였다. 그들은 아주 열심히 듣고서는 대단히 우쭐한 기분으로, 스와미 묵따난다가 이런 저런 나다를 들었노라고 다른 사람들에게 말해 주었다. 그들은 니띠아난다 바바에게도 말을 하였다. 곧 이어 내가 그를 친견하러 갔을 때, 그는 매우 화를 내면서 "바보같이, 이러한 것을 말하고…… 그런 비밀을 누설하다니…… 그러면 요기는 자신이 얻은 것을 잃게 되고…… 고통당하는데."라고 말하였다. 그가 이와 같이 말할 때마다 나의 사다나는 며칠 동안 답보 상태였다. 이미 여러 번 말했듯이, 싯다 비디야에는 "오직 구루의 은총만이, 오직 구루의 명령만이 있다." 구루가 불쾌해하면 사다나가 방해받고, 완전한 경지의 도달이 지연된다.

매일 나의 명상은 진척되어 갔다. 명상의 유일한 목표는 푸른 진주였다. 나의 명상은 여러 몸들을 통과하여 나아갔는데, 붉은 오라에서 흰 불꽃으로, 흰 불꽃에서 검은 빛으로, 그리고 이제는 검은 빛에서 푸른 진주로 나아가게 되었다. 마지막 푸른 진주는 샤프란 색이 혼합된 금빛 후광으로 둘러싸여 있었다. 그 광채는 매일 증가되어 갔다. 명상을 하면 할수록 그것은 점점 더 빛났다. 하루하루 그것은 그 전날보다도 더 밝았다. 그러나 그 밝기가 계속 증가되고 나의 황홀감도 계속 증가되고 나의 열성도 계속 증가되었지만, 나는 가슴속으로 아직도 무언가가 부족하다는 것을 깨달았다. 다시 말해, 완성을 향해 나아가는 나의 길에 아직도 무언가가 나타나야 한다는 것을 깨달았던 것이다. 나의 가슴은 아직까지 내가 완성에 도달했다고 말해 주지 않았다. 비록 나는 평화와 만족을 느꼈지만 여전히 무언가가 없다는 것을 느끼게 되었다.

나는 이제 명상의 수행자가 확고한 신념을 가지고, 찌띠 샤띠의 힘과 몸 속에 있는 구루데바의 실제적 존재를 혼신을 다 바쳐 믿을 수 있도록 그에게 하나의 진리를 말해 주고 싶다. 그는 자신의 코와 귀, 눈, 혀 그리고 입이 존재하는 것과 꼭 같이, 그의 슈리 구루데바도 그 자신의 내부 구석구석에까지 존재하고 있다고 생각해야만 한다. 사랑하는 싯다의 문하생들이여! 이 점을 매우 주의 깊게 숙고해 보라. 구루와 신성한 은총의 힘을 정말로 절실하게 믿어라. 조금만 생각해 보아라. 의사가 당신의 몸 어느 한 곳에 주사를 놓으면 당신은 그것이 전신으로 퍼져 가는 것을 느낄 수 있다. 당신은 아마도 지금까지 전신의 피를 뜨겁게 데우는 주사를 맞아 봤거나, 아니면 몸의 병을 없애 주는 의사의 약을 먹어 봤을 것이다. 그것이 당신 몸 속의 모든 정맥과 작은 부분을 통해 퍼져 나가서, 그 몸으로부터 병을 없애기 위해서는 그것이 얼마나 많은 효능과 힘을 가지고 있어야만 하는가! 당신은 직접 이것을 경험해 봤을 것이다.

삿구루도, 당신이 직접 그것을 알든 모르든 간에, 그와 꼭 같은 방식으로 당신의 몸 속으로 들어가서 시각이나 말, 생각을 통해서, 혹은 그와의 친교를 통해서, 혹은 몸의 어떤 부위를 만짐으로써 당신을 입문시켜 준다. 이때 그는 더할 나위 없는 행복 속에서 유희를 즐기고, 당신의 모든 고통을 일으키는 그 무지를 사라지게 해 주는 빠라샥띠를 함께 데려온다. 구루는 당신의 머리에서 발끝까지 일곱 개의 신체 구성 요소와 열 개의 감각 기관과 다섯 개의 외피로서 구체화된다. 그렇게 되면 당신이 내부로부터 안내를 받아서 깨달음을 얻는다는 것은 전혀 어렵지가 않다. 그러나 만약 당신이 그러한 구루의 지혜와 구루의 사랑, 구루에 대한 믿음과 복종으로부터 등을 돌리면, 그도 당신에게 등을 돌릴 것이다. 그는 끄리야의 모습으로 당신의 내부에서 구체화되어 있다. 따라서 그가 당신 내부에서 살아가고 있으면, 그가 내부에서부터 당신에게 여러 가지를 가르칠 수 있다는 것은 전혀 기적이 아니다. 묵따난다가 말하는 것은 사실이다. 즉, 구루는 모든 점에서 완전히 당신의 것이다. 그러나 당신은 아직 완전히 그의 것이 되지 못했다. 그는 당신으로부터 결코 멀리 떨어져 있지 않다. 그로부터 멀리 떨어져 있는 것은 바로 당신이다. 바로 이러한 이유 때문에 당신은 매일 새로운 깨달음을 갖지 못하고 있다.

나는 정말로 나의 구루를 확고부동하게 믿었다. 어디로 가든 나는 항상 그의 사진을 휴대했다. 산책을 가더라도 그의 사진을 갖고 갔다. 자리에 앉아 식사할 때도 그의 사진을 가지고 있었다. 잠자러 갈 때도 그의 사진을 갖고 갔다. 심지어 욕실에도 사진을 걸어 두었다. 나는 사람들이 무슨 말을 하든 개의치 않았다.

슈리 구루데바의 형상으로 된 내면의 빛, 즉 내가 앞서 묘사한 사르바지나로까에서부터 나는 이제 다음과 같은 메시지를 받았다. "오 묵따난다여! 비록 그대가 푸른 진주의 비전으로부터 지반묵띠를 성취하고 초월적인 희열을 경험하기는 하였지만, 아직도 완전한 완성을 얻지는 못했다. 그대가 가진 것은 아직 신성한 깨달음이 아니다. 그 깨달음을 위해서는 그대가 푸른 진주 속으로 들어가야만 한다." 이것은 나의 내면에 있는 여신 찌띠의 메시지였다. 나는 그것을 그녀의 진정한 명령으로 받아들이고 더욱더 명상하였다.

명상을 하면 할수록 푸른 진주는 움직이지 않고 점점 더 오래

내 앞에 서 있었고, 그것이 오래 머물면 머물수록 그 밝기도 점점 더 증가되어 갔다. 그것이 거기에 있는 한 그것은 언제나 새로운 방식과 기적들을 보여 주었다. 다음과 같은 이루 다 헤아릴 수 없는 감정들이 내부에서 솟아오르기 시작했다. 즉, 그것은 단지 푸른 빛인가, 아니면 닐라깐따 즉 푸른 목을 갖고 있는 쉬바인가? 그것은 단지 푸른 빛인가, 아니면 푸른 슈리 니띠아난다인가? 그것은 단지 푸른 빛인가, 아니면 바바니 우마 샥띠 꾼달리니인 푸른 여신 닐레쉬바리인가?

푸른 진주는 점점 더 가까이 다가왔다. 그것은 점점 더 커질수록 점점 더 빛났다. 그리고 묵따난다가 성장하면 할수록 그는 더욱 변화했다. 그리고 그가 개방하면 할수록 그는 점점 더 확대되어 가면서, 과거에 묵따난다가 정말 어떤 사람이었는지를 깨달았다. 푸른 진주에게 일어난 모든 것은 묵따난다에게 일어났다. 푸른 진주에 대한 나의 믿음은 훨씬 더 강해졌다. 그래서 마치 당신이 신체의 다른 부분들과 관련하여 "그것들은 나의 것이다."라든가 "그것은 나다."라고 생각하는 것과 꼭 같이, 나도 푸른 진주를 생각하게 되었다.

제 29 장

푸른 사람에 대한 비전

오, 나의 사랑하는 싯다 제자들이여! 이제 새로운 어떤 것이 일어났다. 애정을 갖고 이 말을 들어라. 그리고 내가 여러분에게 말하는 바를 결코 잊지 않도록 하여라. 어느 날 나는 유쾌한 마음으로 명상을 하고 있었다. 나는 앉자마자 여신 꾼달리니 샥띠와 하나인 삿구루 니띠아난다를 매우 공경하기 시작하였다. "오, 구루데바여! 당신은 나의 동쪽에도, 서쪽에도, 북쪽에도, 남쪽에도 있습니다. 오, 삿구루여! 당신은 나의 위에도, 아래에도 있습니다. 오, 사랑하는 슈리 구루여! 당신은 나의 눈에도, 귀에도, 코에도, 입에도 있습니다. 오, 은총의 시혜자인 삿구루나스여! 당신은 나의 목에도, 팔에도, 가슴에도, 등에도, 위에도 있습니다. 오, 어머니 구루여! 오, 아버지 구루여! 당신은 나의 두 허벅지에도, 다리에도, 발에도 있습니다. 오, 나의 바바여! 당신은 내 속에 있고, 나는 당신 속에 있습니다. 그리고 나의 모습과 당신의 모습 사이에 있을 수 있는 그 어떤 차이 속에도 당신은 있습니다." 나는 이런 식으로 나의 구루를 간절히 부르며 기도했다. 그리고 나의 명상이 시작되면서 붉은 오라가 내 앞에서 반짝거렸다. 곧 이어 흰 불꽃과 검은 빛 그리고 푸른 진주가 잇따라 나타났다. 나의 가슴은 기쁨으로 충만했다. 구름의 신이요, 요기들의 친구인 메가라자가 사하스라라의 내부에서 천둥 소리를 내고 있었다.

  동시에 큰 기적이 일어났다. 나는 거기에 대하여 말해서는 안 된다. 그러나 슈리 구루가 나에게 그렇게 하도록 종용하고 있다. 나는 이 기적을 글로 표현할 힘이 없다. 나의 손은 움직이지 않는다. 손가락의 움직임도 멈추어 버렸다. 두 눈도 떠지지 않는다. 단지 혀만이 움직이고 있다. 아마도 니띠아난다가 나에게 와서 강제로 그것을 점유했을지 모른다. 나에겐 말할 권리가 없기 때문에, 지금 말하고 있는 자는 바로 바가반 니띠아난다인 것이다. 나의 사랑하는 친구인 얀데가 대필해 주고 있다. 그는 바바 니띠아난다에게 그 자신을 완전히 내맡겼기 때문에, 그는 나의 말을 대필해 주고 있다.

  아름답게 빛나는 푸른 진주는 내부에서 빛을 발하는 무수한 다른 광선들과 함께 나에게 점점 가까이 다가오면서 커지기 시작했다. 그것은 달걀 모양을 하고 있었으나, 계속 커지더니 사람의 모습이 되었다. 나는 그것이 커지는 것을 두 눈으로 똑똑히 볼 수 있었고 너무 놀라서 어찌할 바를 몰랐다. 달걀은 점점 커지더니 사람의 형태만 해졌다. 갑자기 신성한 빛이 거기에서부터 쏟아져 나왔다. 잠시 동안 나는 의식을 잃었다. 딴드라로까에 무슨 일이 일어났는가? 사르바지나로까는 어디로 사라졌는가? 내가 이제까지 모든 것을 이해하도록 해 주었던 직관적 지성은 어떻게 되었는가? 묵따난다는 잠시 자신을 잊어버렸다. 그가 존재하지 않았기 때문에, 그 밖의 모든 것도 역시 사라졌다. 보는 사람이 없으면 보이는 대상도 없다. 듣는 사람이 없으면 소리도 없다. 냄새 맡는 사람이 없다면 냄새도 없다. 잠시 동안 나는 아무것도 의식하지 못하였다. 그러나 나의 명상 상태는 여전히 이전과 꼭 같았다. 나는 북쪽을 향한 채 연꽃 자세로 확고하게 앉아 있었다. 동시에 달걀 모양의 물체 대신에 빛나는 인간의 형상을 또다시 보았다. 그것이 빛을 발했기 때문에 묵따난다는 의식을 되찾게 되었다. 묵따난다의 딴드라로까는 되돌아왔다. 직관적 지성도 되돌아왔으며, 항상 내면의 상태를 지켜보면서 보고하고 있던 묵따난다의 비상한 기억력도 되돌아왔다.

　달걀 모양의 푸른 진주는 사람의 모양으로 나의 앞에 서 있었다. 그 밝기는 줄어들었다. 나는 그 안에서 푸른 사람을 보았다. 얼마나 아름다운 자태인가! 그의 푸른 빛은 번득이면서 빛나고 있었다. 그의 몸은 일곱 개의 요소에서 나온 인간의 유동체로 만들어진 것이 아니라, 뚜까람 마하라지가 '신성한 비전을 주는 의식의 로션'이라고 부른, 그 순수한 의식의 푸른 빛들로 만들어진 것이었다. 그의 몸은 의식의 무한한 광선들로 이루어져 있었다. 그는 의식의 덩어리였으며, 묵따난다의 내면적 삶의 정수였으며, 니띠아난다의 참된 모습이었다. 그는 나의 어머니 여신, 즉 놀기 좋아하는 신성한 꾼달리니의 참 모습이었다. 그는 내 앞에 서 있었는데, 그의 신성함 때문에 희미한 빛을 발하면서 찬란한 모습을 하고 있었다.

그의 몸은 얼마나 아름다웠던가! 두 눈은 얼마나 아름다웠던가! 코는 얼마나 아름답고 곧게 뻗어 있었던가! 귀와 귀걸이는 얼마나 매력적이었던가! 또한 모발도 얼마나 아름다웠던가! 그의 두상도 얼마나 멋졌던가! 그에겐 턱수염이 없었다. 머리에는 아홉 개의 보석이 박힌 왕관을 쓰고 있었다. 이들은 자동력이 없는 이 지상의 물질로 만들어진 것이 아니라 순수한 의식으로 이루어져 있었다. 그는 얼마나 아름답고 긴 손과 가는 손가락과 손톱을 갖고 있었던가! 이 모든 것들이 너무나 푸른 빛을 발하고 있었다. 그가 입고 있는 옷들은 부드럽고 아름다웠다. 그의 다리는 얼마나 길고 날씬했던가! 그리고 그의 발가락은 얼마나 모양이 반듯했던가! 그의 몸 전체가 더할 나위 없이 훌륭하고 아름다웠다. 나는 너무 놀라서 두 눈을 크게 뜨고, 그의 머리끝에서 발끝까지 또 발끝에서 머리끝까지 계속 쳐다보았다.

그는 나에게 다가와서 작은 콧소리를 내며 모종의 몸짓을 했다. "무슨 말이든 해 보라."고 그는 말했다. 내가 무슨 말을 할 수 있겠는가? 나는 단지 그를 쳐다보는 데 완전히 빠져 있었다. 그는 나를 한 바퀴 돌고 난 뒤 조용히 서 있었다. 동시에 나를 바라보면서 눈짓을 보냈다. 곧 이어 그는 이렇게 말했다. "나는 모든 곳에서 모든 것을 본다. 나는 눈으로도 보고, 코로도 본다. 나의 눈은 도처에 있다." 그는 발을 조금 들어 올리면서 "나는 이 발로도 본다. 나는 어디에서든지 볼 수 있다. 나는 모든 곳에 혀를 갖고 있다. 나는 혀로만 말하는 게 아니라 손과 발로도 말한다. 나는 어디에나 귀를 갖고 있다. 나는 신체의 모든 부위로 들을 수 있다."라고 말했다. 이와 같이 그는 말했으며, 나는 그의 말에 귀를 기울였다. "나는 두 발로 움직이며 머리로도 움직인다. 나는 내가 좋아하는 어떤 방식으로든 움직일 수 있다. 나는 한 순간에 내가 원하는 것만큼 멀리 움직일 수도 있다. 나는 두 발이 없이도 걷고, 두 손이 없이도 잡을 수 있다. 나는 혀가 없이도 말을 하고, 두 눈이 없이도 볼 수 있다. 나는 아주 먼 곳에 있는가 하면, 동시에 아주 가까이에도 있다. 나는 모든 몸들의 몸이 될 수도 있지만, 그 몸과는 다른 존재이기도 하다." 그리고 그는 조금 더 말을 했고, 그 말은 니띠아난다가 들었기에 여기서 기록할 수는 없다. 곧 이어 그는 "바로 이 길이 싯다들의 길이며, 참된 길이다."라고 덧붙여 말했다. 그리고 손을 들어 올리더니 축복을 내려 주는 자세를 취하였다. 나는 매우 놀랐다. 내가 지켜보고 있는 가운데, 6피트 정도의 크기로 자랐던 푸른 달걀이 이제 줄어들기 시작했다. 그것은 점점 작아지더니, 마침내 다시 한 번 닐레쉬바리가 되었다. 그것은 나의 푸른 빛 즉 푸른 진주가 되었다.

나는 완전히 놀랐다. 더할 나위 없는 큰 기쁨으로, 슈리 구루데바 바가반 니띠아난다와 신성한 슈리 찌띠 꾼달리니의 은총만을 생각하면서, 나는 딴드라로까로 들어갔다. 나는 이것이 형상으로 신에 대한 깨달음을 주는 닐라 뿌루샤 즉 푸른 사람임을 깨달았다. 그는 또한 나타나지 않는 지고의 절대자라고도 불리며, 그의 축복을 받음으로써 수행자는 궁극적인 진리의 깨달음으로 나아갈 수 있다. 이 절대자는 나에게 축복을 내려 준 뒤에, 원래의 푸른 진주 속으로 다시 돌아갔다. 동시에 나의 명상은 끝이 났다.

　명상의 세계에서 나타나는 무수한 비전들은 얼마나 경이로운가! 인간의 가치는 얼마나 위대한가! 푸른 진주는 얼마나 장엄한가! 명상의 신 디야네쉬바라는 얼마나 아낌없이 베풀고 있는가! 인간은 얼마나 영광스러우며 또한 얼마나 위대한가! 오, 묵따난다여! 당신은 위대하다. 당신은 무한하다. 당신은 비범한 존재이다. 나는 너무 기뻐 어찌할 바를 몰랐으며, 사람으로 태어난 것에 감사하고 지금까지 보았던 것을 회상해 보았다. 이제 "나는 참나다."라는 확신이 확고하게 자리를 굳히게 되었다. 나는 '소함 함사', 즉 "그는 나고, 나는 그다." 다시 말해, "당신은 신이고, 신은 당신 안에 있다."라는 것을 완전히 믿게 되었다. 나는 이 진리의 완전한 실현을 경험하기 시작하였다.

　나는 이것이 『바가바드 기따』에서 다음과 같이 묘사된 신성한 절대자라는 것을 확신했다.

　　사르바따하 빠니빠담 땃 사르바또끄쉬쉬로 묵캄
　　사르바따하 쉬루띠말로케 사르밤아브르뜨야 띠쉬타띠

　　그는 도처에 손과 발이 있다.

그는 사방에 눈과 머리와 얼굴이 있다.
그는 모든 곳에 귀를 갖고 있다.
그는 모든 것을 알며, 모든 것에 충만해 있다.

사르벤드리야구나바쌈 사르벤드리야 비바르지땀
아싹땀 사르바브르짜이바 니르구남 구나복뜨르 짜

그는 감각의 모든 특성들을 가지고 있지만
또한 그 어떤 특성도 없다.
그래서 그는 모든 것에 집착이 없지만
그 모든 것을 지탱하고 있으며
나타남의 세 가지 속성이 없지만, 그들을 즐기고 있다.[24]

그는 사하스라라 내에 거주하면서, 모든 감각 기관들의 힘이라는 미묘한 모습으로 나타난다. 그는 감각에 의하여 경험될 수 있지만 그 감각을 훨씬 초월해 있고, 또한 그 감각이 없기도 하다. 그 감각이 몸 속에 있을 때, 그는 "나는 묵따난다. 나는 존재한다. 나는 존재한다."라고 말하지만, 그는 거기에 전혀 집착하지 않고 있다. 그는 모든 것을 부양해 주는 영양 공급자이다. 그는 7,200만 개의 나디 안에 있는 모든 세포의 부양자이며, 생명의 유동체에게 활력을 주고 혈액에게는 풍부함을 제공함으로써 영양소를 공급하는 절대자이다. 그는 세 개의 구나 너머에 있다. 그러나 비록 그에게는 어떤 구나도 없지만, 그는 사하스라라

안에 있으면서 모든 구나를 경험하고 있다. 만약 어떤 사람이 음식을 주면 그는 그것을 먹는다. 만약 어떤 사람이 꽃을 주면 그는 그것을 받는다. 만약 어떤 사람이 옷을 주면 그는 그것을 입는다. 만약 어떤 사람이 인사를 하면 그는 그것 역시 받는다. 이 모든 것을 제공하는 사람은 "나는 그들을 바바에게 주고 있다."라고 생각하지만, 그러나 그들을 받아들이는 자는 다음과 같이 바로 그분이다.

바히르안따슈짜 부따남아짜람 짜람에바 짜
숙슈마뜨밧따빈네얌 두라함 짠띠께 짜 땃

그것은 움직이기도 하고 움직이지 않기도 하며,
그 미묘성 때문에 알 수도 없다. 그리고 그것은
멀거나 가까이에 있는 모든 존재의 안과 밖에 있다.[25]

그는 인간과 악마, 새와 동물, 곤충과 세균 등과 같은 움직일 수 있거나 움직일 수 없는 피조물의 안팎에 충만해 있다. 그러나 그가 미묘한 모습으로 그렇게 있기 때문에 그는 이해되지 않는다. 사람들은 그가 먼 곳에서 살아가고 있다고 생각하지만, 그는 여러분의 아주 가까이에 즉 사하스라라의 한가운데서 살아가고 있다. 이 최고의 절대자는 각기 다른 민족과 인종, 행동, 이름, 모양, 나라 그리고 시대를 통하여 각기 다른 모습으로 나타나지만, 그는 차이가 나지 않는 존재이다. 그는 인간에게는 인간으로, 새에게는 새로, 암소에게는 암소로, 말에게는 말로, 남자에게는 남자로, 그리고 여자에게는 여자로서 각각 살아간다. 그 밖에 내가 뭘 더 말할 수 있겠는가? 그는 모든 것이 되면서도 여전히 유일한 존재이다. 그는 모든 창조물에게 힘을 부여한다. 어머니처럼 그는 그들을 보호하며 부양해 주고, 동시에 그들 모두를 자신에게로 거두어들인다. 그는 모든 빛들 가운데 최고의 빛이다. 모든 빛은 그 밝기를 그로부터 얻는다. 그의 주변에는 어두움이 전혀 없다. 그는 모든 것에 대하여 모든 것을 알고 있다. 만약 그렇지 않다면 어떻게 묵따난다가 푸른 사람을 알아볼 수 있었겠는가? 내가 옛날에 보았던 것은 푸른 진주였다. 그것은 또한 쉬바였으며 푸른 신이었다. 그것은 또한 지식의 최고 목표이며, 최고의 명상 상태에서 받는 꾼달리니 은총의 선물이며, 사르바지나로까에서 얻어지는 지식으로만 이해되며, 그리고 가슴과 사하스라라에서 완전한 충족 상태로 살아가는, 그런 푸른 니띠아난다이기도 했다. 오, 구도자들이여! 그는 여러분의 푸른 진주 안에 있지만, 그는 여러분이 푸른 진주를 보았다는 이유만으로 여러분이 완전해졌다고 생각하지 않는다. 나타나지 않는 궁극의 절대자는 사다까들에게 지극히 눈에 띄지 않는 은밀한 존재이다. 그는 싯다 수행의 길의 목표이다. 이것은 시간의 종말에 이르러서도 말이나 글로 표현될 수조차 없는 어떤 것이다. 신성한 깨달음이 나타나게 되는 것은 오로지 그의 은총을 통해서만 가능하다. 싯다의 문하생들은 글로 표현되지 않는 이 문제가 어떻게 글로 표현되었는지를 이해할 것이다. 나는 지금 말하지 않을 수가 없고, 그리고 사랑하는 얀데가 그 말을 받아 적고 있는 것이다.

그러나 이 모든 것에도 불구하고, 나의 만족은 여전히 불완전했다. 여전히 무엇인가가 빠져 있었다. 나의 명상이 도달한 단계는 매우 신성했다. 내가 본 푸른 사람도 또한 나타나지 않은 빛의 둥근 물체로서 알려져 있다. 요기들은 명상 중에 푸른 진주 안에서, 자기 자신 속에 전 세계를 담고 있는 그를 볼 것이다. 나는 이제 그를 명상하면서 계속 그를 기억하고 있었다. 그는 내 마음의 땅에 정착을 하고는 하나의 모습을 갖추게 되었다. 나는 끊임없이 명상을 했고, 무한한 변화 속에서 항상 달콤하게 빛나는 푸른 진주를 보았다. 그 빛은 매 순간 더욱 눈부시게 빛났으며, 나의 기쁨은 영원히 증대하고 있었다. 나는 사하스라라를 통해 명상하면서 또한 신성한 천둥의 나다도 듣고 있었다. 내가 이 천둥 소리를 들었을 때, 나의 명상은 너무나 기쁨에 겨워 나의 마음속에 남아 있던 욕망들이 천둥에 의하여 박살이 나면서 금방 사라졌다. 잠깐 동안 이 소리를 들으면서, 나는 오점 없는 빠라브람만과의 완전한 결합을 경험하였다.

사다까는 물라다라에 거주하고 있는 내면적 지식의 보고인 마하샤띠 꾼달리니가 구루의 은총에 의해서 일깨워지게 되면, 그 꾼달리니는 그가 아직 소유하지 못한 것을 확보해 주고, 또 그가 지금 갖고 있는 것을 지켜 준다는 것을 결코 잊어서는 안 된다. 사다까가 꾼달리니와 구루에게 의지하면 할수록 그들은 그를 보호하기 위해서 그의 전면에 더욱더 나선다. 그는 오로지 구루와 샥띠에게만 의지해야 한다는 것을 항상 기억해야만 한다. 내가 이 마하샥띠를 신성한 은총의 힘이라고 부를 때, 싯다의 수행자는 그것이 꾼달리니요, 구루요, 신이라는 것을 이해해야만 한다. 마치 바늘이 한 조각의 천에 닿자마자, 바로 그것을 뚫고 지나가듯이 마하샥띠 꾼달리니도 척추의 기반에 있는 물라다라로부터 일어나 중앙 통로인 수슘나를 따라 여러 짜끄라를 관통해 가면서 머리 정수리에 위치한 영적 센터인 브람마란드라까지 올라가게 된다. 사다까는 자신의 몸에서 일어나는 꾼달리니의 촉감을 느낄 수 있다. 그녀가 일깨워져서 7,200만 개의 나디를 통하여 퍼져 나갈 때, 사다까는 그녀의 부드럽고 다정하며 기쁨이 넘치는 신성한 촉감을 인식하게 된다. 가끔 그녀의 촉감이 거칠기도 하다. 곧 이어 전신이 마치 불타는 것처럼 느껴진다. 그녀의 촉감이 부드러운지 아니면 딱딱한지는 수행자의 성격에 달려 있다. 그러나 그 어느 쪽이든 간에 그것은 신의 촉감이다.

마음이 위쪽의 사하스라라로 향하여 명상을 통해 거기에서 안정이 되면, 천둥 소리가 들리고 혀는 연구개 쪽으로 말려 올라간다. 동시에 수행자는 신성한 향기를 맛보기 시작한다. 가끔 혀가 이 위치에 와 있을 때 싯다 수행자는 달의 시원한 넥타를 맛볼 수 있고 또한 기쁨과 놀라움으로 가득 차게 된다. 그는 더욱더 많은 넥타를 마시기 위하여 훨씬 더 열심히 명상을 한다. 또한 버터, 우유, 기, 버터밀크, 꿀 및 기타 여러 것들의 맛들도 볼 수 있다. 이와 같은 것들은 사다까의 마음이 아냐 짜끄라에 집중될 때 나타나며, 그는 양미간 사이의 공간에서 심지 없는 불꽃으로서 나타나는 자신의 참나를 보게 된다. 그가 상이한 여러 넥타의 맛을 보게 되면 내부에 있는 많은 질병들이 사라지게 된다. 그가 더욱 명상을 하고 그의 쁘라나가 이곳에서 안정을 찾게 되면 수행자는 여러 신성한 향기를 맡게 된다. 수행자가 이러한 향기들을 맡게 되면 그는 매우 높은 상태에 도달할 수 있다. 나는 이와 같은 경험들을 수없이 많이 했으며 그래서 나의 명상도 꾸준히 향상되어 갔다.

 푸른 사람의 비전을 본 뒤에 나의 명상은 사하스라라의 위쪽 공간에서 안정이 되었고, 나는 그곳에서 안개와 같은 천상의 빛을 보았으며, 이 빛의 한가운데서 푸른 진주를 보았다. 이 빛의 밝기는 나날이 증가되어 갔다. 그것은 항상 푸른 진주를 감싸고 있으며, 그리고 사하스라라 안에서 빛나는 창공의 빛은 푸른 진주의 광휘에서 나온 것이라고들 말한다. 나는 매일 그것을 명상하였다. 그리고 "나는 참나다."라는 자각이 매일 일어났다. 때때로 잠깐 동안이기는 하지만 푸른 진주가 사하스라라의 안팎으로 움직이는 것을 보기도 했다. 만약 당신이 위대한 성자가 오는 비전을 보게 되면, 당신은 그 모든 것이 푸른 진주의 힘으로 일어나고 있다는 것을 이해해야만 한다.

제 30 장

죽음에 대한 두려움

이제 또 하나의 놀라운 일이 명상 중에 일어났다. 명상하는 동안에 두 눈이 위쪽으로 굴러 올라가면서 눈꺼풀도 위로 끌려 올라가는 단계가 나타났다. 두 눈동자는 사하스라라의 중앙에 있는 푸른 진주에 집중이 되었다. 목은 다소 위쪽으로 뻗어지곤 하였다. 나는 사하스라라 안에서 발견되는, 나타나지 않은 빛의 둥근 물체를 이미 기술하였다. 어느 날 그것이 열리면서 그 빛이 방사되었는데, 그 밝기는 일이천 개의 태양이 아닌, 수백만 개의 태양이 사방에서 빛나는 밝기였다. 그 빛은 너무나 강렬하여 나는 그것을 견딜 수 없었고, 나의 용기도 꺾이고 말았다. 나는 명상을 중단할 힘도 더 이상 없었다. 앉은 자리에서 일어날 수도 없었다. 나의 자세는 나의 통제를 받고 있지 않았으며, 두 눈도 마음대로 뜨거나 감을 수가 없었다. 그 찬란한 빛은 나를 그쪽으로 끌어당겼으며, 그 빛을 응시하자 나는 의식을 잃고 말았다. 의식을 약간 회복한 나는 "오, 여신이여! 오, 삿구루나스여! 저를 구해 주소서!"라고 소리치기 시작했다. 왜냐하면 나는 죽음을 두려워했기 때문이다. 쁘라나의 움직임은 이미 멈추었고, 마음도 작용하고 있지 않았다. 쁘라나가 몸 밖으로 빠져나간 느낌이 들었다. "오, 신이여! 오, 삿구루여! 옴, 옴."이라고 나는 울면서 소리쳤으며, 곧 이어 몸에 대한 모든 통제력을 잃고 말았다. 마치 죽어가는 사람이 입을 벌리고 두 팔을 벌려 이상한 소리를 내는 것과 꼭 같이, 나도 이런 종류의 소리를 내면서 쓰러졌다. 쓰러지면서 나도 모르는 사이에 방뇨를 했고, 그 때문에 내가 완전히 의식을 잃었다고 느끼게 되었다.

이와 같이 전혀 모르는 무의식 상태로 한 시간이나 한 시간 반 가량을 누워 있었다. 곧 이어 마치 사람이 잠에서 일어나듯이 나는 일어나, "나는 방금 죽었다가 다시 살아났네."라고 말하면서 혼자 웃었다. 내가 일어났을 때의 기분은 대단히 평화로웠고 매우 행복했으며 너무나 사랑으로 충만해 있었다. 나는 수백만 개의 태양만큼 밝은, 나타나지 않은 신성한 빛을 보는 순간 죽음을 경험했다는 것을 깨달았다. 나는 매우 놀랐지만, 이 경험으로부터 이제 죽음을 이해하게 되었다. 나는 죽음이라는 것이 단지 이런 상황에 불과하다는 것을 깨달았다. 일단 그 나타나지 않은 빛의 둥근 물체를 본 뒤에는, 나는 모든 두려움에서 벗어나게 되었다. 이것이 개인적인 존재에서 벗어나는 해방의 상태이다. 그때 이후로 나의 용기는 상당히 증가했으며, 더 이상 어떤 공포도 알지 못했다. 나는 어떤 것도 두려워하지 않는다. 나는 앞으로 어떤 일이 일어날 것인가에 대하여 결코 생각하지 않는다. 어떤 사람이 무슨 일을 할 것인지에 대해서도 결코 걱정하지 않는다. 나의 내면에 있던 두려움의 장소가 사라져 버렸다. 나는 이제 두려움이 전혀 없는 상태에 도달했다.

제 31 장

의식의 영원한 푸른빛

이제 참나에 대한 자각이 나의 내면에서 자연스럽게 일어나기 시작했다. 이전에는 "나는 몸이다."라는 느낌이 항상 내면에서 고동을 쳤으나, 이제 그 모든 것이 바뀌었다. 그래서 "내가 쉬바다."라는 느낌이 나의 내면에서 저절로 진동했다. 더없이 황홀한 기쁨이 꾸준히 증가하였다. 지고의 푸른 절대자와 그의 축복, 나의 내면에서 살아가는 절대자, "내가 절대자다."라는 나와 절대자와의 일체감 등에 대한 그 모든 기억들이 나의 내면에서 쟁쟁 울려 퍼졌다. 나는 나다 소리의 황홀경 속에서, 전신으로 퍼져 나가는 강렬한 사랑 속에서, 그리고 그 나타나지 않은 신성한 빛의 둥근 물체로 인하여 내 존재가 파괴되지 않을까 하는 두려움의 기억 속에서 흔들리기 시작하였다. 보다 깊고 더 많은 명상이 일어났고, 참나에 대한 더욱 심원한 경험들이 나타났다. 그러나 그렇다 하더라도 나의 내면에 있는 무언가는 훨씬 더 멀리 가야 할 것이라고 말했다. 나는 어떤 것이 부족하다는 것을 느끼기 시작하였지만, 내가 그 점에 대하여 할 수 있는 일은 아무것도 없었다. 이 부족함을 채울 수 있는 방법은 오직 하나뿐이었는데, 그것은 슈리 구루데바인 내면의 샥띠에게 무조건적으로 나 자신을 완전히 맡기는 것이었다. 나는 명상을 계속하였으며, 매일 그 빛나는 신성한 둥근 물체와 그 안에 있는 푸른 진주를 보았고 또 천둥 소리의 나다를 들었다. 그러한 것이 당시 나의 명상의 상태였다.

때때로 나는 번갯불만큼이나 빠른 속도로 덧없이 지나가는 전지한 푸른 절대자의 비전을 보곤 했다. 명상은 더욱 깊어졌다. 매일 "그는 진실로 나의 내면에 있는 참나이며 그의 빛은 전 우주에 퍼져 있다."는 확신이 더욱 강해졌다. 비록 내면의 참나를 직접 볼 수는 없었지만, 나는 그것이 푸른 사람이라는 것을 알았다. 바가반 슈리 니띠아난다의 은총의 선물을 통해, 나는 그 푸른 절대자가 나 자신의 참나로서, 그 절대자는 모든 존재의 내부에서 살아가며, 전 우주에 가득 차 있고, 또 그 우주를 움직이며, 둘째가 없는 하나이며, 비이원적이며, 구분되지 않으며, 그러면서도 하나에서 다수가 되고, 다수에서 하나가 되는 등 항상 유희를 즐기고 있다는 것을 깨닫게 되었다. 그는 슈리 크리슈나이며, 의식의 영원한 푸른빛이며, 고삐들의 사랑스러운 생명의 호흡이며, 요기들의 참나이다. 이 내면에 있는 의식의 영원한 푸른빛은 냐니의 '소함 브람만', 즉 "나는 그분, 절대자다."이다. 이 푸른빛은 박띠들이 선택한 숭배할 만한 존재로서, 그는 달콤한 사랑의 넥타로 그들을 채워 준다. 의식의 이 영원한 푸른빛은 묵따난다 스와미가 가장 사랑하는 신인 슈리 구루 니띠아난다이다. 의식의 이 영원한 푸른빛은 싯다의 수행자들에게는 신성한 은총의 힘이다. 만약 이것을 깨닫지 못한다면, 우리는 우주가 신 즉 절대자 안에 나타난다는 것을 이해할 수 없다. 그러나 빠라샥띠 꾼달리니가 우리 내부에서 열리면서 성장할 때 그녀가 우리에게 주는 지식을 통해 우리는 이 우주가 절대자의 모습으로 유희하고 있는 것을 볼 수 있다.

나는 은총을 통해 마야가 신의 나타남으로서 알려지게 된 그분이 바로 푸른 진주로서 나타나는 나의 참나라는 것을 알기 시작했다. 자신의 빛이 전 세계로 퍼져 나간 푸른 절대자, 즉 내가 지식을 받았던 그 절대자, 모든 것을 순수하고 초월적으로 지켜보는 목격자, 무변화의 절대자, 무변화의 진리가 바로 나의 내면의 참나라는 것을 알기 시작했다. 마치 태양이 볼 수는 있지만 장님에게는 보이지 않는 것처럼, 마찬가지로, 의식의 푸른빛 즉 모든 것의 목격자는 분명히 있지만 구루의 은총이 없이는 보일 리가 없다는 내면의 지식에 확고하게 자리를 잡게 되었다. 그러나 구름이 태양을 영원히 가릴 수는 없다. 잠깐 동안 자신의 모습을 드러냈다가 잠깐 동안 자기 자신을 숨기지만, 숨어 있을 때조차 그 모습이 드러나는 그분은 바로 나의 참나이다.

나는 현재 나의 요가 사다나를 돌보고 있고, 옛날 우리의 조상들에게 알려져 있으며, 미래의 후손들에게도 알려지게 될, 그리고 은총으로 세상에 대한 우리의 집착을 사라지게 하는 바로 그분이 나의 존재요, 나의 의식이며, 나의 희열이라는 것을 믿기 시작했다. 빛을 빛나게 하고, 자동력이 없는 물질 속에서도 빛나며, 그분의 지식이 없이는 모든 지식이 불완전해지며, 그분의 지식만 있으면 모든 것이 쉽게 알려지는 바로 그 푸른 절대자가 슈리 구루 니띠아난다의 은총의 모습이라는 확고하고도 흔들림 없는 신념이 나의 내면에서 일어났다. 그러나 이러한 확신이 점점 강해져 가고 있음에도 불구하고, 나는 여전히 좀 더 가야 할 길이 있다는 미묘한 느낌이 들었다. 위대한 꾼달리니는 계속해서 나의 명상과 절대자에 대한 나의 지식을 심화시켜 주었다.

제 3 2 장

지식이 나타나기 시작함

명상이 끝난 뒤, 나는 사색을 통하여 베단따 철학자들의 목표를 이해하게 되었다. 명상을 통하여 마음이 절대적인 정지 상태에 접어들면, 목격자 겸 의식을 통하여 베단따 철학자들이 깨닫는 그 최고의 진리에 대한 지식이 저절로 생겨났다. 나는 가장 미묘한 지성이 진리를 찾다가 자신을 잃어버리는 그 진리를 이해하게 되었다. 지성이 그 진리 속으로 통합되는 것이 베단따의 목표에 도달하는 것이다. 사람이 깨어 있는 동안에도 그것은 외부의 모든 세계를 '이담' 즉 '이것'으로서, 대상으로서 알아차리면서도, 깨어 있는 상태와는 떨어져서 초연하게 있고 또 그 상태를 초월해 있다. 사람이 잠을 자거나 꿈을 꿀 때도 그것은 잠을 자지 않고 깨어 있는 상태로 있으면서, 마음과 감각 그 어느 것도 사용하지 않고 꿈의 세계 전부를 '이것'으로서 알아차린다. 그리고 사람이 아무것도 보이지 않는, 꿈 없는 잠의 깊고 어두운 심연에 들어 있을 때도, 그것은 주위를 밝혀 주는 자로서 남아 이 아무것도 없음의 상태를 알아차린다. 나는 바로 그것이 무변화의 참나요, 명상의 최고 목표라는 것을 이해하기 시작했다.

눈 안에 앉아서는 우리로 하여금 형상을 보게 하고, 귀 속에 살면서는 말의 의미를 다른 감각들에게 전달하고, 들어오고 나가는 호흡 운동을 일어나게 하고, 그러면서도 이러한 운동의 와중에도 한결같이 변화하지 않는, 그 목격하고 있는 참나가 베단따의 목표라는 지식이 자연스럽게 내면에서 일어났다. 사람이 무지의 지배를 받고 있을 때는 "내가 먹었다, 내가 마셨다, 내가 받았다, 내가 주었다."라고 말하지만, 이 모든 것들을 경험하고 있는 절대자는 움직이지 않는 목격자 즉 내면의 참나이다. 그리고 바로 그것이 신이다. 이것을 깨닫고 난 뒤에 나는 각기 다른 유형의 사람들이 나를 찾아와 울고 불며 불평을 털어놓을 때, 과연 그들이 진실을 말하고 있는지 아니면 거짓말을 하고 있는지를 의심하기 시작했다. 그리고 내 속에 있는 내면의 참나가 그들 속에도 있다는 느낌이 일어나곤 하였다. 마치 화가가 하나의 화폭에 단 하나의 색깔과 붓 그리고 하나의 개념으로 많은 그림들을 그리듯이, 마찬가지로 이 우주에는 보이는 각기 다른 모든 형상과 색깔들에도 불구하고 절대자 한 분이 있다는 것을 알게 되었다. 다시 말해, 그 모든 차이 속에서도 하나의 동질성이 있다는 것을 알게 된 것이다.

이와 같이 점점 더 많은 지식을 얻어 가고 있었지만, 나는 명상의 강도를 낮추거나 수행의 고삐를 늦추지는 않았다. 명상을 해 감에 따라 나의 시력은 점차 사하스라라에 집중이 되었고, 두 눈동자도 그쪽으로 끌려 올라갔다. 동시에 새로운 어떤 일, 즉 말로 표현할 수 없는 어떤 일이 일어났다. 나는 어떻게 그것에 대하여 내가 아직도 말하고 있는지를 모른다. 지금 나의 사랑하는 제인 교수가 그것을 글로 써 내려 가고 있다. 필연적인 일은 정말 일어나게 마련이다. 온 우주에 만연해 있는 것은 바로 신의 뜻이다. "라마 신이 모든 사람을 춤추게 한다!"는 것은 사실이다.

제 3 3 장

마지막 깨달음

나의 명상은 그 성취에 다가가고 있었다. 나의 사다나의 종점, 나의 영적 여행의 완성, 나의 참나에 대한 완전한 만족이 가까이 다가오고 있었다. 나의 구루데바의 명령이 실현될 때가 왔다. 나는 신성의 실현이라는 인간 운명의 정상에 도달하기로 되어 있었다. 일단 영적 여행자의 사다나의 수레가 이 점에 이르게 되면, 그것은 그곳에서 영원히 멈추게 된다. 그곳에서 당신은 아무것도 보지 못하고 아무것도 듣지 못할지도 모른다. 그러나 동시에 모든 것이 보이고 들리기도 한다. 왜냐하면 당신의 내면에서는 당신이 모든 것을 얻었다는 자연스러운 확신이 있기 때문이다. 구도자가 거기에 도달하면 그는 더할 나위 없는 행복 속에 앉아 있고, 잠자고, 걷고, 오고 간다. 그는 더할 나위 없는 행복 속에서 아쉬람에서 살아가며, 더할 나위 없는 행복 속에서 식사를 하며, 그의 행동과 활동은 행복에 넘쳐흐른다. 그는 "이제 나는 세상적인 삶의 바다를 건넜다."라는 것을 직접 경험한다. 이 깨달음으로 인하여 그는 결코 동요하지 않는다. 그가 무엇을 할지라도 그의 가슴은 바다만큼 고요하다. 마음의 모든 고뇌들이 녹아 없어진다. 그리고 그것은 찌띠로 변형이 된다. 내면으로부터는 "나는 모두에게 소중한 그것 즉 모두의 참나이다. 나는 존재한다. 나는 존재한다."라는 목소리가 나온다. 이제 다시 한 번 나는 본성이 사찌다난다, 다시 말해 존재, 의식, 희열인 닐레쉬바라 즉 푸른 신을 보았다. 사다까가 그를 보면, 그는 이원성이 없는 행복을 즐길 수 있다. 그는 의심이 없는 최고의 지식과 모든 것들이 동일하다는 지식을 얻게 된다.

사랑하는 싯다 수행자들이여! 나의 명상은 또다시 옛날에 그랬던 것과 마찬가지였다. 내면에서부터는 바가반 니띠아난다가 나를 흔드는 것 같았다. 곧 이어 붉은 오라의 빛이 7,200만 개의 나디와 혈액의 모든 입자들을 밝혀 주었다. 바로 그 후에 흰 불꽃이 나의 앞에 나타났고, 그 다음에 그녀의 지지자인 검은 빛이, 그리고 마침내는 모든 것의 위대한 바탕인 나의 사랑하는 푸른 진주가 나타났다. 푸른 진주와 함께 나의 명상은 즉시 강도가 더 높아졌다. 나의 시선은 위쪽을 향했다. 나의 두 눈의 푸른 빈두가 너무나 강하여 그것은 위쪽 사하스라라의 중앙에 위치한 브람마란드라 속에 숨겨져 있던 푸른 사람을 끌어내어, 그를 내 앞에 세워 놓았다. 그 조그마한 푸른 진주를 바라보고 있을 때, 나는 그것이 확대되면서 사방으로 빛을 뿌리는 것을 보았다. 그 결과 하늘과 지구 전체가 그로 인해 밝게 빛이 났다. 이제 그것은 더 이상 푸른 진주가 아니었으며, 그것은 반짝이며 빛을 발하는 무한한 빛, 다시 말해 경전의 작가들과 진리를 깨달은 사람들이 찌띠의 신성한 빛이라고 불렀던 그 빛이 되어 버렸다. 그 빛은 우주의 모습으로 도처에 가득 차 있었다. 마치 불에서 연기가 피어오르는 것을 볼 수 있듯이, 나는 의식의 빛에서 지구가 태어나 팽창하는 것을 보았다. 마치 천 조각에서 실을 보고 실에서 천 조각을 보는 것처럼, 실제로 이 의식적인 빛 안에서 세계를 보고, 세계 안에서 그 빛을 볼 수 있었다. 마치 하나의 씨앗이 가지, 잎, 꽃, 열매를 가진 나무가 되듯이, 찌띠도 그녀 자신의 존재 안에서 동물, 새, 병균, 곤충, 신, 악마, 남자 그리고 여자가 된다. 나는 휘황찬란하고도 극도로 아름다운 이 의식의 빛이 나의 안과 밖, 나의 위아래에서 지고의 황홀감으로 조용히 고동치고 있는 것을 볼 수 있었다. 이제는 눈을 뜨고도 명상이 되었다. 마치 물에 완전히 잠수한 사람이 주위를 돌아보며 "나는 지금 물 속에 있다. 사방에서 물이 나를 감싸고 있다. 그 밖에 아무것도 없다."라고 말하듯이, 나도 의식의 빛으로 완전히 둘러싸여 있었다. 이러한 상황에서 현상계는 사라졌고, 나는 오직 순수한 빛에 지나지 않았다. 마치 우리가 사방으로 빛나고 있는 태양의 무한한 광선들을 볼 수 있듯이, 푸른 빛도 신성한 빛의 무한한 광선들을 사방으로 내보내고 있었다.

나는 내 주변의 세계를 더 이상 의식하지 않았다. 나는 성스러운 기분에 푹 젖어 있었다. 곧 이어 푸른 광선들이 사방으로 퍼져 나가고 있는 가운데, 나는 축복을 내려 주기 위하여 손을 들고 있는 슈리 구루데바를 보았다. 나는 공경하는 나의 신, 슈리 니띠아난다를 보았다. 나는 또 쳐다보았다. 그러나 니띠아난다 대신에, 삼지창을 들고 있는 빠라쉬바 신이 거기에 서 있었다. 그는 너무나 아름답고 매력적이었다. 그는 오로지 푸른 빛으로 되어 있었다. 손과 발, 손톱, 머리, 머리칼, 이 모두가 순수한 푸른 빛이었다. 내가 지켜보는 가운데, 마치 니띠아난다가 변했듯이 그도 변했다. 그리고 이제 나는 이전에 나 자신의 형상에 대한 비전을 보았을 때 한 번 보았던 그 묵따난다를 볼 수 있었다. 그도 역시 의식의 푸른 빛 안에 있었다. 즉 그의 몸, 그의 숄, 루드락샤 씨앗으로 만든 그의 염주, 이 모든 것들이 똑같은 푸른 빛을 띠고 있었다. 곧 이어 다시 쉬바가 나타났고, 쉬바 다음에는 지고의 푸른 빛 안에 니띠아난다가 나타났다. 푸른 빛은 여전히 동일하게 그 찬란한 광선을 발하며, 경이로운 푸른 색깔을 띠고 있었다. 그 모습이 얼마나 아름다웠던가! 순수한 의식의 빛이 하늘거리는 가운데 니띠아난다가 서 있었고, 곧 이어 얼음이 녹아 물이 되고 장뇌가 증발하여 공기가 되듯이 그도 그 빛 속으로 흡수되어 빛과 하나가 되고 말았다. 이제는 어떤 이름과 형상도 없는, 오직 찬란하게 빛나는 빛의 덩어리만 있었다. 곧 이어 푸른빛에서 터져 나온 모든 광선들이 수축되면서 다시 푸른 진주 속으로 들어갔다. 그 푸른 진주는 다시 한 번 작은 콩알 크기만 해졌다. 그 진주는 원래의 자리로 돌아가서, 사하스라라에 통합이 되었다. 사하스라라와 하나가 된 뒤에 묵따난다는 의식과 기억, 안팎의 구별, 그리고 자기 자신에 대한 자각을 잃어버렸다.

여기에서 나는 지고의 비밀 하나를 누설하지 않았다. 왜냐하면 구루데바가 그렇게 하도록 나에게 명령하지 않기 때문이며, 신도 그것을 바라지 않기 때문이며, 그리고 싯다들도 내가 그것을 쓰도록 지시하지 않기 때문이다.

 이제 나는 내면의 사마디로 들어갔고, 이 상태에서 얼마의 시간이 흘렀다. 곧 이어 목격자 겸 의식이 돌아오기 시작하면서, 샹까라짜리야가 의식의 영원한 푸른 빛이라고 묘사한 그 푸른 빛이 나타났다. 나의 명상은 거기에 집중되었다. 나는 내가 사하스라라의 중심과, 모든 것의 지지자인 푸른 진주 속으로 들어가는 것을 경험하기 시작했다. 푸른 진주 속으로 들어갔을 때, 나는 다시 한 번 우주가 사방으로 퍼져 나가는 것을 보았다. 나는 사방을 다 둘러보고, 나이가 많든 적든 신분이 높든 낮든 관계없이 모든 남자와 여자들에게서, 즉 개개인 모두에게서 옛날 내가 나 자신 속에서 보았던 똑같은 푸른 진주를 보았다. 나는 이것이 모든 사람들의 사하스라라 내에 있는 내면의 참나라는 것을 알았다. 그리고 이 완전한 깨달음을 얻고 난 뒤 나의 명상은 중단되었고, 나는 다시 정상적인 몸의 의식으로 돌아갔다. 그럼에도 불구하고 나는 내면의 마음으로 그 푸른 진주를 계속 보았다. 그것은 나의 주의력을 그쪽으로 끌었고, 그것을 바라봄에 따라 나는 평화와 평정을 얻었다. 나의 명상은 이와 같이 매일 계속되었다.

 나는 지금도 여전히 명상을 하고 있지만, 내가 더 이상 볼 것은 하나도 없다는 깊은 확신이 나에게 있다. 명상을 하게 되면 내가 완전한 깨달음을 얻었다는 확신이 내 마음을 완전히 채운다. 내가 이렇게 말하는 이유는 푸른 진주 속에서 세 가지 종류의 비전을 보았기 때문이고, 또 내가 세 가지 비전을 본 뒤에 사방으로 퍼져 나가는 것을 보았던, 그 미묘하고 평온한 푸른 광선의 실체인 의식의 빛을 지금도 바깥의 세상에서 보기 때문이다. 그것은 결코 사라지지 않았다. 눈을 감으면 나는 여전히 그것이 하늘거리며 빛나는 것을 보는데, 그 빛은 너무 부드럽고 다정스러우며 섬세하게 빛난다. 내가 눈을 뜨면, 사방에서 온통 푸른 빛만 보인다. 내가 누구라도 만날 때면, 나는 먼저 푸른 빛을 보고 그 다음 그 사람을 본다. 내가 어떤 사물이라도 볼 때면, 나는 먼저 의식의 아름답고 미묘한 광선을 보고, 그 다음 사물 자체를 본다. 나의 마음이 어디로 향하든지 간에, 나는 이 빛나는 빛의 덩어리 한가운데서 세상을 본다. 사물이 크거나 작거나 간에, 내가 사물을 보는 방식은 앞에서 인용했던 뚜까람의 시에서 보여 주는 진리를 입증해 주고 있다. 즉, "나의 두 눈은 푸른 빛의 안약으로 씻겨졌고, 나는 성스러운 비전을 부여받았다."

제 3 4 장

의식의 유희

지금도 명상을 할 때면, 나는 명상 속에 몰입하자마자 의식의 빛인 푸른 광선의 덩어리와 또 그 안에 있는 푸른 진주를 본다. 나는 이 부드럽고도 반짝이는 의식이 나의 모든 상태에서 너무나 섬세하게 맥박치고 빛나는 것을 본다. 내가 먹거나 마시거나 목욕을 하거나 간에, 그것은 내 눈 앞에 나타나 서 있다. 심지어 잠을 자고 있을 때도, 그것은 거기에 있다. 이제 나의 비전은 이원적이지도 않고 비이원적이지도 않다. 왜냐하면 그 빛이 이 둘 다에 있기 때문이다. 공간과 시간 그리고 물질 간의 어떤 구분도 더 이상 존재하지 않는다. 모든 곳으로 미묘하게 퍼져 나가는 푸른 빛이 온 우주에 두루 스며 있듯이, 그 빛은 나 자신의 존재에도 두루 스며 있다. 마치 만뜨라의 안약을 바르면 보이지 않는 비밀스런 보물을 볼 수 있듯이, 그 푸른 빛 안약이 슈리 구루데바의 은총과 신성한 꾼달리니의 축복에 의해 나의 두 눈에 발라졌을 때, 그것도 나에게 신성한 깨달음을 주었다. 그래서 나는 너무 미묘해서 볼 수 없는 것조차 볼 수 있게 되었다. 이제 나는 나의 참나가 우주로서 모든 곳에 두루 충만해 있다는 것을 정말로 알게 되었다. 니는 현상계와 같은 실체가 전혀 없고, 정말로 그러한 실체가 존재한 적이 한 번도 없다는 것을 완전히 확신하게 되었다. 우리가 우주라고 부르는 것은 찌띠 샥띠의 의식적인 유희 이외의 그 어떤 것도 아니다. 나는 소함의 합성어를 이루고 있는 사(sah) 즉 '그분'과, 아함 즉 '나'의 의미를 자연스럽고도 쉽게 이해했다. 베단따에서 "그대가 바로 그것이다."라고 설명된 그 지식은 결과적으로 절대자의 더없는 기쁨을 가져다주기도 하지만, 그것은 나의 내면에서 부드럽게 진동하는 바로 나 자신의 참나인 것이다.

이를 확인하기 위하여, 나는 지고의 참나인 쉬바의 관점을 기술하고 있는 『쁘라띠야비냐흐리다얌』의 구절을 인용하겠다.

> 슈리마뜨빠라마쉬바스야 뿌나하 비슈보띠르나
> 비슈바뜨마까 빠람마난다마야
> 쁘라꺄샤이까가나스야 에밤비다메바
> 쉬바디 다라니야안땀 아낄람
> 아베데나이바 스뿌라띠 나 뚜 바스뚜따하
> 안야뜨 낀찌드 그라히얌 그라하깜 봐
> 아삐 뚜 슈리빠람마쉬바바따라까 에봐 잇땀
> 나나바이찌뜨리야사하스라이히 스뿌라띠[26]

상기 인용문은 우리가 빠람메쉬바라나 빠라샤띠라고 부르기도 하는 빠라쉬바 신에게는 우주와 같은 것이 전혀 없다는 것을 의미한다. 그는 진실하고, 영원하며, 속성이 없고, 모양도 없으며, 만물에 두루 충만해 있고, 그리고 완전하다. 그는 쉬바에서 지구에 이르기까지, 즉 움직이는 것과 움직이지 않는 것, 나타나는 것과 나타나지 않는 것과 같은 전 우주를 자기 자신과는 구별되지 않는 지고로 행복에 넘치는 빛으로 보고 있다. 그분 이외의 어떤 것도 존재하지 않는다. 보는 자와 보이는 대상, 주체와 객체, 개별적인 것과 보편적인 것, 그리고 물질과 의식 같은 구분들은 사실이 아니다. 헤아릴 수 없이 수많은 각기 다른 우주의 형상들을 만들어 내는 것은 오로지 빠라쉬바 신의 진동인 것이다. 나는 이 우주가 신의 몸체이고, 빠람마쉬바가 직접 그 자신의 존재 안에서 이 우주로서 나타나고 있다는 것을 알았다.

냐네쉬바르는 나로 하여금 『의식의 유희』라는 이 책을 처음 저술하게 한 그 시의 마지막 두 연에서 다음과 같이 말하고 있다.

> 따야짜 마까란다 스바루빠 떼 숫다
> 브람마디까 보다 하찌 즈할라
> 냐나데바 므하네 니브릿띠 쁘라사데 니자루빠
> 고빈데 자니 빠하따

내가 지금까지 여기에서 말하였던 푸른 신의 더없이 행복한 본질은 신의 진정한 성품이다.

이것은 브람마 이후의 모든 성자들이 체험한 경험이었다.
삿구루 니브리띠나스의 호의로 마음속에서 보게 된
나의 가장 내면에 있는 형상은 진실로 최고의 신, 고빈다이다.
나는 그를 어디서나 볼 수 있다.

베단따에서는 만물에 충만해 있는 절대자와 따로 떨어져서 존재하는 것은 아무것도 없다고 기술하고 있는데, 이 말은 사실이다. 사실 삶의 전체적인 목적은 신에 대한 이러한 지식을 얻는 것인데, 일단 우리가 그것을 얻게 되면 우리의 삶은 넥타로 가득 차게 된다. 이 지식은 인간에게 절대적으로 필요하다. 그러나 우리는 오로지 샥띠빠뜨를 통해서만 그것을 얻을 수 있다. 모든 위대한 성자들은 싯다들로부터 은총을 받음으로써 자신 내에 있는 신을 발견하였다. 위에서 인용한 냐네쉬바르의 경험은 그들 모두를 완전히 대표하고 있다. 자나까, 사나까, 나라다 그리고 여타의 성자들이 발견하였던 내면의 참나는 최고의 기쁨을 수여하며, 성자들을 통하여 대대로 내려왔던 바로 그 지식의 정수이다. 최고로 행복에 넘치는 고빈다 신도 모든 인간들의 내면에서 볼 수 있다. 그는 깨달음을 얻은 사람이건 무지한 사람이건, 바보이건 광인이건 관계없이 모든 사람의 내면에서 볼 수 있다. 왜냐하면 광기와 어리석음은 단지 마음의 상태에 지나지 않지만 참나는 완벽하게 순수하기 때문이다. 열여섯 개의 깔라 너머에 존재하는 절대자는 천 개의 꽃잎에 둘러싸여 브람마란드라의 중심에 항상 있다. 열여섯 개의 깔라 위에는 열일곱 번째의 깔라가 있다. 그것이 바로 참나이다. 자신의 비전이 완전히 정화되면, 그 사람은 참나의 형상을 사하스라라 내에 있는 푸른 색깔로서 볼 수 있다. 냐네쉬바르는 그가 자신의 삿구루의 은총을 통하여 이 위대한 비밀스런 진리를 털어놓고 있다고 말한다.

실제로 이 우주는 신의 유희이다. 그것은 의식의 즐거운 오락이며, 찌띠 샥띠의 개화이다. 찌띠에 대한 무지 때문에 이 세상이 나타난다. 찌띠에 관한 지식이 생겨날 때, 그때 전 세계는 사라진다. 그리고 찌띠만을 어디에서나 볼 수 있다.

현자 바스굽따짜리야는 진실로 다음과 같이 말하였다.

이띠 바 야스야 삼빗띠 끄리다뜨베나길람 자가뜨
사 빠슈얀 사따땀 육또 지반묵또 나 샴샤야

이 전 우주를 우주적인 의식의 유희로 계속 지각하는 사람은
의심의 여지없이 진정으로 참나를 실현한 사람이다.
그는 이 몸을 통하여 해방을 얻었다.[27]

우리가 살고 있는 이 세계는 스스로 빛나는 우주적 의식인 찌띠 샥띠의 유희이다. 이것을 아는 사람에게는 이 세상은 단지 신의 에너지의 유희에 지나지 않는다. 그에게는 속박이나 해방이 없다. 어떤 수단이나 목표나 제약도 없다. 구루의 축복에 의하여 그의 지혜의 눈이 열린 것이다. 차이점을 보게 만든 이원성의 베일도 찢겨 버렸다. 만약 그가 아직 구루의 은총을 받지 못했다

면, 장난기 많은 신성한 찌띠는 그에게 다가와 그의 눈을 점유하지 않을 것이고, 이 우주의 참된 본질을 드러내지 않을 것이다. 구루의 은총이 있어야 그녀는 싯다 수행자의 몸으로 들어가 전신에 퍼지면서, 그 몸을 완전히 정화시켜 준다. 그녀는 그를 그녀 자신처럼 만들어 버리고, 그의 눈과 가슴과 마음을 점유한다. 그렇게 되면 싯다 수행자는 이 세상을 찌띠 샤띠의 유희로 보게 된다. 이것이 진정한 비전이다. 이것이 바스꿉따짜리야가 이 세상이란 분리된 대상이 아니라 우주적 의식의 유희라고 말했을 때 그가 주장한 내용인 것이다.

그녀의 본질 그 자체만으로도 찌띠는 지고로 자유롭다. 그녀는 스스로 빛을 발한다. 그리고 그녀 자신 안에 창조, 유지, 해체라는 3중의 힘을 가지고 있다. 그녀는 모든 것의 근본 원인이며 동시에 행복의 수단이다. 비록 공간과 시간 그리고 형상을 초월해 있지만, 그녀는 세 가지 모두가 되기도 한다. 모든 공간과 모든 시간 그리고 모든 형상은 단지 그녀의 주선을 통해서만 나타난다. 비록 찌띠가 이 세상으로 나타나고 있지만, 그녀가 만물에 충만해 있고 항상 완전하며 늘 빛나고 있기 때문에, 그녀는 그녀의 통일성과 동일성에 있어서 완전하다.

데샤깔라까라브헤다흐 삼비도 나 히 우지야떼
따스마데까이바 뿌르나함 비마르샤드마 찌두찌야떼

의식 속에서는 공간이나 시간, 혹은 형상 간에 어떤 차이도 없다.

그러므로 의식은 완전한 나에 대한 경험을 통하여
오로지 하나밖에 없다고들 한다.

빠람마쉬바가 창조를 하고 싶으면, 찌띠는 스스로 자기 자신을 확장시키고 그녀 자신 내에 차별성을 용납하며 수많은 형상으로 나타난다. 창조적인 측면에서 볼 때, 찌띠는 전 우주의 몸체로서 외부 세계에 빛을 발한다. 이것을 찌띠의 내재적 양상이라고 부른다. 그러나 비록 찌띠가 우주로서 나타나지만, 그녀는 그 너머에 존재하면서 초월적인 측면에서 스스로 빛을 받으며, 순수하고 티 하나 없는 상태로 남아 있다. 이와 마찬가지로 그녀가 인간의 의식적인 참나로서 나타나는 그녀의 창조적이며 사교적인 측면에서 보면, 그녀는 머리끝에서 발끝에 이르기까지 수많은 상태와 모습을 취하며 거친 몸, 미묘한 몸, 원인의 몸, 초원인의 몸이 되기도 하고, 다섯 가지 외피가 되기도 하고, 네 가지 상태가 되기도 하며, 네 가지 내면의 도구가 되기도 하며, 또 다섯 개의 거친 요소와 7,200만 개의 나디, 일곱 가지 신체적 구성 요소, 다섯 개의 인식 기관과 다섯 개의 행동 기관과 그들의 대상, 그리고 다섯 가지 형태의 쁘라나와 그 작용으로 구성되어 있는 그런 육체의 36가지 원리가 되기도 한다. 그녀는 행복, 고통, 공포, 질병, 변화, 유년기, 청년기, 천국 및 지옥과 같은 수많은 조건과 형상을 창조하며, 직접 그들 속으로 들어가 현상계의 형상 자체가 되어버린다. 그러나 그렇게 되었음에도 불구하고 그녀는 자신의 흠 없는 순수성을 결코 잃어버리지 않는다. 찌띠는 외부의 세계에서 작용하고 있지만 항상 동일한 상태를 유지한다.

찌띠의 초월적인 측면에서 볼 때, 이 우주의 위와 그 너머에 있는 그녀는 깨어 있는 상태와 다르며, 깨어 있는 상태의 몸에서 일어나는 모든 선행과 악행과도 다르며, 꿈과 꿈 속에서 일어나는 모든 것과도 다르며, 깊은 수면과 깊은 수면 속에서 일어나는 무의 상태와도 다르다. 그녀는 초원인의 뚜리야 상태로 존재하지만, 그럼에도 불구하고 그것을 초월해 있다. 그녀는 결코 동요됨이 없이 우주의 모든 것을 바라보는 진정한 목격자로서 우주의 모든 부분 안에 존재하지만, 그럼에도 불구하고 그녀는 우주와 다르다.

푸른 진주 안에는 오로지 행복에 넘치고 달콤하며 아름다운 찌띠만이 있다. 그녀 이외에는 아무것도 없다. 그녀와 같은 것은 아무것도 없다. 그녀의 통일성과 목격자로서의 역할에 있어서, 그녀는 절대 하나밖에 없는 지고의 쉬바, 지고의 의식이다. 그녀의 앞이나 중간 혹은 뒤에는 아무것도 없다. 이러한 양상 때문에 그녀는 초월적인 지고의 쉬바 즉 베단따 철학자들이 말하는 '속성이 없는 무형의 절대자'라고 불린다. 그녀는 두 가지 양상, 즉 이 세계 위에 있는 최고로 순수한 초월적인 양상과, 그녀가 자신의 욕망으로 자신의 존재 내에서 우주가 될 수 있는 그런 내재적인 양상을 가지고 있다.

싯다 수행자들이여! 여기에 여러분이 생각해 볼 점이 있다. 여러분이 구루의 축복을 받고 참된 결과를 얻어 여러분 자신의 행복 속에 완전히 빠진 채 위쪽 사하스라라에 잠깐 동안이라도 머문다면, 여러분은 여러분 자신 이외의 어떤 것도 경험하지 못할 것이고, 여러분 자신 이외의 어떤 것도 보지 못할 것이며, 또한 여러분 자신 이외의 어떤 것도 존재하지 않을 것이다. 오직 여러분 자신만이 존재한다. 그러면 여러분은 여러분 자신의 존재 내에서 더없는 행복과, 구루의 은총이 주는 황홀감을 즐길 것이다. 이것은 자기 자신의 완전함을 경험하는 상태, 다시 말해 "나는 완전하다."는 상태인 뿌르나한따라고 알려져 있다. 이것이 싯다 수행자들의 안식처이다. 이때 여러분은 자신의 존재 안에서 자신의 참나를 지각할 수 있다. 이것이 진정한 아함 즉 '나'이다.

만약 누군가가 이 '나'의 본질이 무엇이냐고 묻는다면, 여러분은 그것이 브람만, 쉬바, 라마, 샥띠, 꾼달리니이며, 또한 싯다 수행자이기도 하다고 말해야 한다. '아함'으로서 이 '나'는 초월적인 상태에서 내재의 상태로 들어간다. 그것은 '이담' 즉 '이것', 다시 말해, 대상이 된다. 그것은 뚜리야 상태에서 깊은 수면의 상태로, 깊은 수면의 상태에서 꿈의 상태로, 꿈의 상태에서 각성의 상태로 넘어가며, 곧 이어 머리끝부터 발끝까지 우주의 전신(全身)이 된다. 이렇게 볼 때, 다시 말해 그 내재적인 측면에서 볼 때, 그것은 세 개의 구나의 장에서 작용한다. 뚜리야띠따라고 하는 궁극적인 초월의 상태에서 깨어 있는 상태로 넘어갈 때, 그것은 그 자체의 욕망에 의해 그 자신의 모습을 나타낸다. 그러나 그것은 우주가 된 뒤에도 그 자체의 본질을 잊지 않는다. 그것은 그 통일성을 파괴하여 다른 어떤 것이 되지 않는다. 따라서 그것은 그 자체의 자유 의지에 따라, 그리고 그 자체의 존재 안에서

이 세계를 창조한다.

찌띠는 지각하는 자와 지각의 대상이라는 두 가지 양상을 가지고 있다. '이담' 즉 '이것'으로서 이해되는 외부 우주라는 집합체 전체는 지각의 대상이며, 반면에 내부에서부터 '이것'을 알고, '이 항아리'나 '이 피륙'으로서 사물들을 따로 분리해서 볼 줄 아는 내면의 힘은 지각하는 자이다. 전 우주가 지각 대상의 장이지만, 지각하는 자는 우주적인 참나이다. 지각된 우주는 지각하는 자의 성격에 따라서 존재하고, 오직 그 지각하는 자가 즐길 수 있도록 되어 있다. 따라서 무한한 기적을 행하는 자인 전능한 찌띠는 지각하는 자와 지각의 대상으로서 이 우주와 우주적인 참나가 된다. 찌띠는 이 세계의 유희이고, 이 세계는 찌띠 샥띠의 유희이다.

까쉬미르 쉐이비즘(쉬바파)에 따르면, 다음과 같다.

샤리라메봐 가따드야삐 바 예 샷뜨림샤뜨 땃뜨바마얌
쉬바루빠따야 빠슈얀띠 떼삐 싯드얀띠[28]

이 말의 의미는 이 몸을 36개의 구성 원리로 된 찌띠의 형상으로서, 다시 말해 빠람마쉬바 그 자신의 몸으로 볼 수 있는 싯다 수행자는 싯다 과학의 법칙에 따라 모든 깨달음을 얻는다는 것이다. 찌띠는 자신의 분화된 형상과 미분화된 형상 둘 다에서 작용하고 있다. 마치 각성, 꿈, 깊은 수면 및 뚜리야라는 인간의 네 가지 상태가 그 자신과 다르지 않은 그 자신의 것이듯이, 우주의 몸체도 그녀와 다르지 않은 찌띠 자신의 몸이다.

　모든 경전들도 이와 똑같은 원리, 즉 절대자란 존재와 의식과 희열의 사찌다난다라는 것을 말하고 있다. 절대자로부터 생겨난 이 세계는 그것과 다르지 않다. '나', '너', '이것' 같은 이 모든 외양들은 단지 그 절대자의 유희에 불과하다. 다양성 속의 동일성, 동일성 속의 다양성 같은 이 모든 것은 신이다. 이것이 진정한 원리이다. 마치 바다의 무수한 물방울, 거품, 기포, 파도가 그 바다와 절대 다르지 않듯이, 이 우주의 모든 이름과 형상과 특성들도 찌띠 이외의 다른 어떤 것도 아니다. 의식으로 가득 차 있고 장난치고 있는 찌띠의 몸체인 이 세계는 마치 물의 시원한 촉감이 물과 전혀 다르지 않듯이, 여러분과 전혀 다르지 않다. 경험적인 관점에서 볼 때, 천은 단순히 솜에 불과하다. 그래서 솜이 없다면 어떤 천도 있을 수가 없다. 영적인 관점에서 보면, 비록 이 우주는 육안으로 볼 수 있지만, 그것은 브람만이며, 브람만이 없다면 어떤 우주도 있을 수가 없다. 이 우주는 그 창조자의 유희이다. 그것은 우주적인 의식의 유희이다. 그것을 이처럼 바라보는 것이 빠라샥띠의 숭배요, 구루로부터 받은 참된 지식이다.

　이러한 찌뜨샥띠 빌라스, 즉 의식의 신성한 유희를 모르는 사람들과, 이 세계를 찌띠와 다른 것으로 생각하는 사람들은 이러한 그릇된 소견 때문에 여러 모로 고통을 받게 마련이다. 그러나 찌띠로 가득 차 있는 이 우주를 찌띠의 유희로 보는 사람들은 스스로 찌띠가 되어 버린다. 이것은 또한 베단따의 가르침이기도 하다.

해 브람마 삿쨔 자가뜨 미뜨햐 야하 마뜨라 싯단따 해
브람마뜨마 꼬 자네 히나 호따 나힝 둑까 까 안따 해
조 자나따 사하 메 에까 꼬 바히 나라 빠따 샨띠 해
조 브람마 해 소 아뜨마 해 야히 까하따 베단따 해

절대자는 실재하고, 이 세계는 실재하지 않는다.
이것이 유일한 진리이다.
절대적인 참나에 대한 지식이 없다면 고통에는 끝이 없다.
모든 것에 내재해 있는 절대자를 아는 자는 평화를 얻는다.
그 절대자는 개인의 영혼이다. 이것이 베단따가 말하는 내용이다.

싯다 수행자들은 앞의 위대한 만뜨라들을 깊이 숙고해야 하며, 그럼으로써 그들 자신의 참된 본성을 알게 되는 것이다.
인도 및 그 국민들과 강한 일체감, 친근감을 가지고 있는 인도의 진정한 지도자는 자동적으로 "나는 인도의 영혼이다. 인도는 바로 나의 영혼이다."라는 비이원적인 감정이, 잠자리에서 일어나거나, 자리에 앉거나, 오고 가거나, 아니면 무슨 일을 하더라도, 밤낮 그의 내면에서 일어나는 것을 경험할 것이다. 일이백 명으로 구성된, 크고 작은, 오랜 세월에 걸쳐 확립된 대가족의 한 구성원은 그 자신에게도 형제와 자식과 손자들이 딸린 자신만의 개인적인 세계가 있다는 사실에도 불구하고, "이 가족은 나의 것이다."라고 말함으로써 그들 모두를 하나로서 바라볼 것이다. 마찬가지로, 사랑하는 싯다 수행자들이여! 여러분은 밤낮 최고의 쉬바 신에 대하여, "쉬바는 나의 것이다. 나는 쉬바의 것이다. 그가 만든 이 우주는 쉬바이다. 우주의 모든 움직임도 쉬바이다. 그래서 그와 나는 전혀 다르지 않다."라는 생각을 하면서, 여러분의 가슴이 자연스럽게 고동치도록 해야 한다.

야하 비슈바 쉬바 끼 바띠까 해 사이라 까라네 끼 리예
나 라가 이르슈야 드베샤 찐따 바이라 까라네 께 리예
야하 비슈바 쉬바 끼 무르띠 쉬바-박띠 까라네 께 리예
비슈바 삽다 까 바다 까라 쉬바-댜나 까라네 께 리예
야하 비슈바 쉬바-아바따르 해 나 자나 독까 까야 해
쉬바 세 빌라그샤나 자나 까라 비야르따 아띠바야 빠야 해
야하 비슈바 쉬바-달빠나 바바나 쉬바 바나 조 브히따라 데까따
살바드라 히 쉬바 에까 우사고 빔바 쁘라띠빔바 바사따

이 우주는 집착, 질투, 증오, 불안
혹은 적의를 품도록 만들어진 것이 아니라
유유히 거닐도록 만들어진 쉬바의 정원이다.
이 우주는 쉬바를 숭배하기 위하여 만들어진 쉬바의 이미다.
'우주'라는 개념을 파괴하고, 쉬바에 대하여 명상을 하라.
이 우주는 쉬바의 화신이다.
이것을 모른다면, 여러분은 기만당한다.
만약 그것을 쉬바와 다른 것으로 생각한다면
여러분은 아무 이유 없이 두려움에 떨 것이다.

이 우주는 쉬바의 거울이 걸려 있는 대저택이다.
쉬바와의 일체감을 느끼면서 그 안을 바라보는 자는 누구나
쉬바 자신의 영상과 그림자를 볼 수 있다.
도처에서 쉬바를 볼 수 있다.

이제 나는 싯다 수행자들이 생각해야 할 또 하나의 만뜨라를 소개하겠다.

살보 마마얌 비바바 이뜨예밤 빠리자나따
비슈바드마노 비깔빠남 쁘라사레삐 마헤샤따

이 모든 영광을 그 자신의 것으로 알고,
전 우주가 자신의 참나 속에 있다는 것을 아는 자는 비록
자신의 마음속에 여러 생각이 작용하더라도 신성하도다.[29]

사랑하는 싯다 수행자들이여! 여러분은 본질을 자기 것으로 받아들여 만뜨라를 실천함으로써 그 결과를 성취해야 한다. "이것은 나의 영예요, 나의 영광이다."라고 말함으로써, 감각 기관을 통해 지각되고 우리의 생명을 부양 유지시켜 주는 36가지 요소들의 집합체인 이 우주와 자신의 동일성을 볼 수 있는 사람은 결코 그의 신성과 완벽을 잃지 않을 것이다. 비록 그가 비이원성과 동일성이 실제로 존재하는 곳에서 다양성과 차별을 볼 수 있는 마음의 성향을 가지고 있다 하더라도 이러한 완벽은 방해받

지 않을 것이다.

마치 태평양이 갑자기 파도를 일으키더라도 여전히 바다이듯이, 마찬가지로 여러분이 전 우주가 여러분 자신의 영예라는 것을 의식하고 있는 한, 비록 여러분이 이 우주를 여러분과 떨어진 별개의 것으로 보는 경향이 있다 하더라도 여러분은 여러분의 신성을 깨달아 그 깨달음의 상태로 남아 있을 것이다.

오, 싯다 수행자들이여! 이 우주는 여러분의 것이다. 여러분은 이 우주의 영혼이다. 이 우주의 변화와 순열과 조합은 여러분 자신에게서 일어난다. 그것들은 여러분의 것이다. 우주의 영혼으로서 여러분은 완벽하다. 우주가 여러분 자신의 영광이라는 사실을 계속 기억하라. 이것은 구루가 여러분에게 주는 가르침이요, 빠라쉬바의 가르침이며, 또한 싯다들의 규칙이다. 그것은 해방에 이르는 쉽고도 자연스러운 방법이다. 그것은 빠라샥띠를 기쁘게 해 줄 신성한 제물이다. 그것은 찌띠와 하나가 되기 위한 위대한 만뜨라이다. 그것은 참나의 지식이다. 그것은 구루에 대한 명상이다. 그것은 묵따난다 자신의 신성한 의무를 다하는 희생인 것이다.

제 2 권
싯다들의 가르침

제 35 장

싯다들의 명령

사랑하는 싯다 수행자들이여! 나는 여러분에게 중요한 어떤 것을 말해 주고 싶다. 우리의 길은 싯다의 길이다. 우리의 전통은 싯다의 전통이다. 우리의 세계는 싯다의 세계이다. 우리의 사랑하는 구루들은 싯다로까에 살고 있다. 우리의 만뜨라는 싯다 만뜨라이다. 우리의 체계와 규칙들도 싯다의 체계와 규칙들이다. 우리의 삶은 싯다들의 보호를 받고 있다. 우리의 사다나는 싯다의 사다나이다. 우리의 목표는 참나의 실현이다. 우리는 싯다로서 살아가야 하고, 싯다로까에 가야만 한다. 우리가 행하는 모든 것은 완전해진다. 왜냐하면 싯다의 은총은 열매를 맺지 않는 법이 결코 없기 때문이다. 그것은 확실하다.

새끼 물고기는 비록 작기는 하지만 물고기의 모든 특성을 갖고 있다. 그래서 그들은 물에서 아주 자연스럽게 살아간다. 새끼 사자도 어디를 보나 사자이다. 비록 새끼 코끼리에게는 엄니가 없더라도, 그것은 여전히 코끼리이다. 비록 어리다 해도 그것은 자기를 낳은 어미와 똑같은 유동체와 혈액, 지능, 치아, 뼈, 살을 갖고 있다. 이와 꼭 마찬가지로 여러분도 자신의 내면에 완전한 참 아버지의 완전성을 지니고 있다. 그러므로 여러분은 그것에 관하여 생각할 필요가 없다. 여러분이 걱정해야 할 것은 아무것도 없다. 아이는 세월의 흐름과 더불어 마침내 자연스럽게 어른이 된다. "나의 귀는 왜 작지? 왜 이빨이 나지 않았지? 왜 사람들은 내가 크다고 생각하지 않지? 왜 나에게는 어른들의 능력이 없지?" 등과 같은 의문을 아이가 품는 것은 무의미하다. 여러분이 하루하루 성장해 감에 따라, 아버지의 씨앗 속에 본래 갖추어진 모든 잠재력은 실현될 것이다. 인간은 자연스럽게 유년기에서 완전한 청년기로 성장해 간다. 그래서 그런 일이 일어날까 말까 하고 걱정하는 것은 어리석고 혼란스러운 일이다. 이러한 어리석음은 장애물이다. 이러한 걱정 때문에 여러분의 인내와 힘이 약화되어서는 안 된다. 싯다 수행자는 결코 속박의 상태로 살아갈 수 없다는 것을 기억하라.

미숙한 싯다 수행자들은 부모의 충고를 따라야 한다. 그들은 부모의 통제를 받으며 살아가는 것이 필요하다. 싯다 수행자들은 규칙적이고 절제된 생활을 할 필요가 있다. 그렇지 않으면 그들은 사다나의 충분한 혜택을 얻지 못할 것이다. 그들의 사다나는 약화될 것이고, 그들은 완성에 이르지 못할 것이며, 그들의 성장도 방해받을 것이다. 그들이 찌띠와 하나가 되는 데 더 많은 시간이 걸리게 될 것이다.

새끼 사자는 실제로 결코 당나귀와 같아질 수 없다. 발톱과 머리를 포함한 몸 전체를 볼 때, 그것은 완전히 사자인 것이다. 그러나 만약 그것이 줄곧 당나귀들과 함께 지낸다면 그것은 용맹성을 잃기 시작할 것이고, 당나귀늘은 그것이 그들 중의 하나라고 생각하기 시작할 것이다. 그것은 점차로 그 자신의 정신, 본성 및 습성을 바꾸고 당나귀의 특성을 띠게 될 것이다. 당나귀처럼 울고, 불결한 것들을 먹으며, 당나귀처럼 거리의 더러운 물에서 몸을 씻을 것이다. 만약에 그것이 오랫동안 이렇게 했다면, 오직 그 몸만이 사자의 몸일 것이다. 즉, 그 내면의 모든 특성들은 당나귀의 특성이 될 것이다. 그것은 서서히 사자의 위엄과 용감성, 한적한 숲 속 생활에 대한 사랑, 사자라는 종, 습성 및 모든 생활 방식들을 잊어버릴 것이다. 그것은 마을과 도시의 거리에서 살아가게 될 것이다. 그러다가 어느 날 세탁업자가 도시의 더러운 세탁물을 실어 나를 동물을 찾으러 오게 되었고, 그래서 모든 당나귀들과 함께 그 사자도 더러운 세탁물을 운반하면서 세탁 장소로 오고 가고 했던 것이다. 그러나 그것은 자신이 당나귀로 변한 사자라고 결코 생각지 않을 것이다. 그것은 주위에 온통 당나귀들만 있기 때문에 그것이 자신의 종에서 개량된 종이라고 생각할 것이다.

당나귀가 사자가 되는 것은 진보이지만, 사자가 당나귀가 되는 것은 진보가 아니다. 싯다 수행자들은 모욕과 경멸을 참으면서 속박당한 구도자들처럼 아무 목적 없이 이곳저곳으로 혹은 이 집 저 집으로 방황해서는 안 된다. 여러분의 영토인 싯다로까는 모든 곳 중에서 가장 위대한 곳이다. 그곳은 거대한 능력의 세계이다. 이러한 여러분의 세계와 비교해 보았을 때, 인드라로까나 짠드라로까, 수리야로까 및 여타의 모든 세계들은 아무 가치도 없다. 여러분은 고귀한 가문에 속하며, 이 가문의 헤아릴 수 없이 많은 싯다 요기와 요기니들이 여러분의 배후에서 여러분을 보호해 주고 있다. 그러므로 여러분은 여전히 무지한 그런 사두나 헌신자들과 어울려 시간을 허비하지 말라. 여러분은 싯다로까로 가야만 한다는 점을 기억하라.

싯다로까에는 여러분의 수많은 선배들이 살아가고 있다. 지고로 완전한 최초의 쉬바 신과 일곱 현자들로부터 태초 이래 지금까지 나타났던 무수히 많은 싯다 현인들에 이르기까지, 모든 싯다들은 그들의 모든 능력을 소유한 채 싯다로까에서 살아가고 있다. 그들은 여러분에게 샥띠를 주고, 여러분의 요가 사다나를 활성화시켜 주며, 항상 여러분을 보호하고, 여러분이 필요한 것을 주며, 또 여러분이 이미 갖고 있는 것을 지켜 줄 준비가 되어 있다. 여러분은 여러분의 구루 한 분만의 제자라고 느껴서는 안 된다. 여러분은 싯다로까 거주민들의 혈통을 잇는 진정한 후손이다. 여러분은 여러분의 가문을 알지 못하지만, 그러나 싯다로까를 방문하게 되면 여러분의 가계를 완전히 알게 될 것이다. 여러분의 가계에는 무엇보다도 먼저 지혜롭고 더없이 행복하며 위대한 신인 최초의 쉬바가 있다. 이어서 신들의 현자인 나라다와 위대한 현자인 비야사가 있다. 또한 쉐샤, 슈까데바, 냐나발끼야, 까까뷰산디, 수따, 샤우난까, 샨딜랴, 비슈마와 자나까 왕이 있다. 모두가 완전한 경지에 도달한 브라자 지방의 젖 짜는 여인들과, 쁘리뚜, 암바리샤, 바라따 같은 왕들도 있다. 그 다음 쁘라흘라다, 드루바, 사나까, 하누만, 아끄루라, 우다바, 비두라, 산자야, 수다마, 까샤빠, 사따빠, 쁘리슈니, 마누, 다샤라따, 까우살야, 비비샤나 왕과 같은 기타 헤아릴 수 없이 많은 완전한 존재들이 있다. 우리 시대에 속한 분들로는 쉬르디 출신의 사이 바바, 내가 사랑하는 나시라바드 출신의 지쁘루안나와, 여러분의 빠람마구루인 바가반 슈리 니띠아난다가 있다. 싯다로까에는 여러분을 보호해 줄 수백만의 수많은 싯다 요기와 요기니들이 있다. 그러므로 절대로 머뭇거리거나 망설이지 말고, 절대적인 확신과 헌신의 마음을 갖고서 흔들림 없이 꿋꿋하게 싯다 말가에 머물러라.

여러분이 이곳저곳을 기웃거리는 것은 바로 여러분이 자신의 완전함을 모르기 때문이다. 여러분은 정말로 흔들림 없이 여러분의 전통과 싯다의 길, 명상의 요가 그리고 싯다 만뜨라를 반드시 믿어야만 한다. 싯다들의 은총이 여러분의 배후에 산처럼 든든하게 버티고 있는데, 왜 여러분은 이곳저곳으로 동분서주하면서 자신의 확고한 신념을 파괴하고 있는가? 정숙한 부인은 자신의 남편 이외에는 아무것도 생각하지 않는다. 그녀는 오직 남편만을 사랑한다. 그녀의 종교는 남편에게의 헌신이다. 그녀의 욕구는 남편의 욕구가 충족될 때 충족된다. 그녀는 오직 남편 속에서 기뻐하며, 남편은 그녀의 유일한 기쁨이다. 그녀의 만뜨라는 그녀의 남편이다. 그녀는 자신의 지성을 남편에게 내맡긴다. 그녀의 지혜, 명상 그리고 그녀의 순례지는 남편이다. 그녀의 삶의 맹세는 남편에 대한 사랑이다. 그녀의 중독은 남편에 대한 중독이다. 그녀는 남편 없이는 움짝달싹도 하지 못한다.[30] 싯다 제자들도 역시 싯다의 길에 대한 기쁨과 사랑에 완전히 사로잡혀 있어야만 한다.

여러분이 어떤 것을 성취하지 못하였다고 걱정하지 말라. 싯다가 여러분을 열어 주는 데는 오직 일순간이 걸릴 뿐이다. 여러분이 완전한 헌신과 믿음, 확고하고 진지한 의지, 그리고 모든 것을 기꺼이 맡길 마음의 자세를 가질 때, 싯다의 은총은 머지않아 올 것이다. 여러분은 그것을 즉시 받을 것이다. 위대한 싯다의 은총을 받을 때, 여러분은 자신의 사다나를 완성한 해방된 존재가 될 뿐 아니라 완전한 싯다가 된다. 사다까는 싯다의 은총을 통하여 싯다가 된다. 그는 결코 속박 상태로 남아 있을 수 없다. 여러분은 항상 여러분의 싯다로까와 무능한 자를 유능한 자로 바꿀 수 있는 싯다들의 성스러운 능력과 여러분의 내면에서 빛나고 있는 빛, 그리고 여러분을 싯다의 지위로 올려 줄 의식의 만뜨라를 생각해야만 한다. 여러분은 수많은 유형의 기능들을 자유롭게 행하는 위대한 샥띠가 여러분의 내면에서 활동하고 있다는 것을, 다시 말해 성스럽게 빛나는 위대한 샥띠가 여러분의 내면에 구현되어 있다는 것을 항상 기억해야만 한다. 여러분은 자신의 진정한 가치를 깨닫고, 그에 따라서 하루의 정해진 일과를 세워야 한다. 여러분의 사다나에 무슨 일이 일어날지, 그것이 언제 열매를 맺게 될지 혹은 여러분의 성취가 얼마나 완전한지에 대하여는 걱정하지 말라. 내가 방금 말했듯이 새끼 사자는 항상 사자다. 이 말에 특히 주의하라. 이것은 구루의 말이다. 이것이 구루의 명령에 대한 복종이다.

아르수나는 『바가바드 기따』를 모두 듣고 난 뒤에 "당신의 명령에 따르겠습니다."[31]라고 간단히 말했다. 이와 마찬가지로 여러분은 구루의 명령에 완전히 복종해야 한다. 여러분은 구루의 가르침들을 가슴속 깊이 새겨야 하며, 그가 여러분에게 제시한 길을 따라가야만 한다. 이것이 세속적인 삶의 바다를 건너가게 해 줄 배이다. 여러분이 구루의 규율과 그의 명령들, 그의 가르침들, 그리고 그가 여러분에게 제시한 길을 얼마나 충실하고 애정 어린 마음으로 통감하고 있는가에 따라 꼭 같은 속도로 여러분은 완전한 보상을 받게 될 것이다. 결코 구루를 헐뜯지 말라. 이렇게 하면 여러분은 사다나의 정도에서 이탈할 것이고 망상에 빠질 것이다. 형제 수행자들 사이에 적의, 질투, 거짓, 험담이 있어서 구루 가문의 행동 규준이 깨어진다면, 그리고 명상과 공부는 하지 않고 싸움으로 여러분의 마음이 동요된다면, 내면의 샥띠는 점차 약해질 것이다. 눈물을 흘리고, 고함치고, 자만을 부리며, 다른 사람의 감정을 상하게 하는 것은 구루에 대한 봉사의 증거가 아니다. 구루데바가 나를 부를 때면 나는 언제나, 비록 내가 아무리 멀리 떨어져 있을지라도, 곧장 그에게 달려가서는, "예, 구루데바, 왔습니다."라고 세 번이나 말했다. 만약 그가 나에게 어떤 것을 묻기라도 하면, 나는 즉시 대답했다. 왜냐하면 그가 재차 질문을 던지게 함으로써 그에게 폐를 끼치거나 그를 귀찮게 하고 싶지 않았기 때문이다.

여러분이 반드시 기억해야 할 것이 하나 있다. 여러분의 내면에서 활동하며 점차 성장하고 있는 샥띠는 구루 그 자신이다. 그러므로 여러분의 사다나가 그 순수성을 유지할 수 있도록, 여러분이 사귀는 친구들에 대해 주의를 기울여라. 나쁜 친구는 위험하고 심지어 치명적일 수도 있으므로 그런 교제를 피하겠다는 확고한 결심을 해라. 나쁜 친구를 사귀면 악마의 모든 나쁜 특성들이 자동적으로 그의 마음속에 자라게 되며, 그래서 그는 악마처럼 행동한다. 고상한 자질들은 사라진다. 사랑과 애정 그리고 겸손으로 충만하였던 까이께이는 그녀의 하녀 만따라의 나쁜 영향 때문에 왕 다샤라따와 아들 바라따 그리고 아요디야의 모든 시민들에게 슬픔의 불씨가 되었고, 그래서 그녀는 사랑하는 아들 바라따를 버리지 않으면 안 되었다. 마치 상한 응유 한 방울이 우유의 바다 전체를 상하게 할 수 있듯이, 나쁜 친구도 각종의 악을 불러들일 수 있다. 나쁜 친구로 인하여 여러분은 모든 사람에 대하여 쓸데없는 이야기를 하며 그들을 험담할 수 있다. 그 때문에 여러분은 지각없고, 거만하고, 불순하며, 적의로 가득 찬 사람이 된다. 그 때문에 여러분은 부정직하게 처신할 수 있고, 그 때문에 여러분은 영화관과 극장을 돌아다니며 식당에서 나쁜 음식을 먹을 수 있다. 싯다 수행자들은 나쁜 친구를 피하도록 지극히 조심하여야 한다. 왜냐하면 그것은 내면의 샥띠의 힘을 감소시키기 때문이다.

찌띠 샥띠가 그녀의 눈을 뜰 때 우주가 탄생하며, 그녀가 눈을 감을 때 우주는 사라진다. 이와 똑같은 신성한 찌띠가 여러분의 가장 좋은 친구로서 여러분의 내면에서 살아가고 있을 때, 그녀가 여러분의 내면에서 활동하고 있을 때, 그녀와의 가장 짧은 만남일지라도 그것이 모든 것을 따뜻함과 행복으로 가득 채워 줄 때, 여러분은 그녀의 우정과 기쁨을 저버리고 저속한 친구들과 어울려 지내는 것이 얼마나 해로운지를 반드시 이해해야만 한다.

이 가르침은 찌띠의 영감을 받아 쓰여진 것이며, 찌띠에게 귀중한 것이며, 찌띠 내면에서부터 밖으로 드러난 것이며, 찌띠의 성취에서부터 생겨난 것이며, 찌띠 샥띠에게 호감이 가는 주제이며, 찌띠와 다르지 않으며 그리고 찌띠로 충만한 것이다. 이 가르침에 복종하는 것이 찌띠를 얻는 것이다.

제 36 장

세상에서 싯다 수행자의 자각

사랑하는 싯다 수행자들이여! 나는 거듭 반복해서 이 세계가 오로지 찌띠의 유희에 지나지 않는다고 말해 왔다. 찌띠가 우주적인 의식의 모습으로 그녀 자신을 즐겁게 표현할 때, 그녀는 진동하면서 무수한 세계 형상들을 창조하며 이 세계가 된다.

찌데바 바가바띠 스봐짜스바만드라루빠
땃따난따자가다뜨마나 스뿌라띠

수많은 세계의 모습으로 번득이며 갑자기 나타나는 것은 빛나는, 절대적인 그리고 자발적인 신성한 의식뿐이다.[32]

명상의 요가를 통하여 싯다 수행자가 찌띠에 대한 이러한 지식을 얻게 될 때, 그는 안팎의 전 세계를 그녀의 유희로 보고 모든 행동 속에 그녀가 진동하고 있는 것을 보며, 자신의 모든 일과 활동 속에서 지고의 기쁨을 발견한다. 이것은 싯다 수행자가 자신의 통찰력을 통하여 찌띠의 확장을 끊임없이 그리고 완전히 의식하고 있기 때문이다. 그는 이 세상에서 일어나는 모든 것이 찌띠의 개화이기 때문에 그 모든 것이 찌띠라는 것을 알고 있다. 모든 것이 신성한 찌띠라는 이러한 지식을 갖고 있기 때문에, 그는 심지어 먹고 마시고 즐기는 것과 같은 세상적인 일들로부터 오는 내면의 만족이 찌띠의 더없이 행복한 충동이라는 것을 이해하며, 그래서 그 자신도 직접 더없는 행복으로 가득 차게 된다. 찌띠를 명상함으로써 마음이 순수해질 때, 그는 자신의 삶의 특별한 단계에 어울리는 감각적 쾌락에서 오는 기쁨이 찌띠와 전혀 다르지 않다는 것을 알고 있다. 이뿐만 아니라 마치 그가 감각적인 쾌락에서 오는 기쁨으로 만족과 행복을 느끼듯이, 그는 그러한 감각적 쾌락이 없을 때도 똑같은 찌띠의 더없는 기쁨을 즐긴다. 이 세상의 그러한 요기는 이 세상에 있는 모든 것을 찌띠의 작용으로 보고, 모든 것 속에 고동치고 있는 움직임이 더없이 행복한 찌띠의 진동이라는 것을 이해하며, 그럼으로써 그의 마음은 완전한 만족의 상태가 된다. 이 만족의 상태가 묵상의 힘으로 계속 강화될 때, 그의 마음은 점차 의심과 상상들을 떨쳐 버리며, 지고한 희열의 빛이 그의 내면에서 퍼져 나간다. 『비냐나바이라바』에는 다음과 같은 말이 있다.

자그디빠나끄리똘라사라사난다비즈림바나뜨

바바예바하리따바서땀 마하난다마요 바베뜨

기따디비샤야스바다사마사우키야이까따뜨마나하
요기나스땀마야뜨베나 마노룻데스따다뜨마따

야뜨라 야뜨라 마나스뚜슈띠르마나스따뜨라이바 다라예드
따뜨라 따뜨라 빠라난다스바루빰 삼쁘라까샤떼

먹고 마시는 즐거움에서 일어나는 맛에서 퍼져 나가는 기쁨을
경험할 때, 그는 그 기쁨의 완벽한 상태를 묵상해야만 한다.
그러면 그는 엄청난 행복에 흠뻑 젖게 될 것이다.
요기가 자기 자신을 노래나 다른 것들이 주는 비길 데 없는
기쁨과 동일시할 때, 이 집중된 요기는 그 기쁨과 하나가 된다.
마음이 만족을 발견할 수 있는 곳이라면 그 어디에서나
마음을 거기에 집중하라.
모든 경우에 최상의 희열의 참된 본성이 빛날 것이다.[33]

사실 고통은 이 세상에 충만해 있는 신을 알지 못하는 것이고, 반면에 행복이란 신을 아는 것이다. 사랑하는 싯다 수행자들이여! 여러분은 의식이 있고 만물에 충만해 있으며 완벽한 존재이다. 이 우주는 여러분과 전혀 다르지 않다. 여러분이 포기하고 싶은 것은 도대체 무엇인가? 여러분은 무엇을 소유하기 위해 쫓아다니고 있는가? 이 세상에는 여러분 이외에 아무것도 존재하

지 않는다. 이 우주에 충만해 있는 사람은 여러분이고, 완전하며 불멸의 원리인 것도 바로 여러분이다. 여러분과 세계 사이에는 아무런 차이도 존재하지 않는다. 이원성도 없다. 여러분은 차별 없이 온 우주를 채우고 있다. 여러분은 평온하고 불멸이며 순수한 꾼달리니이자 의식의 빛이다. 여러분에게는 어떠한 무지도 결코 존재하지 않았으며, 앞으로도 결코 존재하지 않을 것이다. 여러분은 우주적인 의식의 유희이다. 여러분은 라자스나 따마스 적인 요소도 아니다. 여러분은 어떤 특별한 요소의 지배를 받지 않는다. 여러분은 니르구나이자 사구나이며, 형상 없는 신이자 형상 있는 신이다. 여러분은 때 묻지 않고 변함없는 순수한 의식의 유희이다. 황금으로 된 발목 고리, 팔찌, 발목 장식과 목걸이는 모두가 황금이다. 이와 마찬가지로 빠라쉬바의 샥띠가 개화되면서 태어난 이 세상도 의식 이외의 다른 어떤 것도 아니다. 결과는 원인을 거스를 수 없다.

　사랑하는 싯다 수행자들이여! 여러분이 어디를 둘러보거나 무엇을 볼지라도, 그 모든 것은 여러분 자신의 빛이다. 그 어느 것도 여러분과 다르지 않다. 여러분은 모든 것에 내재해 있다. 여러분은 "나는 여기에 있지, 거기에는 있지 않다."와 같은 구분을 생각해서는 안 된다. 그 대신에 여러분의 끊임없는 명상 주제는 "나는 모든 곳에 존재하며, 나는 모든 것의 참나이다."라는 생각이 되어야 한다. 여러분 이외에 이 세상에 존재하는 것은 아무것도 없다. 『쉬바 수뜨라』에 '스바샥띠-쁘라짜요스야 비슈밤', 즉 "이 우주는 자기 자신의 능력의 확장이다."[34]라는 말이 있다.

우주라고 하는 망상은 오로지 여러분 자신의 마음이 불순하기 때문에 생겨난 것이다. 여신 찌띠를 숭배하라. 그리고 여러분에게서 불순물이 없어지게 되면, 우주는 찌띠의 휴식처로 나타날 것이다. 여러분은 순수한 의식이다. 여러분은 순수한 실재이다. 눈으로 볼 수 있는 전 우주가 여러분의 진동이다. 괴로워할 까닭도 없는데 왜 여러분은 괴로워하는가? 모든 것이 찌띠로 충만되어 있다. 여러분은 맨 처음부터 실재했으며, 지금도 실재하고 있고, 앞으로도 영원히 실재할 것이다. 여러분은 실제로 가지도 오지도 않는다. 여러분은 속박되어 있지도 않다. 그러므로 해방되어야 한다는 문제가 도대체 어디에 있겠는가? 찌띠가 모든 것을 행한다. 그러니 여러분이 어떻게 경험자가 될 수 있겠는가? 여러분은 완전한 상태로 모든 곳에 존재한다. 여러분은 언제나 행복에 넘치는 실재이다. 여러분의 마음을 욕망이나 의심의 갈등에 사로잡혀 있게 하지 말라. 이들 역시 찌띠의 파동이라는 것을 이해하고, 그것들이 그녀 속에서 녹아 없어지도록 하라. 여러분은 불완전해 보이는 것에도 완전함이 있다는 점을 이해해야만 한다. 여러분의 욕망이 찌띠로 가득 차게 하여, 아무 욕망 없이 살아가도록 하라. 가슴속에 있는 명상의 대상이 만물에 두루 스며들도록 하라. 즉, 그것이 모든 곳으로 퍼져 나가게 하라. 참나는 영원히 완전하다. 그것을 깨달아라. 그리하여 명상자가 명상의 대상이 되도록 하라. '나 아닌 것'이 하나도 없는데, 명상할 대상이 어디에 있겠는가? 여러분 자신의 영광을 모든 곳에서 보라. 그리고 마음이 평화로 가득 차게 하라. 여러분은 경전의 의미를 생각하면서, 혹은 여섯 가지 철학파의 가르침을 펼치면서, 혹은 설교를 하면서 인생의 전부를 보냈을지도 모른다. 그러나 여러분이 찌띠와 하나가 되지 않는 한, 여러분의 두려움은 결코 여러분을 떠나지 않을 것이다. '나와 나의 것'을 보는 자별석인 마음작용이 명상의 불로 태워질 때, 여러분은 지고한 불멸의 행복을 발견할 것이다.

여러분은 수많은 고상한 행동을 할 수 있으며, 수많은 쾌락을 즐길 수 있고, 수백만 번이나 사마디에 들어갈 수 있겠지만, 그러나 여러분이 찌띠와 분리되어 있는 한 여러분은 속박으로부터의 해방을 결코 이루지 못할 것이다. 찌띠와 하나가 될 때 여러분은 불멸의 기쁨을 발견할 것이다. "나는 이것을 해야만 해. 나는 이것을 해서는 안 돼. 나는 이만큼 많은 일을 했어. 이만큼 많은 일이 아직 남아 있어."라는 이 모든 이원성들로부터 벗어나라. 종교적인 편견을 버려라. 욕망을 포기하라. 심지어 해방을 얻겠다는 욕망조차도 포기하라. 모든 기대를 버리고, 찌띠가 주는 휴식 속으로 들어가라. 그녀 속에서 여러분은 무조건적인 평화와 영원한 행복을 발견할 것이다. 감각의 대상들을 포기한 사람은 그 대상들에 대한 적대감을 잊을 수 없다. 그러나 그 대상들을 받아들인 사람은 그들에 대한 사랑 때문에 속박당하게 된다. 사랑하는 싯다 수행자들이여! 감각의 대상에 집착하지 말라. 그리고 그것들에 대하여 혐오감도 갖지 말라. 그래야만 여러분은 묵따난다, 즉 갈등과 이원성에 얽히지 않고 영원한 평화를 즐기면서 자유의 기쁨을 소유한 자가 될 수 있다.

'소유와 포기'가 여러분을 통제하는 한, 여러분은 여전히 세상에 묶이게 될 것이다. 그것들이 존재하는 한 세상은 여러분에게 존재할 것이지만, '소유와 포기'에 대하여 잊은 사람은 세속적인 존재를 초월한다. '소유-포기'를 포기하지도, 받아들이지도 말라. 여러분의 내면에 있는 실재 속으로 몰입하라. 세상을 찌띠 샤띠의 유희로 생각하고는 진정한 평화를 찾아라. 여러분이 듣거나, 보거나, 만지거나, 냄새 맡거나, 먹거나, 마시거나, 걷거나, 잠잘 때 항상 찌띠를 인식할 수 있다면, 여러분은 결코 침울하거나 슬프지 않을 것이다. 그와 같은 싯다 수행자는 영원히 해방되어 있다. 하늘처럼 집착이 없고, 그 어느 때라도 마음이 동요되지 않는 현명한 사람은 자신의 명상을 완전한 것이 되게 했다. 왜냐하면 그는 찌띠와 하나가 되었기 때문이다. 그는 매우 운 좋은 사람이다. 세상에 대해서는 잠을 자고, 참나의 묵상에 대해서는 깨어 있는 사람이 영원히 지고의 행복을 즐길 것이다. 영원한 행복 즉 니띠아난다로 충만해 있는 싯다 수행자는 정말로 가치 있는 존재이다. 그는 위대하다. 자신의 진정한 본성을 알고서는 자신의 참나에 몰입한 채, 자신의 내면의 존재와 긴밀한 접촉을 하면서 그곳에서 만족을 찾으며, 군중을 싫어하지도 않고, 그렇다고 특별히 고독을 좋아하지도 않는 그러한 싯다 수행자는 위대하고도 신성한 순례의 중심지이다.

온 세상은 단지 하나의 환영이다. 궁극적 실재의 관점에서 본다면, 세상은 찌띠의 유희이다. 영원하고 영원히 지속되는 쉬바의 실재는 전 우주에 고동친다. 모든 것이 붉고, 희고, 검고, 푸른 빛들로 된 의식의 순수한 빛임을 아는 싯다 수행자는 그 자신이 바로 찌띠의 형상이다. 그는 자신의 사다나를 이미 완료했다. 그는 차별과 포기와 형상에 대한 무집착을 얻었다. 그는 어머니 찌띠에 관하여 듣고 사색하고 묵상했으며, 자신의 가슴속에 그녀를 자리 잡게 하였다. 참나와 절대자의 정체를 바로 아는 깨달은 사람은 진정한 싯다 수행자이다. 그는 세상 사람들로부터 축복과 존경을 받을 가치가 있다. 그는 수많은 형상들 속에서 자신의 참나를 인식했다. 그는 몸이나 다른 것들에 대해서는 더 이상 관심이 없다. 그는 모든 것을 찌뜨샥띠 빌라스, 즉 신성한 의식의 유희라고 생각한다. 그는 지혜에 자리 잡았으며 영원히 자유롭다. 그는 절대자의 신성한 기쁨을 발견했다. 그와 같은 싯다 수행자는 여전히 몸을 가지고 있지만 해방되었다.

그와 같은 사람의 부모도 또한 축복을 받는다. 그는 자신의 가족들에게 집착하지 않고 그들과 함께 살아간다. 그는 칭찬과 비난 둘 다를 동등하게 바라본다. 그는 세속적인 쾌락이 자신에게 오면 받아들이지만, 육욕에 대한 집착은 없다. 마음에 욕망이 없고, 자신의 비전이 찌띠로 가득 차 있는 사람은 여전히 몸을 갖고 있지만 해방되었다.

그는 우주를 우주로 보지 않는다. 왜냐하면 우주가 단지 찌띠 샥띠의 유희임을 알고 있기 때문이다. 그는 친구나 적 혹은 모든 존재들에게서 찌띠의 빛을 본다. 그는 전 우주를 신으로 공경한다. 그와 같은 사람은 비록 이 세상에 살고 있지만 해방되었다. 그는 모든 사람들과 함께 살고 있지만, 어느 누구와도 연관을 맺지 않는다. 그는 찌띠의 색깔에 너무나 깊이 물들었기 때문에 어떤 다른 색깔도 그에게 영향을 끼칠 수 없다. 그는 자신의 참나에 취해 있다. 그는 자신의 참나와 사랑에 빠져 있다. 그는 자신의 참나에 만족한다. 그는 여전히 몸으로 존재하지만 영원히 해방되었다.

그는 세상에서 정상적으로 일상적인 삶을 살아간다. 그리고 비록 그가 마음이 동요되고 있는 것처럼 보일지라도, 그는 더할 나위 없이 평화롭다. 설사 애착을 보인다 할지라도 거기에는 애착이 없다. 혐오가 있는 것처럼 보일지라도 거기에는 혐오가 없다. 그는 모든 구나들로부터 자유롭다. 그는 모든 존재들을 사랑한다. 그는 여전히 몸을 갖고 있지만, 쉽게 해방된다.

그는 고통을 당하면서도 결코 당황하지 않으며, 행복 또한 바라지 않는다. 그는 덕의 길을 결코 떠나지 않으며, 악의 길도 결코 따르지 않는다. 그의 마음은 항상 찌띠의 진동으로 가득 차 있다. 그는 깊고, 확고하고, 순수하며, 초연하다. 그는 동정적이며, 애정이 깊고, 친절하다. 그와 같은 싯다 수행자는 이 세상에 살고 있으면서 해방되었다.

그는 죽음을 두려워하지 않으며, 그렇다고 삶에 많은 관심을 가지고 있지도 않다. 그에게는 삶과 죽음 둘 다가 찌띠의 유희이다. 그는 찌띠 샤띠를 완전히 안다. 그는 슈리 구루데바의 충만한 은총을 얻는다. 그와 같은 깨달은 사람은 이 세상에 여전히 살고 있지만 해방되었다고 말할 수 있다.

그에게는 마야도 몸도 없다. 우주는 찌띠의 정원이다. 그는 신이 세상일 뿐만 아니라 개인의 영혼임을 안다. 그와 같이 깨달은 싯다 수행자는 여신 찌띠 속에서 완전한 휴식을 발견한다. 그는 인간으로 태어나서, 자신이 해야 할 바를 다 했다. 그에게는 이루어야 할 것이 아무것도 없으며, 얻어야 할 것도 아무것도 없다. 그는 찾아야 할 모든 것을 이미 찾았다. 그는 이해해야 할 모든 것을 이미 이해했다. 다시 말해, 그는 자신의 참나를 깨달았다. 그는 자신의 참나 내에서 쉬바를 발견하였다. 그는 바이꾼따요, 까일라사요, 바드리나뜨요, 까쉬이다. 모든 성지는 그가 존재하는 곳이다.

제 37 장

과시적인 명상

친애하는 싯다 수행자들이여! 여러분의 명상은 진지해야 한다. 위선자나 사기꾼들은 단지 칭찬의 말이나 명성을 얻기 위하여 명상한다. 만약 여러분이 이와 같은 행위를 한다면, 자신의 호주 머니에 있는 물건을 자신이 훔치는 것처럼 단지 자신을 기만하고 있을 뿐이다. 그것이 무슨 소용이 있겠는가? 위선자가 검사를 받게 되면, 그는 검사를 통과하기 어렵다.

  여러분이 명상을 하는 중에 많은 끄리야들이 일어난다면, 그것은 매우 좋다. 여러분의 명상은 강한 느낌으로 가득 차 있어야 한다. 그러나 겉으로 드러나지 않은 어떤 숨은 동기도 이러한 감정 속으로 흘러 들어오게 해서는 안 된다는 것을 조심하라. 명상을 하는 요기들이여! 외적인 부를 축척하는 대신에 내면의 부인 샥띠를 저장해야 한다. 이 내면의 샥띠는 모든 것을 알고 있으며 또한 현명하다. 이 샥띠는 언제 당신이 느낌으로 가득 차 있는지를 알며, 또 그것은 끄리야를 통하여 표현된다. 그녀는 끄리야와 과거, 현재 및 미래의 사건들을 완전히 알고 있다. 왜냐하면 그녀는 다름 아닌 전지한 쉬바이기 때문이다. 『스빤다 까리까스』에 따르면, '스뻰다 세암 끄리야뜨미까 샥띠 쉬바스야 빠슈바르띠니', 즉 "끄리야의 바탕을 이루고 있는 것은 쉬바의 샥띠이며, 바로 그 샥띠가 살아 있는 생물로 구현된다."35 똑같은 빠라쉬바의 샥띠가 여러분 내에 활동하고 있다. 오, 싯다 수행자들이여! 여러분은 여러분이 추구하는 사다나의 길이 좋은 것이며, 또한 그 길이 진짜라는 것을 확신해야 한다. 왜냐하면 여러분 내면의 참나처럼 이들 끄리야들의 바탕을 이루고 있는 샥띠가 모든 것을 보고 있기 때문이다.

샥띠빠뜨를 주고 있는 훌륭한 요기 한 분을 나는 알고 있다. 그분은 모든 사람들이 줄을 지어 선 채로 명상하게 한다. 그리고 그들 모두가 열을 지어 준비가 되면, 그는 "내가 준다."라는 말을 한다. 이 말을 듣고, 모든 사람은 강한 영향을 받으며, 온갖 종류의 끄리야들을 하기 시작한다. 어떤 사람들은 흐느끼고, 어떤 사람들은 웃고, 어떤 사람들은 크게 소리치고, 어떤 사람들은 춤추기 시작한다. 이렇게 한 시간이 지난 후 그가 "내가 가져간다."라고 말하면, 그들 모두가 명상 상태에서 빠져나와 보통의 상태로 돌아간다. 만약 어떤 사람이 명상 상태에서 나오지 않으면, 그 요기는 그 사람에게 "빠져나와라 마다비쥐야, 빠져나와라 우다비쥐야."라고 말해야만 한다. 그런데 그와 같은 사람들은 아직 명상을 할 준비가 되어 있다고 여겨지지 않았다. 그 요기에 의하면, "끄리야가 일어나는 것은 '내가 준다.'라고 말함으로써 내가 자발적으로 샥띠를 줄 때이다. '내가 가져간다.'라고 말하면서 내가 샥띠를 도로 가져가는데도 불구하고 어떤 사람이 명상에서 빠져나오지 않으면, 그 사람은 샥띠의 힘 때문에 명상하는 것이 아니라, 사기꾼이며 위선자이기 때문에 명상을 한다."는 것이다.

"나는 굉장한 명상을 하였다. 나는 굉장한 느낌을 가졌다. 그것은 너무나 기이한 것이었다."라고 서로 이야기를 나누는 사람들이 많다. 그들은 단순히 칭찬을 듣고 싶기 때문에 이러한 말을 한다. 그들의 명상은 박수갈채를 받기 위한 명상이지, 참나에 대한 명상은 아니다. 시인들은 이러한 명상을 '왜가리 명상'이라고 말한다.

왜가리는 호수나 못 혹은 흐르는 시냇물에서 눈을 감은 채 서서 여러 시간 동안 계속적으로 명상한다. 왜가리는 이처럼 매일 오랜 시간 동안 선 자세로 명상을 하면서 그의 전 생애를 보낸다. 그럼에도 불구하고 왜가리는 샥띠빠뜨를 받거나, 내면의 빛을 보거나, 신을 깨달은 적이 없다. 이것은 왜가리가 신을 명상한 것이 아니라, 물고기를 명상하였기 때문이다. 왜가리는 참나의 평화를 위해 명상한 것이 아니라, 그의 배를 채우려 물고기를 잡기 위하여 명상을 하는 것이다. 왜가리는 좋은 물고기를 먹음으로써 몸을 보양하는 명상 수행을 한다. 그것은 즐거움과 쾌락을 얻기 위한 명상이다. 만약 어떤 사람이 나에게, "바바지! 저 너머의 강에 수많은 왜가리들이 명상을 하고 있습니다. 그들은 자리를 조금도 떠나지 않고 있는데, 그들은 왜 명상의 보답을 얻지 못합니까, 다시 말해, 더없는 행복과 빛의 비전과 사마디를 왜 얻지 못합니까?"라고 말한다면, 나는 그에게 "참 훌륭한 질문을 하였다. 당신은 매우 영리하고 현명하고 지각이 있구나. 당신이 얼마나 높은 경지에 이르렀는지를 그 누가 알겠는가! 그러나 당신은 마치 장님이나 바보처럼 말하고 있구나. 보라, 형제여! 왜가리는 물고기를 잡아서, 먹고 즐기고, 자신을 강하게 하기 위하여 명상을 한다."라고 말해 줄 것이다. 왜가리 같은 요기들이 있다. 그들은 삿구루 니띠아난다나 신성한 샥띠에 관하여 명상하지 않는다. 이들 왜가리 수행자들은 그들 자신의 참나의 본성에 대하여 명상하는 것이 아니라, 물고기에 대하여 명상한다. 그래서 그들이 얻는 것은 그 물고기이다. 물고기에 대하여 명상하는 사람은 항상 물고기를 잡아서 먹고는 평화와 만족을 얻을 것이다. 물고기에 대하여 명상하는데 신을 발견할 수 있는지 나에게 말해 보라. 물고기에 대하여 명상하는데 내면의 빛들을 볼 수 있겠는가? 여러분이 스낵바나 영화에 대해 명상하면서 사마디를 원하는 것이 가능하겠는가! 명상하는 요기들이여! 왜가리 명상을 통해서는 낙원을 발견하지 못할 것이다. 왜냐하면 여러분은 명상하는 그 대상이 무엇이든 그것을 발견하기 때문이다.

만약 싯다 수행자들이 구루의 샥띠를 이해할 수 있다면, 그들은 이 인위적인 왜가리 명상에서 구원받을 것이다. 그들에게 명상을 가져다주는 샥띠는 그들의 내면에서 다섯 가지 모습으로 활동하는데, 그 다섯 가지 모습은 다음과 같이 『딴뜨라사라』에서 설명되고 있다.

쁘라까샤루빠따 찌뜨샤띠 스바딴뜨라얌 아난다샤띠
땃짜마드까라 이짜샤띠 아마르샤드마까따 냐나샤띠
살바까라요기땀 끄리야샤띠

지성의 힘 즉 지성의 순수한 빛은 찌뜨샤띠이다.
의지의 힘은 이짜샤띠이다. 절대적인 희열을 실현하는 힘은
아난다샤띠이다. 지식의 힘은 냐나샤띠이다.
창조의 힘은 끄리야샤띠이다.

이는 찌띠 샤띠가 자신의 지고의 광채와 독자적인 기쁨과 더불어 슈리 구루데바로부터 나와 여러분에게 들어간다는 것을 의미한다. 그녀는 자신의 자유 의지로 무수한 기적을 일으킨다. 그녀는 크건 작건 간에 여러분의 가슴속에 있는 모든 것을 안다. 그녀는 어떤 요가 끄리야가 여러분에게 필요하며 또 특별한 경우에 어떤 요가 끄리야가 일어나야 하는지를 알고 있어서, 이들 끄리야가 일어나도록 한다. 다시 말해, 우리가 찌띠 샤띠 꾼달리니나 구루 은총의 샤띠 혹은 구루 자신의 영적인 힘이라고 부르는 유일한 존재인 빠라쉬바의 지고의 샤띠는 여러분의 내면에서 다섯 가지 양상, 즉 의식, 희열, 의지, 지식 및 행동으로 살아가고 있다. 찌띠 샤띠는 내재적인 쉬바와 초월적인 지고의 쉬바에게 같은 모습으로 살아 있으며, 여러분의 구루에게도 똑같은 정도로 살아가고 있다. 더구나 여러분의 구루에게 있는 것은 여러분에게도 자연스럽게 존재한다. 그러므로 만약 여러분이 구루에

게 속하여 그의 것으로 남아 있다면, 샤띠는 여러분에게도 똑같은 정도로 있게 될 것이다. 이 샤띠는 왜가리 명상 속에서는 존재하지 않는다.

샤띠는 그 누구의 도움도 받지 않는다. 그녀는 스스로 눈부시게 빛난다. 그녀는 그 자신 내에서 그녀 자신의 더없는 행복을 자유롭게 즐기며, 그 밖의 어떤 것도 필요로 하지 않는다. 그녀는 단호하고도 독특한 의지력이고, 그래서 그녀는 자신이 원한다면 어떠한 기적도 일으킬 수 있다. 그녀는 아는 자와 아는 대상 둘 내에서 작용하는 지식의 힘이다. 그녀는 이 세상의 무수한 대상들을 창조하는 그 에너지를 일으키는 행동의 힘이다. 이 다섯 겹의 샤띠가 신에게 있다. 똑같은 샤띠가 모든 구루에게 존재한다. 그것은 각 수행자의 가치에 따라서 그들에게 들어간다. 똑같은 다섯 겹의 샤띠가 하나의 힘으로 수행자, 구루 및 신에게 두루 퍼져 있다. 이것을 깨닫지 못한다면, 여러분은 어떻게 구루가 여러분의 명상 정도나 마음의 감정들을 아는지를 이해하지 못할 것이다. 바로 이러한 이유 때문에 나는 여러분이 결코 왜가리 명상을 해서는 안 된다고 말한다.

왜가리는 아침부터 저녁까지 눈을 감은 채 호숫가에 서 있다. 그러나 그는 찌띠 샤띠의 빛을 발견하지 못한다. 그는 희열의 힘이 주는 행복이나, 의지력이 주는 기적이나, 지식의 식별력이 주는 결실이나, 행동의 힘이 주는 직접적인 경험 그 어느 것도 맛보지 못한다. 왜 맛보지 못할까? 왜냐하면 비록 왜가리의 명상이 요기의 명상처럼 보일지 모르지만, 그것은 물고기에 대한 명상이기 때문이다. 당신은 명상에서 어떤 결과를 원하는가? 당신은 명상에서 무엇을 묵상하는가? 당신이 정해진 기간 동안 명상을 하고 있지만, 당신의 마음이 정말로 사랑하는 것은 무엇인가? 어떤 사람이 우는 것을 보고는 당신도 따라 울지만, 당신은 그 사람이 왜 우는지를 모른다. 어떤 사람이 웃는 것을 보고 당신도 따라 웃지만, 당신은 그가 왜 웃는지를 모른다. 어떤 사람이 한 손가락을 흔들고 있으면, 당신은 열 손가락을 흔든다. 그러나 당신은 왜 그가 그렇게 하고 있는지 혹은 왜 당신이 그렇게 하고 있는지를 모른다. 어떤 사람이 한 번 돌면, 당신은 스물다섯 번 돈다. 그러나 당신은 왜 그가 돌고 있는지, 혹은 당신이 왜 그렇게 여러 번 돌고 있는지를 모른다. 당신은 오직 그를 흉내 내고 있을 따름이다. 그 사람의 동작은 내면의 샥띠에 의하여 일어났지만, 당신의 동작은 당신의 외적인 마음에 의하여 일어났다. 이것이 소위 말하는 왜가리 명상이다. 묵따난다는 그 둘에게 이렇게 말한다. "잘했어. 얼마나 훌륭한 끄리야를 하고 있는가! 멀리까지 왔다. 매우 높은 수준까지 올라왔다. 정말 훌륭하군!" 그는 이와 같이 그들 둘을 축복해 준다. 왜가리는 하루 종일 물고기에 대하여 명상하고는 자신의 배를 물고기로 채운다. 당신은 조금은 웃다가, 조금은 울다가, 약간의 끄리야를 하고는 이 모든 것들에 대하여 열 배나 축복을 받았다. 그래서 이밖에 어떤 일이 일어날 수 있겠는가? 왜가리는 물고기에 대하여 명상을 하고 있으며, 당신은 내면의 샥띠에 대해서가 아니라 칭찬에 대하여 명상하고 있다. 왜가리는 물고기를 얻었고, 당신은 칭찬을 얻었다.

어떤 사람이 당신과 왜가리에게 바이꾼따에 왜 이르지 못했는지를 물어 온다면, 그 대답은 당신들이 결코 바이꾼따에 대하여 명상하지 않았다는 점일 것이다. 당신은 당신이 명상하는 대상을 얻는 것이다.

당신의 갈망을 채워 주는 많은 아쉬람들이 있다. 약 20년 전에 나는 싯다 성자의 사마디 성소가 있는 한 아쉬람 근처에 살았다. 많은 순례자들이 이 사마디 성소를 방문하곤 했으며, 나도 역시 그곳을 찾아가곤 하였다. 나는 오로지 참나에 대한 헌신의 일념으로 무덤을 돌곤 하였다. 그때 나는 멀리 떨어진 모퉁이에서 조용히 명상하였다. 나의 마음은 참나를 묵상하였다. 그래서 나는 이 수행으로부터 결실을 얻었다. 사마디 성소를 습관적으로 방문한 다른 사람들 중에는 결혼한 부부도 있었다. 그들에게는 아이가 없었으며, 그래서 그들은 아이를 얻고자 앉아서 명상하곤 하였다. 마침내 그들은 어떤 지시를 받았으며 그 결과로 아이를 얻게 되었다. 이 부부 이외에도 소송 사건에 이기기를 원해서 찾아온 사람, 대학 시험에 합격하고 싶어서 찾아온 사람, 그리고 병을 고치고 싶어서 찾아온 사람도 있었다. 돈을 벌고 싶었기 때문에 명상하러 오는 사람들도 있었으며, 자신들의 감각적인 욕망을 만족시키기 위하여 명상하러 오는 사람들도 있었다. 단순히 여가를 즐기기 위하여 찾아오는 사람들 또한 있었으며, 뭄바이에서 만나기가 쉽지 않기 때문에 사마디 성소를 만남의 장소로 이용한 사람들도 있었다. 그들은 "넌 그쪽에서 와, 난 이쪽에서 갈게."라고 약속을 하곤 하였다. 특히 남녀 대학생들은 몰래

만나기 위하여 이 사마디 성소로 순례를 가곤 했다. 왜냐하면 사
마디 성소의 방문에는 아무도 출입이 금지되지 않았기 때문이
다. 따라서 스와미 묵따난다를 포함한 많은 사람들이 이 장소를
방문하곤 하였다.

사람들은 "묵따난다 스와미가 사마디 성소에서 싯디를 받았
다. 왜 다른 사람들은 바바의 성소로부터 아무것도 얻지 못하는
가?"라고 말하곤 하였다. 그 다음 그들은 나에게 "스와미지! 다
른 사람들은 아무것도 얻지 못하는데, 어째서 당신은 그렇게나
많은 것을 받았습니까?"라고 말하곤 하였다.

나는 "그들 역시 모든 것을 받았습니다. 나는 내가 원하는 바
를 얻었습니다. 나는 지식, 명상, 헌신, 그리고 신과의 친밀한 우
정을 원하였습니다. 그래서 이러한 것들이 나에게 주어졌습니
다. 아이를 원하였던 부부는 아이를 가졌습니다. 지식을 원하는
사람은 지식을 가졌습니다. 재판에 승소하기를 원하였던 사람은
그렇게 되었습니다. 건강을 원하였던 사람은 건강해졌습니다.
그리고 자신들의 연애를 속행시키고 싶었던 남녀는 그들의 연애
를 속행시켰습니다. 모든 사람들이 원하던 바를 바로 얻었습니
다."라고 대답하였다.

당신은 당신 감정의 깊이와 근본적인 성품, 구루에 대한 신념
과 그에 대한 지식, 내면의 샥띠에 대한 믿음과 그녀의 방식들에
대한 지식, 당신이 명상하는 방식, 그리고 당신의 명상 배후에
숨어 있는 동기에 따라서, 정도의 차이는 있지만 다양한 방식으
로 명상의 결실을 얻을 것이다. 만약 왜가리처럼 당신이 오직 명

상하는 시늉만 낸다면, 하늘을 나는 수레가 까일라사 산에서 내려오지 않을 것이다. 그러나 당신은 먹을 수 있는 몇 마리의 물고기를 확실히 얻을 것이다. 그러므로 명상을 할 때 당신은 매우 신중해야만 한다. 그리고 당신의 욕망은 순수해야 한다.

당신은 마음이 어디에 집중되어 있는지를, 마음이 다른 것에 어떻게 개입되는지를 반드시 알아야만 한다. 묵따난다가 명상했을 때, 그에게는 바가반 니띠아난다라는 단 하나의 지고의 신이 있었다. 니띠아난다는 그의 형제 구루요, 자매 구루였다. 그는 자신의 사랑을 어떤 형제 구루에게도 주지 않았으며, 어떤 자매 구루와도 관계를 맺지 않았다. 결국 당신이 당신의 진짜 형제자매들을 떠나고 난 뒤에 새로운 형제자매들을 찾아 봐야 무슨 소용이 있겠는가? 그러한 관계에는 기만이나 거짓이 있지 않겠는가? 이 세상의 모든 사람들은 당신의 형제요, 자매들이다. 그래서 어떤 사람에게 애착을 느끼고 어떤 사람에게 혐오감을 느끼는 것은 아무런 가치가 없다. 니띠아난다는 묵따난다의 고귀한 친척이요, 친구였다. 그에게는 그 이외의 친구들은 한 명도 없었다. 그래서 그는 니띠아난다의 이름으로 어떤 사람도 속인 적이 없다. 그는 항상 니띠아난다를 명상하고 묵상하고 생각하였다. 그는 니띠아난다에게서 완전한 만족을 발견하였다. 그에게서 그는 완전한 만족, 평화, 기쁨 및 참나에 대한 지식을 발견하였다.

어느 날, 내가 아쉬람의 명상실로 들어갔을 때, 나는 젊은 요기니가 매력적인 무드라를 취한 채 두 눈을 감고서 큰 소리로 웃고 있는 것을 발견하였다. 나는 그녀에게 다가가서, "당신은 매우 행복해 보입니다. 그런데 왜 그리도 심하게 웃고 있습니까?"
라고 물었다.

그녀는, "바바! 어떤 사람들이 당신을 단순한 사람이라고 믿고 있다는 생각이 금방 내게 떠올랐습니다. 그들은 엄청난 집중력으로 명상하는 체 함으로써 당신을 속이거나 기만할 수 있다고 생각합니다. 그러나 당신은 속거나 기만당하지 않습니다. 당신은 어떤 일이 진행되고 있는지를 모른 체 하면서, 오히려 그들을 속이고 있습니다. 바로 이 점이 나를 웃게 만들었습니다."라고 대답했다.

나는 "딸아, 그것은 사실이다. 나는 그들에게 바로 그들이 원하는 바를 준다."라고 말했다.

명상하는 사람들이여! 여러분은 매우 깊이 명상을 하면서 끄리야를 가지고 온갖 종류의 깊고 강한 느낌을 경험할 수 있겠지만, 나의 내면에는 여러분 자신의 내면의 참나이기도 한 지식의 힘이 종이와 연필을 가지고 이 모든 것에 대하여 '보고'할 준비가 되어 있다는 것을 기억하라. 그 여자가 웃으면서 했던 말은 아주 옳았다. 나로 하여금 이 장을 쓰도록 부추긴 것은 바로 그녀의 말이었다. 그녀에게 위의 비밀을 드러낸 것은 바로 이 힘이었다. 나는 아무도 볼 수 없는 모종의 은밀한 '명상의 계기판'을 갖고 있다. 그 계기로 나는 당신이 어떤 유형의 명상을 하고 있으며, 당신의 진정한 가치가 무엇인지를 볼 수 있다. 그러므로 스스로를 점검하고, 자신이 어떤 유형의 내·외적 끄리야들을 갖고 있는지를 살펴보라. 당신의 행위들은 어떤 목적을 지향하고 있는

슈리 구루데바 아쉬람의 원래 마당에 있는 스와미 묵따난다, 1957년.

가? 당신은 얼마나 강한 내적 믿음을 갖고 있는가? 당신의 마음은 무엇에 집착하고 있으며 또 무엇에서 위안을 찾고 있는가? 당신이 아이를 구하든, 치료약을 구하든, 직장을 구하든, 아니면 학위를 구하든 간에, 이것이 그 신성한 성소를 찾아가는 당신의 진정한 동기를 나타낼 것이다. 당신이 순례하는 이면에 어떤 욕망이 숨어 있을지라도, 그 욕망은 충족될 것이다. 그러므로 명상의 동기를 철저하게 조사하라. 당신은 북쪽을 향해 생각을 하면서도 왜 라메쉬바람이 보이지 않느냐고 나에게 하소연한다. 오, 형제여! 라메쉬바람은 남쪽에 있다. 돌아서서 남쪽에 대하여 명상하라. 그러면 당신은 라메쉬바람을 보게 될 것이다. 나는 영적인 길을 떠나는 오늘날의 순례에 대한 이야기 하나를 꼭 들려주고 싶다. 그것은 스와미 라마 띠르따의 이야기에서 따온, 라일라와 마즈누의 이야기이다.

라일라는 공주였고, 마즈누는 노동자의 아들이었다. 그들은 열렬히 사랑하였지만, 사회적인 신분의 차이 때문에 결혼할 수 없었다. 그러나 이것이 그들의 깊은 사랑과 그리움을 가로막지는 못하였다. 그들의 사랑은 매일 고조되어 상대방에 대한 생각으로 거의 미칠 지경이 되었다. 라일라는 왕궁의 높은 방으로 올라가서는 "마즈누, 마즈누." 하고 부르곤 했다. 마즈누는 도시의 거리를 따라 배회하면서 "라일라, 라일라."라고 큰 소리로 외치곤 했다. 그에게는 오직 한 가지 소망만이 있었는데, 그것은 라일라와 결합하는 것이었다. 그녀는 그의 유일한 욕망이요, 그의 유일한 구원이요, 그의 유일한 희망이었다. 마즈누는 한 순간도 다른 여자를 생각해 보지 않았다. 그는 라일라 이외에는 그 어떤 것도 생각하지 않았다. 마즈누의 아버지가 아들의 광기를 보았을 때, 그는 왕이 마즈누에게 벌을 내릴 것이라는 생각을 하고 매우 놀랐다. 그러나 정작 마즈누는 조금도 놀라지 않았다. 왜냐하면 진정한 사랑은 그 어떤 것에 대해서도 신경을 쓰지 않기 때문이다.

라일라의 아버지인 왕 또한 자신의 딸이 처한 상황을 보고는 매우 걱정하였다. 그는 의사들, 마술사들, 점성술사들과 만뜨라 및 딴뜨라의 권위자들에게 이 문제에 대하여 도움을 구했지만, 그 어떤 것도 그녀에게 아무런 영향을 주지 못했다. 아버지는 그녀에게 기분 전환을 위하여 극장에 가 볼 것을 제안하였지만, 그녀는 단지 "마즈누가 거기에 있을까?"라는 말만 하였다. 왕이 "시원하고 아름다운 지방으로 멀리 여행이나 가 보자."고 말해도, 그녀는 "그곳에는 마즈누가 없어요. 가고 싶지 않아요."라고 대답했다. 이렇게 마즈누와 라일라는 서로를 애틋하게 그리워하고 있었다. 만약 당신이 무엇인가를 동경한다면 이처럼 동경하라고 묵따난다는 말한다. 그렇지 않으면 동경하지 말라. 이기적인 목적으로 무언가를 추구하는 것은 아무런 소용이 없을 뿐만 아니라 당신을 신에게로 데려다 줄 수도 없다.

라일라와 마즈누는 항상 서로를 생각하고 서로를 명상하였기 때문에, 그들은 완전히 자기 자신을 잊고 말았다. 라일라는 마즈누에 대하여 너무 많이 생각하여 그녀는 마즈누가 되었으며, 그리고 마즈누는 라일라에 대하여 너무 많이 생각하여 그는 라일라가 되었다. 만약 어떤 명상자가 자신의 일부분을 남겨 놓음으로써 자신을 완전히 잃지 않는다면 그는 도둑이다. 그는 남겨 놓은 것을 훔치고 있다. 내가 예전에 들었던 시는 마즈누의 상태를 다음과 같이 정확하게 기술하고 있다.

고하따까 나히 하이 고하네 까 찐따 나히 하이 빠네 끼
맘마따 나히 해 데하 끼 빠라바하 나히 하이 쁘라논 끼

그는 자신의 음식에 대해서 걱정하지 않고
또한 어떤 이득도 갈망하지 않는다.
그는 자신의 몸에 집착하지 않고
또한 생명 그 자체에도 매달리지 않는다.

마즈누에게는 라일라를 얻을 수 있다는 단 하나의 희망만이 있었다. 그는 자신을 완전히 잊은 채 거리를 방황하고 있었다. 그 도시의 사람들은 그를 미치광이로 간주하였다. 왕은 이러한 상태의 마즈누를 보고 그에게 연민을 느꼈다. 왜냐하면 그는 딸에 대한 마즈누의 사랑이 진실하다는 것을 확신했기 때문이었다. 마즈누는 더 이상 마즈누로 존재하지 않았으며, 마치 귀걸이가 녹아 금이 되어 버린 것처럼 자기 자신을 라일라에게 몽땅 주어 버렸다. 그는 자신이 보는 모든 곳에서 라일라를 보았다. '너와 나'라는 개념이 더 이상 존재하지 않았으며, 오직 라일라만이 남아 있을 뿐이었다. 왕은 그 도시에 다음과 같은 포고령을 내렸

다. "마즈누는 건강하지 못하다. 라일라에 대한 사랑으로 그는 의지할 데 없는 상태가 되었다. 그에게 음식과 마실 것과 옷을 주어라. 그리고 청구서는 왕실의 경리부로 제출하라." 마즈누는 라일라 이외에 아무것도 생각하지 않았기 때문에 자신이 원하는 모든 것을 왕으로부터 받게 되었다는 소문이 그 도시 전역에 퍼졌다. 그 도시에 있는 모든 빈궁하고 나태하며 극도로 가난한 사람들, 이른바 모든 기식자들은 마즈누로 행세하는 것이 좋은 계획이라는 것을 깨달았다. 그래서 매일 새로운 마즈누가 나타났다. 새로운 마즈누의 수는 증가되었다.

　새로 나타난 모든 마즈누들은 소매상인들로부터 구두, 옷 및 음식을 구했으며 청구서는 왕실의 경리부로 보내졌다. 마즈누의 청구서가 기하급수적으로 불어나는 것을 알게 된 왕은 진상 파악에 나섰다. 왕은 그 도시에 천 명 이상의 마즈누가 있다는 사실을 발견하였다. "내가 연민을 품었기 때문에 이러한 불행이 일어났다."라고 혼자 생각하면서 왕은 다음에 취할 방안에 대하여 궁리하였다. 그에게는 매우 현명한 대신이 있었다. 이 대신은 "전하, 만약 전하께서 모든 일을 저에게 완전히 일임해 주신다면, 제가 이 문제를 깨끗이 처리하겠습니다."라고 말하였다. 왕은 승낙했다. 그러자 그 대신은 포고를 알리는 사람을 거리에 보내, "정확하게 오늘부터 일주일 뒤 12시 정오에 마즈누는 교수형에 처해질 것이다. 왜냐하면 그는 공주와 사랑에 빠졌고 이는 국법을 어겼기 때문이다."라고 알리게 했다. 이 포고의 효과는 깜짝 놀랄 만했다. 모든 마즈누들이 자신의 옷과 구두와 모자를 벗어 던지고는 가능한 한 멀리 도망쳤다. 그들은 사무소나 가정이나 공장에 취직하였다. 그들이 발견되기만 하면 교수형에 처해지기 때문에 그들은 모두가 자신의 신분을 감추기 위해 최선을 다하였다. 그들 모두가 사라지고 오직 진짜 마즈누만이 남았다. 그는 언제라도 창에 찔려 죽거나 아니면 화형을 당할 준비가 되어 있었다. 왜냐하면 그에게는 생명을 부지하고 싶은 욕망이 없었기 때문이다. 그의 유일한 욕망은 라일라에 대한 것이었다. 그는 라일라 속에 자신을 완전히 잃고 있었다. 오직 진짜 마즈누만이 순수한 욕망을 가지고 있었으며, 그래서 오직 그만이 도망가지 않고 남아 있었다. 그리고 그의 라일라를 발견한 사람은 바로 진짜 마즈누였다.

사랑하는 명상 수행자들이여! 여러분의 가치는 시험을 통과할 때 비로소 확인될 수 있다. 다른 어떤 것에서와 마찬가지로 명상에서도 시험이 있다. 진짜 마즈누, 진짜 명상자라고 판명된 자만이 자신의 라일라를 발견할 것이다. 그 라일라는 다름 아닌 신이다. 나머지는 그들의 옷과 구두와 모자를 던져 버리고는 도망치게 될 것이다. 진정한 명상자의 상태는 마즈누의 상태와 같다. 왜가리처럼 명상하지 말고 진정한 명상을 하여라. 당신은 진정한 행복을 발견할 것이다.

당신의 내면에 있는 다섯 겹의 샥띠를 반가이 맞아들일 때, 당신은 항상 구루를 생각하고 구루에게 열중해야만 한다. 명상을 통하여 자기 자신의 느낌을 잃고 그 자신을 신과 하나로 통합시키는 사람은 마치 귀걸이가 녹아서 한 조각의 금이 되는 것처럼 바로 그 신이 된다. 신과 하나가 된 사람은 신의 경지에 도달한 것이다. 그는 완전한 축복을 받으며 그의 부모 또한 축복을 받는다. 오직 이와 같은 사람만이 영원한 생명을 얻는다. 필멸의 존재에서 그는 불멸의 존재가 된다.

헌신자가 헌신의 넥타를 받게 될 때, 그가 세상이 비어 있고 그 자신의 참나가 브람만에서 곤충에 이르기까지의 모든 존재에 두루 퍼져 있음을 보게 될 때, 그는 안팎으로 사랑이 충만하게 된다. 그 사람의 몸에 나 있는 모든 털에도 사랑이 가득 채워진다. 구루의 지식은 이런 종류의 헌신을 가진 사람에게 틀림없이 나타날 것이다. 찌띠는 그의 내면에서 늘 활동할 것이다. 그는 싯다 수행자라는 말을 들을 가치가 있다. 왜냐하면 그는 명상의 위대함을 진실로 이해했기 때문이다. 그는 자신의 내면에 나타난 구루 샥띠를 항상 존중하며, 구루를 기리는 노래를 부른다. 그의 모든 울음소리는 그쳤다. 이런 사람은 완전하고도 영원한 행복을 찾았다고 묵따난다는 말한다. 니띠아난다는 그 사람의 내면에 진실로 존재하고 있다.

진리는 진리로 보상을 받고, 거짓은 거짓으로 보상을 받는다. 그러므로 당신은 어느 쪽을 원하는지를 결정해야만 한다. 만약 당신이 진리를 원한다면 진리에 대해 명상하라. 완벽한 평화는 멀리 있지 않다. 그것은 당신 자신의 참나 내에 있다. 그러나 먼저 당신은 완전히 순수해져야만 한다.

제 38 장

포기의 비밀

포기를 통하여 위대한 평화를 발견할 수 있다는 것은 정말이지 사실이다. 신은 『바가바드 기따』에서 '띠야가짠띠르아난따람', 즉 "끝없는 평화는 포기로부터 온다."[36]고 직접 말하고 있다. 그러나 포기의 의미와 포기해야 할 것들의 순서에 대하여는 다양한 견해들이 있다. 어떤 사람들은 가정을 포기하지만 그들에게 평화가 없기 때문에 여전히 울고 있다. 어떤 사람들은 종교를 포기하지만 평화가 없기 때문에 여전히 울고 있다. 어떤 사람들은 옷을 버리고 몸을 성스러운 재로 문지르며 그래서 고행자로 알려지게 되지만, 여전히 평화를 발견하지 못한다. 어떤 사람들은 음식을 포기하고 우유를 마신다. 그들은 '음식 포기 수행자'라고 불린다. 어떤 사람들은 여자를 포기하고, 또 어떤 이들은 가정을, 또 어떤 이들은 언어를 포기한다. 그러나 그들 모두는 여전히 평화에 갈증을 느끼며 그 어느 것도 성취하지 못했다.

이것으로부터 당신은 수많은 종류의 포기가 있다는 것을 알수 있다. 포기 수행자들은 매일 포기해야 할 새로운 것들을 발견하지만, 그들이 얻는 것은 평화라기보다는 침울함이다. 신은 평화가 포기로부터 온다고 말하고 있는데, 그것은 사실이다. 문제는 우리가 무엇을 포기해야 하며, 어떻게 포기해야 하는가이다. 오늘날 포기에는 어떤 진지함보다는 다소의 과시적인 측면이 보인다. 이것은 보통 사람들을 짜증나게 하고 놀라게 한다. 그들에게는 귀를 뚫거나 털을 뽑는 것은 헌신이 아니라, 단지 또 하나의 성가신 일일 뿐이다.

이 세상에서 평범한 삶을 살면 평화를 발견할 수 없을 것이라고 많은 사람들은 생각한다. 포기는 필요하며 절대적으로 필요하다. 만약 당신이 평화를 원한다면 당신은 동굴이나 숲 혹은 산의 정상에서 살아야만 하며, 당신의 몸에 고통을 주어야 한다고 그들은 생각한다. 포기에 대한 이와 같은 잘못된 생각들이 전 세계에 퍼져 있다. 그러나 사실은 명상의 요가를 통하여 모든 사람들은 자신의 마음을 고요하게 할 수 있다.

이 세상에 살고 있는 사람들 가운데 또 하나의 일반적인 오해가 있다. 그들은 오로지 그들의 가족, 그들의 집, 일련의 황량한 쾌락을 위해서만 살아가야 할 도덕적인 의무가 있으며, 명상, 포기 및 요가는 전적으로 그들의 가정을 포기한 사두나 고행자들만을 위한 것이라고 생각한다. 그러나 묵따난다는 요가, 명상 및 포기가 이 세상에서 살아가는 사람들, 부인과 남편과 자식을 갖고 있는 사람들, 공장과 기업체와 재산과 가정을 갖고 있는 사람들을 위한 것이라고 말한다. 포기가 필요한 것이라는 점에서는 의심의 여지가 없다. 그러나 포기란 무엇을 의미하는가? "포기, 포기."라는 말을 외치면서 돌아다니는 탁발 수도승들이 있다. '포기'라는 이름만으로 살아가며, '포기'라는 말을 만뜨라처럼 사용하고, 또 포기라는 외적인 장식으로 정체성을 유지해 가는 수많은 종파들이 있다. 그러나 여전히 평화의 성취는 없다. 당신이 평화를 원한다면 포기는 필수적이다. 그러나 포기는 올바른 종류의 것이어야 한다. 크리슈나나스는 라마나스의 모자를 포기하고는, 자신의 포기의 대가로 하늘에서 내려오는 수레를 찾는다. 그것은 포기가 아니다.

  사랑하는 한 헌신자가 무명의 러시아 성자가 지은 책을 한 권 나에게 주었다. 그것은 훌륭한 책이었다. 그러나 그 러시아 요기가 순례를 떠나는 과정을 묘사할 때 그는 다음과 같이 말하고 있다. "나는 완전한 포기 수행자가 되었다. 나의 배낭에는 두 조각의 빵과 성서 한 권이 있다. 나는 몸을 감쌀 숄 한 개를 가지고 있다. 그것이 전부이다." 인도에도 그와 같은 포기 수행자들이 있다. 이들 '완전한 포기 수행자들'은 음식을 그들의 손 안에 바로 넣어 줄 때만 먹으며, 만일 그렇지 않으면 그들은 굶는다. 어떤 포기 수행자들은 심지어 한 사람을 고용하여 아침부터 밤까지 그들의 음식을 들고 뒤를 따르게 한 뒤, 그들이 음식을 먹고 싶으면 저녁에 먹겠다고 결정할 수도 있다. 내가 알고 있는 어떤 사람이 이들 포기 수행자들 가운데 한 명을 만났는데 그는 나에게 이렇게 말했다. "그는 매우 훌륭한 포기 수행자다. 그는 오직 다른 사람이 먹여 줄 때만 먹는다. 그는 자신이 필요한 모든 것을 확실하게 얻기 위하여 6명의 사람들을 거느리고 있다." 나는 대답해 주었다. "형세어! 니는 그보다 포기를 더 많이 한 수행자이며, 또한 더욱 실용적인 포기 수행자라고 생각한다. 나는 한 사람의 욕구를 시중들기 위하여 여섯 사람을 계속 주변에 대기시켜 놓는 일을 이미 포기했다. 나는 매일 규칙적으로 식사하며 내 손으로 입에 음식을 넣는다. 보통의 경우 한 사람의 일당이 2루피인데, 그것은 그들 모두에게 매일 12루피가 지불된다는 의미이다. 여섯 사람을 일하지 못하게 잡아 두고서 자신을 포기 수행자라고 부르는 것은 우스꽝스럽지 않은가? 나는 어느 누구의 도움도 받지 않고 식사한다. 확실히 여섯 명의 타인에게 의존하지 않는 것이 포기다." 이 말을 듣고서 그 사람은 입을 다물었다.

여러 종류의 포기가 있다. 그러나 우리는 포기를 수행하는 사람을 보고, 그들이 그것으로부터 무엇을 얻게 되었는지를 자문해 봐야 한다. 신께서 포기로부터 온다고 말씀하신 그 평화가 왜 사라져 버렸는가? 지각없는 사람들의 포기는 남이 주는 음식과 음료만을 그들이 먹고 마실 때 그 절정에 달한다. 그들은 이 모든 행위들로부터 무엇을 얻었는가? 그 평화는 어디에 있고, 순수한 기쁨의 자유는 어디에 있는가? 지각 있는 사람은 포기에 대하여 자신의 두뇌를 잘 사용해서, 정말 자기 자신의 것이 이 세상에 무엇이 있는지를 자문할 것이다. 그러므로 그는 마음대로 포기할 수 있는 것이다.

인도에서는 죄 없는 양을 여신 앞에 데리고 와서 죽이는 공경

의 형태가 있다. 이와 같은 유형의 동물을 산 제물로 바치는 의
식을 행하는 어리석은 사람들은 양의 머리를 여신에게 바치고는
그들에게 주어질 보상을 기대한다. 이것은 한심한 공경의 모습
이다. 사제들조차도 다른 누군가의 희생을 통해 이득을 얻을 수
있다고 생각하니 참으로 매우 유감스러운 일이다. 이와 같은 유
형의 공경은 완전히 자각이 없는 것이다. 포기는 지성적이고 정
직해야만 하고, 올바르게 충분히 생각하고 실천되어야 한다. 그
렇지 않으면 그것은 아무런 가치가 없다. 만약 당신이 집을 떠나
정글이나 사원으로 살러 간다면, 그때에 당신이 행한 것이라고
는 단지 집을 바꾼 것뿐이다. 만약 당신이 흰 옷을 버리고 붉은
옷을 입는다면, 당신이 행한 것이라고는 오직 옷의 색깔을 바꾼
것뿐이다.

　옛날에 포기 수행자들의 황제인 쉬끼드바자라는 왕이 있었다.
『요가 바시슈타』에 나오는 그의 포기에 대한 이야기는 생각해 볼
만한 가치가 있다. 그의 포기에 대한 이야기는 진정한 깨달음의
이야기이다. 그것은 마음을 고요하게 하고 지고의 평화를 가져
다준다. 비록 쉬끼드바자는 왕이었지만, 그는 매우 종교적인 사
람이며 진지한 구도자였다. 그는 진실로 지고의 진리를 깨닫고
싶었다. 나날이 그의 동경은 증가되었다. 그는 수많은 성자들,
마하뜨마들, 현인현자들을 찾아보곤 하였으며, 이들과의 믿음직
하고 헌신적인 관계에 덧붙여 사다나를 수행하였다. 그의 열망
은 줄곧 증가하였으며, 신을 향한 그의 갈망은 결국 너무나 강하
여 그는 견딜 수가 없었다. 여러 종류의 사다나를 한 후에 그는

결국 포기 없이는 아무것도 얻을 수 없으며, 포기 없이는 평화나 평정도 있을 수 없으며, 포기가 모든 시대에 걸쳐서 진리에 이르는 가장 직접적인 방법이라는 결론에 이르게 되었다. 그는 무엇을 포기해야 하며, 언제 어떻게 포기해야 하는지에 대하여 오랫동안 깊이 생각하였다. 결국 그는 무엇보다도 자신의 왕위를 포기해야 한다고 결심했다.

그는 왕위를 왕비에게 위임하고 자신은 숲 속으로 가기로 결심하였다. 그는 사랑하는 왕비 추달라를 부르고는 자신의 가슴에 있는 모든 것을 그녀에게 이야기하였다. "나는 참나의 평화 없이는 살 수 없다. 무지로 덮인 나의 가슴은 세상에 의해 항상 놀라고 있다. 나의 생명에 실체를 부여해 주고 있는 것은 오직 왕이라고 하는 자만심뿐이다. 잠을 잘 때 나는 모든 사람들처럼 자고, 먹을 때 나는 모든 사람들처럼 먹는다. 시간이 삼켜 버리지 않는 사람이 이 세상에 있는가? 내가 여전히 살고자 하는 것은 얼마나 어리석은가! 죽으면 어차피 떠나야 하는 이 썩어 버릴 일시적인 생명을 왜 나는 포기하지 못하는가? 오, 나의 왕비 추달라여! 내가 가장 사랑하는 아내여! 당신은 나를 위하여 많은 일을 하였다. 이제 나는 당신이 나를 위하여 한 가지 더 해 주기를 바란다. 내가 가서 평화와 만족을 발견하고 나의 영혼에 있는 고뇌의 불길을 끌 수 있도록 왕국을 돌봐 주시오."라고 그는 말했다.

왕 쉬끼드바자의 마음에 무슨 일이 일어나고 있는지를 왕비는 정확히 알았다. 그녀는 자신의 구루가 가르쳐 준 길을 잘 따랐으며 명상의 요가에 통달하였다. 그래서 과거와 현재 및 미래에 대한 지식을 얻었다. 포기에 대한 왕의 생각은 잘못되었다고 그녀는 느꼈다. 그러나 단순한 추론만으로는 그가 이해하지 못할 것이라는 것을 그녀는 알았다. 그는 오직 그의 마음의 상태에 따라서만 이해하려 했던 것이다. 그러므로 그녀는 그가 떠나가는 데 동의하였다.

여왕 추달라는 아무 두려움 없이 왕국을 완벽하게 통치할 수 있었다. 정말이지 찌띠의 축복을 받고 영적 지혜가 일어난 사람에게는 왕국을 다스리는 일이 보통의 일이 될 것이다. 『쁘라띠야 비냐흐리다얌』에는 '발라랍베 비슈밤 아뜨마사뜨까로띠', 즉 "찌띠의 힘을 획득한 사람은 우주를 그 자신 속으로 받아들일 수 있다."[37]라는 기록이 있다. 전 우주가 찌띠의 진동으로 이루어져 있고, 찌띠가 그녀의 가슴속에 들어와 살게 되었기 때문에, 왕국을 통치하는 데 두려운 것은 아무것도 없었다. 그녀는 이 세상이 찌띠의 광선이 모인 집단이고, 그녀의 참나와 똑같은 것이라는 것을 알았다. 그 결과로 그녀는 국사를 아무 과오 없이 가능한 최선의 방법으로 다스렸다.

왕은 한적한 곳에 살기 위하여 떠났다. 그는 히말라야 산의 숲속에 동굴을 발견하고는 오두막을 짓고, 명상, 집중, 만뜨라의 반복 및 고행을 통한 자신의 성스러운 사다나를 시작하였다. 그러나 수행을 엄격하게 하면 할수록 그는 더욱더 불안해졌고, 그의 마음도 더욱 걷잡을 수 없이 불안정해졌다. 여기에서 묵따난다는 인간이란 자신의 위치와 교육법에 따라 살아갈 때 행복을 발견할 수 있다고 말한다. 만약 그가 이것을 어기면, 그는 행복

속에서조차도 고통을 발견할 것이다. 예를 들어, 나는 한때 아쉬람에 몇 마리의 아름답고 매혹적인 송아지들을 갖고 있었는데, 그들을 너무나 사랑한 나머지 공물로 바쳐진 온갖 종류의 과일 및 사탕들을 그들에게 먹이곤 하였다. 그 결과로 풀을 먹던 이들 동물들은 아프기 시작했다. 모든 동물은 그 자신의 식사 및 생활 습성 안에서 행복을 발견한다. 이러한 법칙은 왕에게도 자연스럽게 적용되었다. 대부분의 생애 동안 그는 왕의 사치와 풍요를 즐겼었다. 이제 그는 나무껍질로 된 옷을 입고, 짚으로 된 오두막에 살고, 사슴 가죽 위에서 잠을 자고, 그리고 차가운 물에서 목욕을 하였다. 그는 뿌리와 열매를 먹었으며 고행을 행하였다. 이 결과로 그의 마음은 더욱더 혼란스러웠고, 마음이 점점 더 혼란스러울수록 그는 점점 더 불안해져 갔다. 그는 평화 대신에 동요를, 평온 대신에 부조화를, 행복 대신에 우울을 더욱더 강하게 경험하게 되었다. 그러나 그는 진정한 구도자였기 때문에 인내하였다. 그는 항상 포기에 대해 생각하였으며, 다음에는 무엇을 포기할 것인가에 대하여 생각하였다. 그는 " '띠야가짠띠라난따람', '평화는 포기에서 생긴다.' 그러니 내가 아직 평화를 찾지 못했다는 것은 나의 포기가 아직 완전하지 못하다는 뜻이겠지."라고 생각하곤 했다.

그의 왕비 추달라는 위대한 요기니였다. 찌띠 샥띠를 통하여 그녀는 전지의 능력을 얻었으며, 그녀의 요가는 너무나 강력해서 그녀는 푸른 진주 내에서 자신이 원하는 어느 곳으로도 여행할 수 있었으며 자신이 원하는 어떤 몸도 취할 수 있었다. 오랫동안 그녀는 남편의 내적 상태를 이해하였지만, 그가 그녀를 단지 그의 아내로만 생각하였기 때문에 그에게 자신의 어떤 지혜도 전할 수가 없었다. 그녀는 올바른 때를 기다려 사정을 설명해야 한다는 것을 알았다. 적당한 때가 되지도 않았는데 충고를 한다면, 그것은 아무런 효과도 없을 것이다. 그래서 그녀는 조심하면서 평화롭게 기다렸다. 그러나 그녀는 명상을 통하여, 왕에게 일어나는 모든 일, 즉 그가 한 일과 하지 않은 모든 일을 알았다.

한편 왕은 계속하여 더욱더 많은 것을 포기해 나갔다. 이제 그는 과일만을 먹었다. 그것도 처음에는 이틀에 한 번, 그 다음에는 3일에 한 번, 그러고 나서는 5일에 한 번 먹었다. 그래서 그의 몸은 야위어 가기 시작했다. 왕비는 그가 이러한 모습으로 변해가고 있음을 보고 매우 슬펐다. 그러던 어느 날 그녀는 더 이상 참을 수가 없어서 요가의 힘으로 자신의 몸을 변형시켜 현자 꿈바의 이름과 모습을 취하고는 왕 앞에 나타났다. 자신이 알지 못하는 이 현자를 보고 왕은 경이로움에 감동했다. 그는 현자에게 인사를 하고는 그분이 앉을 자리를 준비하였다. 현자는 왕에게 어떻게 지냈는지 물었으며, 왕은 자신의 내면에서 일어나고 있는 모든 일을 그에게 말했다. 자신의 그 모든 이야기의 끝에 이르러서 그는 "오, 현자여! 나는 아직 평화를 얻지 못했습니다. 나에게 길을 가르쳐 주시지 않겠습니까?"라고 말했다.

꿈바는 "왕이시여! '띠야가짠띠라난따람', 즉 '평화는 포기에서 얻어진다.'는 단 하나의 만뜨라가 있습니다."라고 대답했다. 그리고 이 말을 하고는 사라졌다.

왕은 포기에서 평화가 온다는 현자의 말을 들었을 때 어느 때보다 더욱 놀랐다. 그는 "나는 이해할 수가 없어. 이제 포기할 것이 뭐가 남아 있는가? 나는 지금까지 왕위에서부터 시작하여 모든 것을 포기했다. 부와 재산과 권력과 영광과 행복을 포기했다. 가족과 친구들에 대한 애착도 포기했다. 나는 산의 동굴 속에서 풀로 지은 오두막에서 살고 있다. 그런데도 이 현자는 나에게 와서, 평화가 포기에서 온다고 말한 뒤 사라졌다. 내가 그밖에 무엇을 포기할 수 있단 말인가?"라고 생각했다. 왕은 포기의 진정한 의미를 이해하지 못하였기 때문에, 마땅히 포기했어야 할 것을 포기하지 않고 포기하지 말아야 할 것을 포기했던 것이다.

혼란에 휩싸인 채, 왕은 포기에 대하여 다시 한 번 생각하기 시작했다. 그는 이제 자신의 오두막과 사슴 가죽, 물 주전자, 그리고 나무껍질로 만든 옷을 포기하기로 마음먹고 실제로 그렇게 했다. 그가 이렇게 했을 때 꿈바가 다시 한 번 그에게 나타나서는, "오, 왕이시여! 당신은 행복합니까? 당신은 평화를 찾았습니까?"라고 물었다.

왕은 "오, 현자시여! 나는 아직도 평화를 찾으려고 애쓰고 있습니다. 나는 필사적입니다."라고 대답했다.

꿈바는 "당신의 포기는 아직도 완전하지 않습니다. 평화는 포기에서 얻어집니다."라고 대답했다. 현자는 이 만뜨라를 말하고는 사라졌다. 그래서 왕은 다시 혼자 남아 무엇을 포기할 수 있을까 하고 생각했다.

포기와 수용의 지식은 매우 복잡하다고 묵따난다는 말한다.

그것은 큰 문제이다. 나는 어떤 성자가 이 주제에 관하여 말한 다음의 말을 항상 기억하고 있다.

산디만디 까루 자시 또 또 비까라 빠바시 니자루삐 빈나 빠다시

당신이 어떤 것들을 포기하고 다른 것들을 받아들이기로 결정하면, 당신은 마음의 방황에 사로잡히고 만다. 그래서 당신은 당신 원래의 참나와 분리된다.

아래에 소개하는 브람마난다의 시는 여기에 대하여 재미있는 어떤 것을 말해 주고 있다. 그래서 싯다 수행자들은 그 시로부터 많은 것을 얻을 수 있다.

오, 사두여! 이것이 나의 지식이다. 이것이 나의 지식이다.
이 세상에는 자력으로 행동할 수 없는 것과 의식이 있는 것, 둘 다 의식을 그들의 뿌리와 지주로 삼고 있다.
전 세계는 의식에서 생겨났다. 그것은 의식과 별개가 아니다.
개체의 영혼은 파괴될 수 없는 신의 일부이다.
그것은 어떤 차이나 변화도 모른다.
하나의 사물은 바다에서와 한 방울의 물방울 속에서도,
태양 속에서와 등불 속에서도 보인다.
동물과 새와 인간에 이르는 모든 생명체 속에는
무한하고 완벽한 브람만이 존재한다.

높고 낮음이란 세속적인 차이들은 말끔히 사라졌다.
"모든 것이 평등하다."는 것은 나의 확신이다.
포기나 수용에 대한 어떤 의무도 없다.
모든 의심들이 사라졌다.
이 광대한 전 세계는 브람마난다,
즉 신의 희열로 나타나고 있다.

현 상황은 바로 이러한 것이다. 왕은 포기와 수용의 본질을 이해했어야만 했다. 그러나 그는 이해할 수 없었다. 구도자는 구루의 완전한 은총이 없이는, 즉 그의 내면의 샤띠가 확장되지 않고 또한 찌띠의 축복을 통하여 지혜의 힘을 얻지 못했을 때는 단지 자신의 마음에 드는 것만을 포기하고 받아들일 것이다. 그것은 완전히 독단적일 것이다. 지혜의 눈을 얻을 때까지는 사물의 실재를 자세히 들여다보거나, 포기를 알아차리거나, 또는 수용을 이해할 수 없을 것이다.

왕 쉬끼드바자의 포기는 이제 훨씬 더 극단적이 되었다. 그는 자신의 생명을 포함하여 자신이 갖고 있는 모든 것을 포기하기로 결심하였다. "나는 화장용 큰 장작불을 지펴 모든 것을 태우고, 나도 직접 그 불 속으로 뛰어들 것이다. 내 몸이 소각될 때, 나는 평화를 찾아야만 한다."라고 그는 생각했다. 그래서 그는 숲에서 마른 장작을 모아 쌓은 후 거기에다 불을 질렀다. 그 다음 자신의 소지품을 하나씩 가져와서, 그 소지품과 자신의 관계를 생각하면서 그것들을 불 속에 던졌다. 그는 자신의 오두막을 보고, "오, 나의 오두막이여! 나는 오랫동안 네 속에서 살았지만 평화를 발견하지 못하였다. 이제 나는 너를 불에다 바친다."라고 말했다. 그의 물 주전자를 보고는, "오, 사랑하는 까만달루여! 나는 오랫동안 너를 통해 물을 마셨지만 평화를 발견하지 못했다. 이제 나는 너를 불에게 바친다."라고 말했다. 그 다음에는 사슴 가죽을 불에 던졌으며, 허리에 감고 있던 옷까지 벗어 역시 불 속에 던졌다. 이제 자신의 발가벗은 몸만이 남았다. 그는 불 주위를 세 번 돌고는 자신의 몸을 향해 "오, 나의 사랑하는 몸이여! 나는 너를 만족시키는 일에 싫증이 날 때까지 여섯 가지 다른 종류의 맛을 제공해 주었지만, 나는 여전히 너에게서 어떤 행복도 발견하지 못했다. 나는 너를 향기로운 기름과 물로 씻어 주었지만 나는 너에게서 어떤 평화도 발견할 수 없었다. 너에게 즐길 수 있는 너무도 많은 것을 주었지만, 여전히 어떤 즐거움도 발견할 수 없었다. 나는 너를 씻어 주고 먹여 주고 장식해 주었지만, 어떤 평화도 발견치 못했다."라고 말했다. 왕이 화염 속으로 뛰어들 찰나에 현자 꿈바가 다시 나타나서 왕의 팔을 잡고는 "왕이시여, 멈추십시오! 왜 당신은 이처럼 끔찍스러운 일을 저지르려는 것입니까? 왜 당신은 무서운 짓을 하려는 겁니까?"라고 소리쳤다.

왕은 "오, 현자여! 나는 몸을 제외하고는 모든 것을 포기하였습니다. 그럼에도 불구하고 아직 평화를 발견치 못했습니다. 그래서 나는 이제 불에다 몸을 바치려 합니다. 이렇게 해서라도 평화를 찾아야만 합니다!"라고 대답했다.

이 말을 듣고, 현자는 "오, 왕이시여! 만약 당신이 몸을 불 속에 던짐으로써 평화를 발견할 수 있다면, 이미 죽은 무수한 존재들 모두가 왜 평화를 발견치 못했습니까? 죽음이 평화로 가는 길입니까? 당신은 지반무띠의 평화와 행복을 바라는 그 몸을 태우려고 합니다. 당신의 몸을 태워 버리고 난 다음에 당신은 어떻게 그 몸에서 평화를 발견할 수 있겠습니까? 당신의 몸이 재에 불과하다면, 누가 평화를 즐기며 그가 어디에서 그것을 즐길 것입니까? 오, 왕이시여! 당신은 무엇을 포기해야 하는지를 모릅니다. 자, 보세요! 당신이 만지고 보는 이 몸 안에는 7,200만 개의 나디들과 네 가지 의식 상태, 네 가지 몸, 그리고 다섯 가지 외피들이 있습니다. 몸의 내적 구조는 신기할 정도로 잘 짜여 있습니다. 몸은 아버지의 정자와 어머니의 난자의 결합에서 생겨났습니다. 그 절반은 아버지의 정자에 빚을 지고 있고, 다른 절반은 어머니의 난자에 빚을 지고 있으며, 이 두 절반이 합쳐서 하나의 몸이 되었습니다. 이 몸 안에, 포기해야 할 당신의 것이 도대체 어디에 있습니까?

오, 왕이여! 부모님의 정액은 그들이 먹은 음식으로 만들어졌습니다. 그것은 흙으로부터 왔습니다. 당신이 포기할 권리를 가진 것이 어디 있습니까? 인간은 흙에서 자라는 음식을 먹고 지상에서 일생을 보내고 나서는 마침내 흙과 하나가 됩니다. 몸은 흙에 의하여 힘을 얻으며, 이 몸 안에 지고의 평화로운 신이 참나의 모습으로 들어옵니다. 그 참나 또한 당신의 것이 아닙니다. 눈, 귀, 코, 혀 및 피부로 된 당신의 신체적 감각 기관들은 당신의 것이 아닙니다. 왜냐하면 다른 신들이 그들에게 들어와서는 그들로 하여금 다른 작용을 수행하도록 하기 때문입니다. 왕이시여! 당신은 이러한 몸을 포기하려고 합니다. 이 모든 모습으로 자행되고 있는 당신의 포기는 도대체 무엇입니까? 더구나, 당신의 몸이 흙에서 태어났기 때문에 당신의 몸이 흙의 기운으로 충만하여 흙에서 살다가 흙 속으로 흡수되는 것과 똑같이, 흙도 물에서 나왔기 때문에 물의 기운이 충만해 있습니다. 물은 불에서 태어났기 때문에 불의 기운이 충만하고, 불은 공기의 기운이 충만하며, 공기는 에테르로 충만해 있으며, 에테르는 신으로 충만해 있습니다. 이 모든 것들에게 당신의 것이라고는 아무것도 없습니다. 당신이 인식하고 포기해야 할 것은 오로지 이 모든 것들 속에 있는 '나의 것'이라는 환영뿐입니다. 당신은 다른 누군가가 당신에게 준 몸을 자신이 마음대로 할 수 있는 것을 포기라고 믿고, 그 몸을 포기하려고 했습니다. 사실은 구루의 은총을 통하여 당신이 지혜의 눈을 얻었을 때, 이 환영을 제외하고 포기할 것은 아무것도 없다는 것입니다."

이도 나 낀찌드 빠라도 나 낀찌드
야도 야도 야미 따도 나 낀찌드
비짜르야 빠슈야미 자간나 낀찌드
스바뜨마바보다뜨 아드히깜 나 낀찌드

여기에도 아무것이 없으며, 저기에도 아무것이 없다.
내가 어디를 가더라도 아무것이 없다.

묵상을 할 때, 나는 세상이 아무것도 아님을 안다.
나 자신의 참나를 깨닫는 것 이외에는 아무것도 없다.

왕은 현자가 말한 것이 완전한 진리라는 것을 알았다. 그가 적대적으로 대했던 몸은 실제로는 그의 조력자였다. 몸은 수단이지 방해물이 아니다. 나는 이러한 주제를 다룬 다음의 시가 생각난다.

사다까 자가 헤 바다 나히 야 빠슈너 뚜자 레샤
뚜잘라 야짜 드베샤 까 레

이 세상은 유익하다. 그것은 조금도 방해가 되지 않는다.
왜 당신은 그것을 미워하는가?

좋고 나쁜 까르마의 결실을 경험하게 해 주는 그 몸을 포기하고, 몸을 경멸하고, 그리고 잘못된 방식으로 살아가면서 몸의 건강을 해치는 것은 도대체 어떤 종류의 포기인가? 당신이 오랫동안 의지해서 살아가야 할 그 몸을 수련과 자제력의 부족으로 쇠약하게 만드는 것은 도대체 어떤 종류의 포기인가? 포기하는 일이라면, 언제나 당신은 두뇌를 사용해야만 한다. 당신이 포기해야만 하는 것은 모든 고통의 뿌리 즉 아비니베샤라고 하는 대단히 위험한 것이다. 이것은 여러 경전에 우리의 것이 아닌 어떤 것을 우리의 것으로 여기거나, 혹은 우리 자신을 참나가 아닌 것과 동일시하는 것이라고 규정되어 있다. 이 에고가 우리의 모든 고통의 원인이다. 그것은 신을 제한적이고 개별적인 영혼으로 바꾸어 놓았고, 행복을 불행으로 돌려 놓았으며, 유일의 절대자를 다수의 존재로 변형시켜 놓았다. 개별적인 에고인 아함이 없어지고, 대신 "내가 그분이다."라는 소함이 자리 잡으면, 포기해야 할 것이 도대체 무엇이 있겠는가? 온 세상이 찌띠로 가득 차 있다. 만약 당신의 포기가 무의미하거나 경전에 반한다면, 당신은 평화 대신에 혼란을 얻을 것이다. 시인이며 성자인 바나라시는 이 주제에 대하여 다음과 같이 노래했다.

> 람은 부나 생명을 포기한다고 얻어지는 것이 아니다.
> 자신의 몸에 대한 자만을 포기한 사람만이 나라야나를 얻는다.
> 신은 모든 세속적인 일들을 포기해도 결코 얻어질 수 없다.
> 아내, 자식, 가족 혹은 가정 문제들을 포기하고
> 근채류, 괴경 및 과일만을 먹고 다른 음식들을 포기하며
> 옷을 포기하고 벌거벗은 채 돌아다니고
> 여자를 포기하고
> 심지어 자신의 생명력을 포기한다고 해도
> 하리는 얻어지지 않는다.

> 람은 부나 생명을 포기한다고 얻어지는 것이 아니다.
> 자신의 몸에 대한 자만을 포기한 사람만이 나라야나를 얻는다.

화단, 다이아몬드 그리고 진주를 포기하고
자신의 신분과 가정의 전통을 포기하고
올가미와 같은 이 세상을 포기하고, 밤낮 숲을 헤매고
몸에 대한 기억을 포기하고, 몸을 태워 잿더미로 만들고
자신의 생명을 포기해도, 브람만에 대한 지식이 없다면

람은 부나 생명을 포기한다고 얻어지는 것이 아니다.
자신의 몸에 대한 자만을 포기한 사람만이 나라야나를 얻는다.

모든 언어를 포기하고, 침묵을 지키며 아무 말도 하지 않아도
아버지나 할아버지를 포기해도
어린 시절부터 요가 수행을 해도
선량한 어머니와 머리카락과 신성한 실을 포기해도
살육과 폭력을 포기해도
어떤 살아 있는 생물도 결코 해치지 않아도
몸에 대한 자만이 버려지지 않는다면, 이 모든 것을 포기한들
무엇을 얻을 수 있겠는가?

람은 부나 생명을 포기한다고 얻어지는 것이 아니다.
자신의 몸에 대한 자만을 포기한 사람만이 나라야나를 얻는다.

땅이라는 침대를 포기하고, 자지 않고 밤낮 서 있다고 해도
모든 편안함을 포기하고 안락 없이 지내며 고난을 겪는다고 해도

쓴 말을 포기하고 모든 사람들에게 달콤한 말을 한다고 해도
이 모든 것을 포기하더라도
몸에 대한 변함없는 자만을 버리지 않는다면,
모든 생명을 포기한 후에도
여전히 신의 경지는 얻어지지 않는다고
바나라시는 말한다.

람은 부나 생명을 포기한다고 얻어지는 것이 아니다.
자신의 몸에 대한 자만을 포기한 사람만이 나라야나를 얻는다.

이것은 싯다 수행자들을 위한 권위 있는 시이다. 실제로 무분별한 포기는 가장 구속적인 즐거움이지만, 분별력 있는 즐거움은 최고의 포기이다. 왜 신은 그 자신의 조화로운 장대함으로부터 이 현상계를 창조하였는가? 그 이유는 무엇인가? 누구를 위하여 그리고 무엇 때문에 이 세계는 창조되었는가? 만약 싯다 수행자가 이들에 대한 생각도 없이 경전에 부합되지 않는 포기에만 몰두한다면, 그는 무가치하다. 인간 사회가 너무나 불행한 것은 이 세상에 대한 진정한 이해를 하지 못하기 때문이다. 그러나 이 세상을 바르게 이해할 수 있다면, 이 세상이 찌띠의 유희라는 것을 알 수 있다면, 그때에는 우리의 인생 전체가 신성하게 될 것이다. 신이 창조한 이 세계가 참나와 동일하기 때문에, 이 세상은 결국 지고의 참나인 빠람아뜨만의 모습 그 자체이다. 결과는 원인과 전혀 다르지 않고, 원인이 결과 속에 내재해 있다는

것이 베단따 철학의 원리이다.

어떤 경전을 보면, 이 세상은 환영이며 기쁨이 없고, 그래서 그것은 장애라고 말한다. 만약 어떤 구도자가 영적인 충동으로 말미암아 신을 찾는 일에 조금이라도 몰두한다면, 그는 계속해서 세상이란 환영이고 덧없으며 기쁨이 없는 것이라는 말을 듣게 된다. 그래서 그는 그것이 진실이라고 믿기 시작한다. 이 개념들은 매우 위험하다. 왜냐하면 세상이란 당신이 그것을 보는 대로 되기 때문이다. 인도에서는 아이들이 울음을 그치지 않으면 어머니는 집에 귀신이 나타나서 아이를 잡아갈 것이라고 말함으로써 아이의 울음을 그치게 한다. 아이들의 마음속에 오랫동안 남아 있는 이 귀신은 어머니가 아이에게 만들어 놓은 것이다. 마찬가지로 어떤 경전의 작가들은 어떤 이유에서 이 세상이 환영이고 불편하고 비어 있고 무익한 것이라고 설명해 왔지만, 사실은 그렇지 않다. 찌띠 이외의 누가 그토록 많은 세계가 될 힘을 가지고 있겠는가? 이 세상은 무한한 형상으로 충만해 있는 찌띠의 유희 이외의 아무것도 아니다.

찌띠가 모든 곳에 동등하게 존재하고 있다는 것을 알거나 이해하지 못하면서 찌띠로 가득 찬 세상을 살아간다는 것은 진정한 지식에 반하는 것이다. 그러나 인간 그 자체가 거짓이고 무미건조하고 비어 있는 한, 세상 또한 그와 같이 보일 것이라는 것도 사실이다. 이것은 자명한 사실이다. 즉, 자신이 존재하는 것과 꼭 같이 이 세상도 존재하고 있다는 것이다. 당신이 가장, 고행자, 수도자 혹은 탁발 수도자이든 간에, 이 세상은 당신 자신

의 상태를 반영한다. 구루의 은총을 받고, 내면의 샥띠가 일깨워
지고 그리고 자신의 가슴속에서 찌띠의 유희를 이미 본 사람에
게는 외부의 세상이란 찌띠의 개화인 것이다. 그는 모든 곳에서
찌띠의 고동을 본다. 나는 또다시 다음의 만뜨라가 생각난다.

슈리구루짜라남보잠 사띠야메봐 비자나땀
자가뜨 사띠야마사띠얌 바 네따레띠 마띠르나마

구루의 발을 유일한 실재로 아는 사람에게는
세상이 실재적이든 비실재적이든, 그것은 중요하지 않다.

세상이 실재적인 것이냐 그렇지 않느냐의 여부는 그 사람에게
는 더 이상 중요하지 않다. 세상에 대한 실재성이나 비실재성은
단지 논쟁에 불과하며, 당신은 그 논쟁으로부터 아무것도 얻지
못한다. 마음이 이들 논쟁으로부터 자유로워질 때 찌띠의 유희
는 지각될 수 있으며, 그리고 그러한 상태에서 이 세상은 신으로
나타난다. 깨달음을 얻은 사람이 이 세상에서 신을 볼 때 그는
신을 비어 있음이나 기쁨이 없는 상태로 보지 않는다. 사다나 동
안에 일어나는 생각들은 깨달음의 상태에서는 진짜가 아닌 것으
로 발견된다. 그것은 마치 경전에서 말한 계시 이전과 계시 이후
의 구분과 같다. 계시 이전은 약하지만, 계시 이후는 강하다. 계
시 이전의 상태에서는 "자식이 없는 사람은 죽은 뒤에도 해방되
지 못한다."라고 말한다. 그러면 "출가 수행자는 결혼을 해야만

하는가?"라는 질문을 던져 봐야 한다. 그리고 나라다, 사나따꾸 마라 및 여타의 사람과 같은 독신자들은 어떻게 해방을 얻을 수 있었을까? 그러나 계시 이후의 상태에서는 "불멸이란 선행이나 자식 혹은 부로부터 오는 것이 아니다. 불멸은 단지 포기를 통해서만 얻어질 수 있다."[38]라고 말한다.

이 말이 함축하고 있는 것은 가정이나 가족, 책임 혹은 음식의 포기나 몸의 포기, 혹은 사심 없는 행동의 포기가 아니라, 차별의 포기, 우리의 아비니베샤의 포기이다. 우리가 이 '나'를 포기하는 순간, 우리 안에 감추어져 있던 진리가 드러나며, 현상계에 감추어져 있던 진리도 드러나게 된다. 하나의 찌띠가 우리의 모든 감각 기관과 그들의 모든 대상들을 통하여 흘러가고 있는 것을 볼 수 있다. 인간의 울음은 영원히 멎게 된다. 그는 자신의 세속적인 일들을 쉽고도 경건한 마음으로 행하기 시작한다. 왜냐하면 그는 그 모든 것의 기저에 있는 신을 볼 수 있기 때문이다.

왕비 추달라의 경우도 바로 이와 같았다. 그녀는 브람만을 깨달았던 완벽한 요기니였고, 헌신적이고도 덕이 높은 아내였으며, 그리고 그녀에게 찌띠의 유희는 절대적으로 진실하였다. 그녀는 우주를 찌띠의 외적 진동으로 보았다. 그녀는 바로 그녀 자신의 왕궁에서 평정의 동굴을 갖고 있었으며, 자신이 하고 있는 모든 일에서 신의 현존을 항상 의식했다. 그녀는 차별 의식을 포기했고 모든 것이 찌띠의 진동이란 것을 알았기 때문에, 그녀의 포기는 경전상의 의미로 볼 때 완벽하였다. 그녀는 집을 포기한 것이 아니라, 자신을 진정한 참나와 분리시키는 차별의 경향성

을 포기하였다. 그러므로 그녀는 명상 속에서 평화로웠던 만큼
일상적인 일에서도 걱정이 없었다. 그녀로 말하자면 다음과 같
았다.

> 비샤예슈 짜 살베슈 인드리야르떼슈 짜 스띠땀
> 야뜨라 야뜨라 니루쁘예따 나쉬밤 비드야떼 꼬바찌드

모든 대상과 모든 감각적 인상을 통하여 무엇을 보든지 간에
상서롭지 못한 것은 그 어디에서도 발견되지 않는다.

즉, 왕비 추달라는 찌띠가 모든 대상과 모든 감각적 인상 속에
서 고동치고 있는 것을 볼 수 있는 상태에 이미 도달해 있었다.
그 어느 순간에도 그녀는 쉬바 이외의 다른 어떤 것을 본 적이 없
었다. 그래서 추달라는 항상 세상 속에서 신성함을 보았기 때문
에 신으로 충만된 채 시간을 보냈다.

쉬끼드바자 왕은 현자 꿈바의 가르침을 받은 후, 자신의 잘못
된 동일시를 완전히 포기하였다. 이제까지 바깥으로 흐르고 있
었던 마음이 즉시 내부로 향하게 되었다. 마음이 내부로 더욱 깊
어짐에 따라, 마음은 참나의 모습을 닮게 되었고, 이내 참나가
되었다. 왕은 깊은 사마디에 들어갔으며, 그 속에서 단지 하나만
을 자각하였다. 그는 내부와 외부의 구분, 이원성과 범주의 구분
을 초월하였으며, 그래서 평화를 발견하였다. 그는 마치 오랫동
안 불면증에 시달리다가 마침내 미풍이 부는 서늘하고도 유쾌한

온천수에 누워 깊은 잠에 떨어진 사람과도 같았다. 마음이 드디어 평화를 발견하였을 때, 끝없이 방황했던 마음이 마음이라는 속성을 포기하고 참나와 하나가 되었다. 오랫동안 갈망해 왔던 것을 달성한 쉬끼드바자 왕은 내면의 행복에 침잠하였다. 이 행복의 상태에서 벗어나서 외부의 세상을 자각하였을 때, 그는 그곳에서도 같은 행복을 경험하였다. 그가 내면에서 경험하였던 것이 바깥으로 나타났다. 차별감이 마음에서 완전히 사라졌다. 그는 내면에서 발견하였던 것을 바깥에서도 보았다.

왕은 '야따 아뜨라 따따 안야뜨라', 즉 "여기와 마찬가지로 다른 곳도 다 같구나."[39]라는 원리를 이제 정말로 이해하게 되었다. 그의 관점은 변했다. 그는 포기에 대한 자신의 잘못된 이해를 포기하였다. 그는 다원성을 버리고 일원성을 수용하였다. 그는 자신의 잘못된 포기를 버리고 그 자신의 참나의 실재에 눈을 떴다. 이 차별 없는 일원성의 비전이 그에게 다원성을 없애 주었다. 만물을 통하여 하나의 절대자를 보았기 때문에, 그는 자신의 어리석은 이원성의 개념들을 버렸다. 그는 우주의 신을 모든 곳에서 보기 시작하였다. 빈민굴과 화장터에서, 정원과 숲에서, 그리고 과일과 꽃에서도 신의 광휘를 보았다. 그는 고독과 사회의 구분이 망상의 유희라는 것을 알았다. 그는 "이곳은 숲이며, 이곳은 사람이 살지 않는 땅이며, 이곳은 사람들로 가득 차 있으며, 이곳은 노동자들이 사는 장소이다."와 같은 구분들이 비실제적이라는 것을 알았다. 구별의 장막이 지식의 불로 태워졌다. 그는 숲 속에서, 동굴에서, 혹은 외딴 곳에서 발견될 수 있는 것은 무엇이나 그 자신의 왕궁에서도 발견될 수 있다는 것을 깨달았다. 이것을 확실히 알게 되었을 때 그는 자신의 왕궁으로 돌아가기를 원하였고, 그래서 집으로 향하여 길을 떠났다.

이렇게 위대한 출가 수행자가 집으로 돌아간다는 것은 아마도 싯다 수행자들을 놀라게 할 것이다. 사랑하는 수행자들이여! 수용과 포기, 높고 낮음 같은 것들은 여러분이 깨달음을 발견하지 못한 경우에만 의미가 있다. 여러분이 깨달음을 얻었을 때 무엇이 여러분과 다르겠는가? 모든 것이 여러분 자신의 아름다움이다.

깨닫지 못한 사람과 깨달은 사람은 한 가지 공통점을 가지고 있다. 즉, 그들 둘 다 자신의 과거 행동의 결과를 감내해야 한다는 점이다. 깨닫지 못한 사람은 차별적인 심성에 항상 종속되어 울고 슬퍼하며 불평을 하면서 이들 결과를 받는 반면에, 깨달은 사람은 세상을 찌띠의 유희로 보며 이 세상이 참나의 빛이라는 것을 알고 자신의 행위의 결과를 받아들인다. 무지한 자와 깨달은 사람 둘 다는 자신의 삶을 영위해 가지만, 한 사람은 외적인 감각적인 대상들로 삶을 경험하는 반면, 다른 한 사람에게 삶은 찌띠의 신성한 유희인 것이다.

깨달은 사람은 수많은 탄생을 통하여 누적된 공덕을 갖고 있기 때문에 아름다움과 물질적인 부가 뒷받침해 주는 삶을 살아갈 것이지만, 이러한 것들에도 불구하고 그는 다시 태어나지 않을 것이며, 그래서 세속적인 쾌락에 얽매이지 않을 것이다. 이와 같은 요기는 감각적인 쾌락을 순수한 요가로 바꾸기 때문에 황홀한 상태에서 살아간다. 그는 감각이 아닌 참나 속에서 자신의 기쁨을 발견한다. 세속적인 사람들의 눈에는 그가 세속적인 것처럼 보이지만, 그의 상태는 절대자 속으로 몰입한 위대한 요기의 상태이다. 그에게 경험적인 존재 진체는 지고의 실재이다. 이와 같은 절대자에 대한 끊임없는 자각이 그의 명상이다. 따라서 그의 명상은 세상의 바쁜 생활 중에서도 방해를 받을 수가 없다.

보통 사람들에게는 감각적인 쾌락과 명상의 목표는 별개의 것이다. 보통의 명상자는 쾌락에 대한 갈망을 몰아내기 위하여 자신의 마음을 영적인 목표 쪽으로 돌려야만 한다. 그러나 브람만 속에 몰입된 위대한 요기에게는 모든 것이 명상이다. 왜냐하면 그의 모든 행동들이 빠라브람만으로 채워져 있기 때문이다. 그가 하는 일상적인 목욕, 식사, 마시기, 왕래, 그리고 옷이나 장신구를 걸치는 것이 모두가 명상이다. 나는 이것을 부단한 명상이라고 부른다. 왜냐하면 그것은 밤낮으로 계속되기 때문이다. 뚜까람의 말을 빌자면, "그것은 모든 물질적인 쾌락이 신이 되어 버린 명상이다."

찌띠 샥띠의 영감을 통하여, 모든 상태와 양태의 존재는 그와 같은 싯다 요기가 될 수 있다. 자신의 운명에 따라 그는 왕이 되어 웅대하고 화려하게 살 수도 있고, 아니면 자다바라따처럼 한적한 곳에서 살아갈 수도 있고, 아니면 리샤바데바처럼 벌거벗은 아바두따가 될 수도 있다. 그래서 그의 행동은 어리석거나 취해 있거나, 혹은 악마처럼 보일 수도 있다. 우리의 내면으로 들어와서 우리를 쉬바로 가득 채우는 찌띠는 우리에게 명예나 치욕, 부나 곤경을 가져다줄 수 있다. 이들 모두가 그녀의 은총의 선물들이다. 이들 상황들이 모두 쉬바에 의하여 결정되기 때문에, 우리는 그들 속에서 그의 참사랑을 경험할 것이다. 그러나 나는 구루의 은총을 받아 본 그런 남자와 여자들에게만 이야기하고 있다. 이와 같은 축복을 받아 보지 못한 사람은 심지어 행복 속에서도 고통을 발견한다.

일단 왕 쉬끼드바자가 구루의 은총과, 우주가 찌띠로 충만해 있다는 지식을 받아들이자, 그는 자신의 왕위, 백성, 아내, 친척들 모두가 찌띠의 유희로 채워져 있음을 보았으며, 그들이 행복의 조력자들이고 행복으로 가득 차 있음을 보았다. 한때는 고통과 함께 그를 광란케 했던 것들 속에서 이제는 최상의 기쁨을 발견하였다. 그는 운명이 그에게 준 지위를 받아들이고는 자신의 왕국을 다스리며 나날을 보냈다. 그는 우주의 신인 자가디쉬를 태양의 열기 속에서, 산꼭대기에서, 굽이쳐 흐르는 강줄기에서, 대양의 거센 파도에서, 우기의 대홍수에서, 구름의 번개 속에서, 녹색과 황금빛 들판에서, 그리고 하늘의 거대한 공간에서 보았다. 그는 배고픔과 갈증에서, 희망과 절망에서, 가깝고 먼 곳에서, 정의와 불의에서, 탐욕과 만족에서, 분노와 동요에서 찌띠의 고동을 경험하였다. 외부 세계에서의 차별을 봄에도 불구하고, 내적으로 그는 차별 없음을 경험하였다. 그는 진리를 완전히 깨달았다. 그는 자신의 마차에서, 보석에서, 음식과 마실 것에서, 신과 사람과 현자와 현인에서, 숲에서, 그리고 돌에서 자신의 내면의 참나의 빛을 보았다. 그는 모든 이름과 형상, 자질과 움직이거나 움직이지 않는 우주의 원리들에서 신을 보곤 하였다.

사실, 인간이 두려워하고 평화가 없는 근본 원인은 우리의 차별하는 성향 때문이다. 『브리하다라니야까 우빠니샤드』는 차별의식을 가진 사람들에 대해서 '므릿 사 므릿맘노띠 야 이하 나네 바 빠슈야띠', 즉 "대상들이 서로 다르다고 보는 자는 죽음에서 죽음으로 간다."[40]라고 말하고 있다. 『따이띠리야 우빠니샤드』는 '우다라만따람 꾸루떼뜨 따시야 바얌 바바띠', 즉 "만약 사람이 가장 사소한 차별이라도 지각한다면, 그는 두려움을 느끼게 된다."[41]라고 기록하고 있다. 진리, 모든 것에 대한 평등 의식, 모든 존재 속에 있는 참나의 인식, 그리고 구루의 지혜에 대한 확고한 신념은 두려움이 없는 상태로 가는 최상의 길이다.

마치 물고기가 바다에 있을지라도 목마를 수 있는 것처럼, 구루의 은총을 잃은 사람은 이 축복의 세상을 죽은, 황량한 그리고 비어 있는 세상으로 볼 것이다. 이 무지한 개인은 한 토막의 새끼줄을 보고 뱀을 상상하여, 땀을 흘리며 두려움에 떨기 시작한다. 마찬가지로 그는 불완전을 세상에다 투사한다. 그는 의식의 빛나는 빛줄기 다발 같은 이 세상을 물질이나 메마른 땅이나 마야로 보고 참을 수 없는 고통을 경험한다. 이렇게 된 주된 이유는 그에게 구루의 은총과 가르침이 없기 때문이다. 인간이 이러한 상황에 처하게 되는 이유는 내면의 샥띠가 자라서 확장되지 않았기 때문이다. 바스굽따짜리야는 이러한 상태에 처한 인간에 대하여, '샥띠다리드라 삼사리', 즉 "샥띠를 잃은 사람은 윤회하는 영혼이다."라고 말한다.

만약 모든 남자와 여자, 소년과 소녀들이 구루의 은총을 얻고 그들 내면의 샥띠가 일깨워지게 되면, 그때에는 이 모든 사람들이 세상에 여전히 살고 있으면서도 가슴속에 드러난 찌띠의 집중을 경험할 것이다. "그 자신의 샥띠가 일깨워질 때, 개체적 영혼은 지고의 쉬바가 된다." 그는 쉬바의 것이고, 그는 쉬바 내에 있으며, 그는 쉬바이다. 구루의 은총을 얻으면 당신은 곧 쉬바가 될 것이라고 묵따난다는 말한다.

모든 남자와 여자는 명상할 수 있다. 왜냐하면 그들은 신의 동일한 이미지이기 때문이다. 명상이 요기들의 영적 여행을 완성으로 데려다 주듯이, 그것은 세상 사람들의 세상적인 여행도 완성으로 안내한다. 명상을 하면 기억력이 증가된다. 슈리 구루데바 아쉬람을 찾은 많은 소년과 소녀들은 성적이 좋지 않은 학생들이었지만, 명상의 경이로운 영향력을 통하여 최고의 점수로 시험을 통과하였다. 명상 중에 마음이 안정될 때, 쁘라나도 매우 순수해진다. 그러면 신체적인 무기력이 파괴되고, 열정과 에너지가 증가한다. 열정과 에너지는 세상에서 매우 유익한 친구들이다. 명상을 통하여 나디들이 정화되고 많은 질병이 없어진다. 정말이지 아쉬람을 찾아오는 많은 명상 수행자들은 질병을 완전히 정복하였다. 더구나 명상을 통한 내적 깨달음을 통하여, 신성으로 고취된 상호 간의 존경이 남편과 아내 사이에서 싹튼다. 형제와 자매는 서로 간에 신성을 보며, 아이들, 부모들과 인척 간의 관계가 신성한 정서로 채워진다. 이것이 '천국으로 채워진 삶'으로 알려져 있다. 이것이 명상 요가의 결실이다.

오, 이 세상을 살아가는 여러분이여! 무슨 일이 일어날지라도,

여러분은 항상 식사 시간을 따로 제쳐 놓고, 또한 명상할 시간을 찾아야만 한다. 시간이 날 때마다 평화롭게 앉아, 가슴속에서 마음을 안정시키고, 슈리 구루데바에게 기도하며 명상하라. 무엇을 하든지 간에, 구루가 여러분에게 준 위대한 만뜨라를 계속 노래하라. 만약 낮에 명상할 시간이 나지 않으면, 잠자리에 들 때 명상하라. 이렇게 하면 여러분은 확실히 행복을 발견할 것이다. 혼자만의 시간이 조금이라도 날 때마다 그 시간을 최대한 이용하여 명상하라.

나는 싯다 수행자가 명상하지 않을 때라도 숙고할 수 있는, 냐나르나바 경전에 나오는 다음의 만뜨라를 당신에게 준다.

아함 나 나라고 나마 나 띠르야그 나삐 마누샤하
나 데바 낀뚜 삿다드마 살보얌 까르마비끄라마하

만약 우리가 직접 묵상하면,
우리는 악마도, 동물도, 인간도, 신도
아님을 알게 될 것이다.
우리는 단지 완성의 진수, 완벽한 영혼들이다.

정말로 이 말을 이해할 때까지, 즉 그것이 여러분의 마음에 단단히 새겨질 때까지 계속해서 그것을 반복하라.

자나까 왕은 이 세상에 살면서 깨달았다. 그가 자신의 왕비에게 말한 다음과 같은 지혜의 말씀을 가슴속 깊이 간직하라.

베다 바바나 따자 데 수마떼
살바 메 아뜨마붓디 까라 레
뿌뜨라 바사나 로까 바사나 데하 바사나 따자 데

오, 현자들이여! 다양성의 개념을 버리고, 모든 것에 나타나 있는 참나를 보라. 아이들과 사회와 몸에 대한 집착을 버려라.

포기를 위하여, 자나까 왕은 한때 이 세상으로부터 등을 돌렸다. 한동안 그는 음식과 마실 것을 포기하고 더 이상 왕국도 다스리지 않았다. 그러나 그는 포기를 통하여 일원성에 대한 완전한 지식을 재빨리 얻었다. 정말이지 포기가 이것을 가져다주지 않는다면, 그 포기는 가짜였던 것이다. 만물의 평등에 대한 지식을 얻고 모든 세상과 참나의 동일성을 이해하자마자, 그는 만족을 찾고 자신의 왕국을 통치하기 위하여 되돌아왔다. 외적으로는 국정을 보살폈으나, 내적으로는 신의 현존을 경험하였다. 자나까의 왕비는 그가 가슴속에서 얼마나 평화롭고 고요하고 사랑스럽게 변했는지를 알고 호기심이 일어나 그에게 어떻게 평화를 찾았는지를 물었다.

왕은 이렇게 대답했다. "오, 왕비여! 전 세계가 참나이다. 이 지식이 내면으로부터 스스로 모습을 드러낼 때, 생명이 있거나 없는 모든 우주가 참나의 빛으로 보인다. 오, 여신이여! 그러면 개인과 세계, 마음, 마야 그리고 생각과 같은 구별이 전혀 없다.

안팎으로 당신 자신과 타인들에게서, 당신은 오로지 하나의 찌띠만을 인식하게 된다. 오, 어신이여! 참나 내에서 세상으로서 존재하는 차이감은 굴레 속에 묶인 영혼의 상태이다. 그리고 차별은 고통의 원인이다. 이러한 상태에서는 결코 평화를 발견할 수 없다. 만뜨라 반복이나 고행이라는 수행을 통하여 세상으로부터 벗어나려고 하면 할수록, 당신은 더욱더 그 속으로 파고들게 된다. 오, 여왕이여! 나는 개인적 존재가 아니다. 나는 참나이다. 이 모든 것들이 바깥과 안, 위와 아래에 있는 나의 창조적 에너지이다. 나 아닌 것은 없다. 이 세상에서 스스로 움직이지 않는 것으로 보이는 것과 의식이 있는 것으로 보이는 모든 것들은 나와 분리되어 있지 않다. 이러한 지혜나 내가 당신에게 주는 이러한 통찰력은 최대의 평화를 가져다준다. 그것은 무한한 기쁨의 바다이다."

사실 마음이 참나와 따로 분리되어 존재할 때, 마음은 움직이게 된다. 삼사라 즉 현세의 개입과 굴레를 일으키는 것은 참나와 분리된 이러한 마음의 활동이다. 당신이 움직이거나 움직이지 않는 우주에서 진동하는 자신의 참나를 볼 때, 마음 즉 찌따는 그 활동을 멈추고 찌띠가 된다. 싯다 수행자의 마음이 찌띠가 되면, 그는 찌띠 제국의 왕이 된다. 그는 모든 곳에서 참나를 본다. 그러면 몸, 마야, 차별과 이원성은 모두가 비이원성 속에서 사라진다. 경전들의 저자들이 '사찌다난다', 즉 '존재-의식-희열'이라고 기술하고 있는 목표인 순수한 절대자는 모든 이름과 형상에서 나타난다. 이 세상이란 바로 자신이 보는 대로 존재한다.

참나의 빛이 두 눈에서 빛날 때, 전 우주가 참나의 형상으로 진동하고 있음을 볼 수 있다. 태양이 떠오르면 어둠은 빛으로 바뀐다. 마찬가지로 참나에 대한 지식이 나타나기 시작할 때, 세상은 참나로 나타난다. 차별이 모든 불행의 뿌리이다. 차별이 많은 사람들로 하여금 이원성으로 춤추게 만듦으로 고통을 준다. 차별은 실재가 아니라 그렇게 보일 따름이다. 구루의 은총에 의하여 차별과 이원성의 커튼이 걷혀지고 구도자가 이 은총을 받을 때, 그는 자신 속에서 신성을 발견한다. 이것이 지반묵띠, 즉 몸을 가진 채 해방을 얻은 상태이다.

지반묵띠는 '사하자 바스따' 즉 '순수하고 자연스러운 자발성의 상태'에 도달하는 것이다. 이것은 인간이 얻을 수 있는 최고의 상태이다. 그것을 얻음은 찌띠의 선물이다. 이것을 위하여 구루로부터 지식을 받아들이는 것이 필수적이다. 이 선물을 위하여 우리는 구루에게 헌신하여야 하며, 구루의 가르침에 따라 명상해야 하며, 그가 가르쳐 준 길을 따라야 하며, 우리의 맥인 싯다들의 세계를 기억해야 한다. 이것이 우리가 해야 할 일이다. 그것은 우리의 의무이다.

사랑하는 싯다 수행자들이여! 우리는 이러한 평온이나 이러한 일원성을 얻으려고 노력해야 하고, 부조화와 차별성을 버려야만 한다. 우리가 일원성을 생각하며 그 속에 살게 되면, 차별이 우리의 가슴으로부터 사라진다. 일원성에 대한 자각이 모든 것의 진정한 진수이다. 그것이 빠라브람만이다. 이것이 모든 성자들과 슈리 구루데바가 우리에게 전해 주고자 하는 바이다.

제 39 장

사랑의 길

사랑의 사다나는 매우 수준 높은 사다나이다. 사랑은 또한 박띠 즉 헌신이라고 불리기도 한다. 사랑이란 역동적이고도 영감을 주는 가슴의 고동이다. 사랑이란 바로 신의 본성이며, 경전의 저자들은 그것을 지고의 황홀경 및 사찌다난다라고 불러왔다. 그것은 완전한 상태로 인간 내면에 존재한다. 비록 인간이 그것을 경험하지 못할지라도 그것은 거기에 존재한다. 불빛을 한 번도 본 적이 없는 맹인은 다른 사람들이 그것에 대하여 이야기하는 것을 들을 때, "불빛은 없다. 나는 그것을 본 적이 없다. 나는 그것에 대하여 아무것도 모른다."라고 말할지도 모른다. 그러나 불빛은 존재한다. 그에게는 보는 눈이 없을 뿐이다. 이와 마찬가지로 사랑을 경험하든 않든 간에 사랑은 존재한다. 만약 당신이 사랑의 길을 따라가 본 적이 없거나 그 사랑을 찾으려고 노력해 보지 않았다면, 어떻게 그 사랑을 얻을 수 있겠는가?

사랑은 넥타이다. 사랑은 불멸이다. 사랑을 통하여 고꿀의 고삐들은 신을 발견하였다. 사랑은 내면에 있는 비밀스러운 동굴을 일견하는 것이다. 내면에 거주하고 있는 사랑은 여러 감각 기관을 통하여 흘러나온다. 그것이 눈으로 흘러갈 때, 그것은 형상을 아름답게 만든다. 그것이 귀로 흘러갈 때, 그것은 소리를 감미롭게 만든다. 그것이 혀로 올라갈 때, 그것은 미각을 달콤하고 감미롭게 만든다. 사랑은 바깥으로 표현될 때, 감각적인 대상들을 즐겁게 만드는 황홀한 찰나이다. 앞에 숫자가 없는 영들은 의미가 없으며 영에 불과한 것과 마찬가지로, 만약 이 흘러나오는 사랑의 고동이 멈추게 되면, 감각들은 생명이 없고, 기쁨이 없으며, 쓸모없게 될 것이다.

당신의 일상생활 속에서 사랑을 배우라. 이 사랑은 순수하고 집착이 없어야 하며, 사랑 그 자체를 위하여 주어져야 한다. 만약 사랑에 어떤 요구들이 있으면, 그것은 단지 상업적인 교환에 불과하다. 즉, 그것은 사랑의 몸짓이지 사랑 그 자체는 아니다. 진정한 사랑에는 어떤 요구도 없고, '나의 것'이나 '너의 것'도 없으며, 이기심도 없다. 사랑은 그냥 사랑이다. 슈리 구루 니띠아난다는 바로 그 사랑이다. 그냥 삿구루를 사랑하라. 그에게 해방조차도 요구하지 말라. 인간의 가슴속에는 한 사람뿐만 아니라 수천 명의 사람들에게도 줄 수 있는 충분한 사랑이 있다. 그러나 갈망과 쓸데없는 사고 때문에, 불운한 사람은 그것을 볼 수 없다. 일단 그가 이들로부터 벗어나면, 그는 순수하고도 불멸의 그리고 완전한 사랑을 발견하게 된다.

사랑을 발견하기 위해서는 그 무엇보다도 당신 자신을 사랑해야만 한다. 자신이 불순하고, 기쁨이 없고, 비실재적이고, 덧없거나 불행하다고 반복함으로 당신 자신을 고문하지 말라. 어떤 종교들, 어떤 지역 사회들, 어떤 시 작품들은 몸을 껍데기 이상의 것이 아닌 미천하고 약하고 보잘것없는 것으로 생각한다. 얼마나 부당한 말인가! 뚜까람은 '브람마부따 호떼 까야 짜 끼르따니', 즉 "신의 이름을 반복함으로 몸이 성스러워진다."라고 말한다. 신에 대한 기억, 명상, 헌신적인 공경과 구루에 대한 사랑을 통하여 신성을 얻게 되는 몸을 당신은 얼마나 부당하게 다루고 있는가!

나는 자신의 몸을 혹사시키는 많은 수행자들을 보아 왔다. 그 결과로 그들이 결국 얻은 것은 오직 병이었다.

오, 싯다 수행자들이여! 당신의 살아 있는 몸은 여신 찌띠의 사원이다. 순수하고 순결함으로, 맛있고 건강에 좋은 음식을 먹음으로, 그리고 아름답고 소박하고 깨끗한 옷을 입음으로써, 존경하는 마음으로 몸을 다루라.

오, 싯다 수행자들이여! 만약 다른 사람들이 이 몸을 천하다고 한다면, 그렇게 하도록 내버려두어라. 당신은 구원이 바로 이 몸을 통하여 얻어진다는 것을 잊어서는 안 된다. 만약 당신이 사랑하는 신과 구루를 얻고 내면에 있는 사랑의 근원을 열어젖히고 싶다면, 당신은 먼저 당신 자신을 사랑해야 한다. 오직 사랑만이 당신을 신에게로 데려다 줄 것이다. 당신은 내면의 평화를 갈망하지만, 몸과 감각을 미워하고 있다. 당신은 내면의 기쁨을 동경하지만, 그 기쁨에 이르는 수단이 되는 몸이 마치 당신의 최대의 적인 것처럼 그 몸을 적대시하고 있다. 먼저 당신의 몸을 완전히 알라. 일단 당신이 자기 내면의 존재를 안다면, 당신은 몸이 환영이 아니라 지식으로 가득 찬 아름다운 사원이라는 것을 깨닫게 될 것이다. 몸을 사랑함으로써 당신은 자기 자신의 사랑의 샘물을 흐르게 할 것이다.

명상 중에 스스로 드러나는 늘 새로운 기쁨이 자유롭고도 영감을 주는 힘으로 가슴 내에 거주한다는 것을 이해하라. 이 사랑을 발달시켜라. 그리하여 그것이 당신으로부터 타인에게로 흐르게 하라.

사랑은 감각적인 만족을 위한 것이나 이기적인 목적을 위한 것이 되어서는 안 된다. 왜냐하면 그때에는 그것이 단지 집착이지 신의 사랑이 아니기 때문이다. 집착은 불순하다. 그러므로 집착은 당신을 신으로 결코 데려다 줄 수 없다. 사랑은 받음을 통해서가 아니라 주는 것을 통해서 증가된다. '나의 것'과 '너의 것'이라는 느낌은 사랑의 큰 장애물이다. 당신의 사랑은 평등해야 하고, 견줄 나위 없는 것이어야 한다.

사랑하는 싯다 수행자들이여! 만약 여러분이 사랑을 찾고 싶다면, 여러분은 사랑이 거주하는 장소인 몸을 진정으로 이해해야만 한다. 여러분은 몸을 이루고 있는 다섯 가지 요소의 기능들을 알아야만 한다. 여러분의 몸에 대한 태도는 순수하고 우호적이고 존경스럽고도 애정이 가득해야 한다. 몸은 수많은 탄생을 통하여, 고통과 행복이 수반된 수많은 여정들을 통하여, 인간의 동료이자 친구였다. 몸은 사다나를 위하여 근본적으로 필요한 것이다. 그것은 해방의 도시로 올라가는 사다리이다. 그것은 내면의 참나의 위대한 사원이다. 이 몸으로 된 사원의 가장 깊숙한 곳에, 사랑의 주인인 신이 내면의 참나로서 살고 있다. 그러므로 묵따난다는 다음과 같이 말한다. 싯다 수행자가 몸을 이해하고, 몸이 내면의 참나의 사원이라는 것을 알게 될 때, 그는 결코 몸에 적대적인 어떤 것을 행하지 않을 것이며, 또한 몸을 품위 없는 어떤 것에 연루시키지도 않을 것이며, 또한 타락한 비도덕적인 행동으로 몸을 결코 더럽히지도 않을 것이다.

어떤 사람들은 몸을 클럽이나 호텔 혹은 극장과 같은 쾌락의 장소로 여겨 몸의 순수성을 파괴하고 그들의 힘을 잃는다. 내가 보기에 그들은 자신의 몸을 존중하거나 몸을 정당하게 다루지 않고 몸을 모욕하고 있다. 또한 자신들의 순수하고 우호적인 몸을 잔인하고 부자연스럽게 고문하고 억압하는 어떤 신경증적인 사람들도 있다. 사랑으로 충만해야만 할 그들의 가슴들이 비탄으로 채워진다. 그들은 밤낮 자신들의 몸을 해치고 있다. 그들은 신체라는 감옥으로부터 그들을 자유롭게 해 달라고 신에게 끊임없이 기도한다. 그러나 진실로 말하자면 몸에는 어떤 잘못도 없다.

몸은 다섯 요소로 만들어져 있으며 참나의 집이다. 그것은 당신이 기쁨과 슬픔을 경험하는 땅이다. 몸은 참나의 하인이다. 그것은 항상 당신에게 봉사하고 있으며, 당신이 그 몸을 데려가려는 곳마다 따라갈 준비가 되어 있다. 만약 당신이 몸을 지옥으로 데려가고 싶다면, 그것은 당신이 요구하자마자 거기로 갈 것이다. 만약 당신이 그것을 천국으로 데려가고 싶다면, 그것은 기꺼이 그곳으로 갈 것이다. 만약 당신이 몸을 코끼리나 말 위에 앉히면, 그것은 기뻐한다. 만약 당신이 몸에다 끼르, 뿌리 및 할바라는 음식을 먹이면, 그것은 기뻐한다. 만약 당신이 몸에다 고추꼬투리, 처뜨니와 마른 빵을 먹이면, 그것은 역시 기뻐한다. 그것은 모든 것에 행복해한다. 만약 당신이 보석들로 몸을 장식해주면, 그것은 즐거워한다. 그러나 그것은 해어진 낡은 옷이나 허리에 두르는 간단한 옷만으로도 그만큼 기뻐한다. 몸은 이렇게 대단한 하인이요, 노예요, 친구라서 이 세상에 그와 같은 자는 그 이외에 아무도 없다.

옛날에 구루에게 헌신적인 하인이 한 명 있었다. 어느 날, 어떤 사람이 그에게, "안녕하십니까? 당신의 기쁨과 슬픔에 대하여 나에게 말해 주십시오. 아쉬람에서의 생활은 어떠하십니까? 더위와 추위가 당신에게 어떤 영향을 줍니까?"라고 물었다. 그 사람은, "선생님, 나는 여름의 더위나 겨울의 추위에 대해 아무것도 모릅니다. 나는 하인입니다. 나는 단지 봉사하는 방법만을 알 따름입니다. 나의 구루만이 나의 추위와 더위, 나의 기쁨과 고통을 압니다."라고 대답했다. 얼마나 아름다운가! 이 사람은 구루에 대한 봉사에 완전히 전념해 있었다. 그는 자신의 것으로 따로 남겨 둔 것이 아무것도 없었다. 사랑은 바로 이러하여야 한다. 사랑에는 항상 결함, 차별, 고뇌와 욕망이 없어야 한다. 이와 같은 사랑은 당신을 신으로 안내할 것이며, 당신을 신으로 만들 것이다.

당신의 몸을 이루고 있는 다섯 가지 주요 요소들에 대하여 생각해 보라. 너무나 아름답고, 수많은 종류의 음식의 모태이며, 너무나 많고 다양한 존재들의 어머니인 흙을 생각해 보라. 곡식, 꽃, 과일, 나무들과 식물들에게 생명을 가져다주고, 사랑이 가득하여 모든 것의 더러움을 씻어 주며, 모든 사람의 친구인 순수한 물을 생각해 보라. 그것은 얼마나 사랑으로 가득 차 있는가! 자신들의 필요에 따라 모든 존재 속에서 살아 있고, 마찬가지로 모두의 친구인 불에 대하여 생각해 보라. 인간에게 그것은 소화의 불이 되어 음식을 소화시킨다. 그것은 나무, 돌 그리고 모든 물체 속에서 개개의 본성과 조화를 이루면서 살아 있다. 그것은 모든 곳에 퍼져 있는, 갈망이 없는 사랑의 경이로운 예이다. 인간의 생명 즉 그의 쁘라나인 공기에 대하여 생각해 보라. 그것은 생명이 있거나 생명이 없는 이 세상의 모든 것에 똑같은 정도로 퍼져 있다. 그것은 우주와 그 속의 모든 것의 움직임을 지탱해 주고 있다. 일단 쁘라나가 몸을 떠나면 몸은 쓸모없는 시체가 된다. 마지막으로, 내면의 참나의 초연함을 상기시켜 주고, 그 광대한 공간 내에서의 모든 활동을 포함하고 있는 에테르를 생각해 보라. 이들이 몸을 구성하고 있는 다섯 가지 요소들이며, 의식을 갖고 있는 참나가 모든 세포에 퍼져 있다. 첫째로 이 아름답고 갈망이 없는 몸을 충분히 묵상하고, 그 다음 그것을 신과 같이 사랑하라.

자, 이 점을 생각해 보라. 만약 당신의 눈이 어떤 다른 사람의 부나 아름다움을 보고 분노와 탐욕 그리고 질투로 불탄다면, 그

두 눈에 대해 화를 내며 눈을 해치거나 혹은 눈을 뽑아 버린다면 그것은 미친 짓이 아니겠는가? 포기와 고행이라는 이름으로 당신의 죄 없는 눈을 벌하는 것이 바른 일이겠는가? 그 눈은 당신의 성실한 친구들이다. 당신의 눈은 그 어떤 것에도 끌리거나 반감을 갖지 않는다. 그들은 단지 당신이 형상을 보는 것을 도와주는 친구일 따름이다. 당신이 아무리 당신의 감각 기관을 사용하더라도, 그들은 단지 당신에게 도움을 주고 있다. 그들은 당신이 그들에게 무슨 작업을 주더라도 그 작업을 할 준비가 되어 있다. 만약 당신이 몸을 통해 사랑의 요기가 되고 싶다면, 그들은 기꺼이 그렇게 할 것이다. 만약 당신이 화를 내고자 한다면, 그들은 기꺼이 그렇게 할 것이다. 당신이 무엇이 되더라도 당신의 몸은 그렇게 될 것이다. 당신이 무엇을 표현하기를 원할지라도 그것은 그렇게 되는 것이다.

당신의 몸을 바르게 이해하라. 갈망이 없이, 당신의 눈 속에 자리 잡고 있는 태양과 달을, 당신의 모든 감각 기관 속에 자리 잡고 있는 신들을, 손과 발과 같은 몸의 여러 부분들을 사랑하라. 그런 다음에 감각의 속성 속에 거주하고 있는 속성 너머의 신을 발견하고 공경하라. 기계적으로 공경하는 것이 아니라, 깊고도 갈망이 없는 사랑으로 공경하라. 당신은 억제하는 수행을 해야만 한다. 감각을 통제해야만 한다. 그러나 억제나 포기의 이름으로 몸을 고문하거나 병들게 하지 말라.

당신은 감각 기관과 근육, 신경 및 뇌 등 몸 안에 있는 여러 가지 능력을 알아야만 한다. 그들은 당신에게 적대적이지 않다. 그들은 당신에게 행운을 가져다주는 것도, 불운을 가져다주는 것도 아니다. 그들은 선하지도, 악하지도 않다. 그들은 절대적으로 초연하다. 그들은 마음과 내면의 경향성에 따라 행동한다. 인간의 내면의 샥띠는 신의 샥띠이다. 똑같은 신성한 샥띠가 때에 따라서 갈망, 분노, 맹목적 정열, 탐욕 등과 같은 형태를 취하며, 그녀의 수단으로서 감각 기관 한두 개를 이용한다. 묵따난다는 이렇게 말한다. 명상하라. 사랑을 소생시켜라. 사랑이 모든 감각을 통해 고동치기 시작하면, 자연스러운 포기, 자연스러운 요가 및 자연스러운 지식이 당신 내면에서 일어날 것이다. 당신의 마음이 다른 사람들에게서 사랑을 찾고, 감각을 통해 사랑을 추구하고, 외부 세계에서 쾌락의 대상을 추구하는 것은 바로 당신의 마음이 사랑 그 자체를 전혀 보지 못하기 때문이다. 만약 인간이 자기 자신을 신으로 알고 사랑한다면, 왜 그가 밖으로 눈길을 돌리겠는가? 도대체 바깥에 무엇이 있단 말인가? 사랑은 명상을 통해 온다.

  방종한 사람은 자신의 몸이 쓸모없게 될 때까지 감각을 계속 충족시켜 갈 것이다. 결국에는 지쳐 버린 몸이 그를 괴롭히며, 그는 몸을 미워하기 시작한다. 출가 수행자도 역시 부자연스러운 형태의 고행으로 자신의 몸을 완전히 지치게 한다. 그는 몸을 적대시하고 몸에다 고통을 주어 몸을 쓸모없이 만들지만, 해방의 기쁨을 갈망한다. 우선 해방을 향한 여정의 수단이 되는 당신의 몸을 이해하고, 그것을 주의 깊게 돌보고, 그 다음 그것을 사랑과 존경의 마음으로 바라보라.

당신의 몸은 신이 창조한 경이로운 예술 작품이며, 지성으로 가득 찬 아름다운 창고이며, 비밀스러운 지식의 보고이다. 신의 궁정으로 들어가기 위해서나 바이꾼따로 여행하기 위해서, 까일라사를 보기 위해서나 혹은 고요함의 도시를 배회하기 위해서, 당신은 몸을 사용할 것이다. 만약 당신이 그 몸을 버린다면, 당신은 어떻게 할 것인가? 참나에 대한 지식은 명상을 통하여 몸에서 일어난다. 정말이지, 묵따난다여! 이 신성하고도 값으로 매길 수 없는 몸을 얻은 후에, 당신이 그 몸을 초월하고자 하는 대신에 그것과 끝없이 싸운다면, 그것은 미친 짓이 아니겠는가? 이 몸을 사랑하지 않고 미워하는 것이 도대체 어떤 종류의 포기 수행이란 말인가?

인간은 신의 자비를 통하여 한 몸을 얻었다. 만약 당신이 내적 혹은 외적 존재를 사랑하는 사람이 되어, 사하스라라의 전역에 뿌려진 이 끝없는 사랑의 빛으로 만들어진 넥타를 마시며 취하지 않고, 오히려 자신의 몸에 해롭고, 오염되고, 그리고 감각적인 탐닉이란 치명적인 음료수를 준다면, 그는 미치광이의 왕이 아니겠는가? 체내의 유동체를 바싹 말려 버리지 말고, 사랑을 통해 그것을 증가시켜라. 바로 이것이 당신으로 하여금 신과 합일되게 해 줄 것이다.

나는 예전에 지식을 가진 사람으로, 항상 명상에 열중했던 한 성자의 죽음에 관한 믿을 만한 이야기를 읽은 적이 있다. 그는 자신의 죽음에 대한 사전 지식을 갖고 있었으며, 그래서 때가 오자 모든 사람들을 자신의 주위에 모이도록 하고는 그들에게 축복과 용서를 구하고 난 뒤, 그들에게 감사의 마음을 전달하였다. 그 이후에 그는 네 방향과 다섯 요소들, 그리고 지혜의 수여자인 자신의 구루에게 인사를 하였다. 마지막으로 그는 걸어 다니고 움직이고 말하는 신의 사원인, 신이 주신 자신의 몸에 감사와 존경을 표했다. 왜냐하면 그는 그 몸을 통하여 그의 영적 여정을 완수하면서 신을 보았기 때문이다. 그는 합장을 하고서는 자신의 몸에게 이렇게 말했다. "내 사랑하는 몸이여! 당신의 은총과 도움으로 나는 신의 경지에 도달했다. 나는 당신에게 감사한다. 나는 종종 당신에게 불편함과 놀라움을 주기도 했다. 나는 나 대신에 당신으로 하여금 너무나 많은 고뇌와 고통을 감내하도록 하였다. 그러나 내가 무슨 일을 했더라도, 당신은 항상 나를 도와 주었다. 정말이지 나는 당신에게 빚을 지고 있다. 오, 나의 사랑하는 몸이여! 당신은 나에게 민첩하고 예리한 마음을 주었다. 당신을 통하여 나는 명상의 최고 상태인 니르비깔빠 상태에 도달하였다. 그러므로 나의 사랑하는 친구여! 나는 항상 당신의 은총을 입고 있을 것이다. 알게 모르게 나는 여러 번 당신을 부당하게 취급하였지만, 당신은 항상 나를 도왔으며, 당신이 나를 위하여 할 수 있는 모든 것을 항상 해 주었다. 내가 당신에게 무슨 짓을 했더라도, 당신은 그 대가로 우정과 동료애 이외의 어떤 것도 나에게 결코 주지 않았다. 당신이 없었더라면, 나는 훌륭한 사다나를 할 수도 없었을 것이고, 신의 경지에 이를 수도 없었을 것이다." 이 말을 몸에게 하고는, 그 성자는 절대자와 하나가 되었다.

사랑하는 싯다 수행자들이여! 여러분 역시 몸에 대해서는 이같은 고귀한 태도를 가져야만 한다. 똑같은 공경하고 존경하는 사랑을 가져라. 성자가 자신의 몸에게 말한 그 사랑스러운 말들을 읽으면서, 나는 엄청난 기쁨이 내 가슴속에서 고동치는 것을 느낀다. 만약 여러분이 나와 같이 그 말들에 귀를 기울일 수 있다면, 여러분은 곧 최고의 행복으로 채워질 것이다. 나는 이렇게 묻고 싶다. 나의 사랑하는 싯다 수행자들이여! 당신은 그와 같은 갈망 없는 사랑을 갖고서 당신의 몸을 본 적이 있는가? 당신은 여태껏 순수한 참나-묵상을 하면서, 명상과 찬가와 노래를 하면서, 그리고 들어오고 나가는 호흡에 따라 소함 만뜨라를 반복하면서 몸을 사랑한 적이 있는가? 당신은 여태껏 자제를 맹세함으로써, 장수를 가져다주는 음식을 몸에 제공함으로써, 그리고 달콤하고 순수한 주스를 몸에게 줌으로써 몸에게 감사한 적이 있는가? 그렇지 않았다면 당신은 지금까지 얼마나 배은망덕한 사람이었던가! 얼마나 예의를 모르는 사람이었던가! 당신의 소중한 친구를 이렇게 대하는 것보다 더 나쁜 일이 도대체 어디에 있을까! 사랑하는 구도자들이여! 여러분은 몸을 묵상해야 하고, 몸이 무엇인지를 이해해야 하며, 몸과 갈망 없는 우정을 발전시켜야 하며, 몸을 아주 꼼꼼하고도 규칙적으로 돌보아야 한다. 만약 여러분이 몸을 진정으로 이해한다면, 여러분은 몸을 요가, 사랑 및 명상으로 채울 것이다.

몸을 모든 장소로 데리고 가는 것은 끊임없는 사고와 환영으로 채워진 마음이다. 몸은 생각을 따라 움직이며, 생각은 마음을 따라 움직인다. 마음은 몸과 감각 기관에 명령을 내린다. 마음을 즐겁게 하기 위해서 당신은 왜 몸에게 벌을 주는가? 람에게 화를 내면서 왜 당신은 크리슈나를 벌주는가? 그렇게 하는 것이 도대체 무슨 소용이 있는가? 마음이 변덕스럽고 불안정하며 우리에게 괴로움을 가져다준다는 점에 나는 동의한다. 단지 마음을 통제하기 위하여 그토록 수많은 방법들이 고안되었던 것이다. 요기들은 마음을 통제하는 이 기법들을 배우지만, 그들은 여전히 자만과 에고를 추종하고 편한 삶을 신봉하는 자들이 된다. 그들은 이러한 수행을 통해서 사랑을 발견하지 못하며, 또한 가슴으로 내적 만족이나 기쁨을 발견치도 못한다. 모든 사람들은 마음이 결코 한 곳에 머물지 못한다고 말하는데, 나도 그 말에 전적으로 동의한다. 그러나 동시에 당신은 여태껏 마음에게 휴식하기 좋은 장소를 보여 준 적이 있는가? 마음을 가치 있는 장소로 데리고 가라. 그러면 마음은 그곳에 머물 것이다. 그것은 이곳저곳으로 방황하지 않을 것이다.

　어떤 스와미가 시골의 자그마하고 소박한 오두막에 살고 있었다. 그는 많은 것을 소유하지는 않았지만, 가난 속에서도 풍족함을 느끼면서 살았다. 어느 날 가까운 읍의 가장 부유한 상인이 그를 방문하기로 결심을 했지만, 도착하자마자 그 스와미가 외출하고 없다는 것을 알았다. 한 제자가 그에게 앉을 장소를 마련해 주었다. 상인은 앉지 않고 바깥에 있는 나무 곁을 계속 오르내리고 있었다. 제자는 상인의 행동을 보고서 놀랐다. 스와미가 집에 돌아왔을 때 제자는 놀란 어조로 자초지종을 이야기하였다. 스와미는 조금도 놀라지 않았다. 그는 다음과 같이 설명하였다. "형제여! 우리는 결국 탁발승이다. 여기에는 그가 앉기에 적합한 자리가 없다. 그래서 그가 바깥에서 오르락내리락 한 것은 당연하다." 당신의 마음은 그 상인과 같다. 오직 마음이 좋은 장소를 얻을 때만 그것은 방황을 멈출 것이다. 사랑하는 형제들이여! 여러분도 똑같은 상황에 처해 있다. 당신의 마음은 마음이 정말로 좋아하는 어떤 것, 정말로 좋은 어떤 것을 잡고자 늘 노력하고 있다. 오, 마음이여! 당신은 모든 것을 다 시도해 봤으며, 어디를 가나 행복과 평화를 추구했으며, 당신을 기쁘게 해 줄 어떤 것을 추구했지만, 당신은 여전히 불안하고 의기소침해 있다. 당신은 지식을 추구했지만 결국 우울하기만 했다. 당신은 요가의 한 분파를 통달하여 한동안 생명의 꽃을 피웠으나, 곧 실패하고 말았다. 당신은 감각적인 쾌락 속에서 탐구하였지만 사랑을 발견치 못하였다. 당신은 감각적 쾌락의 진창 속을 기어 다니는 한 마리의 지렁이가 되었다. 여전히 어떤 만족도, 어떤 안정도 없었으며, 오직 불안의 악몽만이 있을 뿐이었다.

당신은 이제 새로운 교훈을 배워야만 한다. 모든 사람을 끝없이, 욕망 없이, 유일무이하게 사랑하라. 만약 당신이 어느 누구도 사랑해 본 적이 없다면, 당신이 어떻게 평화를 발견할 수 있겠는가? 형제여! 당신은 순수하고 집착이 없어야 하며, 당신으로 하여금 차별을 보게 만드는 그 나쁜 의향이 없어야 한다. 신의 창조물 내에는 당신에게 반하고 당신이 나쁘게 되기를 바라는 것은 하나도 없다. 당신은 신의 창조물이 당신에게 친근해지도록 해야 하는 법을 배워야만 한다. 만약 당신의 마음이 비록 단 한 번뿐일지라도 당신의 깊은 내면으로 들어갈 수 있다면, 그것은 그곳에 머물 것이다. 당신의 마음을 적으로 생각하지 말라. 그것은 위대한 힘을 갖고 있지만, 당신이 먼저 마음을 이해하고 난 뒤에야 비로소 그것을 이용할 수 있을 것이다. 어떤 요기들은 단지 보통의 정신력만으로도 온갖 종류의 기적을 당신에게 보여 줄 수 있다. 만약 당신의 마음을 정말로 알게 된다면, 당신은 그것이 얼마나 경이로운 일꾼인지를 알게 될 것이다. 마음은 웅장한 창조적 능력이다.

마음의 변덕스러움을 묵상하라. 당신으로 하여금 싯다 요가의 위대한 지식에 끌리게 하여 가네쉬뿌리로 오게 한 것은 바로 이 마음의 불안정이다. 마음은 너무나 불안정하여 당신이 마음에게 가장 아름다운 것들을 보여 줄 때라도 마음은 그것들을 적절하게 즐길 수 없다. 마음은 하루는 아름다움에 관심을 가지는가 하면, 그 다음 날에는 맛에, 그 다음 날에는 향기에, 또 다음 날에는 소리나 혹은 다른 어떤 것에 관심을 가진다. 이러한 불안과 동요로 말미암아 마음은 끊임없이 좋은 멋진 장소를 찾아간다. 만약 마음이 동요하지 않았다면, 화난 사람은 늘 화를 내게 될 것이고, 탐욕스러운 사람은 매 순간마다 탐욕을 나타낼 것이며, 망상에 잠긴 사람은 자신의 망상에 빠져 있을 것이고, 색욕을 좋아하는 사람은 영원히 색욕을 느낄 것이다. 부자들은 늘 자신들의 부에만 열중할 것이며, 예술가는 오직 자신의 예술에만 몰두할 것이다. 그러나 사정은 그렇지 않다. 어디를 가나 당신은 평화가 돈이나 예술, 아름다움, 감각적인 쾌락 혹은 다른 어떤 것에도 있지 않다는 똑같은 만뜨라를 듣게 될 것이다. 평화가 이러한 것들에 있지 않기 때문에, 마음은 한 장소에서 다른 장소로 방황을 하면서 끊임없이 고통을 겪는다. 결국 마음의 불안으로 인하여 당신은 절망에 빠지게 된다.

묵따난다는 이렇게 말한다. 사랑하는 수행자들이여! 마음은 진정한 사랑과 완전한 평온 그리고 신과의 결합을 원한다. 마음은 매혹적인 어떤 것을 원하며, 바로 그 때문에 마음은 불안하다. 그것은 불안이라는 한 장소를 떠나 그 다음의 불안한 장소로 나아간다. 마치 꿀벌이 꿀을 모으기 위하여 이 꽃에서 저 꽃으로 날아 다니듯이, 마음도 이런 저런 이유로 계속해서 방황한다. 그러나 이와 같은 불안한 마음의 배후에는 마음이 완전한 휴식을 찾고 있는 의미심장한 탐구가 있다는 점을 기억하라. 마음이 명상을 통하여 참나 속으로 완전히 사라질 때까지 마음은 항상 동요할 것이며 결코 안정되지 못할 것이다. 오직 마음이 꾼달리니의 선물로서 명상에 몰입하여 내면의 빛과 하나가 될 때만, 마음은 그 불안정성을 버리고 고요해질 것이다. 마음이 명상을 통해 참나 속에서 완전히 고요해지고 사랑에 열중할 때만, 당신은 더할 나위 없는 환희의 화신이 될 것이다. 당신의 방향은 변할 것이며 당신은 변형될 것이다. 순수한 평화의 샘이 당신 안으로부터 흘러나올 것이다.

마음은 신을 제외한 그 어디에서도 완전한 휴식을 발견할 수 없다. 당신이 신을 만날 때 당신은 모든 것을 찾으며, 그래서 마음은 안정을 찾게 된다. 그러면 비록 당신이 노력할지라도 마음은 움직이지 않는다. 이런 관점에서 볼 때, 당신으로 하여금 진리와 평화를 찾아 나시도록 만든 것은 일시적인 고요함에 한 번도 만족하지 못했던 바로 당신의 불안한 마음이다. 마음은 신을 제외한 그 어디에서도 고요해지지 않는다. 마음으로 하여금 평화를 찾도록 만든 것은 바로 이러한 경향의 마음 때문이다. 당신은 마음의 편에서 볼 때 이것을 위대한 봉사로 간주해야 한다. 당신의 불안한 마음은 당신에게 큰 자산이다. 왜냐하면 그것이 명상에 대한 당신의 관심을 촉진시켰으며, 당신으로 하여금 싯다의 은총을 받을 가치가 있도록 해 주었기 때문이다. 그러므로 당신은 마음의 자비로운 은총을 진심으로 환영해야만 한다.

사랑하는 구도자들이여! 만뜨라와 같고, 또한 실제적인 경험으로 채워지기도 한 묵따난다의 말을 기억하라. 어떤 사람이 "나의 종교가 최고다."라며 아무리 자랑을 하더라도 마음이 거기에서 휴식을 찾지 못하면, 그것은 신의 거주지가 아니다. 어떤 사람이 "이것은 위대하고 진정한 만뜨라이다."라며 만뜨라를 칭찬하는 것을 여러분이 아무리 많이 듣는다 하더라도 마음이 거기에서 행복해지지 않으면, 그것은 신이 거주하는 곳이 아니다. 어떤 종파가 아무리 유명하고 어떤 구루가 아무리 훌륭하다 하더라도, 그가 훌륭한 기적을 행하거나 성수를 마시거나 성스러운 재를 바르거나 혹은 여러 신과 여신들을 숭배하든지 간에, 마음이 거기에서 휴식을 찾지 못하면, 그곳조차도 신의 거주지가 아니다. 만약 마음이 잠시 동안 한 장소에 머물고는 곧 동요하면서 움직인다면, 그곳에는 평화가 없다는 것을 의미한다. 당신은 마음을 멈추려고 노력할 수 있지만, 그것은 항상 계속 움직이기를 원할 것이다. 그것은 계속해서 행복을 찾아 움직인다. 만약 마음을 정지시키기를 원한다면, 당신은 그것을 사랑 속으로 가라앉히고 참나의 깊은 사랑 속으로 밀어 넣어야 한다. 평화의 환영이 있는 곳에서는 마음이 순간적으로 멈출 것이지만, 곧 이어 그 어느 때보다 더 불안한 상태로 다시 움직일 것이다. 그러나 마음이 진정으로 행복한 곳에서는 마음의 움직임이 멈추고 마음은 평온을 찾는다.

마음을 억지로 통제하려고 하지 말고, 마음을 잘 인도하여 참나의 황홀경이란 강으로 데려가야 한다. 진정한 사랑의 빛이 빛나고 있는 곳인 참나의 사랑이라는 신성한 그늘로 가는 순례의 길로 마음을 데려가라. 만약 당신이 마음을 지고로 황홀한 참나에게로 돌린다면 마음은 가능한 한 빨리 그곳으로 달려가기를 원할 것이지만, 만약 당신이 강제적인 힘이나 고행을 통해 마음을 평화롭게 하려고 고집스럽게 노력한다면 그것은 더욱더 동요하며 당신을 배반할 것이다. 마음을 사랑하라. 그러나 당신이 마음을 사랑하기 전에라도 그것을 마음이라고 생각하는 것을 그만두어라. 그것을 마음으로서 고동치는 여신 찌띠라고 생각하라. 마음에 대한 적개심을 버리고 마음과 진정한 우호를 수립한 뒤에 "내면의 참나에게로 가라."고 말하라. 이와 같이 생각하는 것이 실제로 명상이다. 만약 마음을 정복하고자 한다면, 그것이 찌띠로 가득 채워져 있다고 생각하고는 그것을 사랑하여야만 한

슈리 구루데바 아쉬람의 스와미 묵따난다, 1966년.

다. 마음을 평범한 것이라고 생각하거나 마음에게 적개심을 품을 때, 마음은 당신을 정복한다. 그러므로 마음을 완전히 정복하기 위해서는 마음을 사랑해야만 한다. 사랑은 승리의 만뜨라이다. 그것은 신을 당신에게로 끌어들이는 자석이다. 그것은 마음을 취하고 즐겁게 만드는 위대한 야그나이다. 사랑은 위대한 힘을 갖고 있다. 그것은 불가능한 것을 가능하게 한다. 그것은 깨어진 것을 완전하게 만드는 힘을 갖고 있다. 당신 스스로를 작고 하찮은 존재라고 더 이상 생각하지 말라. 당신 자신을 사랑으로 채워라. 그리하면 당신은 당신 자신의 위대함을 보게 될 것이다.

사랑하는 명상의 요기들이여! 명상을 통하여 당신은 무엇이 당신 내면에 있으며 무엇이 당신 내면에 없는지를 발견할 수 있다. 명상이 없다면 당신은 가난하다. 명상이 있으면 당신은 부유하다. 그러므로 먼저 당신 자신을 사랑하고 사랑과 함께 명상하라.

옛날에 한 싯다가 숲 속에 살고 있었다. 어느 날 어떤 구도자가 그를 찾아와서 그에게 "마하라지! 나는 신을 보고 싶습니다. 어떤 사다나를 해야 합니까?"라고 물었다. 그를 자세히 살피고 난 뒤에 싯다는 "당신은 누구를 사랑합니까?"라고 물었다.

"사랑은 신을 찾아 가는 수행의 길에 방해물입니다."라고 그 구도자는 대답했다.

"방해물이 되는 것은 사랑이 아닙니다. 사랑의 욕망이 방해물입니다. 맹목적 정열이 방해물입니다. 사랑은 신의 몸입니다. 당신이 당신 자신과 친구와 친척들에 대하여 갖고 있는 사랑은 사방으로 퍼져 나가야 합니다. 당신을 람에게로 데려다 주는 그것이 진정한 사랑입니다. 그러므로 모든 사람을 사랑하십시오."라고 그 싯다는 말하였다.

몸의 여러 수족들에게 화내지 말라. 만약 화를 내야 한다면, 몸이 아닌 화에게 화를 내라. 무지한 자들이 하는 말에 귀를 기울이면서, 당신의 동료요 친구인 몸을 괴롭히지 말라. 몸을 무자비하게 혹은 교활하게 다루지 말라. 사랑하는 구도자들이여! 여러분은 몸을 통하여 모든 행위들의 결실을 얻게 된다. 모든 세계의 고행들은 몸을 통해 겪게 된다. 모든 위대한 사람들은 몸을 통해 위대하게 되었다. 위대한 현인들, 현자들, 왕들, 영웅들, 시인들, 배우들, 화가들, 운동선수들, 전사들, 대단히 정숙했던 여인들, 예수 그리스도, 부처님, 그리고 기타 모든 뛰어난 사람들은 몸을 통해 살았다. 몸을 순수하게 하라.

아무 일도 하지 않는 몸은 아무 소용이 없다. 그러므로 규칙적인 일, 아사나, 쁘라나야마 그리고 명상을 통하여 몸을 단련시켜야 한다. 당신의 몸을 신의 사원처럼 존경하라. 몸에게 올바른 음식과 올바른 이완을 베풀어 주는 사제가 되라. 몸을 통하여 오직 하나의 갈망만 있게 하라. 즉, 사랑의 갈망만 있게 하라. 그리고 하나의 소망만 있게 하라. 즉, 명상을 통하여 오는 내면의 빛에 대한 비전을 얻으려는 소망만 있게 하라. 그리고 하나의 희망만 있게 하라. 즉, 절제되고 단련된 몸과 내면의 빛을 방사하는 몸에 대한 희망만 있게 하라. 모든 것은 사랑을 통하여 가능하다. 사랑하는 사람은 사랑을 통하여 신을 볼 수 있으며, 사랑을 통하여 그는 지고로 성취할 수 없는 것을 쉽게 얻을 수 있다. 어떤 사다나도 사랑만큼 쉽지 않다. 이것은 당신이 사랑이 무엇인지를 알기 때문이다. 사랑은 사다나를 통하여 밖에서 얻어야만 하는 그 어떤 것이 아니다. 사랑의 흐름은 이미 내면의 그곳에 있다. 당신은 이 사랑을 널리 퍼뜨려야 한다. 이렇게 하면 그것은 당신을 채울 것이다. 당신이 사랑을 더 많이 주면 줄수록, 그것은 더욱 커질 것이다. 자신의 사랑을 퍼뜨리는 사람은 어디를 가나 사랑으로 환영받을 것이다.

나는 사랑이라는 탈을 쓴 채 단지 미워하기만 하는 많은 사람들을 보아 왔다. 사랑 속에는 미움이라는 것이 들어설 자리가 없다. 높고 낮음이라는 느낌도 없어야 한다. "우리는 비슈누의 헌신자이다. 그래서 우리는 쉬바 사원에는 절대 가지 않는다."라고 말하는 어떤 냉혹하고 분노에 찬 사랑하는 사람들이 있다. 만약 당신이 사랑 속에서 이러한 분노를 발견한다면, 그것이 도대체 어떤 종류의 사랑이겠는가? 그것은 진실로 야만적 행위에 불과하다. 사랑 속에는 계급, 사람 혹은 종교 간의 차별이 결코 있을 수 없다. 차별은 사랑이 아닌 협소한 시각에서 비롯된다. 사랑에서부터 비이원성에 대한 몰입이 나온다.

사랑은 당신의 내면에 있으면서 당신에게 늘 새로운 경험을 가져다준다. 깊은 수면이 가져다주는 만족에 대하여 생각해 보라. 어디에서 이 초감각적인 만족이 오는가? 당신이 처음 친구를 만날 때, 당신은 만족감을 느낀다. 그것은 어디에서 기인하는가? 아름다운 광경을 보고 기뻐할 때 그 행복은 어디에서 오는가? 또 당신의 마음이 기쁨으로 가득 차게 될 때 간혹 자연스럽게 일어나는 만족감은 어디에서 오는가? 이 모든 질문들을 자세히 살펴보라. 그리하면 당신은 큰 만족의 근원이 내면에 숨겨져 있음을 발견할 것이다. 그것은 지고로 행복한 것이며, 그것의 이름은 사랑이다.

그러므로 사랑을 공경하라. 두 눈의 뒤에 있는 참 목격자에게 단지 사랑의 장면만을 보여 주어라. 당신의 모든 행위들이 사랑으로 가득 차게 하라. 젖소, 나무, 꽃 그리고 과일들에 대한 당신의 사랑이 나날이 성장케 하라. 왜냐하면 사랑이 그 모든 것의 바탕이기 때문이다.

사랑은 인간을 변형시키는 강력한 원자 에너지다. 그러므로 당신의 가슴을 메마르게 하지 말라. 당신이 만나는 모든 어리석은 자들이 당신 내면에 사랑이 존재하지 않는다는 것을 당신에게 납득시키도록 하지 말라. 인간은 무지하기 때문에 자신에게 불공정하다. 그리고 자신이 죄인이고 보통 사람이라고 믿기 시작하면, 인간은 다른 사람들도 똑같이 느끼도록 만든다. 나는 옛날에 세 강이 합류하는 알라하바드에 목욕하러 간 적이 있었다. 내가 그곳에 앉아 있을 때, 한 사제가 나에게로 와서는 나에게 맹세를 하라고 말하였다. 나는 맹세를 하고 싶지 않았지만, 그는 나의 말을 듣지 않고 계속 자기의 주장만을 했다. 그는 꽃과 물을 갖고 와서는, "스와미지! '나는 죄인이다.'라고 반복하시오."라고 말하였다.

"당신이 죄인이지, 나는 죄인이 아닙니다. 이같이 성스러운 곳에서도 당신은 순례자들을 바보 취급하고 있습니다. 나는 '나는 덕이 있는 사람이다. 나는 선행을 하는 사람이다. 나는 욕망이 없다!'라고 말하겠습니다."라며 쏘아 붙였다. 이 말을 듣고서 그는 가 버렸다. 그와 같은 나쁜 친구를 통하여, 사람들은 자신에게 기쁨이 없으며, 자신이 실재하지도 않고, 불행하고, 가난하며, 썩어 없어지는 존재라고 믿게 된다. 그리고 이와 같이 생각하기 때문에 그들은 내면의 사랑을 꽃피울 수 없다.

사랑하는 구도자들이여! 사랑이 없는 배움은 소용이 없다. 사랑이 없는 요가는 의미가 없다. 사랑이 없는 사다나는 그것이 어떤 사다나이든 간에 당신을 참나의 기쁨 속으로 데려다 줄 수 없다. 당신 자신을 사랑으로 가득 채우고, 이 사랑을 사람들 사이에 퍼뜨려라. 욕망, 갈망 혹은 집착이 없이 사랑하는 것이 맹목적 정열, 적의 및 망상을 극복케 하는 열쇠이다. 많은 경전들을 공부할 필요는 없다. 왜냐하면 모든 생각들은 신으로부터 나오기 때문이다. 여기에서는 그것이 지식의 문제가 아니라 사랑의 문제이다.

포기와 수용에 대한 논쟁에 갇혀 인생을 허비하지 말라. 왜냐하면 그 논쟁은 아무 가치가 없기 때문이다. 오직 참나에 대한 지식만이 가치가 있다. 요가와 학문과 지식이 이기주의로 가득 차게 되면, 그것들은 사랑의 적이 된다. 이기주의를 완전히 버려야 하며, 이것은 사랑을 통해서만 이루어질 수 있다. 비이기적인 사랑이 가슴으로부터 일어날 때, 사람은 자신의 삶에서 깊은 평화를 경험한다. 마음을 억압하는 대신에 그것을 사랑으로 채워라. 그 다음 얼마나 경이로운 황홀이 당신의 내면에 있는지를 보라.

강압적 힘이나 호흡 통제를 통하여 마음에 고통을 주는 대신에, 단순히 마음을 참나가 있는 곳으로 안내하여, 사랑으로 그 마음을 평정하라. 신을 당신의 모든 감각 기관들의 대상으로 하라. 자신의 한 가지 즐거움이 나라야나인 사람은 사랑으로 가득 차 있는 세상을 볼 수 있다고 말한다.

사랑은 당신의 본성 그 자체이다. 그것이 당신의 사다나이며, 당신이 도달할 최고의 경지이다. 사랑은 신이다. 사랑은 우주이다. 신은 우주로서 나타났다. 우주는 신과 전혀 다르지 않다. 우주는 신성한 샥띠의 나타남이다. 사랑은 신의 실현을 위한 완전한 사다나이다. 사랑이 없이는 신의 경지에 도달할 수 없다.

사랑은 위대한 내적 경험이다. 그것을 내면에서 찾아라. 당신은 신성한 에너지가 전기의 속도로 당신의 전신을 통해, 즉 몸의 모든 유동체, 피, 쁘라나를 통해 돌진해 가는 것을 볼 것이다. 당신이 이러한 힘을 경험하게 될 때, 당신은 사랑이 무엇인지를 알게 될 것이다.

당신 내의 활동은 늘 계속된다. 그것은 결코 멈추지 않는다. 당신의 신경, 근육 및 혈구는 끊임없이 그것들의 기능들을 수행하고 있다. 당신이 집에 있든, 아쉬람에 있든, 아니면 다른 어디에 있든지 간에 사랑과 열정과 결의를 가지고 당신의 일을 해야만 한다.

인간은 모든 것을 포용하고 있는 자신의 참나를 사랑해야만 한다. 그 참나에 대한 완전한 믿음을 가져야 한다. 사랑은 인간을 행복의 바다로, 평화의 이미지로, 지혜의 사원으로 변화시킨다. 사랑은 인간의 참나 그 자체이며, 그의 진정한 아름다움이며, 인간적 존재의 영광이다. "먼저 당신 자신을 사랑하라. 그 다음 이웃을 사랑하라. 그러고 나서 온 세상을 사랑하라."고 묵따난다는 말한다. 이것이 박띠요, 이것이 냐나의 기쁨으로 가는 길이며, 이것이 요가의 기쁨을 성취하는 것이다. 기타 모든 사다나들은 사랑의 사다나 속에 포함되어 있다. 바가반 니띠아난다는 바로 그 사랑이다. 그는 모든 사다나의 보상인 지고의 행복이다. 그는 구루의 은총을 통하여 공경받는다.

제 40 장

구루를 기쁘게 해 드리기

싯다 수행자는 자신의 노력만으로 영적 완성을 성취할 수 없다는 점을 잊어서는 안 된다. 세상의 일에 있어서도, 사람은 자신이 노력을 하는 이외에도 타인에게 자문을 구한다. 사람은 스스로 할 수 없는 것을 타인으로부터 배운다. 샥띠빠뜨, 끄리야 요가, 싯다 비디야 혹은 꾼달리니 마하요가에서는 구루의 은총만이 구원의 방법이다. 이 노정에서는 구루의 안내 없이 완성을 얻는다는 것은 불가능하다.

자유와 자아 표현에 대한 현대의 사상들은 싯다 수행자들에게는 상당한 장애물이다. 만약 싯다의 길을 걷고 있는 수행자가 '자유'라는 말을 남용하여 게으르거나, 혹은 구루에게 복종하는 일을 태만히 한다면, 만약 그가 구루의 결점을 찾거나 혹은 구루에 대한 믿음이 거의 없다면, 그는 샥띠가 얼마 후에 파괴되는 것을 발견하게 된다. 왕이 어떤 집에 머물게 되면, 그는 자신의 모든 위풍과 장엄함을 가지고 온다. 그는 그 집을 풍요하고 웅장하게 만든다. 그는 기쁨과 아름다움과 위대함을 그 집안의 구석구석까지 퍼뜨린다. 그러나 그가 떠날 때, 그는 자신의 모든 영광을 가지고 떠나며, 그래서 그 집에는 광채와 아름다움이 사라지게 된다. 구도자에게 활발하게 작용하고 있고, 구루로부터 받았으며, 그리고 구루의 감독 하에 움직이고 있는 모든 것을 알고 있는 샥띠가 과연 구루에 대하여 의심을 품고, 구루의 결점을 찾으며, 구루에 대하여 자신과 논쟁하는 그런 싯다 수행자와 함께 머무는 것을 기뻐하겠는가? 꾼달리니 마하요가의 경우, 싯다의 길을 따라 갈 때, "구루의 은총만이, 구루의 명령만이 중요하다." 묵따난다가 다음과 같이 말하는 것은 사실이다. 즉, 구루의 은총이 모든 지식과 해방과 참나의 진정한 본성에 대한 탐구에서 가장 중요한 것이다. 냐네쉬바르 마하라지에 의하면, 당신의 노력, 만뜨라의 반복, 고행, 요가 그리고 사다나는 당신이 구루의 은총을 받을 때가 도래할 때만 결실을 맺는다. 사다까가 기억해야 할 것은 구루가 그들의 곁에 서 있을 때는 사다까가 구루에게 돌리는 만큼의 많은 영광과 탁월성, 완성 그리고 능력을 가지고 서 있다는 것이다. 당신의 내면적 능력의 수축과 확장, 사다나의 진보와 퇴보, 그리고 사다나의 완성의 시기는 모두가 당신 느낌의 강도에 달려 있다. 진실로 구루를 신의 화신으로 보는 당신의 느낌이 강하면 강할수록, 당신은 더욱더 빨리 모든 것을 얻게 될 것이다. 당신에게 어떤 시간도 들지 않을 것이다. 나는 사다까의 믿음과 헌신을 증가시켜 그로 하여금 목표에 도달하도록 도와 줄 수 있는 작은 사건 하나를 말하고자 한다.

　마하블레쉬바르에 있을 때, 인도 기술 연구소의 한 연수생이 나를 보러 왔다. 그는 도착한 지 4일이 채 못 되어 은총을 받고는 사다나를 하기 시작하였으며, 명상을 꽤 잘하기 시작하였다. 그 시점에 그가 뭄바이로 돌아갈 때가 다가왔다. 비가 왔기 때문에 그의 버스는 지체되었고, 자정이 다가와도 그는 여전히 버스로 여행 중이었다. 한편 봄베이에서는 그의 어머니가 버스가 왜 도착하지 않는지에 대하여 매우 궁금해하면서 그를 걱정스럽게 기다리고 있었다. 10시가 되자, 그녀는 사랑하는 아들에 대한 생각을 그만두고 그 대신에 구루데바에게 기도를 하기 시작하였다. 기도를 할 때 그녀는 구루바바에 열중하게 되었다. 그때 그녀의 구루가 그녀의 앞에 나타나서, "부인, 걱정하지 마시오. 당신의 아들은 12시 25분에 집에 도착할 겁니다."라고 말했다. 이 말을 듣자 그녀는 걱정을 완전히 끊었다. 그녀의 믿음 때문에 구루는 직접 그녀에게 나타났으며, 그녀는 아들에 대한 염려를 그만두었다. 그녀는 다시 깊은 명상 속으로 잠겼다. 얼마 뒤에 그녀는 누군가가 문을 노크하면서 "어머니, 어머니."라고 부르는 소리를 들었다. 그녀는 일어나서 문을 열었다. 그녀의 아들이 바로 거기에 서 있었다. 그녀는 시계를 바라보았는데 정확히 12시 25분이었다. 그녀는 경이로움에 압도당하였다. 나중에 그녀는 직접 마하블레쉬바르로 왔으며, 그리고 내가 그녀로부터 이 이야기를 전부 들었을 때, 나는 '구루를 기쁘게 해 드리기'라는 이 장을 쓰고 싶은 마음이 우러나왔다.

싯다로까에 거주하고 있는 성자로서 늘 기억되어야 할 존재인 성자 뚜까람은 구루를 기쁘게 해 드리기에 관한 시를 썼는데, 나는 싯다 수행자들에게 도움을 주고자 그것을 여기에서 인용한다.

구루짜라니 떼비따 바바 아뻬 아빠 베떼 데바
무하누니 구루시 바자붸 스봐디야나시 아나붸
데바 구루빠시 아헤 바람바라 상구 까예
뚜까 마하네 구루바자니 데바 베떼 자니 바니

이 시가 의미하는 바는 당신이 모든 가슴과 모든 믿음을 구루의 발아래에 놓으면, 아무런 노력이 없이도 당신은 신을 만날 수 있다는 것이다. 즉, 그것은 저절로 일어난다는 것이다. 그러므로 구루를 찬양하라. 그분을 명상하라. 신은 구루와 함께 계신다. 내가 얼마나 자주 이 말을 해야 되겠는가? 뚜까람은 당신이 구루를 칭송할 때 당신은 신을 숲 속에서뿐만 아니라 속세에서도 만날 수 있다고 말한다. 그러므로 사랑하는 싯다 수행자들이여! 여러분은 구루에 대한 완전하고도 이상적인 믿음을 가져야 하고, 구루의 발에 대하여 절대적으로 헌신해야만 한다.

바바 즉 느낌이란 매우 경이로운 어떤 것이다. 일단 당신이 바바를 확립했으면, 비록 당신이 그것을 반대 방향으로 돌린다 해도 똑같은 바바가 그 반대가 될 수 있다. 당신의 바바는 그러한 것이기에 그것은 당신을 성장하게 만든다. 이것이 영속적인 믿음이라고 불린다. 단 한 번이라도 역동적인 찌띠 샥띠의 신성한 힘과 영향력을 경험한 싯다 수행자에게는, 이제 그의 내면과 그의 구루와 그 자신의 참나 그리고 신성한 의식이 노는 유희의 장으로서의 우주 속에서 명백하게 드러난 찌띠 샥띠를 통하여 깊고도 영속적인 믿음이 일어난다. 그렇게 되면 그의 마음과 생각과 지성이 내면의 찌띠 샥띠와 구루에 대한 경건한 느낌과 내면의 참나를 버리고 아무 이유 없이 이곳저곳으로 방황하는 것은 매우 어렵게 된다. 그는 순간적으로 일어났다가 가라앉는 이 세상의 조건과 상황 속에서 어떤 행복이나 슬픔도 발견하지 못한다. 진실로 당신은 구루에 대한 확고하고도 완전한 헌신과 믿음을 가져야만 한다.

신의 전능과 내면의 참나의 힘에 대하여 우리가 마땅히 지녀야 하는 그런 종류의 믿음을 설명하기 위하여, 나는 악마들의 가문에서 태어난 현자 쁘라흘라다의 이야기를 들려주겠다. 이 왕에 대한 헌신자들의 이야기는 인도인들에게는 잘 알려져 있다. 쁘라흘라다의 아버지이자 악마들의 왕인 히라니야까슈뿌는 그의 아들이 비슈누에 대한 헌신을 포기하고 악마들의 생활 방식과 관습들을 따르도록 여러 번 시도하였다. 쁘라흘라다는 그의 헌신을 포기하지도 않았고, 또한 악마들의 생활 방식을 배우지도 않았다. 자신의 가슴속에 있는 신성한 힘을 완전히 깨달은 사람이 그 무엇을 두려워하겠는가? 찌띠가 그의 내면에서 활동하고 있을 때 그에게 무엇이 부족할 수 있겠는가? 결국 히라니야까슈뿌는 쁘라흘라다를 설득하는 일에 지쳐 버렸다. 그는 발끈 화를 내면서 다음과 같이 외쳤다. "나의 엄숙한 말에 지구가 산산

조각이 나고 바람도 멈추지만, 이 아이는 내 말을 무시하는구나! 이 바보 같은 어린애는 우리가 항상 가족 속에서 해 왔던 것처럼 먹지도, 춤추지도, 사냥하지도, 즐기려고도 하지 않는다. 그 대신 그는 나쁜 친구와 사귀며, 신을 명상하기 위해 도망친다. 그는 우리의 종교를 저버렸으며, 우리 가족의 전통에 먹칠을 하였다. 이같이 타락한 자식을 두기보다는 아들이 없는 게 더 낫겠다." 히라니야까슈뿌는 화를 낼 때 사자처럼 포효하였다. 그는 악마들의 무리를 소집했고, 그들은 무기를 들고 그에게로 달려왔다. 악마의 왕은 "이것은 나의 명령이다. 쁘라흘라다를 잡아 산산조각 베어라!"라고 말하였다. 악마들은 즉시 자신들의 무기를 뽑아 들고는 쁘라흘라다를 찾아 나섰다. 그들은 모두 쁘라흘라다의 목을 잘라 낼 각오가 되어 있었다.

경건한 쁘라흘라다가 그를 내리치기 위하여 무기를 뽑아 들고 다가오는 악마들을 보았을 때, 그는 조금도 두려움을 느끼지 않고 다음과 같이 말했다.

비슈누 샤스뜨레슈 유슈마슈 마이 짜사우 비야바스띠따
다이몌야스몌나 사뜨예나 마끄라만뜨바유다니 짜

오, 악마들이여! 나의 비슈누 신은 이들 무기 속에 있으며, 여러분 속에도 있으며, 내 속에도 있다. 모든 곳에 퍼져 있는 비슈누는 또한 나의 아버지 속에도 있다. 그는 모든 곳에 존재한다.[42]

"'바수데바 살바미띠', 즉, '바수데바는 정말로 모든 존재이다.' 이것은 지고의 진리이다. 진리는 영원하다. 그것은 완벽하며 시고로 두려움이 없다. 이 위대한 진리의 힘에 의하여, 나의 움직이지 않는 믿음과 헌신에 의하여, 나는 모든 곳에 퍼져 있는 비슈누를 여러분 속에서 그리고 여러분의 칼날 속에서도 본다. 이러한 믿음 때문에 여러분의 무기들은 나에게 어떤 힘도 행사하지 못할 것이다." 이 말을 하고 난 뒤, 그는 조용히 거기에 서 있었다. 쁘라흘라다는 악마들의 무기가 자신을 내리칠 때 전혀 고통을 느끼지 않았다. 개개의 무기가 그의 몸에 닿자, 그것은 화환처럼 그를 감싸 안았다. 그의 내적 상태는 변하지 않았다. 그의 명상도 전혀 방해받지 않았다. 그는 그 일로 어느 누구도 탓하지 않았으며, 그 어떤 것에도 마음의 동요가 일어나지 않았다. 왜냐하면 그는 비슈누에게 자기 자신을 완전히 바쳤기 때문이다. 쁘라흘라다의 기쁨과 고통, 불안과 슬픔, 그 모든 것이 비슈누였다. 정말이지 헌신자들 가운데서 모든 것을 신에게 바쳤다고 주장하면서도 우는 사람은 사기꾼이며, 단지 헌신을 사업으로 삼고 있을 뿐이다. 그는 진리와 거리가 멀며, 그의 헌신은 단지 연기에 불과할 뿐이다.

만약 어떤 사람이 쁘라흘라다가 비슈누에게 했던 것처럼 자신의 구루에게 헌신을 한다면, 신이 몸소 내면으로부터 그에게 모습을 드러낸다는 것은 전혀 놀라운 일이 아니다. 이 때문에 뚜까람 마하라지에 의하면, 신이 구루와 함께 거주하기 때문에 구루의 발에 대한 흔들림 없는 믿음이 있으면 누구나 신을 쉽게 찾을 수 있다는 것이다. 묵따난다는 이렇게 말한다. 구루의 사랑과 구루의 은총에 의하여 사다나가 나를 찾아왔지, 내가 그것을 찾지 않았다. 반대, 무드라 및 끄리야들이 나에게 찾아왔지, 내가 그것들을 초대하지 않았다. 아쉬람에 살고 있는 사람들과 그 아쉬람을 운영하기 위해 필요한 기술 요원들이 나를 찾아왔지, 내가 그들을 찾아다니지는 않았다. 나는 오직 나의 구루를 뒤좇아 왔을 뿐이다. 나는 항상 나의 구루의 명령에 복종할 준비가 되어 있었다. 나는 그분이 나에게 가르쳐 준 길을 따라가면서, 내가 언제 완성에 도달할 것인지를 의심해 본 적도 없으며, 그 길이 어디로 통하는지에 대해서도 한 번도 묻지 않았다. 그분이 나에게 어떤 길을 제시해 주더라도, 나는 그것을 그분의 명령으로 여기고 그 길을 따라 갔다. 그런 방식으로 따라 갔기 때문에 나는 내가 마땅히 이르러야 할 곳에 이르게 되었다. 나는 이쪽 저쪽 옆길도 쳐다보지 않았으며, 사소한 일들에 대하여 신경을 쓰지도 않았다. 오직 앞만 보고 똑바로 걸어갔다. 나는 내가 발견해야만 했던 것을 발견하였다. 나는 내가 되기로 되어 있던 것이 되었고, 그 과정에서 부족한 것은 하나도 없었다.

사랑하는 싯다 수행자들이여! 먼저 나는 그렇게 행하였고, 이제 나는 여러분에게 그것을 전해 주고 있는 것이다. 한 성자는 예전에 다음과 같이 말했다.

슈리구루짜라남보잠 사띠야메바 비자나땀
자가뜨 사띠야마사띠얌 바 네따레띠 마띠르마나

구루의 연꽃 발을 진리로 알라.
그러면 당신은 이 세상이 실재적인지
아니면 비실재적인지에 대하여 생각할 필요가 없다.

오, 구도자들이여! 이런 문제들은 학자들에게 맡겨 두어라. 구루의 발에 대하여는, 슈리 냐네쉬바르 마하라지가 행복을 추구하는 싯다 수행자에게 다음과 같이 말하고 있다.

오, 삿구루여! 사다까가 아시와 더불어 땃 뜨밤을 공경할 때 즉 "당신이 그분이다."라는 마음으로 두 발을 공경할 때, 그는 더 이상 얻어야 할 것이 하나도 없다.

사랑하는 싯다 수행자들이여! 모든 정성을 기울여 구루를 존경하라. 모든 가슴으로 그를 공경하라. 모든 가슴으로 그를 사랑하라. 그러면 모든 초자연적인 능력들이 당신에게 다가와서는, 항상 당신 곁에서 당신을 도와 줄 준비가 되어 있을 것이다. 당신은 마술사처럼 사소한 기적들을 보여 줄 필요가 없을 것이다.
니가마 경전에는 다음과 같은 말이 있다.

구루산또샤마뜨레나 싯디르바바띠 사슈바띠
안야따 나이바 싯디 시야다비짜라야 깔빠떼

영원한 신의 힘은 구루를 기쁘게 해 드릴 때만 얻어진다.

그렇지 않으면 어떠한 진정한 힘도 없을 것이며
오직 단명의 싯디만이 있을 뿐이다.

아무리 많이 만뜨라를 암송하거나, 아무리 많은 고행을 하거나, 아무리 오랫동안 명상을 하거나, 아무리 많은 자선을 베풀거나, 아무리 많은 제물을 바치거나, 혹은 갠지스 강에서 아무리 여러 번 목욕을 한다 하더라도, 구루의 은총이 없다면 당신은 어떤 것도 얻을 수 없다.

오늘날의 싯다 수행자들 가운데에서 보이는 약함, 부주의함, 그리고 열정의 부족은 그들이 구루를 기쁘게 해 드리지 않았다는 사실로부터 비롯된다. 구루의 은총은 지성을 일깨워 주고, 슬픔을 없애 주며, 사다나에 대한 강렬한 관심을 준다. 구루의 은총에 의해서만, 수행자는 신의 이름을 반복하는 데 기쁨을 찾으며 그래서 요가 끄리야들이 저절로 일어나기 시작한다. 구루의 은총에 의해서 당신은 일상생활 속에서 사마디를 발견하며, 세상 속에서 신을 보게 된다. 그러므로 구루를 기쁘게 해 드리도록 명심하라. 만약 구루의 은총의 불로부터 하나의 작은 불씨가 제자에게 떨어진다면, 성스러운 기분이 내면에서 일어날 것이다. 소원 성취의 나무, 소원 성취의 보석, 소원 성취의 젖소는 우주적인 의식으로 채워진 삿구루와 비교하면 아무것도 아니다. 순다르다스는 그와 같은 구루의 영광을 다음과 같이 노래한다.

구루데바 살보빠리 아디까 히라자마나

구루데바 사하히떼 아디까 가리슈따 해
구루데바 닷따뜨레야 나라다 슈까디 무니
구루데바 냐나가나 쁘라가따 바시슈타 해
구루데바 빠라마 아난다마야 데끼야따
구루데바 바라 바리-야나 후 바리슈따 해
순다라 까하따 까쭈 마히마 까비 나 자예
아이세 구루데바 다두 메레 시라 이슈따 해

구루데바는 모든 사람 위에 존재한다.
그는 가장 빛나며, 모든 것보다도 위대하다.
구루데바는 닷따뜨레야, 나라다, 슈까 및 다른 현자들이다.
그는 지혜의 보고이며, 현자 바시슈타가 나타난 것이다.
구루데바는 지고의 행복으로 가득 차 있는 것처럼 보인다.
그는 위대하고, 더 위대하며, 가장 위대하다.
순다르는 그의 영광을 말할 수 없다.
그러한 구루데바는 다두이며, 내가 가장 숭상하는 신이다.

영적인 완성을 얻은 자라면 그 누구나 그의 구루를 통하여 그렇게 되었던 것이다. 구루는 은총으로 가득 찬 삶과 완전한 자유 그리고 참나의 해방을 가져다준다. 구루의 은총은 영원한 성취를 위해 절대적으로 필요하다. 구루가 없다면 인간은 불행하다. 구루가 있으면 인간은 기쁨으로 가득 찬다. 그러므로 구루에게 완전히 복종하라. 그리고 진정한 구루바바를 포용하라. 약간의 명상을 하고 몇 개의 끄리야가 일어나고 또 몇 개의 빛을 보았다고 해서 그것이 구루바바는 아니다. 정말 구루바바는 이러한 것들과 거리가 멀다. 당신의 바바가 발달되면 될수록, 당신은 더욱 더 높은 영적 진화의 단계에 이르게 될 것이다.

데베 띠르떼 드비제 만뜨레 다이바즈네 베샤제 구라우
야드라쉬 바바나 야시야 싯디르바바띠 따드리쉬

신들과 성지, 브람만, 만뜨라, 신성한 존재들, 약초 및 구루로부터 얻어지는 이득은 그들에 대한 자신의 느낌의 질과 정비례한다.

당신이 구루에 대하여 어떤 행동을 해야 하는지를 직접 결정하라. 왜냐하면 구루는 세속의 바다 속으로 가라앉는 사람들을 구하여 그들을 그 자신처럼 만들어 주며, 제자의 내면으로 들어가 찌띠로 그를 채워 모든 의심들을 없애 주며, 신의 빛으로 그의 가슴을 밝혀 주며, 제자의 참나의 성스러운 빛을 일깨워 그에게 그 자신의 것과 똑같은 참나의 기쁨을 주기 때문이다.

진실로 구루는 제자의 세계를 성스러운 의식으로 가득 차게 할 수 있는 힘을 갖고 있다. 만약 어떤 사람이 이러한 의식의 유희를 볼 수 없다면, 그가 무엇을 할지라도 그는 지고의 평화를 발견할 수 없다. 그가 요가 수행, 봉헌물 바치기 그리고 만뜨라 암송을 할지라도, 그는 그 수행의 결과인 평화를 발견할 수 없을 것이다. 금지의 규약이나 계명을 따르고 여러 성지를 돌아다닌다 할지라도, 그는 아무것도 얻지 못할 것이다. 그는 오직 자신의 수명만 단축할 뿐이다. 그가 평생 뿌리와 열매만을 먹고, 초자연적인 능력을 얻고, 엄격한 고행을 하고, 여러 신들과 여신들을 숭배하고, 칭찬 받을 만한 행동을 할 수 있을지 모르지만, 만약 그가 구루의 은총을 통하여 찌뜨샤띠 빌라스 즉 성스러운 의식의 유희를 보지 못했다면, 그는 여전히 평화와 행복을 발견치 못할 것이다. 슈리 아비나바굽따짜리야는 다음과 같이 말하고 있다.

> 스바딴뜨라 스바짜뜨마 스뿌라띠 사따땀 쩨따시 쉬바
> 빠라샤띠슈쩨얌 까라나사라니쁘란따무디따
> 따다 보가이까뜨마 스뿌라띠 짜 사마스땀 자가디담
> 나 자네 꾸뜨라얌 드바니라누빠떼뜨 삼스리띠리띠

마음속에서 항상 진동하고 있는 쉬바,
즉 독립적이고 순수한 참나는
다양한 감각 경험을 통하여 기쁨으로 일어나는 빠라샤띠이다.
그때 이 외부 세계의 경험은 그 참나로 나타난다.
나는 삼사라라는 이 말이 어디에서 나왔는지 모른다.

이 지고로 순수하고 의식적인 참나를 사람들은 **빠람메쉬바라**, 크리슈나, 라마, 쉬바, 자가담바, 세상의 어머니, 브람만, 짜이따니야 혹은 순수한 의식, 니르구나, 사구나, 알라, 신, 사뜨남 혹은 알라끄로 부르며, 묵따난다는 그분을 니띠아난다라 부르며, 쁘라띠야빅냐흐리다얌에서는 그분을 찌띠 샥띠라 부르며, 그리고 싯다들은 그분을 꾼달리니라 부르고 있는데, 이 지고로 자유로운 빠라쉬바는 모든 마음속에서 끊임없이 진동하고 있다. 빠라샥띠로서의 이 똑같은 존재는 여러 감각 기관들이 그들 자신의 활동을 통하여 경험하는 똑같은 기쁨을 솟아나오게 한다. 그 본성이 존재, 의식 및 희열인 동일한 우주적 참나가 전 우주로서 그 모습을 드러내고 있다. 모든 싯다 수행자의 가슴에 살아 있으면서 찌띠로 충만된 이 세상을 경험하고 즐기는 것은 바로 이 찌띠 샥띠이다. 나는 어떻게 해서 이 우주가 첫 번째 것이고, 살아 있는 개체가 두 번째 것이며, 마야가 세 번째 것으로 여겨지게 되었는지를 이해하지 못한다. 이 세상으로 나타날 수 있는 능력을 가진 것은 찌띠 이외에는 아무것도 없다. 전적으로 독립적이고 광채에 있어서는 순수한 그 찌띠를 과연 무엇이 손상시킬 수 있겠는가? 타오르는 화염 곁에 누가 머물 수 있겠는가? 전 우주는 찌띠의 유희이다.

  당신으로 하여금 찌띠빌라사 즉 찌띠의 유희에 대한 이해를 돕기 위하여, 나는 브라자 지방의 우유 짜는 여인들인 고삐들이 어떻게 해서 찌띠빌라사를 크리슈나빌라스 즉 크리슈나의 유희, 곧 크리슈나의 영광으로 가득 찬 유희로 보았는가를 묘사하고 있는 어떤 시를 인용하고자 한다.

  지따 데까우 띠따 쉬얌마나이 해

쉬야마 꾼자 하나 자무나 쉬야마 쉬야마 가가나

가나가따 짜이 해

사하 랑가나 메 쉬야마 바로 해 로까 까하따 야하 하따 나이 해

마이 하우리 끼 로가나 히 끼 쉬야마 뿌따리야 하달라 가이 해

시선이 가는 곳마다, 그들이 보는 것은 크리슈나뿐이다.
나무 그늘, 숲 그리고 야무나 강, 하늘과 검은 구름,
모든 상이한 색깔들이 크리슈나로 가득 차 있다.
사람들은, "이것이 새로운 착상이다!"라고 외친다.
나는 내가 미쳤는지 그들이 장님인지 판단할 수 없다.

까히 나 자야 묵까사유 까찌 쉬야마-뿌레마끼 하따

나바 잘라 딸라 짜라 아짜라 사하 쉬야마히 쉬야마 디까따

브람마 나히 마야 나히 나히 지바 나히 깔라

아빠니후 숫디 나 라히 라뵤 에까 난달랄라

꼬 까소 께히 히디 까하 까하이 흐리다히끼 하따

하리 헤라따 히야 하리 가요 하리 살바드라 락하따

크리슈나의 사랑은 말로 표현할 수 없다.
나는 그분을, 오로지 그분만을 본다.
하늘과 물과 땅에서, 생물과 무생물에서
브람만도 마야도 존재하지 않는다.
또한 개인의 영혼도 시간도 존재하지 않는다.

또한 나는 나 자신도 의식하지 않는다.
존재하는 것이라고는 난다의 아들, 크리슈나뿐이다.
내 가슴의 그리움을 내가 차마 어떻게 표현할 수 있을까?
그 누가 표현할 수 있을까? 무슨 방식으로?
나는 하리를 소유할 수 있다고 생각했지만
그분이 나의 가슴을 소유하고 말았다.
나는 어디를 가나 사방에서 그분을 본다네.

전 우주는 찌띠의 놀이터이며, 신의 표현이다. 그것은 싯다 수행자의 진정한 참나의 빛이다. 그것은 슈리 구루데바로 완전히 충만해 있다. 바로 이러한 이유로 이 장은 어떻게 구루를 이해해야만 하는가에 대하여 그토록 많은 강조를 두고 있는 것이다. 당신은 이 점에 관하여 정말로 주의를 기울여야 한다. 이 찌뜨샥띠 빌라스 즉 의식의 힘의 유희는 구루의 우주적인 모습이다. 이 동일한 힘이 삿구루가 되며, 지식을 수여하며, 그리고 그것이 제자가 되어 지식을 받는다. 이 힘이 무수한 몸들을 취한다. 동일한 삿구루가 쁘라나로서 모든 존재 속으로 들어간다. 그는 브람만, 비슈누 및 루드라가 된다. 그는 바루나, 인드라, 태양과 달, 일곱 행성, 라후와 께뚜, 북극성과 큰곰자리와 같은 천상의 존재가 된다. 그는 이 모든 것들이 되지만, 그 자신의 통일성을 유지하고 있다. 구루는 말하는 자이면서 말의 내용이고, 듣는 자이면서 듣는 내용이며, 아는 자이면서 아는 내용이다. 그는 베다들이며, 베다들을 알고 있는 자이다. 그는 상끼야 철학이며, 그는 요가와

스와미 묵따난다, 1982년, 수라뜨에서.

요가의 행동들이며, 그는 요가의 신인 요게쉬이다. 그는 모든 것이 되지만, 그럼에도 불구하고 하나이다. 슈리 구루는 행위자이며, 행위의 도구이며, 행위이다. 그는 경험자이며, 경험의 대상이며, 그리고 경험 자체이다. 그는 불멸과 의약과 질병과 죽음의 영약이다. 동일한 유일 절대자가 모든 존재들 곧 무지한 자나 깨달은 자, 분별이 없거나 현명한 자, 인간과 신에게 두루 퍼져 있다. 숫자와 수학은 참나의 진동이다. 모든 라가들과 라기니들, 즉 모든 리듬과 소리는 그로 만들어져 있다. 그는 무희이며 음조가 좋은 가수이다. 그는 춤이고 노래이다. 똑같은 완벽한 삿구루가 순수 지식의 스승이요, 마하 요가와 싯다 과학의 창시자이다. 여러 경전에서는 '마누쉬야데하마스따야 짠나스떼 빠람메쉬바라', 즉 "전능하신 신이 구루로서 인간의 모습을 취한 채 자기 자신을 숨긴다."라고 그에 대하여 말한다.

　해방을 희구하는 사랑하는 싯다 수행자들이여! 이 전 우주가 구루의 영광이다. 그것은 당신 참나의 확장이다. 이것이 싯다들의 가르침이요, 슈리 구루의 가르침이며, 베단따의 관점이고, 모든 성자들과 신비주의자들의 경험이다. 만약 당신이 신성한 의식의 이러한 유희 속에서 어떤 이원성을 본다면, 당신은 결코 행복하지 않을 것이다. 당신은 어떤 만족이나 기쁨도 발견치 못할 것이다. 당신은 탄생과 죽음의 고통으로부터 결코 해방되지 못할 것이다. 슈리마뜨 샹까라짜리야는 다음과 같이 말한다.

　　　스발빠마삐얀따람 그로루뜨바 지바뜨마빠람마뜨마노하

야히 삼띠슈따띠 무다뜨마 바얌 따시야비바쉬땁

지고의 참나와 그 자신의 참나 사이에
아무리 작은 구별이라도 하면서 살아가는
어리석은 존재는 늘 두려움을 느낄 것이다.

　옳지 않은 경전을 읽거나 나쁜 친구를 사귀거나 혹은 차별심이라는 망상을 하든 간에, 신과 개인의 영혼과 그 자신 사이에 약간의 차이라도 보고 받아들이는 사람은 항상 두려워할 것이다. 그는 결코 평화를 발견치 못할 것이다. 우빠니샤드에는 '드비띠야드바이 바얌 바바띠', 즉 "또 하나의 것을 보는 자는 두려움에 휩싸일 것이다."라는 말이 있다. 만물에 두루 퍼져 있는 우주를 자기 자신이나 자신의 구루, 신이나 혹은 찌띠 샤띠 꾼달리니와 다른 것으로 보는 사람은 항상 두려움에 떨게 될 것이다. 그는 결코 행복을 발견치 못할 것이다.

**야따 니야그로다히자스따하 샤띠루뽀 마하드루마하
따따 흐리다야히야스땁 비슈바메따짜라짜람**

마치 가장 작은 씨앗이 강하고 거대하고 쭉 뻗어 나가는
보리수나무로 성장하듯이
씨앗의 형태로 가슴에 매입되어 있는 영혼의 힘도
생물계와 무생물계 속으로 확장되어 간다.

그러므로 싯다 수행자들이여! "모든 성취와 영원한 평화의 뿌리는 구루를 기쁘게 해 드리는 데 있다."는 것을 항상 기억하라.

구루는 언제 기뻐하는가? 구루 앞에 서 있거나 구루의 면전에서 그를 칭찬하거나 혹은 "얼마나 위대한 구루이십니까!"라고 말해 준다고 그를 만족시킬 수 있다고 생각하지 말라. 만약 당신이 일주일에 한 번 조금 명상하고는 그 다음 영화관을 찾아다니면서 20일을 보내고는 "얼마나 위대한 구루인가!"라고 감탄한다면, 당신이 구루를 기쁘게 해 드린다고 생각하지 말라. 만약 당신이 2주일에 한 번 조금 명상을 하고는 부랑자처럼 거리를 배회하면서 한 달을 보내고는 "얼마나 위대한 구루인가!"라고 감탄을 한다면, 당신이 구루를 기쁘게 해 드린다고 생각하지 말라. 만약 당신이 한 달에 한 번 명상을 하지만 3개월 동안 벨 뿌리를 먹고 위를 상하게 하거나 못쓰게 하고는 "얼마나 위대한 구루인가!"라고 감탄한다면, 당신이 구루를 기쁘게 해 드린다고 생각하지 말라. 구루는 이 모든 것들을 보고 기뻐하지 않을 것이다. 구루는 자신의 제자가 완성을 얻을 때 기뻐한다. 마치 미술가의 제자가 미술을 통달했을 때 스승이 제자를 칭찬하며 축복을 내려 주는 것처럼, 또 운동선수의 제자가 역시 운동선수가 되었을 때 스승이 제자를 칭찬해 주는 것과 같이, 혹은 학자가 제자의 학식 때문에 제자를 축복해 주는 것과 같이, 구루도 자신이 직접 샥띠를 내려 준 제자가 완성을 얻었을 때 기뻐한다. 당신은 구루에게 옷과 돈을 주거나, 그에게 음식을 주고 면전에서 그를 칭찬해 준다고 하여 결코 그를 기쁘게 해 드릴 수 없다.

구루는 제자가 그와 하나로 통합되어 구루가 될 때 기뻐한다.
따라서 묵따난다는 다음과 같이 말한다.

나는 피난처를 찾아 구루에게 간다.
나는 피난처를 찾아 명상의 요가로 간다.
나는 구루를 위하여 사랑과 헌신을 얻는다.
나는 "타인 속에서 신성을 보라."는 모토를 내 것으로 삼는다.
나는 항상 구루를 기억한다.
구루는 나의 마음이다. 구루는 나의 여행이요, 나의 목표다.
구루는 나의 기쁨이다. 구루는 나의 참나다.
나는 이것이 정말 진리라고 말한다.

제 41 장

자연스러운 사마디

『쁘라띠야비냐흐리다얌』에는 '마드야 비까샤뜨 찌다난다라바'[43] 라는 경구가 있는데, 그 뜻은 싯다의 은총을 통하여 꾼달리니가 싯다 수행자의 수슘나에서 일어날 때 그는 여신 찌띠의 지식을 획득한다는 것이다. 명상을 통하여 그의 마음은 평정의 상태를 유지하며, 내부에서 찌띠에 대한 완전한 지식이 생겨난다. 그 후 그가 명상 속에서 경험한 상태는 그의 일상생활을 통해 지속된다. 이러한 요기는 그의 명상에서 완전히 평온해지며, 그의 세속적인 생활 속에서도 걱정으로부터 완전히 벗어나게 된다. 이러한 요기의 상태는 점차 확고해지며, 이내 그는 침착의 상태에서 살게 된다. 구루의 은총으로 맺어진 사다나의 결실로서 찌띠 샥띠는 저절로 요기의 내부에서 이러한 상태를 취한다. 그것은 사하자 바스따 혹은 순수한 자연스러움의 상태라고 불린다. 사하자 바스따의 상태에 있는 사람은, 비록 그가 현세에 살고 있다

할지라도 마하요기 혹은 쉬바 신을 섬기는 지고의 헌신자로서 알려져 있다. 그는 그의 일상생활의 모든 행위와 활동을 통해서, 그의 숭배를 통해서, 기도와 명상을 통해서, 그의 집을 통해서, 그의 자식들과 하인들을 통해서, 그리고 그가 먹고 마시는 모든 것을 통해서 찌띠의 개화를 볼 수 있다.

'사하히얍히얀따로얌 니띠아디따사마베샤뜨마', 즉 "이러한 사람은 내부와 외부에서 찌띠의 영원한 유희를 본다." 그가 이것을 볼 때 완전한 평정이 그의 마음에 나타난다. 이것이 사하자 바스따 즉 순수한 자연스러움의 상태이다. 이 불변의 상태에서 위대한 만뜨라의 힘을 부여받게 되면, 그는 자신의 몸과 쁘라나와 감각 기관과 그 감각 대상들이 그 자신의 참나와 다르다는 느낌을 잃어버리게 된다. 그에게는 그들 모두가 찌띠로 가득 차 있는 것이다. 그가 아무리 그들에 대해 어떤 생각을 품더라도, 그들 모두의 토대를 이루고 있는 것이 위대하고 영광스러운 찌띠 샥띠라는 느낌을 그는 갖게 된다.

찌띠의 진동이 없다면 어떤 대상도 지각할 수 없을 것이다. 찌띠가 존재함으로 인하여 그녀는 모든 대상들을 보여 주는 것이다. 이런 식으로 모든 상태 속에서 유희를 하고, 모든 물질 속으로 들어가고, 그리고 모든 것을 그 자신의 존재 속으로 흡수하는 것은 똑같은 찌띠 샥띠이다. 자신의 빛이 빛나는 대상들을 통해 비치는 자는 공간과 시간과 형상이 되는 똑같은 자이다. 찌띠 샥띠는 현상계의 모든 물질적 대상을 밝게 한다. 안과 밖의 모든 사물들은 이 샥띠 속에서 창조되고, 지속되고, 그리고 사라진다.

자신의 마음과 외부의 기관들을 그녀의 빛으로 봄으로써 싯다 수행자나 싯다 요기는 신을 경험하며, 이것을 발견할 때 그의 마음은 평화와 평정을 얻는다. 이것이 사하자 바스따의 상태, 순수한 자연스러움의 상태, 자연스러운 사마디의 상태이다. 이러한 상태에 있는 요기는 신이 무한한 형상으로 나타나고, 현상계의 나눌 수 없는 완전한 지지물이며 또한 모든 물체와 모든 생물에 가득 차 있는 자라고 이해한다. 이런 사람은 그가 행하는 모든 행동 속에서 신의 끊임없는 영향력을 경험한다. 과일의 모양과 그 즙과 그 냄새와 그 모든 다양한 특성들이 하나의 단순한 통일체로서 존재하는 것과 꼭 같이, 요기는 외부의 대상들과 그 대상들에 대한 지식과 그 대상들을 알고 있는 자가 모두 만물의 근본 토대인 만물에 가득 차 있는 신과 하나라는 것을 발견한다. 따라서 요기는 모든 사람에게서 이것을 발견한다. 이것이 발견될 때 "나는 무의미하다."라는 '알뽀 함'의 관념은 싯다 수행자에게서 없어지며, 그 대신 "나는 완전하다"라는 '뿌르노 함'의 지식이 나타난다. 이것이 자연스러운 사마디이다.

사실, 모든 현상은 찌띠 이외의 어떤 것도 아니다. 싯다 수행자에게는 이 우주에 찌띠 이외에는 아무것도 존재하지 않는다. 슈리 샹까라짜리야는 다음과 같이 말한다.

라즈바냐나뜨 끄샤네나이바 야드바드라주르히 살삐니
바띠 따드바쩨띠히 샤샤드비슈바까레나 께발라

밧줄의 참된 본성을 모르기 때문에,

그것이 잠시 동안 뱀으로 보이는 것처럼,

순수한 의식도 전혀 변화하지 않고서 현상계의 모습으로 보인다.[44]

혼란에 빠진 사람은 밧줄을 뱀으로 오인할 수 있다. 그의 반응은 일시적으로 정신을 잃을 수도 있고, 혹은 심장의 맥박이 변화할 수도 있고, "도망쳐! 도망쳐!"라고 외칠 수도 있다. 하지만 밧줄이 무엇인지를 알고 있는 현자가 와서는 "오, 무지한 자여! 왜 소리를 지르고 당황해 하느냐?"라고 묻는다. 이 말을 들은 뒤에 그 동일한 사람은 앞서 보았던 뱀 대신에 밧줄을 볼 것이다. 뱀이 밧줄 안에서 나타난 것처럼, 마찬가지로 우주도 찌띠 안에서 나타난다.

브람마이바 살바나마니 루빠니 비비다니 짜
까르마니야뻬 사마그라니 비바르띠띠 슈루띠르자가뚜

베다는 브람만만이 모든 다양한 이름과 모양 그리고 행동의 토대라고 분명히 밝혔다.[45]

진실로 우주 속의 모든 다양한 사물들과 그들에게 상응하는 모든 이름 그리고 그들의 모든 작용은 곧 눈으로 보는 것, 손으로 잡는 것, 혀로 말하는 것 등은 모두가 신이 떠맡고 있다. 그리고 또,

살보삐 비야바다라스뚜 브람마나 끄리야떼 자나띠

아냐난나 비자난띠 므라데바 히 가띠디깜

모든 인간의 행동은 브람만에 의해서 이루어지고 있다.
사람이 항아리와 기타 물건 속에 들어 있는 점토를
지각하지 못하는 것은 오직 무지하기 때문이다.[46]

인간이 행하는 모든 것은 신의 존재에 의해 성취된다. 신이 없다면 아무것도 일어날 수 없을 것이다. 라디오가 말을 하지만 그 뒤에는 전기의 힘이 있다. 이 힘이 없다면 라디오는 스스로 작동하지 않는다. 마찬가지로, 감각과 기관들에 의해 이루어지는 모든 것은 그들 뒤에 의식하는 참나 즉 찌띠가 있기 때문에 이루어진다. 구루의 지혜를 받지 못한 무지한 사람들은 눈이 보고, 혀가 말하며, 다리가 움직인다고 생각하며, 그 감각 기관들은 수행하는 역할에서 정말로 독립해 있다고 생각한다. 전기가 없을 때 라디오는 작동하지 않는다. 마찬가지로, 의식하는 참나가 몸을 떠나면, 눈은 보지 못하고 혀는 말하지 못한다. 이러하기 때문에 샹까라짜리야는 의식하는 참나가 존재하기 때문에 모든 것이 일어난다고 말하는 것이다. 찌띠는 혀의 혀로서 말하고, 눈의 눈으로서 보고, 귀의 귀로서 듣고, 마음의 마음으로서 생각한다. 하나의 우주적인 의식이 내부와 외부 우주의 모든 움직임 속에서, 인간 존재의 모든 부분에서 그 기능을 담당하고 있다는 이해력을 가지고 살아가고, 일원성과 다양성의 구별에서 벗어나며, 그리고 평온을 유지하는 것이 사하자 바스따이다.

명상 수행자들은 일단 그들의 명상이 순수해지면 생각이 없어지게 된다는 것을 경험을 통하여 알고 있다. 예를 들면, 그대의 명상이 푸른 진주에 집중이 되면 마음은 그것으로 가득 차게 되고, 그래서 사실상 마음은 그것이 되어 버린다. 그대는 일시적으로 그대 자신에 대한 의식을 잃어버린다. 그대는 내부와 외부 세계도 잊게 된다. 사물을 볼 사람이 없을 때 사물은 보이지 않고, 소리를 들을 사람이 없을 때 소리는 들리지 않는다. 그 상태에서는 행복도 슬픔도 무지도 없고, 인식하는 자나 인식되는 대상도 없다. 오로지 순수한 빠람아뜨만 즉 지고의 참나만이 그 자체의 존재 속에서 고동치며 남아 있다. 그것은 흔들리지 않고 생각이 없는 고요한 상태이다. 그것이 그대 명상의 목표이다. 이 상태에서 잠시 동안 머물다가 명상에서 벗어나기 시작하면, 뚜리야띠따에서 뚜리야 상태로 넘어간다. 그 후 뚜리야 상태에서는 어떤 일이 일어나더라도 그는 뚜리야띠따의 초월 상태에 대한 깨달음을 잊지 않을 것이다. 그 다음 뚜리야에서 수슙띠 즉 깊은 수면으로 넘어갈 때, 그는 뚜리야 상태의 경험을 가져간다. 깊은 수면 상태에서, 그는 여전히 그 자신과 다른 어떤 것도 보지 못한다. 깊은 수면 상태를 떠나 꿈의 상태로 들어갈 때, 그는 그 자신의 꿈의 세계와 그 상태의 모든 대상들(마차, 말, 코끼리 등)이 된다. 그는 깊은 수면 상태의 목격자가 바로 꿈의 목격자와 동일하다는 것을 발견한다. 그 다음 꿈을 꾸는 상태에서 깨어 있는 상태로 넘어갈 때, 그는 동일한 초월적인 존재가 역시 그 밑에 있다는 것을 깨닫는다. 따라서 뚜리야띠따에서 뚜리야로, 뚜리야에서 깊은 수면으로, 깊은 수면에서 꿈으로, 꿈에서 깨어 있는 상태로 넘어갈 때, 그리고 그 정반대의 경우에도 마찬가지로, 오직 하나의 목격자만이 남아 있다. 네 개의 상태는 서로가 다양하게 다를 수 있지만, 그들을 지켜보는 목격자는 동일하다. 네 개의 모든 상태에서 하나의 목격자가 있다는 것을 이해함으로써 마음이 평온해지는 것이, 묵따난다에 의하면, 사하자 바스따이다.

찌띠 샥띠를 인식하지 못하는 상태가 있다. 그 상태에서는 우주의 모든 사물들이 사람에게 상이한 것으로 보인다. 그는 그들의 모양과 이름과 특성과 기능 등을 식별하고, 그들의 수가 많다고 생각한다. 구루로부터 받은 통찰력의 도움으로, 그는 찌띠 샥띠의 지식을 얻는다.

사 짜이꼬 드비루빠스뜨리마야슈짜뚜라뜨마
삽따빤차까스바바바하 47

이 경구의 의미는 하나의 빠람마쉬바가 둘, 셋, 넷 그리고 서른여섯의 원소들이 됨으로써 우주가 된다는 것이다. 그는 속성이 없고 모양이 없는 사찌다난다이다. 동일한 사찌다난다가 팽창하고 수축할 때, 그는 둘이 된다고 한다. 그가 개별화와 분화와 행동(아나바, 마이야 그리고 까르마)의 한계를 지닐 때, 그는 "세 부분으로 이루어졌다."고 한다. 그가 순야(공), 쁘라나, 뿌리야슈띠까('여덟 개의 도시: 다섯 감각과 마음, 지성 그리고 에고) 그리고 육체라는 네 개의 구분을 지닐 때, 그는 '네 부분으로 된 영혼'이라고 알려져 있다. 그는 빠라쉬바에서부터 물질적인 흙에 이르기까지 나타나는 서른여섯 개의 원소가 된다. 그러나 그는 여전히 하나이다. 그 이외의 다른 어떤 것도 없다. 『쁘라띠야비냐흐리다얌』은 이 세상 전부가 찌띠의 유희라고 말한다.

> 찌다뜨마 쉬바바따라까 에바 에까 아뜨마 나 뚜 안야 까슈찌따

> 오직 하나의 참나, 의식하는 참나, 쉬바 신이 있을 뿐이다.
> 그 밖에 아무것도 존재하지 않는다.[48]

이것을 이해할 때 마음의 동요는 사라지는데, 이것이 사하자바스따이다. 『비냐나바이라바』는 다음과 같이 말한다.

> 그라히야그라하까삼비띠 사마니야 살바데히남
> 요기남 뚜 뷔쉐쇼얌 삼한데 사바다나따

> 지각하는 자와 지각 대상에 대한 지식은 모든 존재에게 흔히 일어나지만, 요기들에게는 그것이 다르다.
> 그들은 그들이 하나라는 것을 알고 있다.

찌띠의 여신인 빠라샥띠는 우리가 볼 수 있는 현상계와, 동시에 자기 자신이 우주와 다르다는 것을 느끼는 개별적인 존재인

지바뜨만이 된다. 지각 대상은 그라히야라고 하며, 그것은 우주와 우주의 모든 대상들을 의미한다. 인식하는 자는 그라하까라고 하며, 그것은 지바뜨만과 의식하는 개인의 영혼 그리고 이들 대상들을 아는 자를 의미한다. 무지한 사람이나 보통의 사람들은 지각하는 자와 지각 대상을 무수히 많은 상이한 것으로 구분한다. 그러나 구루의 은총으로 축복받은 마하요가의 숭배자인 요기는 찌뜨샥띠를 이미 깨달았으므로, 지각하는 자와 지각 대상 모두가 그녀로부터 생겨났다는 것을 알게 된다. 따라서 그는 그들을 동등하게 본다. 이같은 동일성을 깨달은 요기에게 나타나는 평화와 침착이 사하자의 상태이다.

현명한 사람들은 이 세상이 우주적인 의식의 유희라고 본다. 그들은 그것을 찌띠의 진동이라고 부른다. 그들은 찌띠가 일상적인 세계로 나타난다는 것을 알고 있다. 찌띠에서 생겨난 세계는 서로 다른 모양을 지닐지 모르지만, 그것은 하나의 찌띠인 것이다. 모든 교환과 모든 활동들은 찌띠의 확장이다. 그녀는 그녀 자신의 내부에서 무한한 형상을 취하며, 그 다음 그 모든 형상들로 확장한다. 이것을 이해하고 마음이 평온해지는 것이 묵따난다가 말하는 사하자의 상태이다. 이띠 쉬밤.[49]

축언

나의 사랑하는 싯다 수행자들이여! 일상적인 활동을 여전히 행하면서도, 여러분의 명상이 싯다 과학의 힘과 싯다의 은총에 의하여 싯다들의 평정 속으로 완전히 자리 잡게 되기를 빕니다. 이것이 나의 축복의 말입니다.

사랑하는 싯다 수행자들이여! 싯다의 은총을 받을 가치가 있었으므로 여러분은 이제 싯다 혈통의 일원입니다. 여러분의 세계는 싯다로까입니다. 여러분의 상태는 싯다들이 얻은 상태와 동일합니다. 싯다로까에서 살고 있는 무수히 많은 위대한 존재들의 가장 신성한 은총의 힘이 여러분의 배후에서 그대를 보호합니다. 이 은총의 힘으로부터 여러분이 완전한 보호를 받기를 빕니다. 이것이 나의 축복의 말입니다.

싯다 수행자들이여! 오직 몇 개의 불꽃만으로도 수풀 전체를 태워 잿더미로 만들 수 있습니다. 마찬가지로, 여러분의 마음속으로 들어간 싯다들이 가지고 있는 찌띠 샥띠의 아주 작은 빛조차도 여러분의 불순물들을 태워 없앱니다. 그것이 여러분에게 완전한 싯다의 신분을 부여해 주기를 빕니다. 이것이 나의 축복의 말입니다.

여러분은 싯다 존재들이 내는 모든 빛입니다. 여러분들은 모두가 찌띠 샥띠의 유희에 참여하고 있습니다. 그녀는 여러분의 내부에서 활동하고 있습니다.

여러분이 살고 있는, 즉 의식의 화신이기도 한 이 세계 속에서 의식에 흠뻑 젖어들어, 찌띠와 하나가 되어 찌띠가 되기를 빕니다. 고요함 이외의 어떤 것도 아닌, 여신 찌띠의 세계에서 여러분의 마음이 완전한 평정에 도달하기를 빕니다. 이것이 나의 축복의 말입니다.

나의 지고의 구루이신 슈리 니띠아난다는 또한 나의 지고의 신입니다. 그는 찌띠의 이미지이며, 싯다로까에서 살고 있습니다. 그의 은총의 작은 일부만을 받고도 나는 나의 개성을 지워버렸고, 다름 아닌 찌띠인 꾼달리니의 확장과 맥박이 되었습니다. 그는 나의 모든 아픔과 고통을 가져갔으며, 그 대신 나에게 그 자신의 존재를 주었습니다. 그가 나에게 주신 샥띠를 보호하기 위하여 그는 직접 샥띠가 되어, 나 자신의 참나로서 나의 내부에 자리 잡고 내 마음의 주인이 되었습니다. 그로 인하여 나는 존재합니다. 나는 그의 것입니다. 왜냐하면 그가 나를 창조했기 때문입니다.

만물의 내적 참나이며, 샥띠와 짜끄라를 활성화시킨 자이며, 내가 변함없이 숭배하는 주님 슈리 구루 니띠아난다여! 나의 모든 싯다 수행자들의 마음속으로 들어가서 그들의 내면의 참나로서 그들 마음속에 거주하소서!

그가 그들의 삶을 축복으로 가득 채워 주시길 빕니다. 이것이

나의 축복의 말입니다.

> 존경하는 슈리 니띠아난다의 것이며
> 사랑하는 슈리 싯다 수행자의 것인
> 스와미 묵따난다

후기

스와미 묵따난다의 『의식의 유희』는 위대하다는 말이 가지고 있는 그 많은 모든 의미에 있어서 위대한 책이다. 그것은 지혜와 가르침의 보고이다. 21일간에 걸쳐 집중적으로 받아 쓰는 동안 백열 같은 영감으로 쓰여진 『의식의 유희』는 강력한 영적인 재능으로 가득 차 넘쳐흐르고 있다. 이 책 전체가 싯다의 대가이며 샤띠빠뜨 구루이신 스와미 묵따난다의 비할 데 없이 강력한 개성과 목소리를 표현하고 있다.

『의식의 유희』를 읽는 것은 묵따난다의 특별한 샤띠, 즉 더할 나위 없이 많은 은총의 선물과, 온화하고도 천부의 능력으로 가득 찬 가르침의 표현들을 경험하는 것이다. 그의 말이 전하는 힘이 너무나 강할 수 있기 때문에, 이 책의 몇 쪽만을 읽고 난 뒤에도 나는 마치 그와 함께 직접 있었던 것처럼 종종 느꼈다. 정말로 묵따난다가 책을 쓸 때, 그는 계시적인 영적 가르침이 가득 실려 있는 깊은 영감을 받은 강력한 말을 통하여 전통적인 형식의 숭배, 즉 신을 경배하는 반마이 뿌자를 올렸다고 말할 수 있을지 모른다.

묵따난다는 수십 년간에 걸쳐서 넓은 인도 전역을 힘들게 걸어 다니면서 참된 영적인 스승을 찾는 동안 어렵게 획득한 최고의 영성에 대한 진리들의 정수를 뽑아 내어 보여 주고 있다. 초기 청년기에 접어들면서 신에 대한 강렬한 열망의 결과, 그는 어린 시절의 가정이 가져다주는 안락한 환경을 버리고 떠돌아다니는 탁발 수도승의 엄격하고 어려운 생활을 선택했다. 수십 년 동안에 걸친 시련과 노력 끝에, 묵따난다는 가네쉬뿌리의 신비스러운 성자 바가반 니띠아난다에게서 그의 참된 스승을 발견했다. 묵따난다가 책에서 이야기하면서 우리 모두에게 준 중심 주제는 깊은 영적인 삶에 대한 실천적인 경험은 물론이고, 바로 이러한 추구와 그 놀라운 성과이다.

『의식의 유희』를 읽는 것은 적어도 상상적으로, 묵따난다가 그의 삶을 영위했던 세계, 다시 말해 아주 전통적이었던 세계로 들어가는 것이다. 오늘날에도 그가 그의 스승과 서로 영향을 미쳤던 가네쉬뿌리의 작은 마을과, 그가 숙소로 사용했던 바즈레쉬바리 사원은 너무도 많은 인도 풍경에 갑자기 밀어닥친 전원적인 인도 현대화의 언저리에 남아 있다. 그러나 묵따난다가 처음 이곳에 도착했던 1940년대 말과 1950년대에는 이곳이 인근 뭄바이의 활기 넘치게 움직이는 산업화로부터 너무나 멀리 떨어져 있었던 세계였음에 틀림없다.

그러나 앞으로 독자가 보게 될 것처럼, 『의식의 유희』를 읽는 것은 인도의 농촌과 시골에 사는 요기들과 성자들의 전통적인 세계를 잠깐 들여다보는 것보다 훨씬 더 많은 것을 해 내는 것이다. 위대한 성자이며 스승인 바가반 니띠아난다를 둘러싸고 있는 이곳 작은 마을에서 자신이 겪은 경험으로 인하여 묵따난다는 인도의 모든 영적 흐름들 가운데서도 가장 신비스러운 그 영적 흐름의 가장 깊은 곳에 빠지게 되었다. 즉, 완전한 경지에 도달한 자들인 싯다들의 길에 빠져들게 된 것이다. 묵따난다가 독자를 가르침이라는 이 바다, 즉 싯다들의 관점인 계시의 바다의 숨겨진 심해로 몰아넣으면서 우리에게 말해 주는 것은 바로 싯다의 길에 대한 그 자신의 확실한 이해와 경험적인 깨달음으로부터 나온 것이다.

처음 이 후기를 써 달라는 요청을 받았을 때, 나는 이와 같은 많은 이유 때문에 깊은 영광과 더불어 동시에 아주 솔직히 말하면 다소 놀라움을 느꼈다. 스와미 묵따난다의 『의식의 유희』는 매우 적은 현대의 참된 영적인 고전들 가운데 한 권이라고 바르게 묘사될 수 있다. 내가 그토록 많은 세월에 걸쳐서 이 책을 읽고 공부한 나 자신의 경험을 적절하게 표현할 말을 어떻게 찾겠는가? 그 밖의 다른 많은 것들처럼 나는 이 책의 넥타와 같은 음료수를 깊이 맛보았으며, 내가 이 책의 페이지로 다시 돌아갈 때마다 나의 삶과 이해력이 커지고 확장되는 것을 느꼈다. 이 책을 통하여 나는 묵따난다의 강력한 깨달음과 지혜와 신성한 실용성의 불꽃이 개인적으로 나를 무척 감동시켰다고 느꼈다. 지나친 과장도 없이 나는 기타 많은 것들과 더불어, 이 책을 읽고 공부한 것이 내 삶을 보다 나은 쪽으로 거듭 변화시켰다고 말할 수 있다.

좀 진지하게 이런 식으로 이 문제를 곰곰이 생각해 보다가, 나는 문득 바로 그 사실, 즉 내가 지난 25년 동안 정말로 애정 어린 마음으로 이 책을 거듭 거듭 공부해 왔다는 바로 그 사실이 내가 현재의 과업을 담당케 한 일차적인 자격의 역할을 할 수 있었다는 생각에 사로잡히게 되었다. 결국 내가 여기서 겸손하게 이 책을 계속 읽고 공부하기 위한 몇 가지 조촐한 제언과 충고의 말씀을 감히 드리고자 하는 것은 지금까지 『의식의 유희』를 사랑하고 감상해 본 어떤 사람의 역할 때문인 것이다.

1. 『의식의 유희』를 공부하는 요령: 이 책을 반복적으로 읽음으로써 이 책을 소중히 간직하라.

컴퓨터와 인터넷 그리고 텔레비전이 위력을 떨치고 있는 오늘날의 시대에서는 위대한 책들이 현대의 독자에게 위압적이 될 수 있는 것 같다. 우리들 가운데 다수가 책을 한 번 읽고 난 뒤에는 그것을 책장에 그냥 꽂아 두며, 약간 떨어져서 감탄하기를 더 좋아한다. 그러나 이러한 소심한 태도는 지혜의 중요한 선물을 낭비한다. 우리가 정말로 다른 어떤 방법으로도 다가갈 수 없는 그런 영감과 고양된 비전의 세계 속으로 들어갈 수 있는 것은 바로 『의식의 유희』와 같은 책을 거듭 반복해서 읽음으로써 가능하다. 『의식의 유희』에서, 우리는 영적인 여정을 떠나기 위한 강력한 도구와 사다나의 많은 순간들을 함께 누리기 위한 친구, 그리고 우리의 길을 밝혀 줄 동정심이 많고 사랑이 가득 찬 등불을 얻는다. 묵따난다는 신을 추구하는 진지한 사람들이 이 책에 다가가 이 책과 씨름하게 하고, 이 책의 복잡함과 맞붙어 싸우게 하고 그리고 명상의 길에 대한 놀라운 묘사에 거듭 끌리도록 분명히 시킬 작정이다.

내가 감히 다음과 같이 독자에게 말하고 싶은 것은 바로 이러한 점 때문이다. 당신은 당신의 손안에 중요하고 숨겨진 비교의 많은 진리를 명백히 밝혀 줄 책을 들고 있다는 것을 알기 바란다. 이 책은 다른 책에서 분명하지 않거나 이해하기 어렵거나 혹은 은밀한 용어로 암시만 되어 왔던 영성에 대한 정확한 비밀들을 솔직하고도 직접적으로 말한 책이다. 다시 말해, 여기서 얻을 수 있는 것을 소중히 간직하고, 그것을 가슴에 새기며 되풀이 공부하길 바란다. 왜냐하면 여기서 흘러나오는 분명한 지혜의 샘은 어느 것과도 필적할 수 없는 것이기 때문이다.

내가 이득이 되고 강력한 것으로 발견한 한 가지 습관은 아무렇게나 이 책을 펴서 우연히 마주치는 한두 쪽의 내용을 읽는 것이다. 이렇게 함으로써 나는 이 책으로부터 그날에 있을 나의 명상과 통찰력에 대한 일견이나 메시지나 방향이나 단서 혹은 암시를 받을 수 있다는 것을 안다.

2. 『의식의 유희』를 공부하는 요령: 이 책을 구분한 항목들과 각기 다른 그들의 목적을 이해하라.

내가 이 책을 읽어 보라고 독자에게 권하는 두 번째 이유는 간단히 다음과 같다. 책이 두껍다고 겁먹지 말라. 이 책은 항목별로 정리되어 있다는 것을 이해하라. 첫째로 묵따난다는 구루의 성격, 사다나, 꾼달리니 그리고 명상 수행에 관한 그의 이해를 자세히 말하는 일련의 심원하고 직접적인 에세이들을 통하여 단계를 정해 놓고 있다. 이 항목은 싯다 요가 수행법, 특히 묵따난다 자신이 자신의 사다나를 통하여 직접 발견한 명상 수행의 종류에 관한 가르침들로 가득 채워져 있다. 이 항목 다음에는 특히 묵따난다의 사다나에 초점을 맞추어, 그의 방랑, 놀랄 만한 여러 인물들과의 만남, 그 다음 그의 스승으로부터의 받은 최종적인 입문과 그후의 특별한 경험의 놀라운 전개 등과 같은 그의 자서전적인 항목이 뒤를 잇는다. 마지막으로, 묵따난다는 이 책을 위해 특별히 마련된 싯다들의 명령이나 포기 수행의 비밀, 구루와 기타 사람들을 기쁘게 해 주는 데 대한 일련의 관대한 에세이들을 우리에게 선사하고 있다.

  이들 개개의 항목들은 별도로 공부하고 숙고하고 조사해 볼 가치가 있고, 또 거기에는 그만한 보답이 있다. 왜냐하면 이 책에서 묵따난다는 우리에게 싯다 요가의 길이라는 가장 깊은 주제들에 대하여, 예컨대 구루의 은총, 만뜨라, 입문, 명상, 그리고 이 책에서 가장 믿을 만한 관점에서 제시되는 기타 많은 그런 주제들과 같은 것에 대하여 결정적인 진술을 해 주었기 때문이다. 이러한 공부를 시작하는 한 가지 방법은 한 항목을 골라서 그것을 혼자 큰 소리로 읽어 보는 것이다. 수년간에 걸쳐서 나는 이 책의 많은 항목들을 이렇게 해 왔고, 이런 방식으로 묵따난다의 음성을 훨씬 더 분명하고 강력하게 들을 수 있다는 것을 알았다. 내가 이것을 실천하면서 나 자신이 특히 좋아하는 항목들은 기원 부문과 '싯다들의 명령'과 '싯다들의 세계 방문'이란 제목의 장들이다. 나는 이런 식으로 책을 큰 소리로 읽으면 훨씬 더 달콤한 넥타가 이 책에서 나오고, 묵따난다가 말해야만 하는 내용의 영향력을 더욱 강하게 의식할 수 있다는 것을 알았다. 또 이렇게 함으로써 이 책의 가르침과 진리에 대한 더 깊은 숙고를 더욱 즐길 수 있고 또 거기에 더욱 접근하기가 쉽다.

3. 『의식의 유희』를 공부하는 요령: 묵따난다가 인용하고 있는 경전의 구절들을 깊이 생각하고 공부하라.

묵따난다는 그의 책에 많은 경전의 구절들을 포함하고 있다. 그래서 개개의 그러한 인용문은 설명과 서술적인 담론의 특수한 문맥 속에 매입되어 있다. 묵따난다가 경전의 이러한 구절들을 어떻게 사용하고, 어떤 목적으로 그가 인도 경전들을 인용하는지(또 인용하지 않는지)를 아는 것은 아주 계몽적이다.

묵따난다는 요기들의 고대 전통뿐만 아니라, 철학적 연구의 많은 전통과 인도의 지적·종교적 유산의 본질적인 부분을 이루었던 전통적인 경전의 학식에 대해서도 언급을 했다. '단순한' 학식을 목표로 삼은 적은 결코 없지만, 묵따난다는 그럼에도 불구하고 많은 양태의 인도의 종교적 사상을 흡수했었다. 그는 유명하거나 그보다 덜 유명한 수많은 경전의 많은 구절을 암기하고 있었다. 그는 종종 직접 마하리쉬 류의 시인 겸 성자들이 쓴 예배의 시와 인도의 서사시, 까비르의 작품이라고 여겨지는 시들과 베단따의 많은 가게들, 인도 남부의 박띠 시, 남부와 북부의 쉬바파의 전통들, 그리고 전통적인 경전의 지혜를 담고 있는 기타 많은 출전들을 인용하여 암송하고 읽었다.

  예들 들면, 364쪽에서, 묵따난다는 중세의 까쉬미르의 성자인 바수굽따를 인용하고 있다. 여기서 묵따난다는 찌뜨샥띠 즉 '의식의 힘'에 대한 쉬바파의 이해와 자신의 사다나 중에 그에게 계시되었던 내용에 대한 자신의 경험을 연결시키면서, 우리에게 '의식의 유희'란 구절의 의미를 잘 해명해 주고 있다. 따라서 묵따난다의 노련한 손안에서는 쉬바파의 가장 신비스러운 철학적인 전통에서 나온 난해하고도 전문적인 개념도 바로 우리의 눈앞에서 살아 움직이게 된다.

  우리는 묵따난다가 한 구절을 인용하고자 할 때, 그는 박학함을 과시하기 위해서가 아니라, 즐겁고도 또한 거듭 놀랍게도, 경전의 말과 그 자신의 사다나 중에 전개되었던 놀라운 비전과 성취가 일치한다는 것을 보여 주기 위해 그렇게 하고 있다는 것을 알고 있다. 경전의 말은 묵따난다에게 살아 있었고, 그는 가장 깊은 의식의 진리들이 살아서 고동치는 그 비전을 우리와 함께 나눈다.

4. 『의식의 유희』를 공부하는 요령: 묵따난다가 사용하는 각기 다른 많은 목소리에 귀를 기울이고 깊이 생각하라.

이 책은 받아 적은 것이기 때문에, 이 책에서 우리는 묵따난다의 목소리를 매우 명확하게 들을 수 있다. 내가 '목소리'라고 말한 것은 묵따난다가 말하는 많은 각기 다른 역할과 입장을 지적하기 위해서이다. 한편으로 그의 목소리는 자신의 경험을 표현할 때 아주 명료하고 너무나 자신감에 넘치는 그런 단 하나의 목소리다. 그러나 동시에 우리가 이 책을 읽어 감에 따라, 우리는 또한 갈망하는 구도자로서의 묵따난다, 헌신적인 제자로서의 묵따난다, 대담하고 열성적인 사다까로서의 묵따난다, 권위적인 의식의 대가로서의 묵따난다, 그리고 기타 많은 다른 것들로서의 묵따난다와 같은, 다른 여러 목소리들도 마주치게 된다. 이 책을 공부하는 한 가지 방법은 이와 같이 각기 다른 많은 목소리들을 인정하고 의식하는 것이다.

묵따난다가 우리에게 말을 할 때, 그는 직접적이고 단호하며 인도 요기들의 고대 전통을 너무도 확실하고도 권위 있게 표현하고 있다. 그러나 동시에 이 책은 현대성을 모르는 시대착오적인 경전은 절대 아니다. 묵따난다는 고대의 가르침들을 아주 현대적이고 접근하기 쉬운 방법으로 말하고 있다. 이는 분명히 미세한 컴퓨터 회로와 상상할 수 없을 정도로 거대한 우주 공간의 성운들의 이야기를 듣는 데는 익숙하지만, 이 책의 중심 주제를 이루고 있는 의식의 내면세계로 들어가는 놀라운 여정의 이야기를 듣는 데는 아직도 상당히 익숙해 있지 않은 그런 독자들에게 의미를 전달하고자 함이다.

　더욱이 묵따난다의 목소리는 너무도 정감이 넘쳐흐르고, 독자에 대한 참된 사랑으로 가득 차 있다. 그래서 이 책이 강력하게 계시적인 책의 형태를 띠는 것은, 다시 말해 고대의 비밀들을 현대적인 형식으로 말해 주고, 의식의 비밀들에 대한 힌트를 속삭여 줄 뿐만 아니라, 납득할 만큼 합리적으로 또 강력하게 의도된 목적을 가지고 그 비밀들을 설명해 준 그런 책의 형태를 띠는 것은 스승의 은총이다.

　주로 그의 목소리는 깨달음을 얻은 성취한 싯다 스승의 권위를 가진 목소리이다. 그가 『의식의 유희』를 집필한 것은 그것만으로, 그 자체를 위해서나, 자신이 성취한 것을 알리기 위해서나, 그 자신이 이룩한 방대한 영적인 성취에 대한 이야기를 즐기는 행위가 아니었다. 오히려 그의 목적이 그의 많은 제자들과 수행자들을 가르치고, 아마도 현대의 어떤 스승도 의식의 핵심 속으로 올라가는 길에 대하여 이처럼 폭넓게 보여 주지 못했던 것을 사랑의 마음으로 보여 주는 데 있었다는 것이 시종 분명하다.

　스승으로서의 목소리에 추가해서, 같은 동전의 바로 전면에 해당하는 목소리, 즉 스승에 대한 제자의 목소리가 있다. 묵따난다는 바로 그 자신의 위대한 스승에 대한 그의 극단적인 헌신을 우리로 하여금 보게 하고 또한 느끼도록 한다. 그 이상으로 그는 그러한 극단적인 헌신이 잘못된 광신주의의 한 형태가 아니라, 오히려 궁극적인 깨달음이라는 최고의 보물을 부여 받았던 사람에 대하여 일으킬 수 있는 우리의 자연스럽고도 고맙게 생각하는 반응이라는 것을 우리로 하여금 이해시킨다. 묵따난다는 마지막 숨을 거둘 때까지 항상 헌신적인 제자로 남아서, 지금 그가 말해 주듯이 그는 사람들이 생각하는 것에 상관하지 않았다고 우리에게 말해 주었다. 그래서 그는 항상 그의 스승을 숭배하고, 스승의 사진을 화장실을 포함하여 그가 사는 모든 방에 비치해 두었던 것이다.

　이 책에서 묵따난다는 자신의 경험의 정수를 전달하고, 이러한 경험을 인도의 영성에 관한 모든 주요 전통과의 연속선 상에서 표현하고 있다. 실제로 의식의 핵심에 이르는 위대한 여정에 대하여 여기서 전달된 실제적인 지혜뿐만 아니라, 고도의 전문적인 세부 묘사가 있다. 이것은 사두로서, 산야시로서, 인도의 순례 노정들을 순례한 여행자로서, 성자와 남녀 성인들을 지속적으로 찾아다닌 여행자로서, 삶과 세상살이에 대하여 빈틈없고 고도로 관찰력이 뛰어난 수행자로서, 어렵게 얻은 지혜이며 한 평생에 걸쳐 얻은 보고이다. 묵따난다는 영성뿐만 아니라 발견할 수 있는 모든 것을 보았고 공부했다. 그래서 그는 탁월한 아유르베다의 의사였으며, 일류 요리사, 뛰어난 음악가, 임시변통에 능한 건축가, 동물과 식물을 사랑한 사람, 인간 마음의 습관과 그 안팎을 알고 있는 사람이기도 했다.

　따라서 우리가 이 책에서 만나는 것은 완전한 인간의 목소리이며, 인생에서 모든 것을 보고 행했던 사람의 목소리이며, 그리고 특별히 집중적인 사다나의 결과로서, 마침내 설득력 있고 매혹적으로 상세하게 이야기를 했던, 그의 가장 깊은 의식의 궁극적인 개안을 보았던 그런 사람의 목소리다. 이러한 개안이 그에게 '푸른 진주'의 보물에 대한 계시의 경험과 '푸른 사람'에 대한 비젼, 인도의 전통에서 그렇게도 값지게 여겨졌으며 또한 실제로 모든 인간 노력의 궁극적인 목표로서 이해되었던 자유와 완전함과 궁극적인 완성 상태에 도달하는 성과를 주었다.

---

5. 『의식의 유희』를 공부하는 요령: 사다나의 각기 다른 순간에서 새로운 힘과 영감과 위안과 안내를 받기 위해서는 이 책을 보라.

나는 나의 사다나 중에서도 특히 어려운 시기를 아주 명확하게 기억하고 있다. 그때 나는 명상을 위해 자리를 잡고 앉을 때마다 내 존재의 심연으로부터 강력한 감정과 깊고도 고통스러운 두려움들이 표면화되는 그런 순화 작용의 내면적 경험을 겪고 있었다. 비록 낮에는 괜찮다고 느꼈지만, 명상을 위해 자리를 잡고 앉을 때마다 나는 내가 큰 위험을 느꼈던 곳이라든가, 마치 해체와 죽음마저도 가능한 것처럼 보이는 장소와 같은, 그런 강력한 힘을 지닌 두려움의 장소와 마주치곤 했다. 비록 나의 마음은 이것이 나의 영적인 사다나 중에 나타나는 상서롭고도 중요한 한 단계라는 것을 이해했지만, 그럼에도 불구하고 나는 나 자신의 유한성과의 그러한 일상적인 대면이 매우 힘들다는 것을 알았다.

어느 날 이렇게 자리를 잡고 앉아 있을 때, 나는 묵따난다가 『의식의 유희』에서 그 자신이 직접 겪었던 바로 그러한 순화작용의 극적인 호된 시련을 묘사했다는 것을 기억했다. 나는 이 책을 집어 들고, 묵따난다가 들판의 불길 속에서 우주가 해체되는 그의 비전을 묘사하는 그 구절을 다시 읽은 뒤, 명상 중에 두 손으로 그 책을 잡고 있었다.

내가 경험하고 있던 것이 묵따난다 자신이 그의 사다나 중에 직접 경험했던 어떤 것이라는 것을 아는 것은 커다란 위안이었다. 그가 자신의 사다나 중에 있었던 어려운 단계들과 문제들에 대하여 쓸 때 보여 준 관용과 솔직함은 그때 (그리고 기타 여러 번에 걸쳐서) 나에게 의지할 만한 참조점과, 이 호된 시련을 통해서도 시종 묵따난다가 동반하고 있다는 느낌을 제공해 주었다. 결국 나 자신의 경험은 그 지향성을 바꾸었고, 두려움도 줄어들며 사라졌다. 그러나 나는 그때 이 책으로부터 받은 편안한 느낌과 안도감 그리고 실제의 살아 있는 도움을 결코 잊지 않을 것이다. 그것은 마치 묵따난다 자신이 바로 거기에 나와 함께 있으면서, 나에게 그 모든 것이 옳고, 어떤 해악도 나에게 오지 않으며, 또 나에게 일어나고 있는 것은 행운의 징조이며 다가올 좋은 것들이라고 거듭 말해 주는 것 같았다.

이렇게 후기를 마감하면서, 나는 이렇게 말하고 싶다. 이 책에서 흐르고 있는 영감의 넥타를 마셔라. 이처럼 풍부하게 제공된 진리와 가르침을 보고 다시 힘을 얻어라. 묵따난다가 여기서 우리에게 제공하고 있는 삶과 영성과 참된 깨달음의 성취에 대한 폭넓고도 깊은 비전으로부터 안내를 받아라. 이 책을 소중히 가슴속에 간직하라, 그러면 이 책은 진실로 그대를 더없이 행복한 깨달음이란 그 황금의 가슴속으로 데려다 줄 것이다.

폴 물러-오르테가
구루데바 싯다 뻬이뜨
가네쉬뿌리, 인도
1999년 7월.

주석

1. 바스굽따짜리야, 쉬바 수뜨라 1:21.
2. 끄쉐마라자, 쁘라띠야비냐흐리다얌 3.
3. 끄쉐마라자, 쁘라띠야비냐흐리다얌 수뜨라 12에 대한 주석.
4. 냐네쉬바르 마하라지.
5. 바가바드 기따 6: 5.
6. 슈리 구루데바 아쉬람은 인도 마하라슈뜨라 주의 가네쉬뿌리에 있는 슈리 묵따난다 아쉬람인 구루데바 싯다 삐이뜨의 이전의 이름이다.
7. 끄쉐마라자, 쁘라띠야비냐흐리다얌 1.
8. 구루 기따 80.
9. 깔라따, 땃따르따 찐따마니.
10. 바가바드 기따 13:25.
11. 비슈누 뿌라나 3.7:32.
12. 바스굽따짜리야, 쉬바 수뜨라 1:13.
13. 바가바드 기따 13:30.
14. 스빤다 까리까스, 니슈얀다 2:5.
15. 빠딴잘리, 요가 수뜨라 1:37.
16. 끄쉐마라자, 쁘라띠야비냐흐리다얌 5. 완전한 수뜨라는 '찌띠레바 쩨따나 빠다다바룻다 쩨띠야쌍꼬찌니 찌땀'이다.
17. 끄쉐마라자, 쁘라띠야비냐흐리다얌 5에 대한 주석.
18. 구루 기따 76.
19. 샹까라짜리야, 아빠록샤누부띠 65.
20. 슈베따슈바따라 우빠니샤드 3:13.
21. 슈리마드 바가바땀 11.14:24.
22. 나라다, 박띠 수뜨라 51.
23. 볼레바바.
24. 바가바드 기따 13.14-15.
25. 바가바드 기따 13.16.

26. 끄쉐마라자, 쁘라띠야비냐흐리다얌 3에 대한 주석.
27. 스빤다 샤스뜨라.
28. 끄쉐마라자, 쁘라띠야비냐흐리다얌 수뜨라 12에 대한 주석.
29. 웃빨라짜리야, 이슈바라 쁘라띠야비냐, 아가마디까라 2, 아니까, 12.
30. 고대 경전들에서, '충성스러운 아내'란 헌신의 모습으로 자주 제시되었다. 부인에게 적용되고 있는 것은 남편에게도 말할 것 없이 적용되는 것이다. 남편과 아내는 함께 신을 향하여 걷는다.
31. 바가바드 기따 18:73.
32. 끄쉐마라자, 쁘라띠야비냐흐리다얌 수뜨라 1에 대한 주석.
33. 비냐나바이라바 72-74.
34. 바수굽따짜리야, 쉬바 수뜨라 3:30.
35. 스빤다 까리까 3:16.
36. 바가바드 기따 12:12.
37. 끄쉐마라자, 쁘라띠야비냐흐리다얌 15.
38. 마하나라야나 우빠니샤드 18:14.
39. 쉬바 수뜨라 3:14.
40. 브리하다라니야까 우빠니샤드 4.4:19.
41. 따이띠리야 우빠니샤드 2.7:1.
42. 비슈누 뿌라나 1:17/33.
43. 끄쉐마라자, 쁘라띠야비냐흐리다얌 17.
44. 샹까라짜리야, 아빠록샤누부띠 44.
45. 샹까라짜리야, 아빠록샤누부띠 50.
46. 샹까라짜리야, 아빠록샤누부띠 65.
47. 끄쉐마라자, 쁘라띠야비냐흐리다얌 7.
48. 끄쉐마라자, 쁘라띠야비냐흐리다얌 수뜨라 7에 대한 주석.
49. 끄쉐마라자, 쁘라띠야비냐흐리다얌 20.

산스끄리뜨 발음 안내

독자의 편의를 위하여, 싯다 요가 책자와 코스에서 가장 빈번하게 사용되고 있는 산스끄리뜨와 힌디어는 그대로 음역하여 로마체로 본문에 표기하였다. 예를 들면 Śaktipāta는 shaktipat; sādhana는 sadhana가 그것이다. 장모음은 표기하였다. 각 산스끄리뜨 용어에 대한 표준 국제 음역은 주석과 용어 해설에서 괄호 안에 표시해 두었다.

산스끄리뜨에 익숙하지 않은 독자를 위하여, 다음의 내용은 발음을 위한 안내이다.

모음

산스끄리뜨 모음은 장음 혹은 단음으로 범주화 되어있다. 영어 음역에서, 장모음은 글자 위에 가로줄로 표기되어 있으며, 단 모음보다 두 배정의 긴 소리로 발음한다. E, ai, au 그리고 o는 항상 장모음으로 발음된다.

단모음 :　　　　장모음:

c*u*p에서 *a*　　　c*a*lm에서 *ā*　　　*ai*sle에서 *ai*

g*i*ve에서 *i*　　　s*a*ve에서 *e*　　　c*ow*에서 *au*

f*u*ll에서 *u*　　　s*ee*n에서 *ī*　　　sch*oo*l에서 *ū*

　　　　　　　　kn*ow*에서 *o*

자음

산스끄리뜨와 영어 자음 발음 사이의 주요한 차이점은 기음(aspirate)과 반전음 (retroflex) 글자이다.

기음은 분명한 *h* 소리를 가진다. 산스끄리뜨 문자 k*h*는 in*kh*orn에서처럼, t*h*는 boa*th*ouse에서처럼, p*h*는 loo*ph*ole에서처럼 발음한다.

반전음은 혀끝을 입천장 앞쪽에 스치듯이 소리를 낸다. 예를 들면, *ṭ*는 an*t*에서처럼 발음하고, d̥는 end에서처럼 발음한다.

마찰음(sibilant)은 ś, ṣ, 그리고 s이다. ś는 sh로 발음하는데, 입천장 안쪽을 혀끝으로 스치는 소리이다. ṣ는 혀끝이 입천장 앞쪽을 스치는 sh로 발음한다. s는 history처럼 발음한다.

다른 특유한 자음은 다음과 같다.

ch̥urch에서 c   m̥은 강한 비음이다.
pitch̥-hook에서 ch   ḥ는 강한 기음이다.
can̥yon에서 ñ   wr̥itten에서 r̥

상세한 발음 안내가 SYDA Foundation에서 출판된 The Nectar of Chanting에 나와 있다.

용어 해설

가나빠띠
코끼리의 머리를 하고 있는 신으로 가네샤라고도 함. 신 쉬바와 여신 빠르바띠의 아들로 그는 슬픔의 파괴자와 장애들의 제거자인 지혜의 신을 숭배했다.

가네쉬뿌리
인도의 마하라슈뜨라 주의 만다그니 산자락에 있는 마을. 바가반 니띠아난다가 이 지역에 자리를 잡았으며, 그곳에서 많은 요기들이 수천 년 동안 영적 수행을 하였음. 자신의 구루의 명령에 따라 스와미 묵따난다가 이 신성한 땅에 아쉬람을 세웠음.

고꿀
신 크리슈나가 목동인 그의 의붓아버지 난다의 아들로서 어린 시절을 보냈던 마을.

고빈다
(소치는 사람) 1) 소년이었을 때 소를 돌보았기 때문에 크리슈나에 붙여진 이름. 2) 감각과 마음의 주인.

고삐
어린 시절 이래로 크리슈나의 친구이자 헌신자였던 젖 짜는 처녀들. 그들은 신에 대한 이상적인 헌신의 구현으로 존경을 받았음.

구나
모든 창조물의 내재적 특징을 결정하는 세 가지 기본 성질; 사뜨바(순수, 빛, 하모니, 지성); 라자스(활동, 열정); 따마스(둔함, 불활성, 무지).

구루
(스승) 1) 내면의 신성한 참나에 대한 계속적인 경험으로 살고 구도자를 입문시켜 그들로 하여금 해방으로 가는 영적인 길을 안내할 수 있는 영적 마스터. 2) 여기에서 구루로 언급하고 있는 것은 보통의 스승 혹은 거짓의 영적 마스터. '샥띠빠뜨'와 '싯다'를 보라.

구루 기따
(구루의 노래) 구루의 성품, 구루와 제자와의 관계, 그리고 구루에 대한 명상의 기법을 기술하고 있는 만뜨라로 되어 있는 성스러운 경전. 싯다 요가 아쉬람에서는 구루 기따가 매일 찬송되고 있다.

구루데바
구루를 신의 화신으로 지칭하거나 부르는 말.

구루바바
구루 안으로의 몰입 혹은 동일시의 느낌. '바바'를 보라.

구루박띠
구루를 향한 헌신과 사랑. '박띠'를 보라.

구루 옴
내면의 참나가 구루의 형상으로 기억하도록 하는 만뜨라.

까르마
(행위) 1) 신체적이든 언어적이든 심적이든 간에 행해진 행위. 2) 이전의 삶들인 과거의 행위들에 의하여 촉발된 운명.

까르마 말라
영혼의 세 가지 천성적인 불순물 중의 하나. 우주적 행위의 힘을 유한한 힘으로 제한시킴; 자신의 까르마 즉 동기화된 행위에 의하여 마음에 남겨진 인상으로 유발된 불순물.

까비르
(1440-1518) 바라나시의 검소한 직공으로 살았던 위대한 시인이자 성자요, 신비가.
그의 시는 참나의 우주성, 구루의 위대함과 진정한 영성을 기술하고 있음.

까슈미르 쉐이비즘
온 우주를 샥띠 즉 신 쉬바의 성스러운 의식의 힘으로 보는 비이원의 철학. 이 쉐이비즘의 모습은 19세기 초 까슈미르에 살았던 일단의 성자들에 의하여 설파됨.

까쉬
북인도의 도시 바라나시의 옛 이름. 갠지스 강변에 위치하고 있으며 신 쉬바에게 성스러움. 힌두 전통에 따르면 이 도시에서 죽는 사람은 누구나 해방을 얻는다고 함.

까일라사
신 쉬바의 거처이자 신성한 순례지로 존중되고 있는 히말라야 산.

깔라
전체의 작은 부분.

깜사
자신의 사촌인 크리슈나에 의하여 살해를 당한 마뚜라의 나쁜 통치자.

깨달음
개인이 순수한 절대적 의식으로 몰입된 깨달음의 상태.

꾸스
몸을 서늘하게 하는 효과를 지닌 것으로 여겨지는 향기 나는 오일.

꾼달리니
(꼬여 있는 것) 척추의 밑 부분에 있는 물라다라 짜끄라에 똬리를 틀고 있는 모습으로 있는 근원적인 샥띠 즉 우주적 에너지. 은총의 하강(샥띠빠뜨)을 통하여, 지고의 여신이라고도 불리는 이 지극히 미묘한 힘이 일깨워져 온 존재를 정화하기 시작한다. 꾼달리니가 중심 통로를 통하여 상승함에 따라, 그녀는 여러 짜끄라들을 관통하며, 마

침내 머리의 왕관 부분에 있는 사하스라라에 이른다. 거기에서 개인적 영혼은 지고의 참나 안으로 몰입되며 그래서 참나 깨달음을 얻는다. '짜끄라'와 '샥띠빠뜨'를 보라.

꿈꿈
(붉은-붉은) 힌두 숭배에서 사용되는 붉은 색상의 가루. 구루를 기억하기 위하여 상징적으로 미간에 칠한다.

꿈바까
요가에서 자연스럽게 일어나는 호흡의 정지. 이 수행은 마음을 안정시켜, 명상자로 하여금 마음 너머에 있는 참나를 경험하게 한다.

끄리야
일깨워진 꾼달리니에 의하여 시작되는 거친 혹은 미묘한 정화의 움직임.

낀나라
천상의 음악가의 한 유형.

나다
(소리) 명상이 깊어지는 동안에 들리는 내면의 신성한 음악 혹은 소리.

나디
(통로, 신경) 쁘라나 즉 생명력을 나르는 미묘한 몸 안에 있는 통로.

나라다
신성한 현자; 박띠 수뜨라의 저자이며, 이 책은 신의 헌신에 관한 권위 있는 경전임.

나라야나
'모든 창조물의 유일한 귀의처'라는 의미를 지니고 있는 주 비슈누의 이름.

나마 쉬바야
"쉬바 즉 지고의 참나에 인사를 드립니다."라는 의미의 다섯 음절로 된 만뜨라.

남데브
(1270-1350) 마하라슈뜨라 주의 빤다뿌르의 시인이자 성자이며 냐네쉬바르 마하라지의 친구. 그는 자신의 구루인 비쇼바 케짜르를 만난 후에 모든 곳에 퍼져 있는 신을 깨달았으며, 그 후에 신 비딸에게 드리는 황홀한 아방가들을 지음.

냐나신두
구루에 대한 이상적인 헌신을 주제로 하여 슈리 찌다난다가 쓴 경전.

냐네쉬바르 마하라지
(1275-1296) 마하라슈뜨라 주의 시인이자 성자들 중의 으뜸 인물. 그의 작품 중 최고인 것으로 알려지고 있는 것은 바가바드 기따에 마라띠 언어로 주석을 단 냐네쉬바리임.

냐네쉬바리
냐네쉬바르 마하라지가 17세에 바가바드 기따에 주석을 단 유명한 책 이름. 마하라슈뜨라 주의 언어인 마라띠 언어로 된 최초의 경전이었다.

냐니
1) 깨달음을 얻은 존재. 2) 지식의 길을 따르는 사람.

니르구나
(속성이 없는) 형상과 속성이 없는 신의 측면. '사구나'를 보라.

니르비깔빠
(형상이 없는) 속성, 생각 혹은 이미지 너머의 신 속으로 몰입된 요가적 상태.

닐라빈두
'푸른 진주'를 보라.

다섯 덮개
(꼬샤) 몸을 입고 있는 영혼의 다섯 가지 덮개. 그것이 성격과 개인의 의식의 내용을 결정함. 이것들은 거친 몸, 신경 시스템 혹은 생명력의 존재, 마음, 지성 그리고 무지

를 구성함.

다섯 원소
에테르, 공기, 불, 물, 흙; 고대 인도 철학에 따르면, 이것들이 우주를 구성하고 있는 근본이 되는 바탕이다.

달샨
(광경을 보는 것) 성자를 보는 것; 성스러운 사람의 현존 안에 있는 것; 신이나 신의 이미지를 보는 것.

닷따뜨레야
아바두따들의 으뜸으로 알려지고 있는 신성한 화신으로 지고의 구루의 모습이라고 존경을 받음.

둡
숭배에서 봉헌물로 태우는 허브, 식물 그리고 꽃으로 만들어진 향기로운 향.

드와라까
인도의 중요한 성지들 중의 하나; 인도의 서해안에 위치하고 있는 크리슈나 왕궁의 수도였던 고대 도시.

따마스
'구나'를 보라.

따빠시야
(열) 1) 요가 고행. 2) 영적 수행으로 생성되는 요가의 불.

딴드라
수면과 깨어 있음 사이의 의식 상태로 명상 중에 경험된다.

딴드라로까
바수굽따짜리야의 작품으로 쉬바파 철학과 그 철학에 따른 모든 수행법을 기술하고 있는 12권으로 된 경전.

딴드라사라
딴드라로까의 가르침에 대한 주석서.

딴뜨라
1) 샥띠를 성모로 수행하는 전통. 2) 이 전통의 경전들.

뚜까람 마하라지
(1608-1650) 인도 마하라슈뜨라 주의 한 마을에서 식료품 상인으로 살았던 성자로 수천의 헌신의 노래를 지었다.

뚜리야
네 번째 즉 초월의 의식의 상태로 그 상태에서는 실재의 진정한 성품이 직접적으로 지각된다; 깊은 명상의 상태.

뚜리야띠따
뚜리야 너머의 상태; 모든 이원성 너머의 완전한 자유, 그리고 모든 것 속에서 하나의 참나를 자각하는 지극한 희열의 상태.

뚤시다스
(1532-1623) 신 라마의 이야기를 담고 있는, 인기 있는 책인 뚤시 라마야나를 쓴 북인도의 시인이자 성자.

라다
크리슈나의 유년기의 친구이자 연인. 인도인들은 라다를 신에 대한 헌신의 구현으로 찬미하고 있음.

라마, 람
(즐거운, 유쾌한 사람) 신 비슈누의 일곱 번째 화신인 라마는 다르마의 구현으로 여겨지고 있으며 위대한 헌신의 대상이다. 그는 인도의 대서사시 라마야나의 주인공이다.

라마야나
인도의 위대한 대서사시 중 하나. 성자 발미끼가 지었다고 함. 신 라마의 삶과 업적을 기술하고 있음.

라메슈바람
남인도의 성지.

라자스
'구나'를 보라.

라자 요가
빠딴잘리 요가의 다른 이름으로 마음을 고요하게 하는 원리들이 기술되어 있음. 그 책에는 집중, 명상과 사마디가 기술되어 있음.

람 띠르따
(1873-1906) 유명한 수학 교수. 신에 대한 열망으로 히말라야로 들어가서 깨달음을 얻음. 우루두 언어로 많은 시를 지었으며 그의 마지막 생애 동안에는 미국과 일본으로 가 베단따를 강의함.

루드라
파괴자로서의 신; 신 쉬바의 한 모습.

루드락샤
쉬바에게 신성한 나무의 열매.

마야
참나의 진정한 내용을 가려 모호하게 하는 힘으로 분리의 느낌을 일으킴. 그것에 의하여 우주적 의식이 온 우주의 모습으로 나타남.

마이야말라
개인의 영혼이 가지고 있는 세 가지 타고난 불순물 중의 하나; 마이야말라는 차별감을 초래함. '아나바말라'와 '끄라마 말라'를 보라.

마하라지
(위대한 왕) 성자나 성스러운 사람에 대한 위대한 존경으로 부르는 말.

만달레쉬바라
아쉬람이나 수도원의 수장으로 유명하거나 존경스러운 수도승에게 붙이는 이름. 한 종교의 수도승의 우두머리.

만따라
라마야나에 나오는 인물로 라마의 아버지의 두 번째 아내인 까이께야의 유모. 질투로 만따라는 까이께야에게 라마의 아버지가 라마를 유배 보내도록 요구함.

만뜨라
신의 이름으로 신성한 단어나 신성한 소리. 그것들을 반복하는 사람에게 보호, 정화, 변형을 일으키는 힘이 들어 있음. 깨달은 스승으로부터 받은 만뜨라는 스승의 깨달음의 힘이 채워져 있음.

목격
마음 아래에 놓여 있는 초월적인 의식으로 그것에 의하여 마음이 관찰될 수 있다.

무드라
(봉인) 1) 기쁨, 두려움 없음, 해방과 같은 내적인 상태를 표현하는 손의 움직임 혹은 상징적인 자세. 신상이나 성자들은 그들의 축복을 내려 주기 위하여 이런 자세들을 하고 있는 모습이 종종 보인다. 2) 몸 안에 쁘라나(생명력)를 유지하기 위하여 행하는 하타 요가 기법. 무드라들은 샥띠빠뜨를 받고 난 뒤에 자동적으로 일어날 수 있다.

물라다라 짜끄라
척추의 기반부에 자리 잡고 있는, 미묘한 몸 안에 있는 7가지 주요한 중심들 중 가장 낮은 곳에 있는 첫 번째 짜끄라. 여기에 있는 꾼달리니는 은총에 의하여 일깨워질 때까지 똬리를 튼 채 잠재적인 상태로 있다. '짜끄라', '꾼달리니'와 '샥띠빠뜨'를 보라.

므르당가
양쪽에 치는 곳이 있는 남인도식 드럼.

바가바드 기따
(신의 노래) 세계적인 영적 경전 중의 하나이며 인도에서 중요한 경전으로 여겨지고 있음. 대서사시 마하바라따의 한 부분으로 여기에서 신 크리슈나가 자신의 제자인 아르주나에게 우주, 신 그리고 지고의 참나의 내용에 대한 가르침을 줌.

바바
(됨, 존재) 태도; 정서적인 상태; 몰입 혹은 일치의 느낌.

바바, 바바지
성자나 성스러운 사람을 애정과 존경으로 부르는 말.

바수굽따짜리야
19세기 까슈미르 지방의 성자로 신 쉬바가 그에게 나타나 쉬바 수뜨라를 줌.

바이꾼따
신 비슈누가 살고 있는 곳; 천국.

바이슈나바
신 비슈누를 숭배하는 이들.

박따
헌신자, 신을 사랑하는 사람; 사랑과 헌신의 길인 박띠 요가의 길.

박띠
성자 나라다가 자신의 저서 박띠 수뜨라에 기술한 헌신의 길; 계속해서 사랑을 바치고 항상 신을 기억함을 바탕으로 한 신과 하나로 있는 길.

박띠 수뜨라
천상의 성자인 나라다가 만든 헌신에 관한 고전적인 경전.

박샤
반신들의 무리.

반다
(잠금) 쁘라나 즉 생명력을 유지시키기 위하여 몸의 특정한 부위를 일시적으로 잠그는 하타 요가 자세. 반다의 수행은 몸에 큰 힘을 가져다줌. 잘란다라 반다에서는 아래턱을 가슴뼈 위의 쇄골 사이에 둠. 웃디야나 반다에서는 위 근육이 안으로 당겨짐. 바즈라 반다에서는 항문의 괄약근이 수축되고 안으로 당겨짐.

베다
(지식) 세상의 경전들 중 가장 오래되었고, 존중을 받고, 가장 신성한 경전들 중의 하나로 리그 베다, 아따르바 베다, 사마 베다, 야주르 베다라는 네 개의 베다가 있으며, 그것들은 신으로부터 주어진 것이며 영원한 지혜를 담고 있는 것으로 여겨지고 있음.

베단따
(베다의 끝) 우주의 기초가 되는 하나의 지고의 원리를 강조하는 인도 철학의 한 종파.

브라자
야무나 강가의 지역으로 거기에서 크리슈나가 살고 고삐들과 유희를 하였음.

브람마
우주의 활동적인 창조자로서 나타난 절대적 실재.

브람마란드라
머리의 왕관 부분이나 이마에 위치하고 있는 미묘한 에너지 중심. 힌두 사회의 한 카스뜨로 그 구성원들은 전통적인 사제 혹은 학자 계급을 이루고 있다.

브람마무후르따
오전 3시와 6시 사이의 시간으로 이때는 영적 수행을 하기에 상서로운 시간으로 알려져 있다.

브람만
베다 철학에 따르면, 절대적 실재 혹은 우주의 모든 곳에 퍼져 있는 지고의 원리.

비냐나바이라바
17세기 것으로 여겨지는 까슈미르 쉐이비즘의 경전으로 112다르마를 제시하고 있음. 그 어느 것을 수행하더라도 신과의 합일의 직접적인 경험을 가져다준다고 함.

비드야
지식.

비딸라
마하라슈뜨라 주의 한 유명한 순례지인 빤두랑가 성소에 있는 크리슈나의 형상. 신 비딸라는 마하라슈뜨라 주의 많은 성자들, 즉 냐네쉬바르. 엑나스 등의 숭배를 받고 있다.

비슈누
1) 모든 곳에 퍼져 있는 지고의 실재의 이름. 2) 힌두에서 말하는 우주의 세 신들 중 하나로, 우주를 유지하고 있는 신. 라마와 크리슈나는 비슈누의 화신들 중 가장 알려져 있는 신이다.

비슛다 짜끄라
목의 바탕에 있는 미묘한 에너지의 중심. '짜끄라'를 보라.

빈두
'푸른 진주'를 보라.

빠딴잘리
14세기의 성자이며, 명상의 길의 권위 있는 경전인 요가 수뜨라의 저자. '여덟 단계의 요가'를 보라.

빠라브람만
지고의 절대자; 그것의 본질을 베단따 철학에서는 존재, 의식 그리고 희열로 기술하고 있다.

빠라샥띠
(지고의 샥띠) 역동적, 창조적 에너지의 모습을 하고 있는 절대자.

빠라쉬바

(지고의 쉬바) 지고의 구루; 구루의 은총을 수여하는 힘의 근원.

빠람마쉬바

지고의 실재; 모든 것들의 정수.

빠람아뜨만

지고의 참나.

빠르바띠

주 쉬바의 연인; 우주적 어머니 즉 샥띠의 한 이름.

뿌따나

슈리마드 바가바땀에 나오는 악녀. 그녀의 젖에 독을 바르고 난 뒤 아기 크리슈나에게 젖을 먹임으로 아기 크리슈나를 죽이려고 함. 젖을 먹는 동안에 크리슈나는 그녀의 유방을 계속 빨아 그녀를 죽임. 그 결과로 그녀는 해방을 얻음.

뿌라나

(고대의 전설) 성자 비야사가 지은 18권의 신성한 경전. 이 경전에는 우주의 창조, 신의 화신들, 여러 의무에 대한 가르침과 고대 성자들과 왕들의 영적 유산에 대한 이야기, 전설 및 찬가로 이루어져 있다.

뿌루샤

상끼야 철학에서 말하는 실재의 남성적 원리, 존재의 영적 토대. '쁘라끄르띠'를 보라.

뿌르야스따까

(여덟의 도시) 신체의 몸. 여덟 장치 즉 문을 가지고 있기 때문에 그렇게 불린다.

쁘라끄르띠

상끼야 철학에서 말하는 객관적 우주에 형상을 부여하는 여성적 원리. '뿌루샤'를 보라.

쁘라나
몸과 우주 둘 다를 지탱하고 있는 생명력.

쁘라나야마
(호흡의 통제) 마음을 고요하게 해 주는 체계적인 호흡의 억제 혹은 통제를 구성하고 있는 요가 기법.

쁘라냐
지혜, 지성, 지식, 이해.

쁘라띠야비냐흐리다얌
(재인식의 지식의 핵심) 끄쉐마라자 성자가 지은 11세기 까슈미르 쉐이바이뜨 경전으로 깨달음이란 자신의 진정한 본성, 지고의 사랑을 알고 기억하는 과정이라는 것을 기술하고 있음.

쁘라사드
신 혹은 구루로부터 받은 축복 혹은 신성한 선물.

사구나
속성을 가짐; 신의 인간적 측면. '니르구나'를 보라.

사다나
1) 영적인 훈련 혹은 길. 2) 영적 길에서 하는 신체적·정신적 수행.

사두
방랑하는 수도승 혹은 고행자; 성스러운 존재; 사다나를 하는 자.

사뜨바
'구나'를 보라.

사마디
절대자와 연합된 명상 상태.

사마디 지성소
위대한 요기의 몸이 마지막으로 쉬는 장소. 그러한 성소들은 숭배의 장소이며 성자의 영적 힘이 스며들어 있으며 축복으로 살아 있다.

사찌다난다
(절대적 존재, 의식과 희열) 세 개의 분리할 수 없는 절대자의 내용.

사하스라라
머리의 왕관 부분에 있는 천 잎의 영적 에너지의 중심으로 거기에서 가장 높은 의식의 상태를 경험한다.

사하자 바스따
자연스러운 상태; 자연스럽게 그리고 자동적으로 일어나는 신 속으로의 완전한 몰입의 상태.

산야시
포기의 맹세를 하여 수도승이 된 사람.

삼사라
태어남, 변덕스러움 그리고 죽음의 세상.

삿구루
진정한 구루. '구루'를 보라.

상끼야
세상을 두 개의 궁극의 실재인 영(뿌루샤)과 물질(쁘라끄르띠)로 되어 있는 것으로 보는 인도 철학의 한 학파.

삭띠
1) 신성한 어머니, 지고의 쉬바의 역동적 측면 그리고 우주의 창조적 힘. 2) 모든 곳에 퍼져 있는 신성한 영적 힘. '찌띠'와 '꾼달리니'를 보라.

샥띠빠뜨
(은총의 내려옴) 구루로부터 제자에게 내려오는 영적 에너지인 샥띠의 전달; 은총에 의한 영적 일깨움. '구루'와 '꾼달리니'를 보라.

삼계
인도 경전에 따른 세 세계로 천상, 인간 및 지옥.

샴바비무드라
자연적이고 노력이 없는 명상의 상태. 그 상태에서 눈은 안쪽으로 초점이 맞추어지며 집중하려는 아무런 시도 없이 마음이 내면의 참나에 기뻐함.

샹까라짜리야
(788-820) 인도의 전역에 비이원의 베단따 철학을 보급한 존경스러운 현자. 오늘날까지 그가 세운 수도원의 질서가 유지되고 있음.

세 매듭
(산스끄리뜨로 그란띠) 미묘한 시스템 내에 있는 수슘나 나디들에 일어나는 까르마 흔적들의 덩어리. 일깨워진 꾼달리니에 의하여 관통되어야만 하는 매듭들에는 물라다라 짜끄라에 있는 브람하 그란띠, 아나하따 짜끄라에 있는 비슈누 그란띠, 아냐 짜끄라에 있는 루드라 그란띠이다.

소원 성취의 나무
(깔빠브릭샤) 그 나무 아래에 앉아 있는 누구에게나 바라는 것을 허락하는 힘을 지니고 있다고 여겨지는 천상의 나무.

소원 성취의 보석
(까우스뚜바이) 신들이 발견한 원석으로 원하는 것을 허락하는 힘을 지니고 있다.

소원 성취의 소
(까마데누) 인도 전통에서의 마법의 힘을 지닌 소. 여신으로 여겨지고 있으며 원하는 것을 허락하는 힘을 지니고 있다.

소함
'함사'를 보라.

수르다스
(1479-1584) 신 크리슈나에게 헌신하였던 시인이자 성자로, 크리슈나가 그의 유년 시절을 보냈던 브라자에서 자신의 생애를 보냈다.

수슘나
모든 나디들 중에서 가장 중요한 중심 나디로 척추의 기반부에서 머리의 왕관 부분으로 뻗어 있다. 그것은 일깨워진 꾼달리니가 가는 길이다.

순다르다스
(1596-1689) 델리에 살았던 시인이자 성자로 영적 마스터의 의미와 제자됨의 요구 조건에 대하여 정교한 작품을 남겼다.

슈리
'부, 번영, 영광과 성공'을 의미하는 존경의 말로 이 모든 것들을 통달한 것을 의미함.

슈리 구루데바 아쉬람
인도의 가네쉬뿌리에 있는 싯다 요가 명상의 주 아쉬람인 구루데바 싯다 삐이뜨의 원래 이름.

슈리마드 바가바땀
뿌라나들 중의 하나. 신 비슈누의 여러 화신들에 관한 고대의 전설로 구성되어 있음. 신 크리슈나와 생애, 모험 및 현자들과 그들의 제자들에 관한 이야기가 담겨 있다.

슈리 샤일람
싯다들의 거주지로 알려져 있는 남인도의 성지.

쉬르디의 사이 바바
(1838-1918) 현대 인도의 가장 이름 있는 성자 중 한 분으로 힌두와 무슬림 둘 다에 의해 존경을 받음. 그는 현대 종교의 보편성을 가르쳤다.

쉬바
1) 지고의 실재에 대한 한 이름. 2) 힌두의 세 신중 한 분으로 파괴의 신임. 그분은 요기들에 의해 자신과 지고의 참나와의 연합의 방해물을 없애 주는 신으로 여겨짐.

쉬바링가
쉬바의 창조적 힘을 나타내는 성스러운 상징; 돌이나 금속이나 흙으로 만든 타원형의 상징.

쉬바상히따
꾼달리니를 일깨우기 위한 수행을 설명하고 있는 산스끄리뜨 요가 경전.

쉬바 수뜨라
19세기 성자 바수굽따에게 쉬바가 계시한 산스끄리뜨 경전; 까슈미르 쉐이비즘 철학파의 주된 경전.

쉬보함
(나는 쉬바이다.) 자기 자신의 내적 참나가 지고의 실재라고 선언하는 만뜨라.

쉬얌
(검은 분) 신 크리슈나의 이름 중 하나. 크리슈나의 검푸른 피부색 때문에 이 이름이 붙여짐.

스빤다 까리까
19세기 성자 바수굽따짜리야가 쓴 53수뜨라의 책으로 쉬바 수뜨라를 설명한 것이다.

스빤다 샤스뜨라
쉬바 수뜨라의 원리를 명료하게 설명한 까슈미르 쉐이비즘의 철학적 작품.

스와미, 스와미지
산야시 즉 수도승을 존경하여 부르는 말.

시따
신 라마의 아내.

싯다
깨달음을 얻은 요기; 하나의 의식의 상태에 살고 있는 사람; 지고의 참나에 대한 경험이 방해를 받지 않고 있으며 자아와의 동일시가 소멸된 사람.

싯다사나
한 발목을 다른 발목 위에 두어 다리를 꼬는 명상의 자세.

싯다 요가
샥띠빠뜨 즉 싯다 구루의 은총에 의하여 내면이 일깨워짐으로 시작되는 개인과 신과의 연합의 길. 싯다 요가는 스와미 묵따난다가 1970년 서구에 처음으로 가져온 이 길에 주어진 이름; 구루마이 찌드빌라사난다는 이 계보의 살아 있는 마스터임.

싯디
요가 수행으로 얻어지는 초자연적 힘.

씨앗 음절
(비자) 그것이 대표하는 대상이나 신의 힘을 갖고 있는 산스끄리뜨 언어의 기본 소리.

아까샤
(공간을 의미함) 1) 내면의 에테르. 2) 인도 경전들이 말하는, 에테르, 공기, 불, 물과 흙으로 된 다섯 원소들 중 첫 번째의 것; 공기보다 더 미묘한 물질.

아나바 말라
자신의 진정한 본성에 대한 개인의 내재적 무지; 우주적 참나에 대한 굴레를 가져오게 하여 자신을 제한된 개인으로 축소시킨다고 말해지는 3가지 타고난 불순 혹은 제한들 중 첫 번째의 것. '까르마 말라', '마이야 말라'를 보라.

아냐 짜끄라
두 눈 사이에 자리 잡고 있는 영적 중심; 제3의 눈, 내면의 지혜의 자리로 알려져 있음. '짜끄라'를 보라.

아라띠
의식의 빛을 지니고 있는 신, 신정한 존재 혹은 이미지의 형상 앞에 개인의 영혼의 상징인 불을 흔드는 의식적인 숭배의 행위.

아르주나
영웅들 중 한 사람으로 인도의 대서사시 마하바라따에 나오는 가장 위대한 전사로 여겨지고 있음. 그는 신 크리슈나의 친구이자 헌신자였다. 신 크리슈나는 바가바드 기따를 통하여 전장에서 최고로 높은 가르침을 그에게 전하였다.

아바두따
몸의 의식의 상태 너머의 상태에 살고 있는 깨달음을 얻은 존재. 그의 행위는 보통의 사회적 관습에 묶이지 않는다.

아방가
마라띠 언어로 작곡한 헌신의 노래.

아브하야 무드라
손바닥을 앞으로 보이게 한 채 한 손을 들고 있는 상징적인 자세. 그 의미는 "두려워 말라."는 뜻임. 많은 신들과 성자들 그리고 신상들은 이 자세를 하고 있는 모습을 하고 있음. '무드라'를 보라.

아비나바굽따
(993-1015) 까슈미르 쉐이비즘의 주석가이자 옹호자.

아빠록샤누부띠
신 깨달음은 자기 탐구라는 방법에 의하여 자신의 참나를 즉시 그리고 직접적으로 지각하는 것이라고 샹까라짜리야가 설명한 베단따 저서.

아사나
1) 몸을 강하게 하고 마음으로 하여금 일점 지향의 상태를 얻게 하기 위하여 수행되는

하타 요가의 자세. 2) 명상을 위하여 앉는 자리나 매트.

아쉬람
구루나 성자가 거주하는 장소. 인도에서는 구도자들이 영적 수행을 하거나 신성한 경전을 공부하는 성스러운 사원이라는 휴식의 자리.

야냐
1) 희생의 불의 의식으로 이때 만뜨라를 암송하면서 신에게 드리는 행위로 나무, 과일, 곡물, 오일, 요구르트와 기를 불 속으로 붓는다.

여덟 단계의 요가
(아슈땅가 요가) 빠딴잘리가 자신의 저서 요가 수뜨라에서 기술하고 있는 요가의 여덟 단계. 여덟 단계란 자제, 매일의 수행, 안정적인 자세, 호흡 통제, 감각의 철수, 집중과 명상 그리고 절대자와의 합일이다.

엑나스 마하라지
(1528-1609) 마하라슈뜨라 주의 시인이자 성자; 수백 편의 아방가 즉 헌신의 노래를 지음. 지방의 언어로 영적 주제를 말함으로 브람민인 엑나스는 보통 사람들에게 영적 부흥을 가져오게 하였음.

옴
우주를 나타나게 한 최초의 소리; 모든 만뜨라들의 내적인 에센스. Aum이라 표기하기도 함.

옴 나마 쉬바야
(쉬바에게 경배를 드리다.) 싯다 요가 맥에서 사용하는 입문 때에 주어지는 만뜨라; 세속적인 성취와 영적 깨달음 둘 다를 허락하는 힘을 지니고 있기 때문에 구원을 가져다주는 위대한 만뜨라로 알려져 있다. 옴은 태초의 소리이다; 나마는 존중하는 혹은 인사를 한다는 의미이다. 쉬바는 신성한 의식 즉 모든 존재의 가슴에 거주하고 있는 신을 의미한다.

요가
(결합) 구도자로 하여금 고통과의 결합을 단절케 하여 마음의 한결같음으로 나아가게 하여, 그래서 행위에의 숙달을 오게 하는 초연이 있게 하는 영적 수행 혹은 기법. 궁극적으로 요가의 길은 항상적인 쟈나의 경험으로 나아가게 한다.

요가 바시슈따
현자 바시슈따와 자신의 제자인 신 라마 간의 대화로 되어 있는 유명한 베단따 경전. 마음이 고요할 때 환영이 사라진다는 것을 라마에게 가르침.

요기(남), 요기니(여)
1) 요가를 수행하는 사람. 2) 요가 수행으로 완성을 얻은 사람.

우마
빛을 의미하는 신성한 어머니, 샤띠의 이름.

우빠니샤드
(가까이, 신성한 가르침) 고대 인도의 현자들의 고매한 가르침, 비전 그리고 신비한 경험; 베다의 결론적인 부분 그리고 베단따 철학의 기초; 형식과 스타일이 매우 다양하지만, 백 권이 넘는 이 모든 경전들이 같은 본질적인 가르침을 주고 있음; 개인의 영혼과 신이 하나. '베단따'와 '베다'를 보라.

의식
온 우주를 창조하고, 보존하고, 유지하는 지성적이며 지고로 독립적인 신성한 힘.

일곱 신체 원소
아유르베다 의학 체계에서 언급하고 있는 이것들은 혈액, 뼈, 지방, 살, 림프액, 골수와 정액이다.

자나까 왕
고대 시대의 왕실의 성자였으며 왕으로서의 자신의 의무를 충실하게 수행함으로 해방을 얻었다고 함. 그의 이야기가 뿌라나들에 많이 등장함.

자나바이

마하라슈뜨라 주의 시인이자 성자인 남데브의 가정부이며 제자였던 13세기의 성녀. 신 크리슈나가 그녀의 헌신에 너무나 감동을 받아 그녀의 일을 돕기 위하여 나타났다고 함.

자다바라따

고대에 살았던 브람민으로 그는 가족들에게 느리고 둔하다고 여겨졌다. 왜냐하면 자연스럽게 사마디로 들어가 외부 세상에 반응하지 않은 채 오랫동안 같은 자세를 취한 채 있었기 때문이다.

자빠

고요하게 혹은 소리가 나게 만뜨라를 반복하는 것. '만뜨라'를 보라.

절대자

최고의 실재; 지고한 의식; 순수하고, 오점이 없고, 변함이 없는 진리.

지반묵띠

살아 생전에 해방을 얻음. '해방', '깨달음' 그리고 '싯다'를 보라.

짜끄라

(바퀴라는 뜻) 바퀴의 축처럼 나디들(미묘한 에너지 통로들)이 수렴하는 인간의 미묘한 몸 내에 위치하고 있는 에너지의 중심. 여섯 개의 주요 짜끄라들이 수슘나 나디 즉 중심 통로에 놓여 있다. 그것들은 척추의 기반부에 있는 물라다라, 성 기관의 뿌리에 있는 스바디스따나, 단전에 있는 마니뿌라, 가슴 가까이에 있는 아나하따, 목에 있는 비슛다, 미간에 있는 아냐이다. 일깨워졌을 때, 꾼달리니 샥띠는 물라다라로부터 위로 향하여 상승하여 일곱 번째 짜끄라인 머리의 왕관 부분에 있는 사하스라라에 이른다. '꾼달리니', '나디' 그리고 '샥띠빠뜨'를 보라.

짜누르

슈리마드 바가바땀에 나오는 인물로 레슬링 경기에서 신 크리슈나를 죽이라는 명령을 받은 레슬링 선수. 그러나 승리를 얻은 사람은 크리슈나였다.

찌띠
(의식) 우주적 의식의 힘; 우주적 어머니로 기술되는 신의 창조적인 측면.

찐 무드라
몸 안에 신체 에너지를 유지하기 위하여 엄지와 검지 끝이 붙고 다른 세 손가락은 밖으로 펼친 모습의 손 자세.

크리슈나
신 비슈누의 여덟 번째 화신. 그의 영적 가르침은 바가바드 기따 안에 있으며, 그분의 삶은 슈리마드 바가바땀에 있다.

푸른 진주
(산스끄리뜨로는 닐라빈두) 닐레쉬바리 즉 푸른 여신으로 언급되기도 함; 자그마한 씨앗 크기의 빛나는 푸른 빛. 내면의 참나의 미묘한 거주처이며, 명상이나 죽을 때 한 세계에서 다른 세계로 영혼이 여행하는 탈것.

하리
'고통을 제거하는 분'이라는 의미를 담고 있는 신 비슈누의 한 이름.

하타 요가
신체적 몸과 미묘한 몸을 정화하고 강하게 하기 위한 목적으로 행해지는 신체적 심적 요가 수행.

하타요가 쁘라디삐까
여러 가지 하타 요가의 기법들을 기술하기 위하여 스바뜨마라 요기가 쓴 권위 있는 15세기 경전.

함사, 소함
(그것이 나다.) 소함과 함사는 자동적으로 숨을 쉴 때 일어나는 참나의 자연스러운 진동으로 일어나는 두 만뜨라이다. 함사를 자각함으로 구도자는 지고의 참나와의 동일시를 경험한다.

해방
절대자와의 하나를 실현한 상태. '지반묵띠'와 '깨달음'을 보라.

히나
몸에 열을 주는 효과를 가지고 있다고 생각되는 향기로운 오일.

색인

36가지 원리 34, 366, 369-370
가네쉬뿌리 127, 160, 197, 241, 273, 301, 305
가브데비 274
가브데비 사원 159-162, 283
가슴의 중심에 대한 기술, 49; 가슴의 중심에 대한 비전 244
감각 쾌락에서 만족을 찾기 50-53; 감각 쾌락으로부터 초연 389-391
개구리 끄리야 91, 185
거친 몸(비슈바) 245; 거친 몸에 대한 기술 187-189, 195, 232-233; 또한 네 가지 몸을 보라.
검은 빛 235; 명상에서 검은 빛을 봄 248, 250, 254, 259, 273-277, 280, 355; 세 개의 빛과 네 개의 빛을 보라.
고삐들 61, 80, 348; 고삐들에 대한 명상 101; 고삐들의 황홀한 상태 325, 447-448 486-490
구도자의 태도 106
구루 기따: 인용: 구루에 대한 것은 우주이다. 86; 명상의 뿌리는 구루의 형상이다. 125-126, 131
구루 옴 138-139, 151-152, 159, 174, 200
구루: 구루에게 탄원 21-24; 구루에게 기도 25-28; 찌띠와의 동일시 35-36, 72-74, 84-85, 488; 빠람브람만과 동일시 65; 구루의 필요성 52-53, 62-67, 473-475, 484; 위선 65-70; 진정한 내용 67, 70-73; 쉬바와의 동일시 67, 71-75; 구루의 자비 71-75; 구루 칭송 71-77, 84-86; 구루와 생활을 함 75; 구루는 만뜨라의 형상이다. 75, 78, 93-94, 96-97, 136-138; 구루의 분노의 이해 79-80; 구루의 발 85, 434, 476; 구루에 대한 명상 112-116, 125-146, 158-159, 200, 251, 332-333, 479-480; 구루에 대한 사구나 명상 132-134; 구루의 성질 136-138; 구루의 샌들

149-153, 158, 159, 161; 구루의 명령에의 복종 161-162, 230, 265, 327-329, 384-385, 473, 480; 아냐 짜끄라에서의 구루의 비전 265; 구루에 대한 믿음 327-330, 473-481; 구루에게 귀의함 341-342, 480, 493; 구루로부터 받은 진정한 지식 368-373, 488-490; 구루를 기쁘게 해 드리기 473-474, 491-493; 구루의 은총: 구루바바를 보라

구루바바 129-130, 159, 475, 484

구루빠두까슈따깜; 인용: 구루 샌들의 효과에 관하여 158

구루의 은총 156-157, 209-211, 295, 368; 세속적인 삶에서의 구루의 은총의 효과 31-32, 71, 231, 442-443; 내면의 샥띠의 일깨움 65, 67, 72, 73, 290-291, 341-343, 494; 구루의 은총의 전달 75, 82; 신의 은총을 주는 힘으로서의 구루 82, 84-86, 360-361, 400; 구루의 절대 오류 없음 86, 383; 사다나를 활성화하는 86, 429-430, 494; 구루의 영향에 대한 이해 181; 몸에 끼치는 구루의 은총의 효과 187-189; 꾼달리니를 사하스라라에 들어가라고 명령; 참나 깨달음에 구루의 은총이 필요함 327-328, 348-350, 360, 364-365, 473-475, 484

귀청에서의 고통 252, 259

기리쉬네쉬바라 213

깊은 상태(수슙띠) 49, 243, 321-323, 301, 499; 또한 네 가지 상태를 보라.

까끼 무드라에 관한 기술 223

까르띠께야가 구루의 명령을 받다. 136-141

까슈미르 쉐이비즘; 인용: 진리의 비전에 관하여 369

깨달음의 상태 354-359, 438

깨어 있는 상태(자그라뜨) 233, 331, 366-367, 499; 자그라뜨에서 세 빛에 대한 비전 242-252; 또한 네 가지 상태를 보라.

께짜리 무드라 91, 223, 259; 께짜리 무드라에 대한 기술 239

꽃의 진정시키는 효과 242

꾸스 향의 진정시키는 효과 242

꾼달리니(꾼달리니 샥띠); 꾼달리니 샥띠의 내용 31, 90; 세상의 삶에 꾼달리니 샥띠 일깨움의 영향 29-33, 233-234; 꾼달리니는 옴의 정수이다. 31; 꾼달리니는 산스끄리뜨 철자에 대한 것이다. 30, 93; 꾼달리는 물라다라 짜끄라 내에 놓여 있다. 30, 89, 341; 꾼달리니 일깨워짐의 몸에 대한 효과 55-58, 73, 91, 218-223, 233-235; 구루와의 동일시 71-72, 84-86, 332-334, 341-342; 꾼달리니의 칭송 82-86; 끄리야들

을 활성화시키다. 91-94, 187-188; 하타요가를 활성화시키다. 195-196; 명상에서 꾼달리니를 보다. 223-227; 꾼달리니의 상승 219-223, 233-235, 263-265, 341-343; 꾼달리니가 사하스라라로 올라가는 길 238-240, 263-265; 꾼달리니가 나다가 되다. 324-326; 또한 찌띠와 샥띠를 보라.

꿈꿈을 바르는 의미 265

꿈바까(호흡의 보유) 92, 123, 222

꿈의 상태(스와쁘냐) 188-189, 245-246, 351, 499: 또한 네 상태들을 보라.

끄리야; 내면의 일깨움의 결과 75-77, 96-97, 188, 230, 292; 샥띠의 표현 78, 177, 238, 239-240, 396, 397-398; 샥띠의 형태 89-92, 172-176, 187, 191-196, 205-208, 218-224, 238-240; 샥띠의 이해 214-215, 233

나가드에 묶따난다가 머무름 181, 215, 236-237, 241, 260, 266, 270, 271

나가로까(코브라의 세계); 명상 중에 나가로까를 봄 251, 271; 나가로까의 실재 271-272

나다 55, 347; 나다의 원천 283, 321-322, 324-328; 나다의 종류 10가지 321; 나다의 효과 321-323; 비나 나다 282, 322; 플루트 나다 321-326; 케틀드럼 나다 321, 326-327; 메가나다 327, 341-342, 347-348

나다로까(소리의 세계) 321-331

나디 57; 나디에 대한 기술 90, 251-252, 278, 326, 338-339; 나디를 통한 쁘라나의 움직임 89, 177, 260; 명상 중에 나디를 봄 173-174, 195-196, 243, 267, 278, 355-356; 나디의 정화 91, 219-221, 233-234, 239-240; 나디를 통한 사랑의 흐름 57-58, 307, 319-320; 나디를 통한 꾼달리니의 흐름 339-340

나라다; 인용: 사랑을 말로 기술할 수 없다는 것에 관하여 299

나마자빠 93-96

나보 무드라의 기술 222-223

낙타: 명상 중에 낙타와의 동일시 172, 180

남데브; 인용: 인간 탄생의 가치에 관하여 168

내면 대 외면 47-48; 세상의 성질 372-375; 찌띠의 유희로서의 세상 433-434

내면의 참나; 참나를 보라.

냐나르바나; 인용: 인간의 영혼의 진정한 상태에 관하여 443

냐나신두 134; 인용: 구루에 대한 명상에 관하여 135-139

냐네쉬바르 마하라지 181; 원인의 몸에 관하여 274; 구루의 은총에 관하여 364, 474;

인용: 세상의 희열로 충만해 있다는 것에 관하여 57-58; 구루의 중요성에 관하여 133-134; 네 가지 몸에 관하여 186-187; 나다에 관하여 283; 푸른 진주에 관하여 288, 297; 푸른 빛을 본 사람에 관하여 295-296; 영혼의 빛에 관하여 323; 신의 진정한 성품에 관하여 362-364; 구루의 숭배에 관하여 482
냐네쉬바리; 인용: 구루의 발의 물에 관하여 86
네 가지 몸 188-189, 245, 354-356, 287-290, 327-328, 366, 427; 네 가지 몸에 대한 기술 499-501: 또한 거친 몸, 미묘한 몸, 원인의 몸 그리고 초원인의 몸을 보라.
네 가지 빛 188-189, 245, 262-265, 267, 276-277, 280, 297-299, 305, 328, 333, 354-355, 392-393: 또한 붉은 빛, 흰 빛, 검은 빛, 푸른 빛을 보라.
네 가지 상태 188-189, 366-370, 423-425, 499-500: 또한 깨어 있음, 꿈꾸는 상태, 잠자는 상태, 그리고 뚜리야를 보라.
네띠 네띠 33
눈: 명상 중에 눈의 구름 92, 249, 252, 257, 258, 264, 276; 위로의 움직임 249, 283-284, 298-299, 344, 352-353, 355
니가마 경전; 인용: 구루를 기쁘게 해드리기에 관하여 481
니띠아난다, 바가반 23, 62, 80, 102, 117, 180, 197-201, 215, 229-230, 325, 331, 332, 336, 360, 355, 396-400, 413, 448-449, 471-472; 니띠아난다에게 기원 21-24; 니띠아난다에게 기도 25-28; 지고의 구루 29, 66-67; 그의 가르침 68-69; 그의 내면의 상태 68-69, 127-129, 146; 그의 은총의 효과 66-69, 73-75, 181-182, 213-215, 335-336; 만드라와의 동일시 75-76; 니띠아난다와 묵따난다와의 관계 73-75, 115-116, 327-330, 403-405, 480; 니띠아난다에 대한 명상 115-116, 127-135, 138-146; 니띠아난다 사마디 성소의 효과 69; 니띠아난다가 묵따난다에게 냐나신두를 주다 134; 니띠아난다가 묵따난다에게 신성한 입문을 주다. 149-158; 은총을 주는 그의 방법 154-155; 묵따난다를 예올라에 보내다. 161; 묵따난다에게 꾸스 향을 주다 241; 묵따난다에게 가브데비에 머물라고 하다. 274; 나다의 원천을 설명하다. 282-283; 싯다로까에서 보이는 302, 380; 묵따난다를 화나게 하다 328; 푸른 사람과의 동일시 333-334, 339-340, 350; 마지막 비전에서 보이는 357-358
닐레쉬바라(푸른 신) 355
닐레쉬바리(푸른 여신) 명상 중에 닐레쉬바리를 봄 274, 281, 286, 297, 336
다섯 감각들을 통하여 행복을 찾음 49-53
다섯 쁘라나의 모습 188-189, 366; 쁘라나에 대한 기술 90: 쁘라나, 아빠나, 사마나,

비야나와 우다나를 또한 보라.

다섯 원소 453-455

다우라띠바드 성 213

달의 세계; 짠드라로까를 보라.

닷따뜨레야 160

따이띠리야 우빠니샤드; 인용: 차별에서 오는 두려움 441

따이자사(미묘한 몸) 245

딴드라 92, 122-124, 206, 237, 242, 272, 278, 283; 딴드라의 기술 191, 241-243

딴드라로까 244, 246, 257, 268, 270, 280, 302-303, 307, 324, 334, 336-337; 딴드라로까의 기술 190-192, 195-196

딴뜨라로까 217

딴뜨라사라; 인용: 명상에; 관하여 399-400

뚜까람 181; 신은 즐거움의 대상 471; 인용: 이름의 반복 96; 구루의 숭배 125-127; 진리의 실현 234-235; 신은 참깨 씨앗과 같은 작은 집에 거주한다. 285, 286; 계속적인 명상에 관하여 319; 의식의 로션에 관하여 334, 359; 정신적 기쁨이 신이 되다 440-441; 몸이 신성한 것이 되다.449; 구루에 대한 믿음 476, 480

뚜리야 283, 297, 368, 369, 499; 뚜리야에 자리 잡기 297-299

뚜리야띠따 368, 499

라자 요가 78

락떼쉬바리(붉은 여신) 245, 252

루드라흐리다야 우빠니샤드; "루드라는 남자요, 우마는 여자이다."에 관하여 32

마야 48, 180, 211, 228, 349, 444

마음: 마음에 대한 명상의 효과 96, 99, 115-116, 123-124, 443; 명상에서 마음의 통제 112-113; 명상의 중요성 117-121; 명상은 찌띠이다. 119; 명상은 굴레와 해방의 뿌리이다. 120-121, 386-389, 444-446, 461-462; 몸에 대한 마음의 영향 457-460; 마음이 생각하는 것이 모습을 취한다. 212; 마음의 성질 259-263; 마음의 산만함 259-264; 명상에 대한 사랑 464

마지막 비전 354-355

마하 무드라의 기술 219-220

마하 반다 무드라의 기술 219-222, 291

마하니르바나 우빠니샤드; 인용: 불멸의 얼음에 관하여 435

마하베다 반다 221, 222
마하요가 비냐나 217
만뜨라 310; 신의 이름으로서의 만뜨라 35-36; 만뜨라의 의미 93-94, 121-123, 152-153; 구루와의 동일시 93-96, 121-123; 만뜨라의 반복 96, 152; 만뜨라의 전지성 78-79; 또한 구루 옴, 옴 옴, 옴 나마 쉬바야, 쉬보 함과 소함을 보라.
만뜨라 요가 79
메가나다; 나다를 보라.
명상 중에 노란 빛에 대한 비전 235, 237-238, 242
명상 중에 두개골의 모습을 봄 249
명상 중에 맛의 해소 56, 342-343; 나다 중에 맛의 해소 326
명상 중에 뱀과의 동일시 192, 223; 명상 중에 뱀을 봄 243-244, 250-252
명상 중에 벌거벗은 존재들을 봄 172, 190, 201, 202-204, 228
명상 중에 붉은 빛(붉은 오라, 붉은 몸)을 보다. 173-174, 177, 179, 185, 190-196, 199-201, 205-208, 216-217, 218, 223-224, 231-232, 234-238, 243, 248-249, 259-260, 305-306, 355-356; 또한 세 가지 빛과 네 가지 빛을 보라.
명상 중에 신 하리를 보다. 246
명상 중에 신성한 접촉 57, 342
명상 중에 혀의 움직임 173, 222, 238, 257, 259, 342
명상 중에 호랑이와의 동일시 174, 223
명상 중의 몸의 열 242, 342
명상 중의 빛의 비전; 또한 세 개의 빛, 네 개의 빛을 보라. 55, 173-174, 181, 185, 190-191, 205-208, 243-244, 248-249, 250-252, 257, 264-265
명상 중의 사자와의 동일시 92, 208, 211, 223
명상 중의 성적 흥분 197-208, 213-217, 226-228
명상 중의 신성한 사랑 99-100, 290, 305-307, 319, 324-325, 347; 세상적인 사랑과 영적인 사랑 260-261, 469-472; 사랑에 관한 사다나 447, 468, 469-472
명상 중이거나 잠을 잘 때 뱀에 물리는 것의 의미 105, 251
명상에서 보이는 공 같은 빛 298
명상에서 새와의 연합 179
명상에서의 분노 131
명상은 모든 사람을 위한 것이다. 48-49, 53-54; 세속적인 삶과 명상 53-54, 59,

60-64, 97-98, 123-124; 명상을 통한 다섯 감각 쾌락들의 충족 55-59; 명상의 목적 57-59; 명상에서 샥띠가 일깨워짐 54-59, 90-94; 명상에서 찌띠의 나타남에 대한 이해 87-92, 223-224, 226-228, 276-277, 292-295; 명상을 위한 가르침 87-89, 96, 97-99, 112-113, 265-267, 447-448; 마음에 관한 명상의 효과 96-98, 115-116, 123-124, 442; 명상의 중요성 96-98, 115-116, 125, 256-257; 구루에 관한 명상 112-116, 125-135, 136-146, 157-160, 200-203, 251-252, 332-334, 411-413; 사구나와 니르구나 명상 99, 136-137; 자연스러운 명상 120-122, 159-160, 177-179; 나디들의 비전 173-174, 195-196, 243, 266-267, 278-279, 355; 명상 속에서의 화 192; 명상에서 쁘라나의 움직임 195-196, 219, 243, 249, 259-260; 명상의 몸에 대한 효과 199-201, 233, 238-240, 442-443; 명상에서 나타나는 비전들의 이해 213-217, 226-228; 명상 중에 먼 장소들을 봄 232, 246, 250-252; 명상에서 열의 해소 242, 343; 명상 중에 코브라를 봄 244, 251-252; 네 몸에서의 명상 243, 276, 287, 290, 328, 367; 명상에서의 장애 261-263, 396; 명상에 깊은 관심을 가짐 261-263; 푸른 진주에 대한 명상 275, 278, 282, 318, 328, 333-334, 336, 344, 348, 499; 명상에서 싯디들을 얻음 281; 사하스라라에서의 명상 299, 300, 339-343, 353, 367-368; 명상을 향한 태도 318-320, 396, 403-404; 명상 중에 푸른 사람을 봄 333-336, 343, 354, 355-356; 명상에서의 죽음 344-346; 진정한 혹은 거짓의 명상 398-408; 명상에서 욕망들을 성취함 233-234, 403-408; 명상에서 생각이 없는 상태 499

목격의 의식 233, 318-319, 324, 351-353, 357-358, 366-367, 499-501

몸: 인용: 몸에 대한 지식 47; 일깨워진 꾼달리니의 몸에 대한 효과 55-59, 72-73, 73-74, 218-224, 233-234, 326; 몸에 대한 올바른 태도 62, 449, 450-460, 471-472; 몸의 성질 88-92, 428, 449; 명상 중의 몸의 움직임 185, 218-224, 231-232; 몸에 대한 명상의 효과 200-202, 233, 234-235, 437-438; 명상 동안의 몸의 열 240-242, 342; 명상 동안의 몸의 비전 242-244, 306; 몸에 관한 나디의 효과 321-331

무드라 91-92, 231, 302; 무드라의 유형 219-221; 여러 가지 무드라들을 보라.

무지 46

물라 반다 91, 206; 물라 반다에 관한 기술 219

물라다라 243; 꾼달리니의 자리 29-31, 88-89, 341-343; 명상 중에 물라다라에서의 통증 143, 172, 174, 278

미묘한 몸 187, 188-189; 미묘한 몸에서의 명상 244, 245; 또한 네 가지 몸을 보라.
바가바드 기따: 인용: 자신의 친구 혹은 적인 존재 63; 명상의 가치 97; 자연이 모든 행위를 한다 110; 지고의 절대자 337-338 "저는 당신의 명령을 따르겠습니다." 383; 포기에 관하여 414
바나라시: 인용: 포기에 관하여 430-432
바르레쉬바리 사원 161
바바 476, 484: 구루 바바를 또한 보라.
바스굽따짜리야 365; 인용: 세상은 의식의 유희이다. 364; 샥띠를 잃은 사람 441
바스뜨리까 쁘라나야마 92
바지롤리 무드라 221, 222; 바지롤리 무드라의 기술 227
박띠 447-472
박띠 수뜨라: 인용: 사랑은 묘사할 수 없다 299
박띠 요가 79
반다 91, 195, 219-222; 잘란다라 반다, 마하베다 반다, 물라 반다, 웃디야나 반다를 또한 보라.
백단향 연고 242
베단따 33, 45, 232, 245, 361, 363, 367, 370-372, 432-433; 베단따 진리의 실현 235, 251
부장기니 무드라 222
붉은 몸에 대한 기술 187-189, 231-233; 또한 네 가지 몸을 보라.
붉은 오라; 붉은 빛을 보라.
브람아난다 세상에 대한 진정한 비전 424-425
브람아란드라 342, 355, 363
브람아리 쁘라나야마 92
브람아무후르따 266
브람아바바 159
브람만 45: 빠라브람만을 또한 보라.
브리하다라니야까 441: 우빠니샤드: 차이에 대한 따옴말 441, 인용: 차이 441
비나; 나다를 보라.
비냐나바이라바; 인용: 즐거움의 묵상 387-388; 진정한 지식 501-502
비딸 168

비빠리따까라니 221 무드라의 기술 222-223
비슈누 뿌라나; 인용: 신에 대한 사랑은 죽음을 정복할 수 있다. 100-101; 모든 곳에서 신을 보기 478
비슈바(거친 몸) 186-189, 232-233
비숫다 짜끄라 49
비야나 쁘라나의 기능 90
비전 245-246, 248; 우주적 해체에 대한 비전 172-174; 명상 중의 이해의 비전 226-228, 216-217; 먼 장소들의 비전 231-232, 237-238, 246, 250-252; 짜끄라들의 비전 238-240, 243; 코브라의 비전 243; 가슴 연꽃의 비전 244; 미래 사건들의 비전 245; 신 하리의 비전 246; 송아지의 비전 247; 태양과 달에 대한 비전 249; 코끼리의 비전 261; 화장용 장작더미에 대한 비전 266; 자기 자신의 형상에 대한 비전 273 샤프란 빛의 비전 280, 328; 사하스라라의 빛에 대한 비전 344; 마지막 비전 354-359
빈두 브헤다 258, 299
빈두: 푸른 진주를 보라.
빠딴잘리, 요가 수뜨라; 인용: 열정 너머로 일어선 사람에게 마음을 집중하기 112, 125
빠라브람만 35, 446; 참나와의 동일시 46, 341-342; 구루와의 동일시 27-28, 65, 85; 나다와의 동일시 334-335
빠라샥띠 236, 281, 319, 362, 370, 374; 구루와의 동일시 71-72; 나다와의 동일시 324-325; 지각자와 지각의 대상이 되다 233, 485-486; 감각 경험의 즐거움이 되다. 485-486
빠라쉬바 30, 32, 72, 106-110, 156-158, 158, 374; 구루와의 동일시 72; 사하스라라에 머무름 88-89, 239-240; 구루에 대한 명상을 가르치다. 135-143; 마지막 모습 속에서 보이다. 355-358; 찌띠와의 동일시 365-367
빠람마쉬바 33, 84-85; 찌띠와의 동일시; 코브라의 상징 그리고 192; 창조의 원천 365-367; 세상이 되다. 361-362, 500
빠르바르다(원인의 몸) 274
뿌루샤 34
뿌르나한따 368
쁘라끄르띠 34

쁘라나: 샥띠가 쁘라나가 되다. 49; 쁘라나의 중요성 89, 90-91, 254-255; 다섯 쁘라나들의 기능 90; 명상 중에 쁘라나의 움직임 195-196, 218-221, 243-244, 249, 259-260, 344-345; 쁘라나 흐름의 장애 195-196; 쁘라나의 정화 195-196, 218-221, 221, 233, 239-240, 442; 쁘라나에 대한 물라 반다의 효과 219; 쁘라나가 수슘나에 들어가다. 221; 명상 중에 쁘라나의 안정 219, 298-299, 343
쁘라나바(옴) 138; 옴을 또한 보라.
쁘라나야마: 쁘라나야마의 유형 92, 198, 221-222; 자연스러운 쁘라나야마 239, 298
쁘라띠야비냐흐리다얌; 인용: 찌띠가 다수가 되다. 34, 386-387; 인간의 몸 속에서 신 그 자신을 감추다 34-36; 찌띠가 우주를 창조하다. 82, 392-393 마음이 여신이다. 119; 쉬바의 관점 362; 우주를 동화하다. 420; 구루의 은총에 관하여 494; 빠람마쉬바가 우주가 되다 486, 500
쁘라흘라다의 이야기 477
쁘란나(개인의 영혼) 274
쁘리띠까 달샤나의 의미 274
삐뜨리로까(선조들의 세계)에 대한 설명. 309-311; 또한 조상들을 보라.
사구나 숭배 132-134, 139-140, 335-336
사까마로까(인드라로까) 271
사다나의 행위 85, 87, 482; 올바른 사다나의 이해 107, 181-185; 사랑의 사다나 447, 467-468, 469-472; 신체적 몸과 사다나 451
사르바지나로까(전지의 세계) 280
사마나 쁘라나 90; 사마나 쁘라나의 기능 90
사마디 327, 358, 496; 싯다 길의 사마디; 또한 사하자 바스따를 보라.
사찌다난다 355, 370, 445, 447, 500
사하스라라 24, 61, 82, 195, 220, 456; 빠라쉬바의 자리 88-89, 239, 355-358; 사하스라라의 빛 143, 343, 344; 사하스라라로부터의 넥타 219, 222, 325, 343, 456; 사하스라라로 가는 길 238-239, 265; 푸른 별의 자리 283, 301-302, 307; 윗 사하스라라 안의 명상 298-299, 343, 344, 353, 355-356, 364-365; 사하스라라에서의 푸른 별의 폭발 301-303, 307; 나다의 근원 323-326; 내면의 참나(푸른 진주)의 자리 337-338, 339-340, 341-343, 344-345, 355-356, 357-358, 363-364
사하스라라로부터의 넥타 219-221, 222, 326, 343

사하자 바스따(자연스러운 상태) 76-77, 446, 494-496, 498-500, 502
삼계 287
삽다브람마 326
샤띠(샤띠 꾼달리니); 의 의미 30-33, 399; 샤띠는 산스끄리뜨의 모습이다. 31, 93; 샤띠의 활성화의 효과 52-54, 67, 91; 명상 중 샤띠의 전개 53-54, 54-59, 88-91, 396; 샤띠는 구루의 모습이다. 67, 78-79, 399-408, 412-413; 몸에서 샤띠의 흐름 88-92; 세상의 근원으로서의 샤띠 110-111, 387; 샤띠는 성적 욕망을 정화시킨다. 227-228; 샤띠에 의하여 나타난 신체의 열 242, 342-343; 샤띠의 보존 295-296; 샤띠의 다섯 가지 모습 399-400; 샤띠가 정서가 되다. 454-455; 또한 찌띠, 꾼달리니와 빠라샤띠를 보라.
샤띠빠뜨: 샤띠빠뜨의 효과 73-79, 400; 샤띠빠뜨의 의미 85-86, 181-182; 샤띠빠뜨를 주는 힘의 근원 90, 216-217, 227-228; 자연스러운 샤띠빠뜨 입문의 예 292; 샤띠빠뜨의 중요성 363-364
샤띠의 확장으로서의 우주 389-390
샴바바 입문 105, 181
샴바비 무드라 152, 154, 223, 258
상까라짜리야; 인용문: '신은 모든 활동 속에 계신다'에 대한 236-237; 의식의 푸른 진주에 관하여 357-358; 개인의 영혼과 지고의 참나의 동일함에 관하여 491-492; '의식이 세상으로 나타난다'에 관하여 495-498; 브람만이 존재의 바탕이라는 것에 관하여 498
세 가지 매듭 222-223
세 가지 빛 248, 250, 251, 259
세대주들: 싯다의 길 30
세상 삶 속에서의 요가 414-416
세상; 신에 의해 펴져 있는 것으로서의, 42-45
소유와 포기 391; 포기의 진정한 이해 414-418, 426-429, 435; 쉬끼드바자의 이야기 418-424, 425-429
소함 23, 35-36, 52, 84, 429-430, 458; 명상 만뜨라로서의 소함 75, 105-106; 구루의 형상으로서의 소함 84, 137, 138; 소함의 실현 337-338, 360-362
수끼 162, 179, 199, 226, 237
수슘나: 수슘나의 중요성 88-89; 우다나 샤띠의 자리 90-91; 꾼달리니의 통로 90-

91, 233-234, 341-343, 494; 명상 중에 수슘나를 봄 278
순다르다스; 인용: 마음은 마음이 묵상하는 것이 된다. 212; 구루의 영광 482-484
쉬딸리 무드라의 기술 223
쉬딸리 쁘라나야마 92
쉬르디의 사이바바 301, 381
쉬르샤사나의 기술 222
쉬바 223, 331, 380, 392, 440, 442, 485; 구루와 동일함 67, 75; 쉬바에 대한 진정한 지식 152, 154, 372-375, 485-486; 코브라의 상징 191-192; 푸른 사람과 같음 339-341, 355-356; 또한 빠라쉬바를 보라.
쉬바 드리쉬띠 217
쉬바 상히따; 인용: 꾼달리니 샥띠의 정의에 관하여 30-31
쉬바 수뜨라 217; 인용: 샥띠는 의지의 힘이다. 107; 우주는 쉬바의 확장이다. 392
쉬보 함의 의미 152, 156, 347
슈루띠-끼-떼르- 인용: 참나의 기억 176
슈리마드 바가바땀; 인용: 명상의 가치 97; 신성한 사랑의 상태 290-291
슈베떼쉬바리(흰 여신); 수면의 중심 49; 슈베떼쉬바리 안에서의 명상 245, 251-252
슈베쉬따쉬베따라 우빠니샤드; 인용: 내면의 영혼 279
스깐다 쁘라나; 인용: 요기는 자신의 가족을 정화시킨다. 288-289
스빤다 까리까; 인용: 끄리야에 관하여 397
스빤다 샤스뜨라; 인용: 세상은 의식의 유희이다. 110, 364
스와디스따나 짜끄라의 뚫림 215
시뜨까리 쁘라나야마 92
신: 남자와 여자가 되다 32, 62, 441-442; 참나와의 동일시 41, 44-46, 60-64, 177, 233, 287-289, 348-349, 362, 389-390, 430-434; 신에 대한 믿음 41-43, 278-279; 세상이 되다. 42-45, 97-101, 285, 368-370; 신에 대한 명상 60, 115-116; 신의 이름의 반복 93; 신의 인간적 측면 97-98, 333-343, 348, 355-358, 361-366; 신의 형상 없는 측면 99; 소리가 되다. 326-328
신성한 사랑 101, 298-299, 318-319, 324-325, 347, 409-413, 484-488: 신성한 사랑의 상태: 고삐들을 또한 보라
싯다 378, 379-383; 싯다의 행동 78-79, 311; 싯다를 통하여 흐르는 샥띠 75-76; 싯다로까에서의 싯다 295-296

색인

싯다 삐따의 가치 105, 110-111, 161, 166

싯다 요가 35, 37, 107, 109, 215-217, 250-251, 276, 290, 299, 303, 380-387, 488, 502; 세상에서 생활하면서 싯다 요가 명상의 수행 29; 싯다 요가의 위대함 78-79, 108-111, 276-277; 네 가지 요가의 활동 79; 따르는 동안에 구루의 필요성 184, 474; 싯다 요가에 대한 냐네쉬바르의 기술 186-187; 싯다 요가에서 구루에의 복종에 대한 중요성 226-227, 327-328, 382; 싯다 요가의 목표 317-318, 341-342

싯다 학생들: 싯다 학생들의 행동 105-111, 295-297, 378, 382-385; 싯다 학생들 내의 찌띠의 흐름 290-292, 364-366; 싯다 학생들에게 주는 가르침 387, 391; 싯다 학생의 진정한 자각 391-393, 495-496, 503-504

싯다로까 309, 310, 378, 379-383; 싯다로까의 기술 300-303, 304-307; 싯다로까로 방문하는 의미

싯다사나 205

싯디 69, 281

아까샤 323; 아까샤의 비전 231

아냐 짜끄라 264, 342

아브하야 무드라 127, 128

아비니베샤 429, 435

아빠나 219; 아빠나의 기능 90; 아빠나에 대한 물라반다의 효과 219

아빠록샤누부띠: 인용; 신은 모든 곳에 존재한다 236; 세상으로 나타나는 의식; 브람 만이 존재의 바탕이다 497

아쉬따간다 226

아쉬람에서의 행동 103, 108

아슈또샤(쉬바)의 의미 155

아이라바따의 비전 261

아함 브라마스미 33

야마라자의 비전 256

어둠: 명상 중에 어둠을 봄 248-249

어머니에게 바침 20-23

엑나스 마하라지 311; 불가촉천민의 집에서 식사를 하다. 314; 브람민들의 선조들을 부르다. 318; 구루의 명상에 대한 인용문 127; 해방된 존재들의 상태에 관한 314-318

연꽃 자세 172, 173, 196, 201, 215, 221, 238, 292, 302; 연꽃 자세의 효과 219, 238-239
예올라 162, 164, 167, 179, 212, 241, 250
옴 31, 37, 92, 129, 136, 156, 188, 232, 245, 274, 304, 345; 옴이 소함이 되다. 136-138; 모든 만뜨라의 정수 152; 나다로서 들리는 321, 327
옴 나마 쉬바야 37; 만뜨라 입문 75, 154, 155-156
요가 무드라 195-196
요가 바시슈타 418
요가 수뜨라: 인용: 갈망을 초우러한 사람에게 마음을 집중 112, 125
요가 쉬까 우빠니샤드; 인용: 열정 너머로 간 사람에 대한 집중 77
요가바니 217
우다나 뿌라나의 기능 90
우르드바레따의 기술 90, 215, 227
우빠니샤드; 인용: 이원성에 관하여 491
웃디아나 반다의 기술 91, 220, 222
웃자이 쁘라나야마 92
원인의 몸(빠르바르다): 원인의 몸에 대한 기술 187, 189, 276
윤회 303, 307
이슈바라 쁘라띠야비냐; 인용: 참나의 지식에 관하여 374
이야기: 죽음의 순간 자신의 몸에 대하여 감사하다. 456-460; 엑나스 마하라지가 불가촉천민의 집에서 식사를 하다. 314-318; 숲 속에 거주하는 싯다가 구도자에게 신으로 가는 길을 주다. 463-464; 고삐들의 크리슈나에 대한 명상 101; 왕 쉬끼드바자가 왕비 추달라로부터 포기에 대하여 배우다. 419-435, 437-439, 440-441; 라일라와 마즈누 408-413; 자신의 운명이 그를 선행하다. 164-167; 쁘라흐라다의 비슈누에 대한 헌신이 자신의 삶을 구하다. 477-480; 라마가 황금 신상과 말을 팔다. 312-314; 부유한 상인이 고행자의 오막살이에 앉기를 거부하다. 459-460
이원성 34-35, 46
인드라 271
인드라로까(천국) 309, 380; 인드라로까로의 여행 269-272
자나까: 자나까의 내면 상태 444; 인용: 모든 곳에서 참나를 봄에 관하여 443-446; 평화를 얻음에 관하여 446

자나르단 스와미 181
자나바이 168
자빠의 중요성 93-94, 96
잘란다라 반다 91, 195, 206
잘란다라 반다의 기술 221
정서 49, 454-455; 명상에 일어난 정서 179-180, 191-192
정액의 보존 293-296
제자: 제자에 대한 은총의 효과 68-69, 69-71, 71-72, 73-77, 77-79, 82, 87-88, 327-329, 382; 또한 구루의 은총을 보라.
조상 309-320; 조상에게 바치는 공물 309; 조상들의 세계 311
죽음: 죽음에 대한 두려움 255-257; 삶과 죽음의 순환 303, 307-308; 명상 중에 죽음의 경험 344-346
지바드만 188, 502
지반묵띠 297, 303, 330, 427, 446
지쁘루안나 231, 381; 그의 행동 224-226; 명상 중에 성적 욕망이 일어남에 대한 설명 227-229; 묵따난다를 니띠아난다에게 보냄 229
지옥의 비전 254-255; 지옥의 실재 272
짜끄라 47, 62, 82, 88, 264; 명상 중에 짜끄라에 대한 비전 238-239, 241-244; 짜끄라 정화의 효과 231-234, 254-257; 두개골의 정화의 효과 248-249, 276-277; 시각의 정화 258-260
짠드라로까(달의 세계) 309,380; 짠드라로까의 비전 253
찌다까샤 282
찌다난다 아바두따 135
찌뜨샥띠 빌라스(의식의 신성한 유희) 38, 361, 393, 485, 488
찌띠(찌띠 꾼달리니, 찌띠 샥띠): 세상의 삶에서의 찌띠의 전개 31-33, 390-395; 빠람마쉬바와의 동일시 33-35; 세상이 되기 34, 35, 82-83, 233, 234-235, 286-287, 360-361, 365-375, 485-486, 495-496, 502; 지각자와 지각의 대상이 되기 34, 369, 501-502; 찌띠의 찬양 35-38, 107-111; 구루와의 동일시 72, 85-86, 483-486; 찌띠의 성질 82-86, 365-374, 395, 495-498; 명상 중에 찌띠의 나타남의 이해 88-91, 224-226, 228-230, 276-277, 291-294; 마음이 되기 119, 464-466; 찌띠의 활성화의 효과 187-189, 435-436; 싯다 학생들에서의 찌띠의 흐름 288-

289, 364-365; 참나와의 동일시 292, 391-393; 찌띠의 힘 310, 329, 366-367, 494-496; 찌띠의 신성한 빛 355; 찌띠의 유희 363-366, 369-371, 386-388, 431-433, 485-486, 497-499; 찌띠의 희열 386-388; 모든 행위를 함 494-496: 꾼달리니 샥띠를 또한 보라.
찐 무드라 127, 128, 144
참나(내면의 참나) 23-24, 167; 신과의 동일시 41, 46, 60-64, 175-177, 233, 286-287, 360-362, 389-391; 구루와의 동일시 85, 493; 참나의 깨달음 223-224, 337-339, 347-349, 351-353; 우주와의 동일시 233-234, 360, 389-390, 432; 푸른 별 안에 283; 찌띠와의 동일시 263-264, 389-391; 참나의 비전 332-342, 361-362; 참나에 대한 기술 337-340, 363-364, 485-487; 푸른 사람과의 동일시 347-350
천상; 인드라로까를 보라.
초원인의 몸 187, 188-189; 또한 네 가지 몸을 보라.
코끼리 명상 중에 코끼리의 비전을 봄 261
코브라: 코브라의 나타남을 봄: 명상 중에 코브라를 봄 243, 250-252
크리슈네쉬바리(검은 여신)에 관한 명상 248, 250, 276
푸른 별: 푸른 별에 대한 기술 283-284, 307-308; 먼 세계로 여행하는 데 필요한 탈 것 300, 302-303, 310-311; 푸른 별의 폭발 302, 303, 307-308; 개인 영혼의 탈 것 307-308
푸른 빛 242, 258, 267, 276, 296-298, 300, 310, 336, 355-359, 360: 네 개의 빛이나 닐레쉬바리를 보라.
푸른 아까샤 276
푸른 인간(닐라 뿌루샤): 인용: 푸른 인간에 관한 기술 333-343; 명상 중에 푸른 인간을 봄 333-338, 342-343, 354-359; 내면의 참나와의 동일시 347-350
푸른 진주 84, 310; 푸른 진주를 봄 283-284, 306, 357-360, 367; 푸른 진주를 봄으로 오는 효과 265, 290, 296, 297; 푸른 진주에 관한 명상 276, 278, 281,318, 331, 333, 337, 347-350, 499; 내면의 참나의 자리 283-284, 286-287, 339, 341, 343, 348-349; 푸른 진주의 기술 287-289, 306-308; 이것 안으로 들어가는 것이 중요함 329-331; 푸른 진주의 확장 333-334, 355-359
플루트: 나다를 보라.
하리 기리 바바 205, 208, 209
하타 요가 쁘라디삐까: 인용: 구루의 자비에 대하여 76

하타 요가가 자동적으로 일어남 79, 195, 218-219, 231
함께 함 383-385
함사 가야뜨리 만뜨라 105
해체: 우주적 해체를 봄 172-174, 181 182
향기: 명상 동안의 신성한 향기 55-58, 248, 299, 343
황홀한 춤 231, 238, 290, 305-308
희열 244, 265; 희열을 얻음 354, 386-392
흰 빛 235, 237; 명상 중에 흰 빛에 대한 비전 206, 218, 224, 231-232, 237, 243, 245, 248, 251, 280; 또한 세 가지 빛과 네 가지 빛을 보라.
히나 향 242

싯다 요가 맥에 대하여

스와미 묵따난다는 1956에 참나 깨달음의 상태에 이르렀다. 그렇지만 그는 뭄바이에서 북동쪽으로 50마일 떨어진 자신의 구루의 집이 있는 마을 가네쉬뿌리에 조용히 살면서 제자로 지냈다. 바가반 니띠아난다는 오덤바라 나무 가까이의 한 작은 아쉬람에 스와미 묵따난다를 머물게 하였다. 거기에서 니띠아난다로부터 입문을 받은 후 묵따난다는 처음으로 하나의 상태를 경험하였다. 약 5년 동안 구루와 제자라는 영적 결합 속에서 그들은 1마일도 떨어지지 않은 곳에서 살았다. 바가반 니띠아난다가 자신의 몸을 버리기 바로 직전인 1961년에 그는 스와미 묵따난다에게 싯다 요가 마스터들의 맥의 완전한 힘을 넘겨주었다. 그 완전한 힘이란 사람들에게 샤띠빠뜨를 줄 수 있는 힘으로, 이것을 받으면 사람들 내에 변형을 일으키는 내적 일깨움이 일어난다.

　그 이후 20년 동안 바바라고 알려진 그는 온 세상을 여행하면서 '명상의 혁명'을 불러일으켰다. 그 동안에 그는 자신이 받은 같은 샤띠빠뜨 입문을 사람들에게 주면서, 싯다 요가라고 불리는 길로 그들을 안내하였다. 바바가 행하였던 강렬한 고행 때문에, 그를 따르는 사람들은 아주 쉽게 그리고 큰 노력이 없이 이 길의 열매를 얻을 수 있었다. 바바의 헌신자들이 싯다 요가 명상에 몰입되었기 때문에, 그들 중 많은 이들은 그들의 집에서 삿상을 가지기 시작하였으며 가네쉬뿌리에 있는 그의 아쉬람을 방문하는 여행을 하기도 하였다. 여러 아쉬람들과 명상 센터들이 세상의 여러 곳에 설립되기 시작하였다. 생애 마지막에 가서 스와미 묵따난다는 널리 알려지고 존경을 받는 세계적으로 유명한 영적 지도자가 되었다. 서른 권 이상의 책들이 출간되었으며, 그 책에서 그는 그가 수많은 사람들에게 열었던 그 길을 설명하였다.

1982년 그가 세상을 떠나기 직전에, 스와미 묵따난다는 스와미 찌드빌라사난다를 자신의 후계자로 임명하였다. 그녀는 어린 시절부터 그의 제자였으며 1973년 이래로 그와 더불어 여행을 하였다. 그 동안에 그녀는 그의 저서, 그의 강연, 그의 헌신자들과 가졌던 담화뿐만 아니라 요가와 철학에 대한 그의 강연을 영역하였다. 1983년 5월 초, 스와미 찌드빌라사난다는 공식적인 수도승의 서약을 하였다. 그달 이후에 스와미 묵따난다는 그녀에게 자신의 구루가 그에게 전수하였던 같은 영적 유산인 싯다 요가 맥의 권위와 완전한 힘을 그녀에게 넘겨주었다. 그때 이래로 구루마이로 많이 알려져 있는 그녀는 세상의 많은 구도자들에게 샥띠빠뜨를 주고 그리고 싯다 요가 수행을 가르쳐 주어 그들로 하여금 스와미 묵따난다의 영원한 메시지의 진리를 알게 해 주고 있다.

그대 자신의 참나를 명상하라.

그대의 참나를 존중하라.

그대의 참나를 숭배하라.

그대의 참나를 이해하라.

신은 그대로서 그대 안에 거주하고 계신다.

구루마이 찌드빌라사난다.

더 읽을거리

스와미 묵따난다

THE PERFECT RELATIONSHIP: *The Guru and the Disciple*
이 고전적인 작품에서, 바바 묵따난다는 내면의 자유는 영적 마스터와 제자 간의 깊은 관계를 통하여 얻어진다는 것을 자신의 영적 길에서의 경험과 인도의 경전들을 통하여 이끌어내고 있다.

BHAGAWAN NITYANANDA OF GANESHPURI
평소 니띠아난다는 거의 말을 하지 않았지만 그의 입에서 흘러나온 간단한 몇 마디 말들을 들을 수 있었던 행운의 청자들은 환영의 바다를 건너기도 하였는데, 이런 말들을 모은 것이 이 책이다. 이 책은 또한 바가반 니띠아난다의 생애에 관한 것이기도 한데, 그의 가장 큰 제자이자 계승자인 싯다 마스터 스와미 묵따난다가 여러 해에 걸쳐서 많은 자원들로부터 편집한 것인데, 여기에는 평소 그가 지켰던 행위들과 생각들 그리고 칭송들로 채워져 있다.

FROM THE FINITE TO THE INFINITE
이 책은 바바 묵따난다가 서구로 여행하는 중에 있었던 질문과 대답을 수록한 것이다. 이 책에서 바바는 구도 여정의 첫 길에서부터 여정의 절정에 이를 때까지, 영적 길을 가는 구도자들이 직면하게 될지도 모르는 다양한 주제들을 다루고 있다.

KUNDALINI: *The Secret of Life*

자신 속에 잠재적인 상태로 있는 영적 에너지인 꾼달리니를 일깨움으로써 완성으로 가는 우리의 여정이 시작된다. 그러나 변형을 일어나게 하는 이 거대한 힘은 무엇인가? 어떻게 일깨워지는가? 이 힘의 진행을 어떻게 하면 촉진할 수 있는가? 바바는 모든 영적 구도자들에게 너무나 중요한 이 주제를 이 책에서 다루고 있다.

MUKTESHWARI

우리의 모든 제한들을 떨쳐 버리고 완전한 자유의 상태 안에 들어올 수 있도록, 바바는 영적 길의 매 단계를 안내하고 있다.

명상: 행복은 그대 안에 놓여 있다

싯다 요가 명상의 수행에 대해 얘기하면서 스와미 묵따난다는 관심을 내면으로 돌려 빛나는 내면세계를 발견하도록 우리에게 권유한다. 바바는 "나는 정말로 누구인가? 어떻게 하면 나의 마음을 마스터할 수 있는가? 명상의 가치는 무엇인가?"와 같은, 시대를 초월한 질문들에 대해 명쾌하고 권위 있는 답변을 준다. 바바는 말한다. "가장 좋은 명상의 대상은 내면의 참나입니다. 참나가 명상의 목표인데, 왜 우리가 다른 대상을 선택해야 하겠습니까? 참나를 경험하고자 한다면, 참나에 대해 명상해야 합니다."

당신은 어디로 가고 있는가?: 영적 여정의 길잡이

스와미 묵따난다가 다양한 때에 다양한 장소에서 대중에게 강의한 내용들을 싣고 있는 이 책은 생생한 일화들을 곁들여 싯다 요가의 가르침을 소개한다. 바바가 이 책의 제목으로 택한 질문, 즉 "나는 어디로 가고 있는가? 나는 진정 어떻게 살고 있는가?"에 대해 대답하기 위해서는 심오한 숙고가 필요하다. 바바의 가르침의 요점이 담겨 있는 이 책은 영적 여정의 목적에 대한 초보적인 이해로부터 완전한 자유와 기쁨이라는 그 목적지에 도달하는 것까지 영적 여정의 각 단계들을 다루고 있다.

구루마이 찌드빌라사난다

SMILE, SMILE, SMILE!

여러 세기에 걸쳐서, 많은 위대한 성자와 영적 마스터들은 그들 제자의 기쁨을 위하여 자연스럽게 흘러나오는 시 속에 그들의 가르침을 제공하였다. 웃어라, 웃어라, 웃어라! 라는 책은 이러한 즐거움의 전통을 반영하고 있다. 그녀의 "당신의 결심을 새롭게 하라. 당신의 운명에 대하여 웃어라."라는 대담한 생각과 그녀가 한 말의 한 구절에서, 구루마이는 영적 삶의 도전과 영광들을 조명하고 있다.

COURAGE AND CONTENTMENT

구루마이는 용기와 만족 간의 신비스러운 연결이 두려움의 놀랄만한 기원이라고, 당신 자신과 타인들을 사랑하기 위한 근본 이유라고, 어려움을 축복으로 변형시키는 비밀이라고, 그리고 풍요와 봉사와 행복한 삶을 창조하기 위한 방법이라는 것을 밝혀 주고 있다.

PULSATION OF LOVE

자신의 구루인 스와미 묵따난다에게 바친 이 고귀한 시 모음집에서 구루마이는 그녀 자신의 영적 여정에서 그녀가 경험한 내용을 관대하게 드러내고 있다. 시라는 우주적 언어로, 구루마이는 어떻게 구루를 향한 사랑의 길이 은총의 불을 오게 하여 제자에게 가장 순수한 빛을 지필 수 있는지를 보여 준다.

THE YOGA OF DISCIPLINE

구루마이는 "영적 길의 입장에서, 수련이라는 말은 신성한 충족의 기쁜 기대로 살아 있다."라고 말한다. 수련과 감각을 배양시키는 수행에 관한 이 책에서, 구루마이는 우리에게 이 수행이 깊은 기쁨을 가져오는 방법을 보여 준다.

ENTHUSIASM

"열정으로 가득 차고는 신의 영광을 노래하라."가 이 담화집의 주제이다. 이 책에서 구루마이는 우리로 하여금 우리의 모든 행위, 모든 생각, 우리의 삶의 매 순간 열정의 빛이 빛나도록 고취시킨다. 그녀는 말한다.

이것이 신의 영광을 노래하는 것이라고.

MY LORD LOVES A PURE HEART: *The Yoga of Divine Virtues*
두려움 없음, 존중, 자비, 분노로부터의 자유 – 구루마이는 어떻게 이 장엄한 덕목이 우리의 진정한 본성의 통합적인 부분인지를 기술하고 있다. 소개된 덕목의 목록은 바가바드 기따의 16장에 기초하고 있다.

싯다 요가 명상의 가르침과 수행을 더 알고 싶으면 다음 주소로 연락하면 된다.

SYDA FOUNDATION
PO BOX 600, 371 BRICKMAN RD
SOUTH FALLSBURG, NY 12779-0600, USA

TEL: (845) 434-2000

혹은

GURUDEV SIDDHA PEETH
PO GANESHPURI, PIN 401-206
DISTRICT THANA, MAHARASHTRA, INDIA

www.siddhayoga.org
를 방문하세요

스와미 묵따난다와 구루마이 찌드빌라사난다의 책과 번역물
그리고 오디오 및 비디오 녹음물에 관한 정보를 더 원한다면
아래의 주소로 연락 바랍니다.

SIDDHA YOGA MEDITATION BOOKSTORE
PO BOX 600, 371 BRICKMAN RD
SOUTH FALLSBURG, NY 12779-0600, USA
TEL:(845) 434-2000 EXT.1700

미국이나 캐나다에서 걸 수 있는 tall free 전화 888-422-3334
미국이나 캐나다에서 보낼 수 있는 tall free 팩스 888-422-3339

의식의 유희

초판 1쇄 발행 2010년 8월 3일

지은이   스와미 묵따난다
옮긴이   김병채
펴낸이   황정선
펴낸곳   슈리 크리슈나 다스 아쉬람
출판등록 2003년 7월 7일 제62호
주소   경상남도 창원시 북면 신촌리 771번지
대표전화 (055) 299-1399
팩시밀리 (055) 299-1373
전자우편 krishnadass@hanmail.net
홈페이지 www.krishnadass.com

ISBN 978-89-91596-30-6   03270

Printed in Korea

* 책값은 뒤표지에 있습니다.
* 잘못 만들어진 책은 바꾸어 드립니다.